中国建筑业供应链管理知识体系成果发布会

中国铁建·(北)京福(州)高铁

中国铁建·川藏线拉林铁路

中交集团·港珠澳大桥

中交集团·振华重工巴拿马PSA国际码头8台零整改岸桥项目

中国电建·白鹤滩水电站

中国电建·重庆市江习高速公路项目

·中国建筑业供应链管理知识体系·

供应链管理整合

第二册

主　编◉陈川生

副主编◉王　燕　杨崇谊

大连海事大学出版社

DALIAN MARITIME UNIVERSITY PRESS

图书在版编目（CIP）数据

供应链管理整合／陈川生主编. — 大连：大连海
事大学出版社，2022.1
　中国建筑业供应链管理知识体系
　ISBN 978-7-5632-4193-4

　Ⅰ．①供…　Ⅱ．①陈…　Ⅲ．①建筑企业–供应链管理
–资格考试–自学参考资料　Ⅳ．①F407.906

中国版本图书馆 CIP 数据核字（2021）第 209812 号

中国建筑业供应链管理知识体系
供应链管理整合
GONGYINGLIAN GUANLI ZHENGHE

大连海事大学出版社出版

地址：大连市黄浦路 523 号　邮编：116026　电话：0411-84729665（营销部）　84729480（总编室）
　　　　http：//press.dlmu.edu.cn　E-mail：dmupress@ dlmu.edu.cn

大连金华光彩色印刷有限公司印装　　　　　　　大连海事大学出版社发行

2022 年 1 月第 1 版　　　　　　　　　　　　2022 年 1 月第 1 次印刷
幅面尺寸：184 mm×260 mm　　　　　印张：24　　　　　字数：588 千

出版人：刘明凯

责任编辑：高　颖　　　　　　　　　　　　　　责任校对：王　琴
封面设计：张爱妮　　　　　　　　　　　　　　版式设计：张爱妮

ISBN 978-7-5632-4193-4　　　定价：72.00 元

中国建筑业供应链管理知识体系

一、参编单位

中国建筑集团有限公司

中国化学工程集团有限公司

中国铁路工程集团有限公司

中国铁道建筑集团有限公司

中国交通建设集团有限公司

中国电力建设集团有限公司

中国能源建设集团有限公司

中国安能建设集团有限公司

二、支持单位

中国物流与采购联合会

中国施工企业管理协会

中国建筑材料流通协会建设工程供应链委员会

中建电子商务有限责任公司

中铁物贸集团有限公司

中铁物资集团有限公司

中国交通物资有限公司

北京华科软科技有限公司

中国能源建设集团电子商务有限公司

招商局集团有限公司

三、中国建筑业供应链管理知识体系课题领导组

组　　长:王彤宙

副组长:王海怀

成　　员:周　勇　韩　兵　孔　遁　王立新　张建文　周厚贵
　　　　　吴汉明

四、中国建筑业供应链管理知识体系编委会

组　长：陈　重

副组长：李　晶

成　员：张晓葵　李建伟　陶　锋　聂宁新　李中强　肖于太

　　　　孟祥红　高晓东　庄泽亮　苟达平　万明罡　陈　静

　　　　王喜菅　梁建忠

五、中国建筑业供应链管理知识体系编写组

主　　　编：陈川生

副 主 编：王　燕　杨崇谊

编写组成员：向红军　陈金宝　段永理　刘宝庆　李文杰　张文辉

　　　　　　邵化梅　赖远恩

　　　　　　以下按姓氏笔画排列：

　　　　　　王　勇　方思忠　孔　月　曲　雯　闫淑梅　杜正海

　　　　　　李立周　李贞伟　杨　迪　杨亚玲　张　玮　张　涛

　　　　　　张　雏　张敬纬　陈　兵　陈杼晖　林　冀　郑毅兴

　　　　　　赵　坤　赵成柱　段久洋　侯晓鸣　黄　波　曹永辉

　　　　　　庹兴邦　彭　林　谢　杰　撒晓健

六、中国建筑业供应链管理知识体系顾问

张　超　彭新良

七、中国建筑业供应链管理知识体系审定组

组　　　长：马国荣

审定组成员：李前艺　何玉龙　杨寅超　刘福和　宋玉卿　吴　烽

序　言

当前,百年变局和世纪疫情叠加,给世界经济发展和民生改善带来严重挑战。全球供应链从过去三十年的高速发展,步入了重构阶段。全球供应链重构并非全球化的倒退,而是全球化的再平衡。全球供应链的重心从增量发展转变为存量竞争,从追求速度和规模转变为注重效率和质量。以往为了经济效益最大化而建立的漫长、复杂的全球价值链,已很难适应当前复杂多变的世界政治、经济环境。

为此,党中央提出要加快构建以国内大循环为主体、国内国际双循环相互促进的新发展格局。现代供应链是构建新发展格局的重要支撑。推动供应链创新与应用,运用现代供应链管理思维,利用现代科技赋能,找准供应链薄弱环节和堵点,着力补足短板、消除堵点、锻造长板,有利于加快打通生产、流通、分配、消费等各环节,推动供需精准适配,实现需求牵引供给,供给创造需求的更高水平动态均衡。

这几年,产业链供应链得到中央和政府的高度重视。2017 年,习近平总书记在十九大报告中提出"在现代供应链等领域培育新增长点、形成新动能",这标志着中央将供应链发展提升到国家战略的高度,供应链发展进入了一个全新阶段。2017 年 10 月,国务院办公厅发布《国务院办公厅关于积极推进供应链创新与应用的指导意见》(国办发〔2017〕84 号文件),对供应链工作提出发展目标。2020 年习近平总书记多次强调要高度重视产业链供应链稳定、高效和安全。"保产业链供应链稳定"被列为国家"六稳""六保"的重要任务之一,体现了供应链对于国民经济稳定,尤其是在稳外贸、稳外资方面的重要作用。十九届五中全会上,中央将"提升产业链供应链现代化水平",作为"十四五"期间"加快发展现代产业体系、推动经济体系优化"目标的重要组成部分,为下一步供应链工作指明了新方向,提出了新要求。"十四五"规划和 2035 年远景目标纲要也提出,要分行业做好供应链战略设计和精准施策,形成具有更强创新力、更高附加值、更安全可靠的产业链供应链。2020 年底中央经济工作会议又将"增强产业链供应链自主可控能力"列为八大重点任务之一。2021 年 7 月 30 日,中共中央政治局会议提出,要强化科技创新和产业链供应链韧性,加强基础研究,推动应用研究,开展补链强链专项行动,加快解决"卡脖子"难题,发展专精特新中小企业。新冠肺炎疫情和贸易战已经证实了产业链供应链安全稳定具有不可替代的价值,是后疫情时代的核心竞争力。只有安全稳定的产业链供应链,才能有效应对复杂多变的国内外政治、经济环境。

为贯彻落实国办发〔2017〕84 号文件精神,2018 年,中华人民共和国商务部(简称"商务部")、中国物流与采购联合会(简称"中物联")等 8 部门启动了全国"供应链创新与应用试点",共有 55 个城市、266 家企业被评为试点城市和试点企业。2021 年 7 月,商务部、中物联等 8 部门确定了 94 家供应链创新与应用示范企业,其中有 14 家是央企,央企占总数的14.9%。可以看出,央企中供应链创新与应用示范企业所占比例很大,示范企业中央企的比例也很大。这说明央企具有非常好的引领作用,央企供应链转型升级推动了整个中国的供应链创新。

自新冠肺炎疫情爆发以来,供应链的资源配置偏向抗击疫情领域。但是,在恢复经济增长过程中,供应链资源配置将在科技创新和基础设施建设领域不断加大。基础设施建设供应链资源配置不断加大是有市场条件的。当前,中国经济的发展正在加快构建以国内大循环为主体、国内国际双循环相互促进的新发展格局。国内大循环的战略基点是扩大内需,而基础设施建设是其中非常重要的一部分。

供应链资源配置改变了全球经济增长的动力。可以预见,未来十年,在供应链资源配置的引导下,建筑行业将迎来发展的历史机遇,同时也对建筑行业供应链管理人才队伍建设提出了更高要求。

近几年,中物联投入了大量的精力,推动全国供应链人才的培养。2020年11月,中物联牵头编写的《供应链管理师国家职业技能标准(2020年版)》由中华人民共和国人力资源和社会保障部正式颁布施行。

近日,欣闻8家建筑央企在中国交通建设集团有限公司2018年编制的"中国交建供应链知识体系"的基础上,整合完善,共同编写了"中国建筑业供应链管理知识体系"。相信此举顺应我国建筑业快速发展、供应链亟待提升的行业发展趋势,必将对我国建筑行业供应链人才培养产生积极的影响。本知识体系包括《供应链管理基础》《供应链管理整合》《供应链管理领导力》《POCAS采购人员能力评估体系》,结合了我国建筑行业的需求和特点,从操作、管理、领导三个层面对建筑行业供应链管理知识体系进行了总结和分析,并收录了25个建筑行业供应链管理案例,是建筑行业供应链管理从业人士的必备参考书目。

最后,衷心预祝"中国建筑业供应链管理知识体系"正式出版。

蔡进

2021年10月

前　言

目前,我国供应链的创新和转型升级正在快速发展,而且开始迈向高端化,表现为供应链运营管理的数字化,即供应链数字化转型。所谓数字化在新工业发展阶段主要表现为计算机化+互联系统,数字化转型表现为业务可视化、透明化、预测性和自我适应性(智慧企业)。

供应链管理理念和实践始于制造业,一般包括供应管理(寻源)、运营管理(加工)和物流管理(交付)。管理的重点是整合协同,通过协同实现全链增值;管理的核心要素是"人、技术和流程"。

2021年年初,国务院国有资产监督管理委员会(简称"国务院国资委")组织对央企的采购工作进行例行对标考核,我很荣幸参加了第七组建筑行业的对标考核工作。第七组包括中国建筑集团有限公司、中国化学工程集团有限公司、中国铁路工程集团有限公司、中国铁道建筑集团有限公司、中国交通建设集团有限公司、中国电力建设集团有限公司、中国能源建设集团有限公司和中国安能建设集团有限公司8家。

在40多天的时间里,考核组对8家建筑业央企的项目工地实地考察、观摩、学习。我们目睹了我国工程建设队伍在高山沟壑、大江大河、戈壁沙漠等异常艰苦的环境中创造出的一个又一个的奇迹。在听取各项目汇报时,我们深深感受到,我国工程建设队伍被世界称为"基建狂魔",除了党的领导、社会主义体制优势和中华民族与生俱来的吃苦耐劳的秉性外,建筑业央企结合建筑工程项目特点,对供应链理论的研究和相关技术工具的成功应用也是一个重要原因。

"对标"活动结束后,考核组认为,为继续保持中国基建在全球的领先地位,我们应当组织力量系统总结我国建筑业供应链理论研究成果和实践的经验;同时,我们也看到,从供应链创新和发展的要求看,我国建筑业供应链管理优秀人才的短缺仍然是建筑业提升可持续力和竞争力的短板。经对标考核组提议,8家央企领导和供应链管理部门一致支持和响应。之后,在国务院国资委改革局领导的指导下,作为对标工作的延续,我们启动了"中国建筑业供应链管理知识体系"课题研究。中国交通建设集团有限公司(简称"中交集团")王彤宙董事长亲自挂帅担任课题领导组组长,成员包括了8家建筑央企集团的领导。各级领导的支持对课题的顺利完成起到重要作用。

现在,在8家建筑业央企的共同努力下,本套"中国建筑业供应链管理知识体系"正式出版。

编写组按照CIPS世界级采购与供应管理的基础要求,融入国内外知名的ISM、C.P.M.、SCMP知识体系的精华,结合我国建筑行业的需求和特点,从执行、管理、领导三个层面编纂了具有中国建筑业特色的供应链管理知识体系。

本套知识体系是在中交集团2018年完成的三级16册的"中国交建供应链知识体系"(1.0)的基础上整合完成的,整合后体系的名称为"中国建筑业供应链管理知识体系",包括《供应链管理基础》《供应链管理整合》《供应链管理领导力》《POCAS采购人员能力评估体系》四册,分别对应建筑业供应链的执行、管理和领导三个层级的人员。其中第一册、第二册在原框架体系内做了重大调整和内容补充,第一册第四部分"仓储与物流管理"以及第三册做了部分删节、补充、合并,增加了相关案例。本套知识体系覆盖了中华人民共和国人力资源和社会保障部颁布的《国家职业技能标准》职业编码4-02-06-05中供应链管理师要求的战略管理、计划管理、采购管理、生产管理、物流管理、创新管理等的全部知识点,并在此基础上进行深化和知识扩展,同我国的SCMP相关知识点的定义保持一致。

本套知识体系由低到高,迭代渐进。

第一册《供应链管理基础》分为采购与供应管理基础、采购与供应链管理策略、采购实施与合同、仓储与物流管理等四个部分,针对基层供应链管理人员的执行层面。所谓"执行"就是按照规定流程不走样地完成采购供应、精细生产和履约交付工作。全书知识点属于基础流程范畴。

第二册《供应链管理整合》分为供应链环境、战略和增值,供应链与项目管理,供应链管理的可持续和竞争力等三部分,针对中级供应链管理人员的管理层面。所谓"管理"就是通过建立和被管理者根本利益目标一致性基础上的约束管制,通过协同整合,实现供应链的增值。全书知识点属于战术提升范畴。

第三册《供应链管理领导力》分为采购与供应的领导力、采购与供应战略、合同与商务管理、绿色供应链等四部分,针对高级供应链管理人员的领导层面。所谓"领导"就是领导者通过其理念和影响力,引导被领导者自愿追随企业发展的战略目标,凝聚全链,争当世界一流。全书知识点属于战略拓展范畴。

三册书对供应链管理的知识体系进行了全面的梳理和总结,凝练了建筑业供应链管理的定义,总结了建筑业供应链管理特点,归纳了供应链管理的基本要素。

在建筑业供应链管理中,项目是核心,环境是条件,计划是依据,整合是手段,协同是关键,增值是目标。

同 1.0 版本相比,本体系采纳了课题组研究的以下创新成果,主要是:

1.建筑业供应链的概念;

2.项目采购与运营采购的概念;

3.以寻源周期为框架的供应链流程;

4.采购工具箱;

5.建筑业 BIM 技术的解读;

6.供应链构型研究;

7.供应链管理与项目管理的研究;

8.建筑业供应商管理;

9.建筑业客户管理;

10.建筑业数字供应链的研究。

为了加深学员对本体系相应知识点的理解,编写组在 8 家央企推荐的众多案例中选择了 19 个优秀供应链管理案例,加上 1.0 版保留的 6 个案例,形成 25 个案例。这 25 个案例生动具体,经验可复制,与体系知识点内容紧密融合,也是我国建筑业央企供应链管理理论研究的成果和业绩展示。

翻开本书彩页,我们在欣赏各建筑业央企选送的美轮美奂的工程图片时,编写者和读者作为中国建筑业央企的一员会感到由衷的自豪。

本体系的参考资料,除了附录所列参考文献外,还有中国物流与采购联合会组织翻译或编著的美国 C.P.M.职业资格认证核心教程、美国 ISM 专业系列丛书、中国供应链管理专家职业水平认证指定教材 SCMP 的有关内容。在本体系正式出版之际,谨向中国物流与采购联合会及其各位专家表示衷心感谢。

中国建筑业供应链管理知识体系课题组组长

2021 年 11 月 7 日

目　录

第三部分　供应链管理的可持续和竞争力

本册综述

一、学习内容

本册是为培养在建筑业供应链管理领域工作的中级采购供应工作者而编写的提升性知识体系。

本册分为三部分：

第一部分为供应链环境、战略和增值。本部分从管理角度介绍了供应链管理整合的主要流程，包括采购供应环境、采购战略管理、采购需求预测和计划管理、供应链构型及其选择、品类（专业采购）管理、战略采购、供应商管理、建筑业供应链客户关系管理。

第二部分为供应链与项目管理。本部分首先做了项目管理概述；其次鉴于建筑业"工程"的属性，对项目管理和供应链管理的异同做了分析，找出共性内容，包括全面质量管理、供应链风险管理、人力资源管理、供应链与项目管理分析技术工具等。

第三部分为供应链管理的可持续和竞争力。本部分介绍了实现供应链管理的关键指标——可持续和竞争力的相关知识，具体包括供应链管理的可持续性、履行"负责任采购"、选择和评价可持续供应商、控制供应链的复杂性、供应链合规性管理、追求竞争优势、追求成本优势、供应链管理中的协同以及供应链管理的数字化建设等。

三个部分构成供应链管理的提升性知识体系，内容偏重于供应链管理的管理层面。

二、学习要求

本册的基本要求是对供应链管理的整合有全面的了解，了解整合的环境、掌握整合的工具、熟悉整合的内容（包括内部整合与外部整合）。内部整合旨在打破职能壁垒，使各职能努力合作以满足客户的需求。外部整合是采购实体在实施业务战略的过程中，同供应链的外部合作伙伴沟通协作。整合的关键是保障供应链的可持续性和竞争力，产生供应链的增值效应，形成价值链。

三、学习目标

完成本册相关知识点的学习后，学员能够提高在企业供应链管理中的组织能力，能够适应内外环境条件，选用或建立符合项目特点的供应链，制定企业采购战略，实施战略采购，合理运用供应链管理和项目管理工具组织安排供应和生产；并通过对关键环节管理，实现供应链的可持续性，提高供应链的竞争性。

四、知识模块和考核

本册知识模块由各章节首页予以列示。

每一模块标注了"了解""理解""熟悉""掌握"四个层次。

其中:

"了解"指对培训内容达到知晓的程度,其内容属于常识性知识点;

"理解"指知其然,知其所以然,其内容属于应当基本掌握的知识点;

"熟悉"指对教材内容反复研读,其内容属于应掌握的知识点;

"掌握"指对原有知识能够做到消化吸收,并能进行创新和变化,能够解决不同情况的问题,其内容属于应完全掌握的知识点。

完成本册学习任务后,学员需要通过必要的评估并参加建筑行业组织的考试。考试及格,可获得建筑业供应链管理相应资格证书(名称待定),并作为考生在建筑企业内岗位竞聘和晋职的参考依据之一。

第一部分

供应链环境、战略和增值

第1章　采购供应环境

　　供应链整合被定义为"在不同职能和企业之间实现供应链目标的一致性,并且通过信息透明、电子技术和人与人之间的交流,将这些职能和企业联系起来"。这个定义的内涵包括内部和外部两个维度的供应链整合(ISM 术语第六版)。

　　其中,内部整合旨在打破职能壁垒,使各职能努力合作以满足客户的需求。外部整合是组织在实施业务战略的过程中,同供应链的外部合作伙伴们开展协同工作,以提高企业竞争力。

　　分析和研究采购供应环境是供应链整合的基础。

◎ **本章目标**

　　1.理解供应链管理整合的范围和内容。
　　2.熟悉全球化经营应当注意的问题。
　　3.熟悉国内外环境供应链对整合工作的影响。

≫≫≫ 1.1　供应链管理整合概述

1.1.1　供应链管理是供应链的重要职能

　　供应链管理是供应链的本能属性。

　　管理是使事物的发展从混乱、无序走向有序、有效的方法。管理和人类的发展并存。人类从原始社会走向当代社会,管理也从低级走向高级,从自发走向自觉,从分散孤立的思想和方法走向综合统一的学科体系。管理是在社会组织中,为了实现预期的目标,以人为中心进行的协调活动。它包括 4 个含义:

　　(1)管理是为了实现组织未来目标的活动;
　　(2)管理的工作本质是协调;
　　(3)管理工作存在于组织中;
　　(4)管理工作的重点是对人进行管理。

　　按照管理学的观点,管理是通过计划、安排、控制、激励和领导等环节来协调人力、物力和财力资源,以期更好地达成组织目标的过程。

供应链管理就是对采购供应、生产运营和履约交付使用这三段的计划协同,对信息流、资金流、商流和物流这四流的数字整合。

1.1.2 供应链管理内部关系的整合

1. 采购从"职能管理"向供应"流程管理"转变

作为一个跨职能的机构,采购部门就是制定战略计划目标的牵头者。事实上采购部门必须同其他职能部门一同工作,从职能管理向供应流程转变。

采购部门和相关部门的合作通过企业管理流程固化,是供应链可靠、高效运行的制度保障。

采购部门和其他部门合作的关系见表 1-1-1。

表 1-1-1　采购部门和其他部门合作的关系

部门	角色描述与采购部门的关系
最高管理层	规划企业的愿景和战略并分配资源 采购部门需依据战略目标,与高层充分沟通,以明确如何协助企业达成战略性目标
工程	为企业的产品和生产过程制定技术规范 采购部门应与工程部门充分沟通,对照工程部门的规范,以确保所采购的物料能够满足这些规范要求,而在新产品开发的过程中,采购部门则应协助工程部门与供应商进行沟通
质量控制	鉴定物料和流程,以确保能生产出合格的产品 采购部门检验供应商的能力,并与质量控制部门一同对供应商进行培训认证和开发
制造	生产排程,计划产能,管理库存,并规划设施的布局 采购部门与制造部门关系密切,制造部门往往是采购部门最大的内部客户,因此这两个部门应尽量协调各自的工作,以保证满足原料的及时供应
财务	监控现金流,编制财务预算,执行财务计划 采购部门与财务部门一同监控和评估成本绩效,并保证按时付款给供应商;采购部门与财务部门一同评估各种供货来源,同时协助进行价值分析
市场营销	帮助创造产品促销,并为满足客户需求,交付真实的产品 采购部门必须充分了解市场的需求,并尽可能地合理预测购入产品的最佳数量和服务,以支持客户交付策略
设施设备	管理生产场地和布局,同时对企业的设施设备进行维护保养 采购部门需要提前介入设施计划阶段,协助选择适当的服务和物料来源,包括为构建和维持世界级的设计水平而采购的重要设备
物流	计划和控制物料与成品的出入 采购部门和物流部门应当共享信息,确保物料按时送达,以支持生产运作和分销活动;采购部门也应帮助物流部门与服务供应商谈判签订更好的合同
信息系统	设计并管理信息系统,包括企业内部电子平台的整合和数据分析 采购部门与信息系统部门合作,确保信息的采集分析和报告是正确的,以便做出更好的采购决策
法务部门	为企业解决法律问题,符合合同以及其他法律文件;由于采购往往牵扯到合同问题以及与外部实体的关系,法务部门应当仔细检查采购的每一项活动 采购部门应当于所有合同签署前将合同交给法务部门,法务部门同样要针对可能影响采购的法律法规对采购部门进行培训

（续表）

部门	角色描述与采购部门的关系
公共关系	对外包客户和供应商树立积极的企业形象 采购部门应与公共关系部门一同调整那些可能会影响外界的采购活动,这些活动可能包括少数供应商的发展计划以及针对环保要求采购所做出的努力等;当出现意外和潜在的伤害性事件时,采购部门与公共关系部门紧密合作,如化学泄漏
销售	负责分销和零售环节的产品销售 采购部门与销售部门密切协作,通过两部门的及时沟通,使热销产品能够及时补货,并在滞销货物过多占用企业资源前将其售出,两部门的协作能减少这些产品由于降价所带来的损失
生产计划	进行生产排程,明确所需资源 采购部门与生产部门协调,为生产出物美价廉的产品而采购合适的原材料
研发	负责对产品和生产流程的基本研究与应用性研究 采购部门要保证研发工作有最好的原材料和设备可用,采购部门可将产品专家的意见和供应商的经验带到研发过程中
产品开发	设计新产品和进行产品的改进,并建立产品规范 采购部门应当及时介入产品开发过程中,协助制定最适当的产品技术规范,并选择最理想的原材料;采购部门可将供应商的经验带到产品开发的过程中
当地服务	提供产品售后的安装和服务 采购部门必须要了解当地服务机构,对产品和服务的需求予以保证,无论何时都能为客户提供迅速而可靠的服务
维修	保证设备的工作状态良好,并能正常运转 为保证生产设备正常运转,采购部门和维修部门要协同工作,以防设备发生故障,很多时候采购部门要负责跟车损坏的配件设备能够尽快修复
其他	采购部门应与企业的每一个部门共同协作,满足他们所需要的原材料并服务到位 采购部门应当同所有内部客户建立密切的工作关系,并学会其语言,以便迅速满足其需求

② 企业内部整合的条件

（1）改变企业文化分配资源。供应链管理需要高级管理部门的决策支持,否则采购部门的功能孤岛难以打破,并导致企业内部部门很难进行合作,而合作显然是供应链管理成功的关键所在。为了突破部门障碍,华为集团在企业的研发部门、销售部门之外统一组建了供应链管理部门,效果显著。

（2）共同的理念和目标。除了领导力和组织力,成功的供应链管理还要求每一个团队成员有类似的理念和目标,团队成员需要分享信息资源,这样他们才能共同努力。

（3）供应链协作指标。这应成为企业对部门考核的指标之一,如计划预测的配合等。

1.1.3　供应链外部环境的整合

① 采购经理应当具备的条件

为了维持与供应商以及其他外部客户的积极关系,采购经理必须掌握广泛的知识,并不断完善多种技能。例如,要打造一个世界级的供应商群体,采购经理必须要成为商品专家,理解定价的经济原理,了解影响产品可获得性的因素,知道怎样与供应商的销售人员打交道,还有能力对供应商的执行和抗议做出有效的回应。同时采购经理还要有能力开发针对小型企业和弱势供应商的项目,并且要熟悉一系列的法律和法规。

采购就像营销一样,必须每天应对各种各样的外部压力,因此采购经理必须有能力去面对企业、政府机关、专业协会以及传媒,有效地成为采购方的代表,在会议演讲和新闻发布会上进行有效的交流,帮助企业推进实现战略目标。

❷ 采购部门的管理要求

供应链外部环境的整合主要包括客户关系管理、顾客服务管理和供应商关系管理。

（1）客户关系管理

客户关系管理是组织和维护客户关系的过程,它根据贡献和价值对关键客户和客户群进行细分。更多有价值的客户被精准地安排了忠诚度计划和定制的产品与服务,客户关系团队还与关键客户协作,以找到改进其流程、减少需求波动和消除非增值活动的方法。组织收集有关客户的数据,以便更好地了解他们的行为,形成更可靠的预测实施战略,以特定的产品和服务,瞄准客户群体并解决重要客户的特定问题。

建筑业的市场客户群随机性较大,但是对于公共基础设施项目,有关政府部门就是战略客户,应当通过各种渠道使政府有关部门加深对本企业的了解。

（2）顾客服务管理

顾客服务管理是组织和客户沟通的界面,它涵盖了产品和服务从被销售出去到完成交付的全过程。它向客户提供关键的服务信息和产品的可获得性,发货日期和预期到达时间,并解决问题和投诉。为了避免服务流程的失败,在设计时应当采取更积极主动的服务理念。

建筑工程的服务主要体现在对工程缺陷维护的及时性和使用的方便性。对一些特殊工程,还有培训等问题,如化工建筑工程。

（3）供应商关系管理

企业通过供应商管理流程监督企业与其供应商之间的交互关系,采购部门基于对企业力量的影响和供应风险对供应商进行分类,为每个类别制定订购战略,然后实施这些战略以满足企业的重点要求。支出分析可以帮助采购部门对供应商进行分类,对那些积极管理其供应链的企业来说,供应商关系管理着重于和表现最好的供应商建立密切的长期关系,以实现关键产品和服务的绩效目标。

有关供应商关系管理的研究将在其他章节详细论述。

1.1.4 电子商务平台是供应链整合的载体

电子商务平台能将分散在不同地方的供应链成员联系起来,无论是内部还是外部,电子商务平台都是供应链整合的载体。

信息共享存在两个明显的问题:第一个是意愿,即成员间的关系力度及相互信任程度,在与供应商分享需求特点的信息时,许多企业还在努力突破"自有"信息的概念,供应商同样也不愿意与其客户共享技术和成本结构数据;第二个是信息对接,是否存在合适的信息系统平台能够共享及时准确的相关数据,如果信息能够合理地共享,就可以代替供应链的库存。信息共享也可通过延迟战略、持续补充和基于时间的竞争战略来压缩订单履行周期。

国内一些消费类企业基于网络的系统,可以将完整的订单历史和需求提供给供应商。通过这个系统,供应商可以看到任何一个订单状态,包括通过生产流程的每一个主要环节的数量。采购及销售团队可以根据前期的销售反馈加速或停止生产运行,这种方式能够使企业应对未能预见的高销售需求,并减少削价出售的情况,从而形成真正的成本优势。

>>>> 1.2 全球化的国际供应环境

1.2.1 贸易摩擦中的全球化

美国劳工部前部长罗伯特·莱希在其所著《国家的功能》中指出世界发展有三大趋势：商业全球化、技术进步加快、环境和人口挑战加剧。其中商业全球化在过去几十年不断加速发展并进入一个质变的过程，而且全球化越来越深远、越来越快速、越来越低廉、越来越深入。中国社会科学院张宇燕指出，"从人类发展历史角度看，全球化是不同国家、不同地区，相互依存度不断提升的历史过程；从经济学理念看，全球化是人类通过促进生产要素在全球范围内流动来最大限度地实现收益的过程"。原则上讲，全球化可以让每个人都从中受益，符合世界经济规律的历史进程是长期发展的大趋势和主旋律。

在全球化的浪潮中，不仅是市场的全球化，也是供应链的全球化，并体现了供应链的竞争。在20多年前，全世界排名前10的工程总承包商没有一家中国企业，但是经过20多年的发展，中国建筑业央企有7家进入世界排名前10，中国工程建设队伍被称为"基建狂魔"。应当说，中国是当今商业全球化的主要受益者和推动者。

但是，当经济疆界被侵蚀的时候，政治疆界依然存在。因此，贸易摩擦和冲突始终与商业全球化相伴，周期性的贸易摩擦成为常态。

目前，我国经过改革开放四十余年的励精图治，已经成为全世界第二大经济体。这引起少数西方国家的政治家为了自身政党及其所代表的利益集团的不满，他们抛弃了自己创建的自由竞争国际秩序，毫不掩饰地对我国进行封杀、打压，把供应链关系政治化，造成全球供应链的破坏，即出现了"逆全球化"。这种逆全球化主要表现在高技术领域。但是，全球化是不可阻挡的大趋势。

1.2.2 全球化是市场化发展的必然

全球化作为市场发展的大趋势取决于三股力量。

一是信息化的力量。今天互联网技术已经发展到一个新阶段。互联网将最新的市场消息、流行的时尚风潮带进千家万户和商业世界。随着通信技术的改进，企业能够更好地协调在世界不同地点实施的运作，能够更好地追踪竞争对手的行动，也能够更好地进行比较采购，首次行动和竞争反应时间被大大缩短了，人们处理订单的能力迅速提高。企业对利润的追逐本性不可阻挡地推动全球化，以实现企业利益的最大化。

二是物流体系的现代化。众所周知的实惠价格，更加持续、可靠和及时的服务体系，航空运输方式的选择和使用，来自第三方中介的更好服务以及顺畅的清关手续，使当今物流在计划和运输成本方面减少了很多的不确定性和多变性。

同时，信息技术也大大提高了物流协调的水平，提前发运通知、全球定位系统以及电子清关系统的应用，都增加了物流运作的可管理性，企业能够更为准确地、低成本地安排货物在全世界范围内不同地区的流转，现代化的物流体系已经削弱了全球一体化经济构成的壁垒。

三是政府干预的双刃剑。毋庸置疑,政府非法干预是商业全球化的障碍。为了维持公平的市场秩序,第二次世界大战以来国际上签订的关税及贸易总协定(GATT),以及后来发展的世界贸易组织(WTO)都在一定程度上减少了保护主义,降低了冲突发生的概率。政府干预是双刃剑,如美国通过全面提高关税和禁止出口高新技术设备试图促进美国经济的复苏,虽然这种"逆全球化"的战略在给我国造成了一定的损失,但同时给美国造成了更严重的后果:

一是美国失去了质优价廉的中国制造支撑美国民众的消费品,这必然会引来通胀压力。这种通胀压力在2021年已经完全显现。

二是美国科技产品的市场转化率大幅降低。美国科技产品的市场转化率是由中国市场支撑的,市场转化率的降低会促使中国企业加速追赶和超越美国。

三是美国将失去全球第一大市场和第一大潜力市场。

四是美国国内的社会矛盾必然面临更大的压力。

经过三年的贸易争端,中国对美国的贸易顺差非但没有缩小,相反在逐步扩大。2018年,中国对美国贸易顺差为3 233.2亿美元。2020年,中国对美国的贸易顺差已经增加到5 350.3亿美元。事实证明,美国对中国的贸易战并不能促进美国经济的复苏。

合作才是正道。

1.2.3　驱动供应环境的力量

急剧的全球化、激烈的竞争、剧烈的变动、难以对付的复杂和难以置信的不确定,在这样的环境下,采购经理必须了解供应环境对采购的影响,做好战略寻源和采购计划。其中,寻源是关键,而计划是产生共同愿景的基础,也是配置资源的基础,以便减轻威胁并针对机会进行投资。简单地说,企业必须通过战略寻源和制订计划,选择和构建正确的供应链。现代供应环境和采购流程的相关性如表1-1-2所示。

表1-1-2　现代供应环境和采购流程的相关性

采购流程步骤	供应环境力量
识别需求	文化差异要求产品的私人订制
	软件技术能使常规采购智慧化
	通过对采购数据库的分析,合并常规的部件
	更好的内部合作可以缩短沟通的周期
	更好的外部合作可以缩短订单完成的周期
需求描述	在全球采购中,语言和文化差别使沟通更加困难
	压缩要求,更好地信息分享
	供应商的早期介入能更好地理解需求
	技术有利于信息的分享,比如大数据、物联网、移动通信云计算等

（续表）

采购流程步骤	供应环境力量
供应商的选择和开发	应当从世界范围内发现并考核供应商
	评估供应商的产能是否具有满足买方全球化需求的能力
	对绩效的期望正持续地提高
	更关注时间和增值的能力
	开发供应商能力时,更主动地介入
	供应商逐渐成为被企业延伸的一部分
价格的确定	需要更好地了解汇率
	关注重点是总拥有成本
	成本和价值的权衡分析
	跨文化的谈判技能变得更重要
	全球的采购合并增加了采购量,并因此获得价格上的优势
采购订单的准备	语言和文化差异要求描述得非常清楚
	更多地使用总括订单,包括对本地原料使用的订单
	采购订单的准备应该在交易平台进行
	标准物品的订单通过交易平台发出
订单的执行和跟催	全球采购经常延长了距离和前置期
	时间压缩要求准时交付
	希望比以往订单完成周期更短和具备更快的响应能力
	技术使产品的跟踪和跟催更容易
收货和验货	全球采购时,准确的信息记录更重要
	供应商的认证减少了进口检验的工作
	对收货流程进行再改造,避免了免检入库商品的重复检验
	技术使收货流程更透明
	更紧密的供应链关系,产生了供应商管理补货的方式
发票清算和供应商支付	全球采购要求汇率政策的完善
	流程再造加快了供应商交付
	技术造就了电子转账
绩效监督和数据库管理	对全球供应群体的使用需要和绩效标准的评估
	准时交付订单的完成时间和响应能力更获得关注
	跨功能的团队来评估供应商的绩效
	供应商记分卡用来监督绩效表现并用来沟通
	持续改进条款更频繁地使用
	数据库和数据挖掘有助于缩减供应商数量

注:本表引自 ISM 教程《供应管理环境》P17,表 1-4,引用时对个别文字做了修改。

1.2.4 全球化采购的实施

1. 全球化采购流程

全球采购需要有充足资源的专项配置以及合同双方的共同努力,采购经理在投入复杂的全球环境之前,必须清晰地确定采购需求和目标。在供应链管理中,最大的协同效应可以通过协调全球采购策略、联合采购要求以及同世界上最佳供应商协商建立长期合作等方式发挥出来。这种统一的全球采购策略要求企业在系统技能与机制方面加大投入的力度。全球采购需求和策略示意图见表 1-1-3。

表 1-1-3　全球采购需求和策略

	每一步骤所回答的问题
评估运营及竞争环境	全球采购是一个有价值的竞争选择吗?
	全球采购能帮助我们更好地满足客户的真正需求吗?
	全球采购需要达到何种密级和广泛的程度?
	——我们应该对哪种品种进行全球采购?
	——需要什么样的结构和基础设施?
界定国际采购范围	——我们的采购人员需要具备哪些技能?
	——成本收益分析支持所选定的范围吗?
	对每一个品种谁是最佳的供应商?
	它们坐落在世界上哪个位置呢?
对世界范围内的供应商进行识别和评估	它们能够为我们的全球运营提供世界级支持吗?
	它们前面的订单绩效如何?
	——全部成本
	——交货质量
	——创新
	——响应能力
确定买方/供应商关系的适合本质	有了既定的需要,供应商的位置及能力渠道的物流挑战,应该建立何种类型的买方/供应商关系?
要求/评估供应商的建议方案	在总拥有水平上,该建议是否真的具有可比性? 短期内谁是最佳供应商,长期内谁是最佳供应商?
选择这家供应商,确定合同条款及条件,并构建所期望的关系	需要进一步的谈判吗?
	明确了解了各自的角色和责任吗?
	绩效期望是否被清晰地阐述并理解了?
	如何共同承担分享资源风险和回报?
实施状态、要求及能力的持续再评估	卖方/供应商的关系真正地建立起来了吗? 有效吗?
	被选中的供应商是否能按照世界级的标准?
	基于我们运营的变化、竞争要求以及我们客户的需要,这种关系有意义吗?

注:本表引自 ISM 教程《供应管理环境》图 2-3,引用时对个别文字做了修改。

2. "一带一路"倡议给我国建筑企业带来的机遇

"一带一路"(The Belt and Road,缩写 B & R)是"丝绸之路经济带"和"21 世纪海上丝绸之路"的简称,2013 年 9 月和 10 月,中国国家主席习近平分别提出共建"丝绸之路经济带"和"21 世纪海上丝绸之路"的倡议。依靠中国与有关国家既有的双多边机制,借助既有的、行之有效的区域合作平台,"一带一路"旨在借用古代丝绸之路的历史符号,高举和平发展的旗帜,积极发展与沿线国家的经济合作伙伴关系,共同打造政治互信、经济融合、文化包容的利益共同体、命运共同体和责任共同体。

"一带一路"经济区开放后,中国企业承包工程项目突破 3 000 个。这些工程项目的建设,为我国建筑企业带来重大的发展机遇,随之带来的采购合同也应该以全球化的视野组织实施。

1.2.5 全球化经营应当注意的问题

建筑企业为了保持长久的全球化成功,必须注意以下 4 个方面的差异,并有针对性地进行管理。

1. 政治问题

政治问题因国家的不同而存在着极大的差别。最重要的政治问题就是政治稳定,认真审视可能将在全球经营策略置于危险境地的项目并评估当前实际稳定性的作用。另外,对采购来说也至关重要的问题是建立正确的渠道联系和关系。

2. 法律问题

法律问题因国家之间的差异而不同。举例来说,在法国用英文发布广告是被禁止的。这些细节问题增加了商业全球化运作的难度和资金成本。一个更为切实存在的法律问题,在一些国家贿赂是建立关系的前提条件。聘请熟悉当地法律的顾问,对企业全球化运作的成功是至关重要的。

3. 财务问题

财务问题可以决定商业全球化运作的盈利水平。汇率是最显而易见的财务问题,因为每一笔国际交易都十分容易受到汇率变化的影响。采购经理应当提出合理有效的货币政策,以减少企业的汇率风险。另外,税收是可以毁掉全球化经营盈利水平的一个问题,企业可以请熟悉所在国国家税收法律的专家们给予协助,对货币的可兑换性以及利润向国内的回返给出建议。

4. 文化问题

文化的标准因国家之间的不同有着极大的差别,并且它能渗透到行为中的每一个层面上去。文化的差异使人们对时间、私人空间、人与人之间的沟通关系以及个人职责的看法都有所不同。因此,应当特别注意所在国的礼仪、风俗、习惯,避免麻烦。

当采购经理了解了国内与全球化经营差异的时候,就会更好地做好准备来应对全球化的挑战,找到机会并且协助其企业去获得持续而富有竞争力的优势。

≫≫≫ 1.3 宏观经济环境分析基础

以下是一些让采购经理感到困惑的问题:

（1）现在是不是购买钢筋的最佳时机？

（2）水泥的行情将来是涨还是落？

（3）生产装配式建筑板块的工厂是外购还是自建？

（4）沥青的价格与海湾国家的战争和稳定有多大关系？

这些问题很难准确回答，它们和国际国内的大环境有关。供应链市场环境分析是供应链管理的基础。

1.3.1 宏观经济目标及其政策工具

供应链处于大经济环境中，宏观经济运行过程变化的规律以及政府经济政策对供应链都会产生影响，整个社会的产量、收入、价格水平和就业水平也会作用于供应链，特别是建筑业，宏观经济的趋势对行业的发展影响极大。

1. 宏观经济的政策目标

宏观经济的政策目标是政府为了增进社会经济福利，解决经济问题而制定的指导原则和措施，是为了达到一定的经济目的而对经济活动的干预。宏观经济的政策目标主要有4个方面：充分就业、价格稳定、经济持续均衡增长与国际收支平衡。

（1）充分就业，指一切生产要素，包括劳动者有机会以自己愿意的报酬投入生产的状态。按照凯恩斯的观点，失业分为三类：摩擦失业、自愿失业和非自愿失业，另外，还有周期性失业和结构性失业。建筑业是吸纳农民工最重要的行业，建筑业的发展对保证农民工就业有着重要的作用。

（2）价格稳定，用价格指数来衡量。价格指数表达了一般价格水平的变化。价格指数有消费者价格指数（CPI）、生产者价格指数（PPI）和国内生产总值折算指数（GDP Deflator）。

（3）经济持续均衡增长，主要体现在 GDP 指标稳定持续增长，避免大起大落。

（4）国际收支平衡，主要指标是国家对外贸易总额，包括出口和进口总额。

2. 宏观经济的政策工具

（1）财政政策，是政府支出和政府税收政策的总称。政府支出的形式有两种：一是政府购买，这会影响国家经济的总支出，进而影响 GDP 水平；二是政府的转移支付。税收政策对宏观经济的影响有两个方面：一是税收直接影响人们的收入，进而影响消费决策；二是政府对企业征税，影响生产要素和商品价格，从而影响对企业的激励和经营决策。

（2）货币政策，也就是金融政策，是中央银行为实现其特定经济目标而采用的各种控制和调节货币供给量和信用量的方针、政策和措施的总称，如增加货币发行，降低贷款利率等。

（3）其他政策，包括收入政策、价格管制等。

1.3.2 国民收入核算

1. 国内生产总值（GDP）和国民生产总值（GNP）

一个国家运用生产要素在一定时期内所生产全部最终产品（物品或服务）的市场价值称为国内生产总值（GDP）。GDP 按国土原则计算：在本国领土创造的价值应扣除国外要素的收入净额。

国民生产总值（GNP）指不管是否在国内，凡是本国公民所创造的价值都计入本国GNP。即

GDP＝GNP－国外要素净收入　　GNP＝GDP＋国外要素净收入

2. GDP 的计算方法

（1）支出法核算，也称产品流量或最终商品法，从产品使用角度讲，一定时期内购买的各项最终产品的支出总和。

$$GDP = C+I+G+(X-M)$$

式中：C——个人消费支出；

　　I——国内私人总投资；

　　G——政府购买商品和服务；

　　$X-M$——净出口。

（2）收入核算法，也称生产要素所得法，从收入出发，生产要素在生产中所获得的各种收入总和，即劳动所得工资、土地所得租金、资本所得利润以及企业主能力所得利润总和：

$$GDP = 工资+利息+利润+租金+间接税和企业转移支付+折旧$$

1.3.3　经济周期

经济周期（Business Cycle）也称商业周期、经济循环，一般是指经济活动沿着经济发展的总体趋势所经历的有规律的扩张和收缩，是国民总产出、总收入和总就业的波动，是国民收入或总体经济活动扩张与紧缩的交替或周期性波动变化。

过去把经济周期分为繁荣、衰退、萧条和复苏4个阶段，表现在图形上叫衰退、谷底、扩张和顶峰更为形象，也是现在普遍使用的名称。

在市场经济条件下，企业家们越来越多地关心经济形势，也就是"经济大气候"的变化。一个企业生产经营状况的好坏，既受其内部条件的影响，又受其外部宏观经济环境和市场环境的影响。

一个企业无力决定它的外部环境，但可以通过内部条件的改善来积极适应外部环境的变化，充分利用外部环境，并在一定范围内，改变自己的小环境，以增强自身活力，扩大市场占有率。因此，企业家对经济周期波动必须了解、把握，并能制定相应的对策来适应周期的波动，否则将在波动中丧失生机。图1-1-1是经济周期示意图。

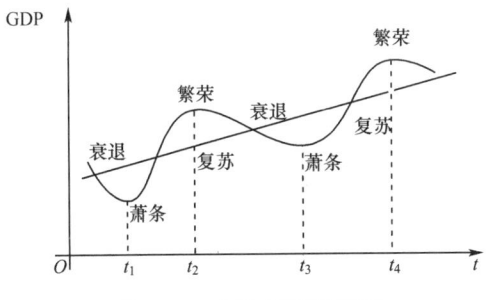

图 1-1-1　经济周期示意图

1.3.4　通货膨胀

1. 定义

市场总体价格水平持续上升，称为通货膨胀，反之为通货紧缩，价格水平变化速度为通货膨胀率。

$$\Pi_t = \left[(P_t - P_{t-1})/P_{t-1} \right] \times 100\%$$

式中：Π_t 为 t 年的通货膨胀率；P_t 为 t 年的价格水平，P_{t-1} 为 $(t-1)$ 年的价格水平。

2. 价格指数

价格指数常用的有消费者价格指数、生产者价格指数和 GDP 紧缩指数和采购经理人指数。价格指数与通货膨胀有关。

(1)消费者价格指数(CPI),是指典型化的城市消费者购买的一种固定物品的价格平均上涨指标。它是建立在人们日常生活中所购买的食品、衣服、燃料、交通、住宿、医疗、学费,以及其他商品的价格基础上的。

(2)生产者价格指数(PPI),是指生产原料和中间投入品等平均价格水平的指数,给定一组商品的价格衡量。PPI 与 CPI 不同,CPI 关注原材料和中间产品,而 PPI 是销售过程中开始阶段的价格衡量。

(3)GDP 紧缩指数,是指某一给定年份中名义 GDP 和实际 GDP 的比值。其包括的商品和服务范围最为广泛,较准确地反映最终产品和服务的一般价格水平,是一个综合的价格指数。它被作为价格变化的重要参考值。

(4)采购经理人指数(PMI),指数 50 为荣枯分水线。当 PMI 大于 50 时,说明经济在发展;当 PMI 小于 50 时,说明经济在衰退。PMI 月度发布,是一套综合性的经济监测指标体系,分为制造业 PMI 和服务业 PMI,一些国家还有建筑业 PMI。其各项指标反映了企业供应与采购活动的各个侧面。

3. 通货膨胀的分类和原因

通货膨胀可以有多种分类:按程度分为低通货膨胀、奔腾通货膨胀和超级通货膨胀;按照对价格的影响,分为平衡的通货膨胀、非平衡的通货膨胀。

通货膨胀的来源:需求拉动型、成本推动型、结构性预期与惯性,以及作为货币现象的通货膨胀。

4. 通货膨胀的影响

(1)对收入和财富分配的影响:

对固定货币收入的影响:遭受损失。

对债权人和债务人的影响:债权人吃亏而债务人占便宜。

对税收的影响:在累计所得税制度下,所得税的增长高于价格和收入上升的速度,政府收入占国民收入的比例增大而个人比例减少。

(2)对产出的影响分三种情况:通货膨胀导致产出增加;成本推动通货膨胀引致失业;超级通货膨胀引发经济崩溃。

(3)对效率和增长的影响:通货膨胀使价格信号混乱,损害经济效率,还会引起货币型通货膨胀率高于名义利率,实际利率小于 0。这样人们会尽量减少货币的持有,宁可购买实物也不愿意工作,希望通过投机获得更大收益。

5. 国民经济先行指标、同步指标和滞后指标

(1)先行指标

①制造业生产工人及非管理人员周平均劳动小时数;

②初次申请失业保险平均人数;

③原材料和消费品新订;

④供应商推迟交货占比;

⑤地方政府批准建住宅数;

⑥敏感材料和价格变动;

⑦股价指数;

⑧货币(M2)供应量;

⑨消费者及企业未偿还信贷量。

(2)同步指标

①工业总产值;

②全民工业总产值;

③预算内工业企业销售收入的实现;

④社会商品零售额;

⑤国内商品采购;

⑥进口和纯销售;

⑦海关进口额;

⑧货币流通量。

(3)滞后指标

①全民固定资产投资商业贷款额;

②财政收支;

③消费者价格指数;

④零售价格总指数;

⑤集市贸易价格指数。

>>>> 1.4 微观经济环境分析基础

特定领域的需求和供给、市场价格是分析微观经济环境最主要的指标。在采购供应中,市场形态直接体现了需求供给的关系,影响采购策略;采购物品的产品生命周期状态直接影响采购物品的价格和质量。

1.4.1 微观经济环境中市场形态

市场是采购发生的具体场所,围绕各类物资形成的不同市场具有各自的特性,而这些特性对于采购的策略与采购的质量都具有极为重大的影响。对于采购而言,市场中的竞争性是采购策略选择时的一个关键考量因素,市场竞争形态可分为完全竞争市场、垄断竞争市场、寡头垄断市场、完全垄断市场与买方垄断市场,如图1-1-2所示。

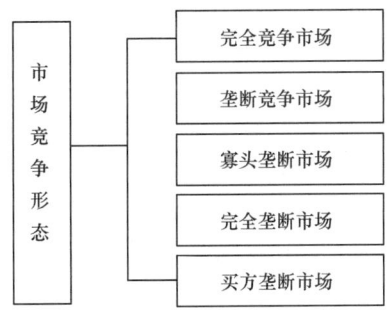

图1-1-2 市场竞争形态分类

1. 完全竞争的市场环境

完全竞争市场是指竞争充分而不受任何阻碍和干扰的一种市场类型。在这种市场类型中,买卖人数众多,买者和卖者是价格的接受者,资本可自由流动,信息具有完全性。如图1-1-3所示,完全竞争市场一般有如下特征:

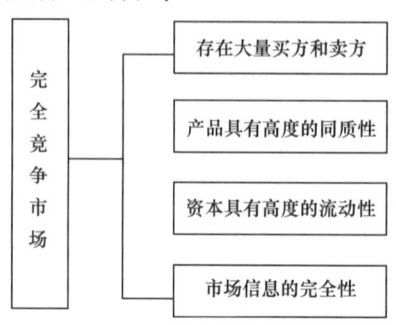

图 1-1-3 完全竞争市场特征

特征一:存在大量买方和卖方。任何一个生产者的生产量(即销售量)和任何一个消费者的购买量所占的比例都很小,理论上可以认为,任何购买者面对的供给弹性是无穷大的,而销售者面临的需求弹性也是无穷大的。因而,他们都无能力影响市场的产量(即销售量)和价格,所以任何单独的购买者和销售者都不能依凭其购买和销售来影响价格。

特征二:产品具有高度的同质性。在完全竞争形态的市场中有许多企业,每个企业在生产某种产品时不仅是同质的产品,在产品的质量、性能、外形、包装等方面也是无差别的。对于消费者来说,无论购买哪一个企业的产品都是同质无差别产品,以至于众多消费者无法根据产品的差别而形成偏好,也就是说,只要生产同质产品,各种商品相互之间就具有完全的替代性,这很容易接近完全竞争市场。

特征三:资本具有高度的流动性。这意味着在完全竞争形态的市场中,供应商进入或退出一个行业是完全自由的,毫无困难。生产者能自由进入或退出市场,因此,当某个行业市场上有净利润时,就会吸引许多新的生产者进入这个行业市场,从而引起利润的下降,以至于利润逐渐消失。而当行业市场出现亏损时,许多生产者又会退出这个市场,从而又会引起行业市场利润的出现和增长。这样,在一个较长的时期内,生产者只能获得正常的利润,而不能获得垄断利益。

特征四:市场信息的完全性。在完全竞争形态的市场中,每一个买者和卖者都掌握着与自己的经济决策有关的一切信息,从而获得最大的经济效益。而且,由于每一个买者和卖者都知道既定的市场价格,都按照这一既定的市场价格进行交易,这也就排除了由于信息不通畅而可能导致的一个市场同时按照不同的价格进行交易的情况。所以,任何市场主体都不能通过权力、关税、补贴、配给或其他任何人为的手段来控制市场供需和市场价格。

在完全竞争市场条件下,价格趋向等于生产成本。因而在许多情况下,它可以形成对消费者来说最低的价格,获利最大的是消费者。也正因为消费者能够获得最低价格,所以完全竞争市场还可以使消费需求的满足趋向最大化。但是,完全竞争市场只是西方经济学家在研究市场经济理论过程中的一种理论假设,是学者进行经济分析的一种手段和方法。

在实际的采购过程中,有一些普通物品的采购可能会出现接近完全竞争的情况。采购人拟定采购策略的关键就是尽其所能地保障竞争的充分性,采取完全竞争的方式进行采购。

2. 垄断竞争的市场环境

垄断竞争市场是一种介于完全竞争和完全垄断之间的市场组织形式。垄断竞争比较接近完全竞争,而且要现实得多,在大城市的零售业、手工业、印刷业中普遍存在。如图1-1-4所示,垄断竞争市场一般具有以下特征:

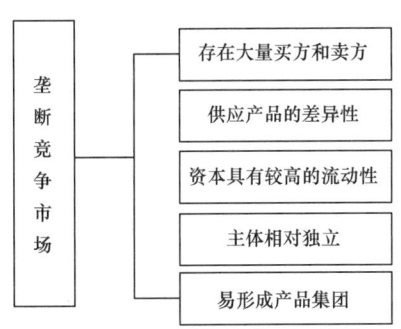

图1-1-4　垄断竞争市场特征

特征一:存在大量买方和卖方。与完全竞争市场不同的是,垄断竞争市场中虽然厂商数目众多,但每个厂商都要在一定程度上接受市场价格,厂商之间无法通过相互勾结来控制市场。对于购买人同样如此。

特征二:供应产品的差异性。在垄断竞争市场中,同行业中不同供应商的产品并非完全同质,而是存在一定的质量差别、功能差别,或非实质性差别,如包装、商标、广告等引起的印象差别。这些差异对于采购者的采购意愿往往构成重大的影响,并造成不同供应商之间竞争力的显著差异。因此一定程度的可相互替代性又让厂商之间存在相互竞争。

特征三:资本具有较高的流动性。与完全竞争市场类似,厂商进出一个行业比较容易。在社会现实中,垄断竞争的行业往往对规模和资本的要求不高,厂商的规模不算很大,所需资本不是太多,因此供应商进入和退出一个行业的障碍不大。

特征四:市场主体彼此影响不大,相对独立。在垄断竞争市场中,每个经济主体都自以为可以彼此相互独立行动,互不依存。一个主体的决策对其他主体的影响不大,不易被察觉,可以不考虑其他主体的对抗行动,这意味着在垄断竞争市场中,不存在紧密的联合行动,采购行为可以被视为孤立的行为。

特征五:易形成产品集团。尽管在垄断竞争市场中市场主体彼此影响不大,但由于其产品的差异性往往并不是很大,行业内部可以形成多个产品集团,行业内生产类似商品的供应商可以形成团体。在垄断竞争市场中不同团体之间的产品差别程度较大,团体内部的产品之间差别程度较小。

处在垄断竞争市场中的企业,其垄断程度高低与其经营效益的好坏为正相向关系。如果企业的垄断程度高,即竞争程度低,在垄断竞争市场中,垄断程度源于产品的差异性,产品越具有目前市场上同类产品所不具备的特色,客户越偏好这种特色,就越容易形成局部的卖方市场。

在垄断竞争市场中,品牌往往体现着供应产品的差异性。首先,品牌是产品差异的必然产物。为了体现这种差异,让客户便于辨认自己生产的产品,供应商必须将其产品品牌化,以品牌来标志产品的特殊身份,使自身与其他产品区别开来。其次,品牌不仅简单反映产品性能上的差异,而且反映了供应商的市场定位、开发理念和文化等方面的综合差异。

③ 寡头垄断的市场环境

寡头垄断市场是介于垄断竞争与完全垄断之间的一种比较现实的混合市场,是指少数几个企业控制整个市场的生产和销售的市场结构,这几个企业被称为寡头企业。寡头垄断更接近于垄断的市场结构,因为少数几个企业在市场中占有很大的份额,这些企业具有相当强的垄断势力。寡头垄断企业的产品可以是同质的,也可以是有差别的。前者被称为纯粹寡头垄断,后者则被称为有差别的寡头垄断。寡头垄断市场最重要也是最基本的因素是这些行业存在较明显的规模经济性。如图1-1-5所示,寡头垄断市场一般具有以下特征:

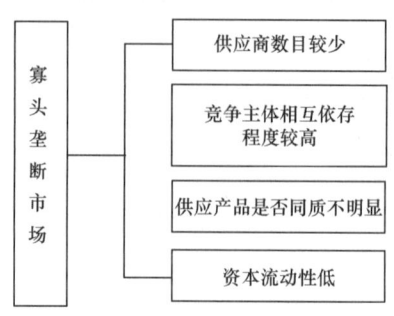

图1-1-5 寡头垄断市场特征

特征一:供应商数目较少。在寡头垄断市场中,供应商只有少数几个,每个供应商在市场中都具有举足轻重的地位,对其产品价格具有相当大的影响力。

特征二:竞争主体相互依存程度较高。在寡头垄断市场中,任一供应商进行决策时,必须把竞争者的反应考虑在内,市场中竞争主体既不是价格的制定者,更不是价格的接受者,而是价格的寻求者。

特征三:供应产品是同质不明显。寡头垄断市场的形成原因与供应产品的同质性并无直接关系,其成因或是规模经济的市场因素,或是对资源、专利、市场准入进行限制的非市场因素。在寡头垄断市场中供应产品没有差别,彼此依存的程度很高,被称为纯粹寡头,最典型的如钢铁、芯片、水泥等产业。在寡头垄断市场中供应产品存在差异性,彼此依存关系较低的被称为差别寡头,最典型的如汽车、重型机械、石油、电气用具、香烟等产业。

特征四:资本流动性低。在寡头垄断市场中,其他供应商进入该市场相当困难,其原因不仅在于规模、资金、信誉、市场、原料、专利等方面,市场中寡头企业的相互依存,休戚相关的联盟也阻碍了潜在竞争者的进入。

一方面寡头垄断降低了市场中的竞争性,使采购的价格受到影响,但是另一方面,寡头垄断市场对采购质量的提升也有比较明显的好处,主要表现为:其一,由于几个供应商就能供应整个市场的全部需求量,其生产规模一般是较大的,可以获得规模经济的好处;其二,寡头垄断市场上的厂商规模很大,也说明厂商有较为雄厚的技术力量和财政力量从事技术革新和产品革新;其三,大型供应商具有抵御风险的能力,从而可以提高产品供应抗风险能力,保证长期稳定的物资供应。

在寡头垄断市场中,采购人往往处于相对不利的位置,可以在采购中采取多种谈判方式或试图与供应商结成更为紧密的联盟的方式,从而激励供应商积极推动技术进步、稳定并提升采购的质量。

❹ 完全垄断的市场环境

完全垄断市场,是一种与完全竞争市场相对立的极端形式的市场类型。完全垄断市场的条件有三个:其一,整个市场的物品、劳务或资源都由一个供给者提供,消费者众多;其二,没有任何接近的替代品,消费者不可能购买到性能等方面相近的替代品;其三,进入限制使新的供应商无法进入市场,从而完全排除了竞争。

完全垄断有法律法规、政府政策的原因,也有自然垄断的原因。自然垄断指的是在一些经济领域内,垄断是竞争的必然结果。其原因主要有:其一,自然垄断性行业的生产往往需要庞大的固定资本投资,生产规模越大,客户越多,其单位成本就越小,就越能得到规模经济效益,因此企业的发展不可避免地会走向垄断;其二,自然垄断性企业进行联合生产经营要比企业单独生产的成本低,从而获得生产与分配的纵向统一利益和对多种用户提供多种服务的复合供给利益;其三,自然垄断性行业生产需要的设备投资巨大,折旧时间长,同时这些设备很难转移作为其他用途,固定成本有较大的沉淀性,对其他竞争者的进入形成了巨大的障碍。如图1-1-6所示,完全垄断市场具有以下特征:

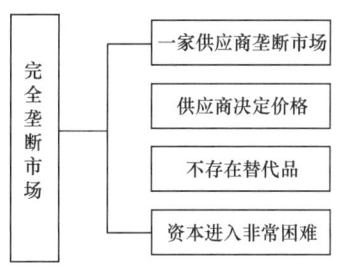

图1-1-6　完全垄断市场特征

特征一:一家供应商垄断市场。一家供应商控制了某种产品的全部供给。在完全垄断市场中,垄断企业排斥其他竞争对手,独自控制了一个行业的供给。由于整个行业仅存在唯一的供给者,企业就是行业。

特征二:处于完全垄断地位的供应商是市场价格的制定者。垄断企业由于控制了整个行业的供给,也就控制了整个行业的价格,成为价格的制定者。完全垄断企业可以有两种经营决策,即以较高价格出售较少产量,或以较低价格出售较多产量。

特征三:处于完全垄断地位的供应商的产品不存在任何相近的替代品。在完全垄断市场中,采购人不存在其他选择,如果其他企业可以生产替代品来代替垄断企业的产品,完全垄断企业就不可能成为市场上唯一的供给者。

特征四:潜在竞争者难以进入该行业,要素资源难以流动,资本进入非常困难。完全垄断市场上存在进入障碍,其他厂商难以参与生产,因此难以形成竞争。必须指出的是,并非只有一家供应商的经济领域都处于完全垄断状态,只要要素资源尤其是资本进入的渠道是通畅的,唯一的供应商就仍然处于竞争状态,只是它的对手不是明确的竞争对手,而是潜在的进入者。

完全垄断市场是一种极端的市场类型,这种市场类型只是一种理论的抽象,在现实经济实践中几乎是不可能存在的。

在现实经济生活中,市场越接近完全垄断,采购所面临的困境越大。一方面,垄断企业垄断了市场供给,并凭借着垄断权力控制了市场价格,采购人只能被迫接受垄断企业控制的市场高价格,造成采购人利益的重大损失。另一方面,市场越接近完全垄断状态,产品的有效供给就难以实现,紧缺状态就越会频繁地出现。产品会供不应求,这时的产品才能在垄断市场中卖出高价钱,从而让处于垄断地位的供应商获得最大利润。完全垄断市场特征如图1-1-6所示。

对于采购人而言,其所处市场越是接近完全垄断市场形态,其采购所面临的难度就越大。在这种情况下,采购人必须采取三种方法来缓解自己的不利处境:其一,尽量和供应商建立起紧密的联盟关系,从而保证自己在产品供应上的优先性;其二,尽可能地扩大采购市场的边界,充分利用全球市场、拓展海外采购,并积极寻找替代物资;其三,紧密关注新技术的进展,争取把握技术进步的机遇,摆脱对于垄断供应商的依赖。

5. 买方垄断的市场环境

买方垄断市场(以下简称"买方市场")是指供给大于需求、产品价格有下降趋势,买方在交易上处于有利地位的市场类型。在买方市场上,产品供给过剩,卖方之间竞相抛售,价格呈下降趋势,买方在交易上处于主动地位,有任意选择商品的主动权。买方市场意味着商品交换中买卖双方之间的平等关系由于商品的供大于求而被打破。与买方市场相对应的是卖方市场,即产品供不应求,卖方处于优势地位的市场,完全垄断市场就是一种最为极端的卖方市场。

买方市场和卖方市场,是随着市场需求和供给的变化,在不同时间、不同地区、不同产品上时常变化的。买方市场可能是货币政策偏紧或货币供应及决定的国内总需求不足所导致的,也可能是结构性矛盾或供给结构与需求结构不相适应所带来的结果,但是,在市场机制正常作用下,供不应求的短缺是不会长期存在的,而买方市场之所以是市场经济的常态,是由市场经济中买卖行为的作用和地位决定的。如图 1-1-7 所示,买方市场通常具有以下特征:

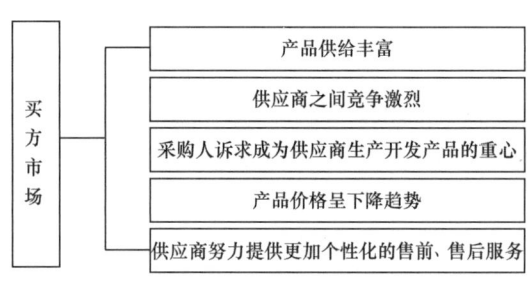

图 1-1-7 买方市场特征

特征一:产品供给丰富。在买方市场中,产品供应丰富、供应源充沛,存在大量可替代产品。采购人能够充分保障供应。

特征二:供应商之间竞争激烈。在买方市场中,供应商之间竞争激烈。这意味着供应商会积极采取各种促销活动,并对采购部门、采购人员有强烈的"捕获倾向",采购过程当中采购人员或部门会经常性地面临各种不正当的促销手段。

特征三:采购人诉求成为供应商生产开发产品的重心。在买方市场当中,采购人处于强势地位,供应商在竞争压力下,会尽其所能围绕采购人的诉求进行产品的开发与升级。

特征四:产品价格呈下降趋势。在买方市场当中,由于供需关系呈现出供大于求的特点,因此总的来说供应产品价格会呈现出下降趋势,这种趋势会导致一部分的供应商逐步退出这一市场。

特征五:供应商努力提供更加个性化的售前、售后服务。在买方市场当中,供应商会努力营造与采购人更加紧密的关系,在供给产品供大于求的背景下,个性化的售前和售后服务将成为供应商营销策略的关键,这也意味着采购人将获得更加良好体验的售前和售后服务。

买方市场与完全竞争市场不同,在买方市场中供大于求是常态,完全竞争市场则往往处于供求均衡的状态。买方市场中买方的强势地位,让买方可以制定更加有力的采购策略,买方在采购过程当中应当注意以下几点：

其一,在买方市场中,采购人应注意加强对采购部门、采购人员的监管,以避免供应商以不正当手段"捕获"采购部门和采购人员。

其二,在买方市场中,采购人应利用自身优势地位,积极督促供应商围绕己方的质量诉求,改善产品质量,积极开发新技术。

其三,在买方市场中,采购人不应滥用优势地位,应避免涸泽而渔的短期行为。采购人对供应商的过度盘剥会导致有质量保证的供应商逐步退出市场,超低价格会逼迫供应商进一步降低产品质量,在市场中形成逆淘汰。

1.4.2 基于产品生命周期的机会采购

产品生命周期(Product Life Cycle)简称PLC,强调的是在一种新产品从开始进入市场到被市场淘汰的整个过程中产品市场与其供求关系会发生的动态变化。产品生命周期理论认为产品的生命和人的生命一样,要经历形成、成长、成熟、衰退这样的过程。一般来说,产品生命周期可以分为引入期、成长期、成熟期和衰退期四个阶段。在不同的阶段,产品所处的市场环境是不同的,对其的采购策略也有很大的不同。

阶段一:引入期。引入期又称导入期或开发期,指的是产品从设计投产到投入市场进入测试阶段。新产品投入市场,便进入了引入期。此时产品品种少,顾客对产品还不了解,除少数追求新奇的顾客外,几乎无人实际购买该产品。生产者为了扩大销路,不得不投入大量的促销费用,对产品进行宣传推广。该阶段由于生产技术方面的限制,产品生产批量小,制造成本高,广告费用大,产品销售价格偏高,销售量极为有限,企业通常不能获利,反而可能亏损。

阶段二:成长期。当产品渡过引入期,销售取得成功之后,便进入了成长期。成长期是指产品通过试销效果良好,购买者逐渐接受该产品,产品在市场上站住脚并且打开了销路。这是需求增长阶段,需求量和销售额迅速上升,生产成本大幅度下降,利润迅速增长。与此同时,竞争者看到有利可图,将纷纷进入市场参与竞争,使同类产品供给量增加,价格随之下降,企业利润增长速度逐步减慢,最后达到生命周期利润的最高点。

阶段三:成熟期。成熟期指的是产品逐渐大批量生产并稳定地进入市场销售,经过成长期之后,随着购买产品的人数增多,市场需求趋于饱和。此时,供应产品普及并日趋标准化,成本低而产量大。销售增长速度缓慢直至转而下降,由于竞争的加剧,同类产品供应商之间不得不在产品质量、花色、规格、包装服务等方面加大投入,在一定程度上增加了成本。

阶段四:衰退期。衰退期是指供应产品进入了淘汰阶段。随着科技的发展以及消费习惯的改变等,产品的销售量和利润持续下降,产品在市场上已经老化,不能适应市场需求,市场上已经有其他性能更好、价格更低的新产品,足以满足采购人的需求。此时成本较高的供应商就会由于无利可图而陆续停止生产,该类产品的生命周期也就陆续结束,以致最后完全撤出市场。

产品生命周期理论揭示了相同产品在其发展的不同阶段实际上面临着完全不同的市场环境,也面临着完全不同的销售、采购与盈利策略的选择。产品生命周期不同阶段特征如表1-1-4所示。

表1-1-4 产品生命周期不同阶段特征

产品生命周期	引入期	成长期	成熟期		衰退期
			前期	后期	
销售量	低	快速增长	继续增长	有降低趋势	下降
利润	微小或负	大	高峰	逐渐下降	小或负
购买者	爱好新奇者	较多	大众	大众	后随者
竞争	甚微	兴起	增加	甚多	减少

产品生命周期理论对于采购策略的选择有着重要的影响,一方面表现为对于处于生命周期中的产品的采购,即采购部门在采购产品时应结合该产品的生命周期制定有效的采购策略;另一方面则表现为采购部门根据企业产品的生命周期为确保产品供应而采取的采购策略。简单来说,这两个方面实际上就是采购部门根据供应商产品生命周期的特点来进行的产品采购和根据自身的产品生命周期而进行的原料采购。在具体的采购过程中,这两个方面的考虑往往同时存在。

(1)供应产品所处生命周期阶段对采购人采购策略选择的影响。供应产品所处生命周期阶段的不同,决定了采购人与供应方关系的变化。在引入期与衰退期,一般会呈现出买方市场的特征。在成长期,供应商会处于相对有利的位置,而在成熟期时,产品的供给会相对均衡,竞争会比较充分。

对于采购人来说,准确判断其所采购产品所处的生命周期是极为重要的。如果可以判断供应产品处于引入期,那么采购人应该考虑充分利用产品引入期阶段相对的低价来进行购买从而节省采购成本。比如采购人可以用增加库存的方式来储备相对低价的产品,也可以利用引入期阶段相对有利的谈判地位,与供应商签订较长时间的低价格预售合同。如果采购人判断供应产品处于成长期,则意味着该供应产品会在一段时期内处于需求旺盛的阶段,采购人应该采取措施以保证供应,避免供求短缺现象的发生。当产品生命周期处于成熟期,采购人面临供应源充足、供应产品充沛的市场环境,应避免签订长期的大额合同,以免在产品价格下降时遭受损失。当产品生命周期处于衰退期,采购人应严格控制库存,避免大单采购,并积极寻找替代商品,激励合作供应商加大研发力度。

(2)采购人围绕企业产品的生命周期特性进行供应链管理(以生产企业为例)。在产品生命周期的各个阶段,为保证产品生产而进行的采购会面临完全不同的情况,采购部门对供应链管理的策略也完全不同,因此采购部门应该准确判断企业产品所处的产品生命周期,并制定出相应的采购策略。

其一,产品引入期阶段的采购策略。在产品引入期阶段,订货率不稳定,产品发售在许多时候属于促销行为,采购部门面临既要保证供给,又不能确定具体供给量的局面。采购部门在设计供应链时,应积极配合销售部门打开市场的行动,既要避免在市场尚未打开时大量采购造成浪费,又要避免采购不足影响供货和推广。采购部门原则上应对原材料采取小批量采购、高频率发货的策略,并保证供应链各个环节实现实时信息共享。

在引入期阶段,由于企业的新产品刚刚投入生产,许多采购信息尚未充分收集,采购部门应该在充分考察供给物资市场的基础上,对供应商进行全面、科学的评估,逐步确立主要供应商的范围。

其二,成长期阶段采购策略的选择。当产品生命周期处于成长期阶段时,市场需求与产品销量稳定增长,带来了对于原材料等供给物资需求的迅速增长。采购部门面临确保供给与大批量采购的任务,因此应加强与供应商的联系,寻求大批量采购时的优惠,并完善物流、仓储等方面的制度建设,以降低供应链的生产成本。

本章思考题

1.供应链管理是供应链的重要职能有哪些?

2.为什么说全球化是市场化发展的必然?

3.什么是通货膨胀?

4.基于产品生命周期的机会采购分几个阶段?

第2章 采购战略管理

采购战略(Procurement Strategies),指的是企业通过分析自身的采购需求、市场状况、竞争状况和采购品类的变化状况,来制定的基于现实和未来的、指导采购工作的长远规划。

如果说,通常国有企业采购管理关注的是降低采购价格、防范腐败、提高采购流程效率,采购战略则着眼的是建立并提高采购方对供应方的影响力,创造新价值或降低整个供应链的总成本,驱动供应方技术革新和产业升级,提升供需双方甚至多方总体效能,决定并维护与供应商的关系层级和合作路线。

采购战略的主要内容包括三个方面,即资源战略、供应商战略以及采购控制战略。

资源战略管理主要是使用资源分类矩阵等工具通过品类确定外部资源的可获得性和经济性,由第一部分第5章品类管理介绍。

供应链的绩效直接取决于供应商的绩效。离开供应商管理,供应链管理无从谈起。供应商不能直接持币购买,只能加强管理。管理的难度不断增加。供应商管理的有关内容由第一部分第7章介绍。

本章主要对采购控制战略展开讨论。

◎ **本章目标**

1.理解企业制定采购战略的重要性。
2.熟悉采购控制战略的构成要素。
3.掌握运用采购战略因素的主要分析工具。

>>>> 2.1 企业采购战略

2.1.1 制定企业采购战略的必要性

1. 制定采购战略的必要性

企业采购战略,是指企业为了完成某种采购目标从全局考虑,并进行谋划和规划,指引采购活动有效而合理进行的一种方向、方针。

采购活动中重要的参与对象有采购方和供应商方,采购的目的简而言之就是为企业寻找一定时期内最佳的供应商合作伙伴。合作的双方均为独立的实体企业,都有自己的利益点所在。如何能在其中找到最佳的配合方式和有利于双方的合作点,这里面就涉及很多博弈,有博弈就有摩擦,把商业活动比喻成商业战场也并不为过,只不过这是一个无硝烟的战场。在这个战场中,精准定位双方的优劣势,不做无谓的损耗,正确布局和规划就显得极为重要了。而不讲究采购战略,一味地只追求暂时的输赢必定是目光短浅的做法,支撑不了站在最后的制高地。采购战略几乎是每一个采购管理人员经常挂在嘴边的词,听起来高大上,但是高大上的东西往往容易腾空而落不了实地,只停留在喊口号的层面,不能真正深入推行下去。

2. 成熟的采购战略

成熟的采购战略应该上能承接企业战略,下能指导各部门的工作。不同的企业发展阶段会有不同的企业战略,采购战略也应随之而调整。

从企业的角度出发,处于引入期的企业一般把重心放在如何快速占领市场和抓口碑上,此时企业的采购部门一般不会以成本为核心,而是更注重供应商的研发配合能力以及质量控制水平。接近成熟期时,市场已经积累到一定的阶段,这个时候的采购战略应该是如何和供应商一起优化成本,让企业能够开源节流;如何维护优质供应商长期的合作关系,如何培养供应商与企业之间的黏度等,从而让企业实现长远发展。如果不幸进入衰退期,那么如何稳定好与供应商的关系进而实现成功转型应该是采购战略中应该考虑的。如果按照项目发展的进程来考虑,不同的项目阶段采购战略都要重新谋划。

从供应商的角度出发,一个好的采购战略一定是要结合供应商的实力和所处供应市场的环境来考量的。供应商本身的实力有差别,能提供的产品和服务会有差异,所在的供应市场的地位就不一样,采购方与其的合作模式也是有差别的。比如:

(1)对于处于垄断环境和完全竞争环境下的供应商,采购战略是不同的,一个需要注重与其合作保证生产,同时培养替代供应商;另一个则需要注重其成本、质量、交付、库存等能力的考核。

(2)对于同样处于完全竞争环境下的供应商,若其实力不一样,那么采购战略也是不一样的。对于实力强的供应商,可以考虑新品研发方面的倾斜,因其反应能力会更快,同时考核其成本优化空间。对于实力较弱的供应商,可以重点管理其质量、交付等,与其合作相对成熟的产品。

同时采购方还需要监控供应商配合过程中的表现,这些都会影响采购战略的制定。

采购战略是随着内外环境而动态变化的,有一定的周期性。一般而言,采购管理人员实时调整或重新规划采购战略最长的周期间隔不应超过一年。比如,在年初或年尾时应该准备好下一个自然年的采购战略,或者在新旧项目交替的时候准备好相应的采购战略。

2.1.2 采购战略和企业发展战略目标的一致性

1. 依据企业发展战略确定采购战略

从流程角度来讲,确定企业采购战略大概可以分为以下几步:

(1)企业战略梳理:明确企业的发展方向。

(2)采购物品分析:各品类的特点及其差异化的表现。

(3)供应市场分析:供应商在供应市场的位置(垄断/竞争等),供应市场未来发展趋势。

(4)供应商实力类分析:各供应商的优劣势分析以及供应商的合作意愿。

(5)企业内部关联部门梳理:综合其他供应商管理相关部门的管理重点。

结合以上信息,从而确定:

(6)新供应商:约束新供应商选择开发的范围和重点,以及确认新供应商的合作方式等。

(7)现有供应商:不同类别供应商日常管控标准,现有供应商的考核重点,现有供应商的优化方向,现有供应商竞争模式的搭建等。

(8)执行及反馈:采购活动中对战略的执行、定期反馈及调整。

其中,(1)~(4)步是采购部门对内外环境信息或大数据的分析提炼,这些环节尤为重要,不能轻视。获取信息的完整性及分析的准确度将直接影响到(5)~(7)步中决策的准确性。在信息的分析提炼中,我们可以采取大数据分析法或者专家意见法。

大数据分析法:依靠历年供应商表现的累计数据或者市场反馈的数据进行汇总分析,找出其规律以预测接下来可能出现的变化。

专家意见法:通过资深的采购专家给出的意见对未来的变化趋势进行预判。

若能两者结合在一起使用,将会更完善、更全面。

从(1)到(7)步,步步为营。并不是说我们只在制定采购战略的时候才去考虑如何走这几步,反而日常的工作观察和积累更为重要。在采购活动中,潜移默化的一些采购方式,深究起来,其实都是某一种采购战略的表达式,比如集中采购、全球采购、准时化采购、研发前期渗透采购、竞争性采购、委托代理采购、渠道采购等。厚积而薄发,平时进行认真思考和观察才能在关键时候"亮剑"。

一个只有战术而没有战略的军事指挥官是不合格的,同理一个采购管理者也要懂得将战略和战术相结合。在"战争"开始前,谋略先行。采购战略形成后可以渗透至采购的核心工作流程、供应商选择及考核、采购员的关键绩效指标的考核等工作中去,这对供应商的管理工作和内部成员的管理工作均意义非凡。

❷ 产品战略和供应链战略的一致性

1997年,马歇尔·费舍尔在《哈佛商业评论》发表文章阐述了产品战略和供应链匹配的关系,创新路线的产品应配置快速响应供应链,其核心是供应链的灵活性,意味着高成本;低端功能性成本路线的产品,应该选用高效供应链,其核心是供应链的低成本。供应链构型在本部分第4章供应链构型中展开讨论。

应当说明的是,即使是功能性产品,当新产品导入时,也经常以创新性产品形式出现;创新性产品随着生命周期的推进也难免大众化,成为功能性产品。产品的属性变化较快,但供应链的调整比较刚性。为满足两者的适应性,采购部门可以采取以下办法:

(1)差异化供应链管理

在功能性产品的供应链管理中,基本流程、系统都是围绕量产确定的,在新品开发阶段的寻源阶段应按照响应型供应链进行调整,成立专门寻源小组,尽快满足新品需要的快速响应,成本是第二位的;在量产阶段,低成本是采购目标,为此,两阶段采购经理应当由同一人担任,有利于实现采购目标,降低企业总成本。

(2)分散经营管理

有些企业规模较大,有创新性的产品,有功能性的产品,难以统一一个供应商库。如华为,原来主打产品是电信设备,设备类产品配置多,预测程度低,需要响应型供应链支持;后来开发了手机产品,手机产品需要经济型的供应链进行匹配,华为就成立了终端公司,围绕手机构建合适的供应链,实现企业利益最大化。

（3）关停并转

有些企业，为实现企业利益的最大化，在发展到一定阶段就放弃了部分业务，如计算机行业的IBM，原来的响应型供应链太贵了，没有成本优势，IBM就退出了计算机市场，专注高端创新性产品的研发，如高端服务器，以实现产品战略和供应链战略的匹配。

我国的华为和联想的发展战略就体现了这种一致性。联想在研发方面的投入微不足道，华为则在研发方面投入巨资，两者没有对错之分，都是尽可能保持产品战略和供应链战略的匹配性。华为投入巨资追求产品的差异化，联想不断挖掘供应链追求经济性。同理，苹果昂贵的响应型供应链能让手机做得最好，小米的经济型供应链能让手机做得足够便宜。

>>>> 2.2　采购控制战略的构成要素

2.2.1　企业采购控制战略的构成

采购战略要素包括采购什么、质量、数量、主体、时间、价格、地点等问题的决定，这些要素选择的集成构成企业采购控制战略。

1. 采购什么

采购什么面临的最基本问题是自制或外购或分包。具有强大购买力的采购企业可能倾向于采取外购战略。采购企业可以大量采购制成品并贴上"自己的标签"。采取该战略是因为采购企业通过大量采购或者是获得价格上的优惠，或者是采购企业规模大，具有扶持该产品的能力。例如，一家规模很大的个人电脑采购企业可与供应商（制造商）达成协议，以它自己的品牌购买并销售同一批电脑。虽然这不是典型战略，但它有带来收益的可能性，善于开拓性工作的采购部门会考虑这类战略。

另一个问题是，该组织是采购市场上易得的标准部件还是根据特定需要来采购部件。标准部件在市场容易采购到，但它们不能带来竞争优势。与此相反，符合特定需要的部件在市场上不易采购，但它们可使该组织的制成品更具竞争力。

2. 采购质量

采购质量主要涉及产品获得的项目或服务。许多企业已认识到稳定的制成品质量对保持或扩大市场份额绝对必要。为达到这一点，供应商必须提供质量更稳定的原料和零部件，这也会使采购企业的生产成本和产品质量控制费用明显下降。因此，让供应商更多地了解采购企业的质量要求并帮助其实施规划以达到预期的结果是十分必要的。可供采用的三个规划是：

（1）无缺陷规划，这是基本的激励培训规划，它使供应商及其员工相信只能生产和交付商定的质量。"第一次就做好它"远比事后校正要节省成本。

（2）过程质量控制规划，即利用统计控制图表来监控各个生产过程，分离出潜在的问题，并在次品产生之前做必要的调整（校正）。采购企业要帮助供应商了解必需的统计技术。

（3）质量证书规划，这要求供应商同意按商定的质量对货物进行检验，在向采购企业交付货物时要提供质检数据。如果供应商进行必要的出厂质量检查,并且这些检查可信的话,采购企业可不必进行来料检验,从而节省了相关的费用。这一规划方法在准时制采购中几乎总是关键要素。

③ 采购数量

采购数量指的是全部及每次采购的数量。采购数量应当在保证稳定生产和合理库存的平衡边界上进行确定。理想的情况是,采购企业与供应商共同查明并消除系统中导致库存量的不确定性根源,从而减少整个系统中的库存量。可供选择的战略有如下几种:

(1)由供应商持有库存

供应商在制成品库存(即采购企业的原料库存)的管理方面可能要比采购企业更专业,因为供应商对其经常提供的产品系列的库存管理程序有更多的了解。同时,由于供应商可能在向几家采购企业提供同样的货物,因此它所需要的安全库存量可能会大大小于这几家采购企业的安全库存量之和。这一概念对成功实施系统合同是不可缺少的。从战略角度看,采购部门希望对其所有主要物料的库存状况做出分析,然后与主要供应商达成合伙协议,让供应商同意持有这些库存,并根据采购企业的生产进度需要交付物料。当然,理想的情况是,库存都是在送往生产线的路上。

(2)准时制采购(JIT)

如果供应商保证能在特定时间小批量地交付符合商定质量的物料,采购企业可极大地减少其在库存上的投资,享有连续的供应并减少物料收验费用。要做到这一点,需要由采购企业与供应商共同制订长期计划,双方加强合作与理解。

(3)托付式采购(VMI)

有时,供应商可能在采购企业内拥有库存仓库,但由该采购企业控制。采购企业有责任说明从托付仓库中提出库存的用途,支付这部分货款,并通知供应商补充库存。双方定期共同对库存量进行查验。该战略对供应商(保证了销量)和采购企业(减少了库存投资)都有好处,并经常用于分销行业。其他行业也可考虑采用这一方案。

④ 采购主体

采购主体指的是负责采购工作和采购决策的主体。其涉及的内容包括供应职能应该集中在最高管理部门还是交由采购部门来履行,采购职员应具备什么样的素质,最高管理部门在多大程度上参与整个采购过程。其他决策包括物料管理、项目管理和跨职能采购团队的选择问题。

⑤ 采购时间

何时采购与采购多少这两个问题是紧密联系的,并要在现有采购和将来采购之间做出选择。关键的战略问题是期货购买和库存战略。在商品方面,存在进入期货市场利用套期保值的机会。

⑥ 采购价格

价格战略实施的关键是打算支付高价从而获得供应商的额外服务和其他承诺,还是打算支付低价以取得成本优势。除价格外,还可以采取价值分析、降低运输成本、租赁或外购等战略降低成本。

（1）价格分析/价值工程

"功能与成本"比较方法在近几十年（始于20世纪50年代）得到了有组织的应用。价值工程是以提高实用价值为目的，以功能分析为核心，以开发集体智力资源为基础，以科学分析方法为工具，以最少成本支出达到最合适的产品功能的科学产品开发方法。它的实施需要有统一的组织、严密的计划和时间表与对具体职责的分工。

（2）降低运输成本

取消运输计划管制使得许多新的降低成本战略成为可能，如合同货运服务、单程运输供应商协议、协商费率、协商联运系统、自有运输设备的使用以及第三方物流系统。

（3）租赁或外购

从生产厂家或第三方（也许是一家金融企业，它从生产厂家那里购买到设备，然后租赁给用户）租赁设备也是降低成本的一个途径。有些情况下，企业可能决定先售出一座建筑或一台生产设备，再将它租回。尽管这一战略的主要目的是腾出资金用于别的生产方面（具有较高的收益率），但同时它也会给企业带来很大的收益。这种降低成本战略通常是企业综合财务战略不可分割的一部分。

7. 采购地点

在哪里采购，包括当地、外地，国内还是国际采购的选择，以及大供应商还是小供应商，单一供应源还是多供应源，供应商证书和供应商所有权等的选择。

（1）供应商开发

供应商开发是指采购企业为帮助供应商提高运营绩效和供应能力以适应自身的采购需求而采取的一系列活动。供应商开发是有效降低所有权总成本的战略举措。

其步骤主要包括：供应市场竞争分析、找出潜在供应商、对供应商实地考察、向供应商询价、合同谈判、确定供应商等。

（2）单一供应源采购

传统观点认为，对于主要的物料（或关键物料，而不论其金额多大），要选定两个以上的供应商以保证供应的连续性。然而，多供应源采购对于每一个供应商而言，采购量相对减少，因此采购企业可能得不到价格优惠。如果在确保可以避免供应风险的前提下，采购企业只从一个供应商那里采购所需要的某种物料，就有可能得到价格折扣。另外，采用单一供应源采购战略，一方面会减少交易次数，从而降低采购管理费用；另一方面，由于采购量相对较大，采购企业可享受到由供应商提供的更快、更可靠的交货服务。

（3）全球采购

在过去的十年中，国际采购活动大大增加，其原因主要有两点：一是国外供应商的设计、生产及销售能力增强；二是制造过程面临降低成本的压力。

全球采购中的主要问题是时间和距离。为了尽可能解决这些问题，采购企业可与国际供应商达成协议，让它们在周边国家从事产品的生产、仓储、经销、维修以及产品支持。由于这些协议是长期的，拟订时需要有意识地采用战略采购方法。

（4）长期供应商预测

采购企业对供应商的状况和未来大约五年内可能发生的变化把握得越好，就越容易与供应商达成合作协议。采购企业对未来的预测与把握需要供应商大量合作并提供有关信息。采购企业需要以下方面的信息：

①有关产品线生产能力的发展计划；

②研究、开发以及设计能力；

③财务稳定性及支持新产品/应用开发工作的能力；

④管理实力与潜力；

⑤技术先进性。

如果采购企业与主要供应商达成了长期协议，就为其制定长期战略打下了较好的基础，从而可使按优惠价格采购物料得到保证。

2.2.2　企业采购战略的选择

1. 长期战略合作

达成 5 年以上长期的供应合同会使供应商和采购企业双方的经营具有相互依赖性。这就要求双方对计划和进度进行严密的协调与监控。对采购企业来说，此战略的优势是具有更多的供应保证与稳定性、更多的供应商设计支持以及通常较低的采购价格。供应商的经营稳定性得到了保证，从而有利于其降低长期成本，这会刺激供应商去开发生产某一产品（供应商开发）。在此类战略性协议做出决策之前，采购企业必须对成本、优势及风险进行长期预测。

2. 供应环境预测

通过合并与收购产生联合大企业造成的供应不确定性和世界的地缘政治形势，使许多企业预测供应环境的变化变得至关重要。如果采购部门通过对市场状况进行深入的研究，预测出未来供应变动趋势，就可以及时采取措施，从而找到以合理的成本确保供应的方案。

3. 供应商风险分担

在开发一种新的重大产品时，例如新一代喷气式飞机，需要大量的投资费用。此类产品的技术极其复杂，需要通过采购企业与供应商达成合伙协议，由双方共同来完成对它的开发。

4. 企业数据共享

作为达成伙伴关系的一部分，采购企业与供应商一定要达成可共享双方计划与生产信息的协议。采购企业需要获得供应商的成本数据、生产进度、定价安排、库存情况和交货周期。供应商需要掌握有关采购企业生产计划与进度、物料需求和未来产品及销售计划方面的信息。

2.2.3　企业采购的外部管理

1. 政府规章

为解决已觉察到的经济问题，政府要对企业的供应决策过程采取特定的经济限制。例如，历届政府都在不断地调整关税，以扩大和限制进口。企业外部管理的战略应及时做出相应的调整。

2. 产品责任

企业在采购决策过程中要对产品安全和责任问题给予更多的关注。当企业与供应商以及自己的工程、制造和销售部门协同运作时，潜在的财务风险已经增加，企业必须在长期采购战略中把这一额外的财务风险考虑进去。从战略角度考虑，采购企业希望借助法律咨询把产品责任转嫁给供应商,把由产品责任诉讼带来的财务风险减至最小。采购部门也必须考虑与各种物料采购相关的潜在风险并向本企业内其他部门发出预告。

3. 环境保护

企业对保护环境(空气、水、土壤)应负的责任已引起人们的极大关注,各种环境保护措施及规章相继出台。这迫使供应商和采购企业不得不在产品和服务以及经营方法上做出许多调整。例如在铸造业,供应商的总体数量减少了,一些供应商的产品线也做了调整。在20世纪的七八十年代,制造商和环境组织在零排放这一概念上存在分歧。然而,当前的一些环境管理研究将污染防治与全面质量管理相比较,两者都基于消除浪费和可持续发展的概念,将实际的生产过程与用来消除污染的净化操作系统相结合,而不是在生产结束后过滤或净化。正如无缺陷活动要求无缺陷制造一样,零排放规划要靠设计出消除污染物的工艺来保证。

企业在制定战略时要充分考虑如何实现可持续发展的问题。企业不能为了短期的经济利益而牺牲未来的生活质量。1999年《哈佛商业评论》的一篇报告曾提到,管理人员应该走在"这些投资是为了环保吗?"这类问题的前面,将环境管理与企业战略相结合,企业才能形成竞争优势。

为实现可持续发展,企业必须决定研制什么样的产品、采用什么物料以及怎样进行包装。计算产品的生命周期费用时应该考虑到该产品对环境的影响,如填埋费用、可能的法律罚金以及空气或水质量的下降而产生的费用。

采购部门在同本企业其他部门制定综合采购战略时,一定要把这些限制考虑进去。下面的一些举措可能会成为长期战略:

①调整供应商基地;

②重新设计产品使某些物料具有可替代性;

③开始制造以前要全部外购的某些零件。

4. 废物处理

在大多数企业中,采购部门总是负责对制造过程中那些无经济价值的残余物(废物)进行处理。然而在生产过程中,在物料和技术方面出现了一些变化,许多废物在自然界中是有毒的,需要专门的处理程序。政府应该制定法规来管理废物运输及处理程序。如果某个企业产生了废物,采购部门就必须在其综合处理战略中对环境保护特殊要求的有毒物料进行考虑。

≫≫≫ 2.3 采购战略因素主要分析工具

2.3.1 采购战略因素矩阵

针对采购战略,美国供应链管理专家蒙茨卡和彼得森总结和绘制了采购战略因素评价表,如表1-2-1所示。需要指出的是,并不是所有企业的采购战略都需要对表中的各种因素全面评价。采购战略的范围和重点取决于企业的环境和成熟度。表中的★表示关联评价。

表 1-2-1　采购战略因素

因素	PESTEL	SWOT	五力分析	开支分析	战略成本管理	供应商分析	供应商业绩	客户价值	时间	资源	库存	风险	持续性
企业结构和管理	★	★		★						★			
商品/品类策略			★	★		★	★						
供应商整合联合			★	★		★	★		★	★	★	★	★
成本管理				★	★								
采购能力	★								★	★			
人才管理	★									★			
全球采购和供应	★		★	★		★		★	★	★		★	★
标准化和复杂性					★				★	★			
可持续性	★	★											★

　　PESTEL 分析模型又称大环境分析,是宏观分析环境的有效工具,不仅能够分析外部环境,而且能够识别一切对采购实体有冲击作用的力量。它是调查采购实体外部影响因素的方法,其中每一个字代表一个因素,可以分解为六大因素,分别是政治(Political)、经济(Economic)、社会(Social)、技术(Technological)、环境(Environmental)和法律(Legal)。

　　五力分析是指潜在竞争者进入的能力、购买者的议价能力、供应商的讨价还价能力、替代品的替代能力和行业内现有竞争者的竞争能力,是由迈克·波特首先提出用于评估市场结构的模型。

　　波特五力模型与一般战略关系见表 1-2-2。

表 1-2-2　波特五力模型与一般战略关系

行业内的五种力量	一般战略		
	成本领先战略	产品差异化战略	集中战略
潜在竞争者进入的能力	具有杀价能力,以阻止潜在的对手进入	培育客户忠诚度与潜在进入者的信息	通过集中战略建立核心能力,以阻止潜在对手的进入
购买者的议价能力	具备向买家出更低价格的能力	更好地将供方涨价部分转嫁到客户方	因为没有选择范围,而使买家丧失谈判能力
供应商的讨价还价能力	更好地抑制大卖家的砍价能力	更好地将供方涨价部分转嫁到下游客户方	进货量低,供方的砍价能力就强,但集中差异化的公司能更好地将供方的涨价部分转嫁出去
替代品的替代能力	能够利用低价抵御替代品	顾客习惯用一种独特的产品和服务,而降低了替代品的威胁	特殊的产品和核心能力,能够防止替代品的威胁
行业内现有竞争者的竞争能力	更好地进行价格竞争	品牌忠诚度能使顾客不理睬竞争对手	竞争对手无法满足集中差异化客户的需求

2.3.2 SWOT 分析模型

SWOT 是一种战略分析方法,通过对被分析对象的优势、劣势、机遇和威胁等加以综合评估与分析得出的结论。SWOT 分别代表优势(Strengths)、劣势(Weaknesses)、机遇(Opportunities)和威胁(Threats),具体分析模型见表 1-2-3。

表 1-2-3 SWOT 分析模型

优势	机遇
＊大多数品类有市场 ＊强大品牌效应吸引供应商合作 ＊全球分布 ＊明确的战略方向 ＊年轻职工有创新的欲望	＊与关键合作商建立关系 ＊供应商对非关键款项的优化 ＊利用供应链管理创造的优势 ＊供应链管理战略 ＊供应基地二氧化碳排放
劣势	威胁
＊对企业战略影响有限 ＊工作量过大 ＊分散化的结构削弱了一定能力 ＊有些地区市场不理想 ＊未能始终成为消费者的理想选择	＊来自发展经济体的竞争 ＊经济衰退带来的成本压力 ＊人才流失率高 ＊物流部门的支持有限

2.3.3 建筑业采购战略的研究示范

在建筑工程和土木工程建设中,钢筋、水泥、沥青和油品是重要的战略物资。

在上述物资采购中,有两种模式。

一是从贸易经销商处购买,这种模式的好处是可以解决公司过渡资金的问题。这种模式一般是先供货后结算付款,甚至可以按比例或节点延后付款。另外,在配送服务方面,由于一般项目使用的钢筋规格众多,贸易经销商代理的品牌和进货渠道比钢材生产厂家的供货和配货渠道要有优势。

二是从生产厂家直接购买。采用钢筋、水泥、沥青等生产厂家直供可以解决成本及大批量供货问题,但是在资金方面的要求高,对供货的批量也有较高的要求。在配送方面,厂家直供的优势弱于贸易商。

案例 1-2-1 中国建筑八局采用 SWOT 分析工具实施采购

1.直接采购战略合作

(1)采购成本对项目利润的影响分析(见表 1-2-4)

表 1-2-4 采购成本对项目利润的影响

序号	总收入/元	采购成本/元	固定费用/元	利润/元	利润率	分析结论
1	1 000	600	300	100	10%	
2	1 000	660	300	40	4%	采购成本增10%,利润率降60%
3	1 000	540	300	160	16%	采购成本减10%,利润率增60%

(2)采购管理现状的 SWOT 分析

①优势

公司积极推进股份,集采战略部署采购管理工作已经形成了较为完善的制度体系,特别是采购管理制度。集采平台的完美融合做到了管理制度化、制度流程化、流程信息化,阳光的平台加完善的制度,成为规范采购行为的重要保障。同时,公司依托较好的经营业绩和雄厚的资金实力实行集中采购,缩短采购链条,提高议价能力,获得了定价的主动权。

②劣势

一是同类物资重复采购。公司经营区域广,多种物资同一区域的不同项目,重复采购现象依然存在。分散的采购模式,客观上限制了采购管理效率的提升。

二是人力资源数量不足。公司现有物资管理人员260余人,去掉两级机关所占编制,平均每个项目不足2人。稀缺的管理资源,客观上限制了采购管理能力的提升。

三是供方资源质量不高。公司现有合格供应商近3 000家,平均每个项目200余家,分散的供方资源,客观上限制了核心供应商的培育。

③机会

供给侧、结构性改革深入推进,环保督察常态化进行,产能出清,进程加快。建材业历经大浪淘沙,胜者为王、强者恒强的市场格局已初步形成,有利于保证产品质量,保持价格稳定,而且为选择优质供方达成战略合作奠定了良好的基础。

④威胁

分散的采购模式、分散的管理资源,在物资采购管理方面不能形成合力,导致采购品质低下,采购成本高,不利于企业的市场竞争。

在新的经济形势和建筑市场的环境条件下,物资采购管理需要在现有基础模式的基础上,进一步强化高端资源整合,与生产厂商实行战略合作,通过强强联合优势互补,真正提高企业的核心竞争力。

2.厂家直供的目标定位

厂家直供是集中采购模式的升级,合作定位要从传统的买卖公司向合作互信转变,从风险各单项利益向共享转变;合作周期要在传统基础上做到前伸后延。在项目营销阶段,利用合作双方各自的资源优势,共同推进品牌报备工作;在项目投标阶段,利用厂家的专业优势共同做好工程投标报价的支持;在项目实施阶段,利用厂家的技术优势共同推进设计优化和方案优化;在项目维权阶段,利用厂家的服务网络共同做好工程的后期维保。

(1)规模优势是前提

厂家青睐代理销售的重要原因,就是代理商作为其忠诚的客户,每年给厂家有稳定的销售贡献。作为需求终端,公司消除中间环节,打通厂家直供渠道,从采购规模上下功夫,针对采购金额高、使用范围广的物资汇集采购数量,形成规模效应,吸引优质的生产厂家参与竞争,并积极与生产厂家进行对接,最终促进了厂家直供模式落地。

(2)资金保障是基础

厂家关注销售和效益的同时,更关注资金回笼。诚信履约、按期付款是厂家直供的基础。物资公司作为集团采购的指定部门,通过专业平台服务,凭借采购规模优势、银行整体授信优势和优质高效的在线供应链金融服务,将采购管理链条延伸到支付阶段,从采购源头上统一各单位结算方式,资金支付的金融保障为推行厂家直供模式奠定了良好的基础。一是在线供应链金融属公开买断保理业务,不见表不进入,供需双方征信,对于供应商来说等于"现款现货""现金采购"。二是基于真实的采购交易背景,通过参数标准设计,系统自动审批,做到"一触即贷"。融资付款审批时限从传统的按周计到现在的按秒计,付款效率更高,甚至优于现金支付。

（3）互惠共赢是目标

实施厂家直供,需秉承"战略合作,互惠共赢"的理念,本着"风险共担,利益共享"的原则,建立长期的战略合作伙伴关系,使采购方在合作中获得成本优势和供给保障,使供方已有稳定客户和稳定销量。在采购方有需要的时候,供应方可挺身而出,牺牲短期的利益,来获得长期的共赢;同时在长期合作的前提下,推动供应商的持续改善,也使采购方获得更优的质量、更低的价格、更准的交货期、更好的服务。

3.厂家直供的实施办法

（1）资格准入

在选择方面,要在综合考虑厂家资信、生产工艺、人员能力、社会评价的基础上,选择适合公司需求并能保证供应的合作伙伴,但建材战略供应商需按照地域大区选择。

（2）科学调价

只有共享共赢才能合作长久,公司针对集采大宗物资,分析其主要成本构成因素,建立了动态调价机制。

如电线电缆,主要成本影响是铜材价格,协议约定引用"上海有色网-1＊电解铜价格"为基数建立调价公式,进行周期调价;防水卷材,主要成本影响为重浇沥青、SBS改性剂和胎基布的原料价格,协议明确原材料成本占比并引用"卓创资讯"发布的相关原料价格建立调价公式;铝合金型材,主要成本影响为铝锭价格,协议约定按照"长江网"发布的A00铝价格进行调价;水泥采购则参照"中国水泥网"大区价格指数进行动态调整,通过动态调价,保证了供需双方的合法权益,为建立长期的战略合作关系打下了良好的基础。

（3）量身定做

利用采购规模优势与厂家深度合作。公司要求厂家提供公司专属的定制化产品,既满足了施工需求,又保证了产品质量。公司集采防水材料,要求厂家必须在产品上印制公司专用标识,以便在防水材料生产期间,公司可随时去厂家抽检。这种做法规避贴牌代工,保证了产品品质,同时调动了厂家参与工程项目优化设计和施工优化工作的积极性。

该战略实施后取得很好的经济效益。

（本文引自《中国建筑供应链管理案例集》P64,作者为中建八局二公司的张秀林、姜万男）

【专家点评】

采购人使用SWOT工具,针对不同类别的供应商,确定了不同的采购策略,体现了供应链管理在采购阶段的增值效应。

 本章思考题

1.简述制定企业采购战略的必要性。

2.简述企业采购控制战略的构成。

3.企业采购的外部管理包括哪些内容?

4.如何使用SWOT分析模型?

第3章 采购需求预测和计划管理

>>>> 3.1 采购预测管理

在数字化供应链管理中,预测性分析是分析数据、识别模式和预测未来情景的技术,属于高级分析技术范畴。高级分析技术包括预测性分析和规范性分析。预测性分析一般包括模拟、统计建模、预测和机器学习;规范性分析包括优化方法,如线性规划、预测分析和规则的组合、启发式方法以及影响图等决策分析方法。

预测一般是从历史数据出发,通过数据分析提出产品生产计划的建议,尽量提高预测的准确度,但是所有的预测注定都是错的。然而,没有预测意味着有很多预测,风险更大,所以有个预测要比没有强。

◎ 本章目标

1. 熟悉预测的分类和基础。
2. 掌握预测的相关工具。

3.1.1 预测的分类

预测,就是对未来进行前瞻性的判断并作为商业决策的基础。预测的根本目的是在看似具有无限多的不确定性中,通过各种定量定性合乎逻辑的分析,将这些不确定性最小化,从而做到决策过程的优化并提高决策的有效性。

预测的对象,主要包括需求预测、技术预测、产能预测、价格预测、经济走势预测、消费行为模式预测、气候预测等。

(1)需求预测就是基于对某项产品服务的历史需求量变化趋势、未来的市场走势、客户偏好、供求关系等方面的数据进行分析的基础上,对未来一段时间内该项产品的需求量做出评估。

(2)技术预测就是对未来一定时期内可能出现的新工艺、新技术、新产品进行预测,这种预测对需求和供应管理具有直接的影响。如数码相机对传统相机需求的致命性影响。

(3)产能预测一般是对未来某个行业的总体产能进行预测,以确定供应是否能够满足需求。

（4）价格预测一般是对某种商品服务，对其在未来一定时期内的价格水平及走势进行预测。

一般来说市场供求关系由市场机构、政府管制等多维度的因素共同构成，对价格产生决定作用。进行价格预测时，常常会用到各种价格指数，如生产者价格指数（PPI）、消费者价格指数（CPI）、波罗的海干散货综合运费指数（BDI）等。

（5）经济走势预测就是对全球或某个国家某个地区的经济形势做出判断。

（6）消费行为模式预测就是对消费者的消费偏好、消费习惯、消费结构进行预测。

（7）气候预测就是对企业所在地的气候变化做出预测。气候的变化不仅能带来商品需求品类的改变，也会对物流供应链的布局成本带来影响。在建筑业，气候预测对工程项目的进度、质量有直接的影响。

从预测的时间跨度上看，预测可以分为长期预测、中期预测和短期预测。长期预测是指一年以上的需求前景的预测，它是企业长期发展规划和供应计划的依据；中期预测是指一个季度以上一年以下的需求前景的预测，它是企业制订需求计划、生产计划、物料需求计划、交付计划的依据；短期预测是指对一个季度以下的需求前景的预测，它是调整生产力采购安排生产作业计划等具体生产经营活动的依据。

预测依据不同的划分原则，还有定性预测、定量预测等。

定性预测是通过洞察事物发展的信息来进行预测，具有简单、快捷、成本低、灵活性大等特点，充分利用了人的知识判断力和主观能动作用的优点，不足之处在于预测受主观因素影响，受测者个人知识经验和能力的制约，再现性低，预测变动幅度大。

定量预测是基于历史数据和指数的客观因素，利用统计分析、概率分析等科学工具来进行预测，具有再现性高、变动幅度小、较少受到主观因素的影响等优点，不足之处在于比较机械、突发事件的响应性低，对波动性程度大的需求难以进行有效预测。

此外还有自上而下的预测方法、自下而上的预测方法等。

3.1.2　预测的基础

影响预测的因素很多，归纳起来可以分为三个层面，即宏观、中观和微观层面。

宏观层面是指所有企业都会身处全球或国家或一个地区的宏观环境，通常包括来自政治生态、经济环境、社会文化、科学技术水平、法律规范、自然环境等几个方面因素的影响。供应链管理人员多采用PESTEL分析模型来洞察宏观层面对需求的作用，并做出合理的需求趋势预测。

中观层面是指特定企业所处的特定行业和细分市场环境，包括产业格局、产业链现状与发展趋势、细分市场的竞争性特征等。供应链管理人员通常会用波特五力模型分析工具去了解和把握中观环境，以便做出比较准确的目标市场，预测本行业产品服务品类的总体需求。

微观层面涉及的是企业自身的商业模式、经营方针、组织行为、产品特点、价值取向等内部环境因素，以及这些因素对市场需求的影响，进而做出尽可能准确的客户对本企业产品服务的需求预测。

企业的战略导向对企业微观经济起着首要的影响作用,而迈克·波特就提出三种可供企业选择的竞争性战略:成本领先战略、产品差异化战略和集中战略。

商业模式的选择对企业的微观环境同样具有巨大影响,当企业在构建自己独特的商业模式时,会从价值定位、目标市场、收入来源价值链、核心能力可持续等多方面定义自己的关注重点和经营模式。而所有这些商业模式要素的选择与规划都是为了给客户创造价值的商业模式,能否为客户创造价值,能够为客户创造多少价值,为客户创造的价值与客户期望,以及让渡价值之间的一致程度无疑都对需求的变化具有决定性影响。

3.1.3 建筑业采购供应预测的特殊性

供应链的第一道防线就是需求预测。

在建筑业,需求预测包括项目预测和建筑材料采购的预测。前者是建立供应链的基础,后者是完成项目的保障。本书讨论的预测手段主要是对建筑材料价格走向的预测,从而在保证工程建设质量、工期的前提下,提高企业效益。

建筑生态系统是一个高度复杂、分散的、基于项目的建设过程。虽然建设工程具有唯一性、不可移动性、生产要素的不确定性等特征,但大宗建材如钢材、水泥等物资的采购还是可以通过电商服务平台大数据的分析进行推断、分析、预测的。

案例 1-3-1 中国能建优化需求计划、提前预测

建筑业采购是基于建设项目的建设过程物资的采购,采购过程涉及项目策划、设计、施工等多个环节。中国能建某单位以 EPC 模式承建的南浔国际会展中心(一期)项目中最大的单体工程为超高层建筑"大象酒店",按初步设计大象酒店的上部结构主体为钢结构。常规钢结构设计均为焊接 H 型钢,钢结构工厂按设计图纸对钢板下料、焊接、打孔、除锈防腐等工序进行加工。为节省成本,该单位在确保设计性能参数的前提下,积极推进成品热轧 H 型钢替代焊接 H 型钢的设计优化工作,最终上部主体 70%的钢结构确认使用成品热轧 H 型钢方案,达到降低采购成本、简化加工工序、控制加工损耗率、提升生产效率等设计目标,直接采购成本降低达 600 余万元。

设计优化的钢结构清单出来后,该单位研判市场大宗材料的价格走势,预测第四季度因为"限电限产",钢材价格还会持续上涨。该单位立即和马钢集团(2020 年国内唯一,世界第五的重型 H 型钢生产线,国内 H 型钢生产模具和种类最齐全的厂家)进行多轮合作谈判,争取到"重点项目源头直采保供价""锁定价格时不再另加后期市场预期因素"等多项优惠措施,签订合同后支付一定比例预付款锁定在当期市场价格,有效规避了后续市场涨价的风险。

【专家点评】

管理专家认为,预测总是错的。但这个"错",可以不断修正。

需求预测往往是从数据开始,到判断结束。数据加判断,整合了跨职能智慧,就得到了准确度最高的"错误"的预测。虽然采购人的这种预测往往是错的,但错得最少。一般来讲,存量来自数据,增量来自判断。在本案例中,依据预测数据,准确判断,抓住时机,效果显著。

>>>> 3.2 常用采购预测流程与工具

3.2.1 预测流程

一般预测流程共分为五步,具体见图1-3-1。

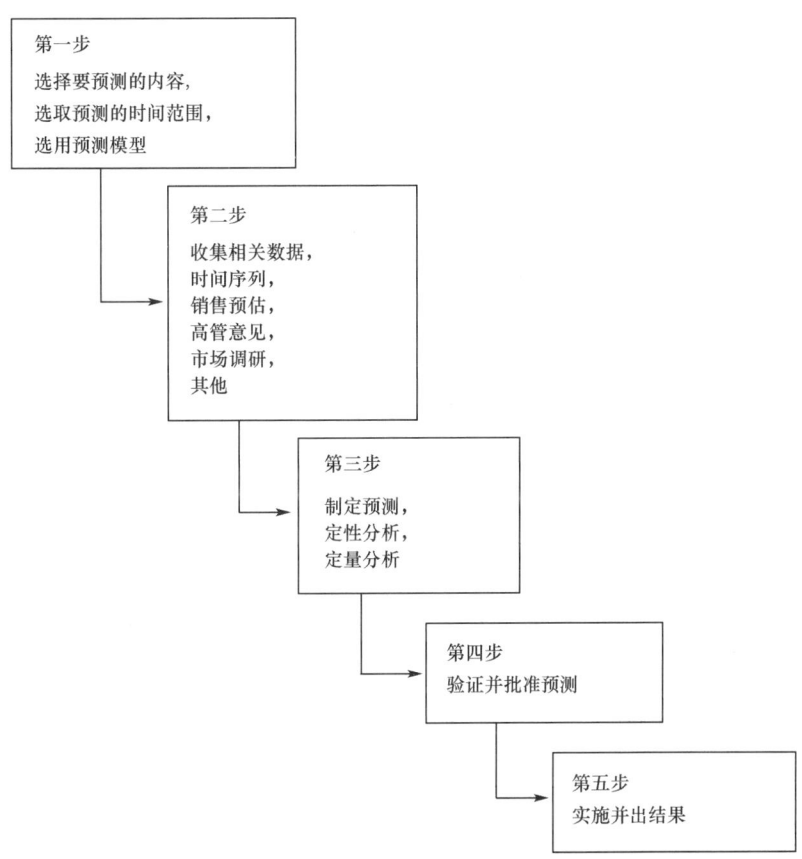

图 1-3-1 一般预测流程

3.2.2 常用预测工具

预测方法如表1-3-1所示。

表 1-3-1 预测方法

预测方法		时间范围		
定性分析法	描述	长期	中期	短期
销售团队汇总法	每个销售人员对所在区域的客户需求的最佳估计,并提交销售经理检查,然后在地区和国家两级编制一份总体预测	×	×	×
市场调研	从消费者那里收集调查问卷,预估他们对某一产品或服务感兴趣的程度	×	×	×
高管团队的意见	采购实体内关键领域和外部各方如客户和供应商人员的经验知识和意见	×	×	×

(续表)

定性分析法	描述	长期	中期	短期
德尔菲法	主持这一操作的人先从发给专家组的调查问卷中搜集结果,然后创建一个发送给该组专家的新调查问卷,这一进程一直持续直到达成共识	×		

定量分析法	描述	长期	中期	短期
单纯预测法	下一周期的预测,被设定等于最近一个时期的需求			×
简单移动平均	近期至少两次需求数据的平均值是下期需求预测的基础		×	×
加权移动平均	给固定跨越期限内的每个变量值以不同的权重		×	×
指数平滑法	每一个预测都是由最近周期实际需求和下一期预测数量两者加权而来的,这个权重称为平滑系数		×	×
季节成绩效应法	季节性是用指数表示的平均需求的百分比		×	
添加趋势修正值	可以在一定程度上改进指数平滑预测结果		×	
线性回归	用一种称为最小二乘法的拟合技术,通过历史数据分析,找出相关变量与独立变量之间的线性关系	×	×	
博克斯-詹金斯法	针对剧烈震荡的平稳随机时间序列进行短期猜测的一种有效猜测方法。该方法假定时间序列的变化与自身过去的历史数据有关,建立自相关的回归模型及其变形:移动平均模型,将模型外推出猜测。		×	
三次指数平滑法	用指数平滑技术,同时考虑趋势和季节影响		×	
单阶段模型	根据概率分析,用过去的需求数据确定要订购的库存量		×	×
蒙特卡罗方法	数学模拟方法,考虑各种风险因素,分析一系列可能的结果		×	×

上述这些预测方法,市场上一般都有相应软件,导入初始数据,很快就会得出预测结果。

⯈⯈⯈⯈ 3.3 物料需求计划与排产系统

做个好客户,不但要符合供应商的利益,而且要符合客户自身的利益,无论客户方处于弱势还是处于强势都是如此。怎么样做一个好客户呢?一是整合供应商,尽量增加规模效应;二是加强计划性,少给供应商制造额外麻烦,和供应商共同解决问题。

计划本身是给供应链降低不确定性。

计划做得好,降低了供应链的不确定性,就降低了供应商的总成本,这些都是隐形成本,虽然在财务方面的财务报表上显示不出来,但会感受到供应商愿意跟你做生意。

3.3.1 物料需求计划系统

该节引用中国物流与采购联合会编写的《供应链管理规划》第一章第三节有关内容。

1. 物料需求计划

物料需求计划(Material Requirement Planning,MRP),是基于主生产计划(MPS)、物料清单(BOM)、库存记录以及预设的计划参数通过计算机计算完成的有关 MPS 所需物料的需求量和需求时间的计划。

上述物料可以内部自行生产,也可外部采购。对于内部生产的材料,MRP 会给出建议的生产开始时间、加工工艺路线和生产结束时间;对于外部采购的材料,MRP 也会给出建议的采购订单下达的时间和所需到货时间。另外,对于计划开始时间或结束时间明显不可行的未完成订单,MRP 也会对开始时间或结束时间给出更新计划的建议。

一个好的 MRP 系统至少需要两大能力:一是确定需求的能力,即准确地计算出需要什么、何时需要,何时订购,何时完成和交付的能力;二是灵活应变的能力,即出现急单、订单变更、材料短缺、供货延期、设备故障等情况时,能够给生产/采购订单提出增加、取消、推迟或变更的建议或提示。

MRP 的正常运行,主要需要 4 个方面的数据和信息:

(1)MPS 提出最终产品的需求量和需求时间;

(2)BOM 描述完成一个单位最终产品所需的材料及数量信息;

(3)库存记录,提供可用库存的相关数据,包括在库和在途的;

(4)计划参数,包括经济生产量、订购量、生产采购提前期报废率、产出率、安全库存等信息。

2. 物料清单(BOM)

一份物料清单上会列出完成一个单位最终产品所需要的所有模块组件、零部件、原材料以及所需的数量等信息。在实践中,每个最终产品的模块组件、零部件和原材料,通常都会附一个唯一性的识别号,识别号也被称为产品编号。因公司不同,产品编号的方式也不同。

把构成一个单位最终产品下面的一层材料的物料清单称为单层 BOM;而把构成最终产品所需材料的构成结构顺序列出的物料清单称为多层 BOM,这种 BOM 表现形式,也称为产品树,如图 1-3-2 所示。

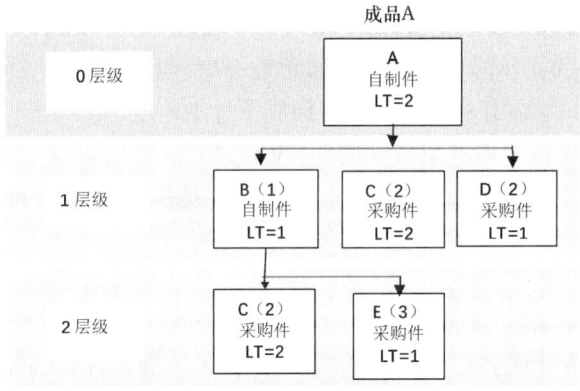

图 1-3-2　产品树

BOM 表是制造型企业里应用最广泛的一种文件。其用途十分广泛,包括以下 6 个方面:

(1)BOM 表里明确了生产某种产品所需的模块组件、零部件和原材料。

(2)BOM 对工程变更起到控制作用,产品设计发生变更时,所用到的模块组件、零部件和原材料也会发生变化。这些变动需要加以记录与控制,BOM 就是进行记录与控制的一种方法。

(3)用于最终产品维修维护的服务件、维修配件也需要 BOM 表来进行记录和识别。

(4)用于生产与物料计划。

(5)在可选项很多的配置型产品进行订单录入和生成时,BOM 可以用来构建客户所需的定制产品。

(6)BOM 表还可以用来做成本核算,产品销售成本(COGS)通常由直接材料、直接人工和制造三大块的费用组成,其目标不仅仅是明确产品构成的直接材料的一种方式,而且可以用来记录所需的直接人工,以及分摊的间接制造费用等信息。

❸ MRP 的表现形式

MRP 主要有两种形式:一种是显示了所有计划期间的表格形式,另一种则仅显示有计划活动期间的表格形式。第一种表格形式如表 1-3-2 所示。

表 1-3-2 　**MRP 的第一种表格形式(待计划)**

产品编号	73-12345-01		订购策略		批对批	提前期		2 周
产品描述	PCBA		安全库存		10	批量增量		1
期间	1	2	3	4	5	6	7	8
毛需求数量	50	50	50	50	50	150	120	120
预期收货数量								
预计可用余量	0							
净需求数量								
计划订单数量								
计划订单下达								

表格解读:

(1)表头部分反映的是典型的 MRP 参数,主要包括订购策略、提前期、安全库存、批量增量等。

(2)计划期间 1 对应的是当前计划周期。

(3)计划期间反映的是计划时间单位,通常是一周,但也可以是一个月或一天。

(4)所有在表格中显现出来的计划期间构成了计划跨度,与 MPS 一样,该计划时间跨度至少要涵盖完成产品交付所需的累计提前期,应至少包括冻结期和灵活区两个计划时界。

(5)每个计划期间里所显示的"预期收货数量",是指在计划期间工作时间起点(上班时)可以收到的数量。

(6)每个计划期间里所显示的"预计可用余量",是指在计划期的工作时间结束点(下班时),预计结余的数量。

(7)每个计划期间里所示的"净需求数量",是指为了满足计划的需要,而在计划期的工作时间起始点(上班时),所需补充到位的最小数量。

(8)每个计划期间里所示的"计划订单数量",是指基于计划参数(显示在计划表格里,划线下面的表头部分)的设定,如"订购策略""安全库存"等要求,而在计划期的工作时间起始点(上班时),所需补充到位的等于或大于"净需求数量"的订货数量。

(9)每个计划期间里所示的"计划订单下达"中的数量,与其对应的计划订单数量一致,只是基于提前期,而将该计划订单映射到 N 周之前进行下达(此例中为 2 周之前),这个方法通常称为时间位移(Offset)。

❹ 订购策略

MRP 计划中的订购策略,包括以下 7 个方面:

(1)批对批。该策略就是需要多少就下多少数量的生产或采购订单,一般适用于价值高、复杂度高、通用性低的材料。作为订购策略而言,JIT 是批对批的一种极致形式。

（2）批量订货。该策略就是根据最小订购量（MOQ）、经济订购量（EQQ）和经济生产量（EPQ）等，下达一定数量的固定批量订单，一般适用于价值小、通用性强、需求总量较稳定的材料。

（3）周期订货。该策略就是根据计划期内的需求及经济订购量、经济生产量计算得到一个间隔周期，或者按照人为设定的间隔周期，来下达采购或生产订单，适用于价值大、需求变化大、具有可识别的周期性、交付提前期较长的材料。

（4）再订购点。该策略就是基于采购或生产所需的提前期以及提前期内的平均需求计算得到的一个最低库存保有量点。再订购点中也可能包括了安全库存数量，这个策略通常与批量订购结合使用，适用于需求变化大、换货成本高昂的场合，对于价值高、货源紧俏的材料，可以考虑设置最大库存水平。

（5）安全库存。该策略就是长期保持的应对需求或交付不确定而产生断货风险的库存，一般适用于价值不大、通用性强的材料。

（6）最大库存水平。该策略就是为了管控过多库存而产生的成本及风险而设定的某种材料的最高库存数量，通常与周期订购策略结合使用，适用于价值大、提前期长的材料。

（7）批量增量。订购量大于最小订购数量（MOQ），最小的订购增量。一般来自最小包装单位，从精益的角度来看，理想的批量增量是1。

5. MRP 运算逻辑

MRP 运算主要包括以下几个步骤：

（1）外部需求导入，需求来源包括客户订单、客户需求预测、内部使用、内部调拨、促进产品需求、工程样品需求等，通常这些需求都经由 MPS 输出。

（2）计算毛需求数量，以通过 BOM 表展开的方式，将所有外部需求转化成对下层材料的需求，并按照计划期间内进行汇总而得。

（3）计算净需求数量，公式如下：

净需求＝毛需求/（1−费损率）−现有库存+安全库存−预期收货数量+已分配数量

（4）计算计划订单数量，即根据不同的并购策略，将净需求数量转换成订单数量，有 MOQ/EQQ/EPQ 和批量增量的要求时，计划订单数量的计算方法如下：

计划订单数量＝MOQ/EQQ/EPQ+取大整数［（净需求−MOQ/EQQ/EPQ）/批量增量］× 批量增量

（5）确定计划订单下达，根据提前期通过时间位移（Offset）的方法获得计划订单下达期间。

6. MRP 可行性检查

与 MPS 计划一样，MRP 计划也需要进行可行性检查，这个过程中使用的检查工具称为产能需求计划（CRP）。如果现有产能可以满足计划所需的产能，则表示 MRP 是可行的，否则需要进行 MRP 计划调拨，或找出增加产能的方法，如加班加点、外协分包。

7. MRP 订单类型

MRP 输出的订单类型主要有三种，即计划订单、下达订单和锁定计划订单。

（1）计划订单是由系统自动生成和控制的，是通过上述 MRP 运算逻辑产生的含有数量和计划下达时间的订单。

（2）下达订单是由计划员手动控制的，可以将计划订单的下达日期提前/推后，或者取消计划订单，计划订单手动下达后就变为"未完成订单"（Open），并在 MRP 中显示为"计划的下达"(Scheduled Release)。

（3）对于系统自动生成的计划订单,会随着外部需求的改变,而在订购数量和时间上自动发生变动。计划员可以根据需要和判断,选择一些计划订单,将其锁定,即不让计划订单的数量和时间被系统自动改变,此时订单就成为锁定计划订单。

8. MRP 运行中的信息反馈

MRP 能够向计划员提供信息反馈,以提醒计划员对系统中的订单进行复核或变更,而计划员也需要向 MRP 进行信息反馈,以便系统可以顺利运行。

异常信息:完善的 MRP 系统可以生成"异常信息",以提醒计划员关注一些异常状况,比如预期收货数量,或收货时间不能满足计划需要。

交易信息:计划员必须将那些会影响到 MRP 系统记录的交易信息,及时在系统中进行反馈,比如当计划员手动下达订单时,确认收到预期收货数量,或者订购数量发生变化时提前期最小的情形。

3.3.2 排产方法与技术

1. 排产方法与技术

排产的方法有很多,但都是基于以下 4 种最基本的排产思路:

（1）顺推排产法(Forward Scheduling)。以接收到需求订单的日期为起点,订单执行与交付都是基于这个起点向未来展开,并计算出满足需求所需要的总耗时。利用这个方法可以给出对客户的承诺交货时间或用来识别可能落后于需求日期的订单,并找出对策。

（2）倒推排产法(Backward Scheduling)。与 MRP 逻辑一样,将客户需求的交付日期作为计划起点,再参照加工流程时间,从完成最后一个工序所需要的加工时间往后推,得到最后一道工序的开始时间,接着按工序顺序,得到第一道工序的最晚的必须开始时间,这是所有材料的最晚订购时间。倒推排产法可以降低库存水平。

（3）无限产能排产法(Infinite Loading)。无限产能就是在排产时不考虑每道工序和作业中心的可用产能,而按照计划逻辑将生产任务排到每道必需的工序,再用可能的产能来检验排产的可行性并进行必要的调整。

（4）有限产能排产法(Finite Loading)。制订排产计划时,在每道工序里排入不超过可用产能上限的生产任务。为了达到完成订单总耗时最短的目标,在排产时,可利用重叠法和分割法来缩短一个订单的生产周期。

重叠法就是尽可能不要等待整个订单完成前道工序,就将部分产品转移到下一道工序进行加工,这样可以缩短工序间的包括排队时间、等待时间等在内的不增值时间,以及工序间的在制品库存(WIP),从而缩短整个订单的生产周期。

分割法就是在可能的情况下,尽量将一个订单分割成几部分,分别在功能相同的多台设备上或工位上进行加工,以便提高设备的利用率和缩短整个订单的生产周期。

排产时,需要了解一个订单所经过的各个作业中心或工序中产能最少的瓶颈所在,并最大化地使用瓶颈工序的可用产能。其他工序上的工作量安排要以瓶颈工序的生产能力为依据,避免过度生产而导致在线库存的堆积,带来浪费和混乱。为了促成瓶颈工序产能开工率最大化,需要在瓶颈工序之前储备一定量的在制品库存,即时间缓冲库存。

2. 单工序排产法

在进行排产时,需要对出货时间、订单大小、客户重要性等因素进行综合考虑,并做出优先顺序的安排。一般来说,排产以客户满意度最大化、设备/人员闲置时间最小化、完成所有订单总耗时最少、加工总成本最低为目标,因此在排产时会按照重要客户订单优先上线,需求先到的先上线,到期日最早的先上线,工期最短的先上线等原则,表 1-3-3 给出了排产中常用的一些原则及其含义。

表 1-3-3 常用排产原则及其含义

排产方法(简称)	含义
最短加工时间(SPT)	优先选择最短加工时间的工序
最长加工时间(LPT)	优先选择最长加工时间的工序
最早到期日(EDD)	优先选择具有最早交货期的工件
先到先服务(FCFS)	选择工件队列中最先到达的工序
最少松弛时间(MST)	选择具有最少松弛时间的工序(松弛时间指到期日的剩余时间与剩余加工时间之间的时间差)
最少剩余工作量(LWR)	选择剩余加工时间最短的工件的工序
最多剩余工作量(MWR)	选择剩余加工时间最长的工件的工序
最多剩余工序(MOR)	选择剩余工序数量最多的工件的任务
最少剩余工序(LOR)	选择剩余工序数量最少的工件的任务
最小关键比(SCR)	选择关键比最小的任务,关键比是指交付剩余时间和加工剩余时间的比值

3. 多工序排产法

典型的多工序排产法有约翰逊规则,包括关键工作法、Palmer 法、Gupta 法、CDS 法、NEH 法和杰克逊算法等各种启发性排产算法,或规划求解等高级算法,以达到最优排产的目的。

当多个产品以相同的顺序,在两台设备上或经过两道工序加工完成时,被称为流水作业排产问题,最简单有效的方法就是约翰逊规则,具体方法如下。

首先,为需要进行排产的多个产品,建立一张加工时间表,如表 1-3-4 所示。

表 1-3-4 加工时间表   单位:分钟

产品※	A	B	C	D	E
设备/工序※1	8	10	7	3	7
设备/工序※2	5	9	9	6	4

从表 3-4 找出最短的加工时间所对应的产品及工序,在此例中,加工时间最短是 3 分钟,对应的产品是 D,对应的工序是第 1 道工序(※1)。出现这种情况时,就将产品 D 作为第 1 个上线加工的产品;假设这个最短时间是发生在第 2 道工序上,就把对应的产品作为最后一个上线加工的产品。比如,在此例中,除了 D 以外,第 2 个最短的加工时间是 4 分钟,对应的产品是 E,对应的工序是第 2 道工序(※2),因此产品 E 就应该放在最后加工。

综上,确定 D 产品第 1 个进行加工,E 产品最后进行加工后,再找出剩下的三个产品中加工时间最短及其所对应的产品和工序,并按照上面的方法排序,逐个类推,直到将所有产品排序完成。在此例中,5 个产品的排序顺序是:D>C>B>A>E。

应用约翰逊规则排序,完成的产品的总加工时间最短及设备利用率最高。需要注意的是,应用这个规则得出的最佳排序,只是一个充分条件,而非必要条件,也就是说,还可能有其他的排序方法得出的总加工时间与应用约翰逊规则产生的生产排序是一样的,比如应用

Palmer、Gupta、关键工作法等排序法,就有可能找出总加工时间也是最短的其他排序。

当多个产品要经过三台设备或三道工序以上才能完成加工时,这时可利用基于约翰逊规则,由坎贝尔(Campbell)、杜德克(Dudek)和史密斯(Smith)三人合作提出的启发式算法,即 CDS 法进行解决。

另外,假如多个产品经过多台设备和多个工序进行加工,但经过的顺序并不相同时,被称为车间间断式排产问题。这种情况下的排产问题无疑是非常复杂的,同样是以约翰逊规则为基础,由杰克逊提出的启发式算法,能够对相对简单的此类排产问题予以有效的解决。此外,理论界还有整数规则求解法、分支界定法等多种可行的算法。

4. 流水线排产法

流水线的排产相对比较简单,只需根据计划日产量和班产量、流水线每天的轮班数、流水线的工序数和作业中心数量、产品在每道工序的额定工时、工序间的流转批量、流水线上可用生产员工人数、每条流水线在轮班内的工作中间休息次数和时间等信息,保证在整个工作时间内流水线按照预定节拍进行重复性生产即可。具体步骤包括以下五步:

(1)根据产量需求和可用工作时间确定生产节拍。

(2)确定合理的生产循环周期及每个生产循环周期内的产量。

(3)确定每个生产循环周期中各个作业中心的产量和负荷。

(4)计算生产循环周期内各个作业中心所需的人工数量。

(5)确定每个作业中心的工作起止时间和人工负荷。

5. 高级排产系统

现在越来越多越多的制造型企业采用基于计算机系统的高级排产系统(Advanced Planning Systems,APS)。高级排产系统是基于各种约束条件,基于订单的优先、工序瓶颈约束、物料约束需求计划、供应资源优化的分项配置计划、运输资源优化、运输计划等制订出排产计划,以达成完成所有订单任务时间的最小化、所有订单总延误时间的最小化、所有订单在系统中花费时间之和的最小化、所有订单的准备时间最短、可变生产成本最小化、准备成本最小化、缺货成本最小化等综合目标。APS 包括需求和供应计划、运输和生产计划等各种供应链计划模块,可以为各种典型的生产组织方式提供有效的解决方案。例如,针对流水线生产,主要解决生产上线顺序优化问题;针对间断式生产,主要解决多工序、多资源的优化调度问题;针对项目型生产,则主要解决关键链(资源约束)和成本时间最小化问题。

3.3.3 建筑业采购计划管理

建筑业的物资采购计划依据已经中标或有可能中标的项目制订。

采购计划依据项目物资需求总计划及前期调查,经对大宗物资特殊性进行分析,围绕物资运输、冬季施工备料、采购成本控制等方面出具详细的管控措施,并制定具体管控目标,形成物资采购管理专项策划,指导后续物资采购工作。

一般来讲,在项目确定后,建筑材料的需求计划相对比较准确和稳定,但是由于建筑业工期长、气候条件难以管控、不可抗力以及业主需求的变化等,采购计划应当满足这些变化,有一定的弹性。

采购计划包括采购组织方式[如是否集中采购,哪些物资需要集团层面采购供应,哪些物资在二级公司平台采购,哪些物资在社会专业平台采购(MRO)等]、采购方式、支付方式等。

国内有些建筑央企通过颁布年度采购计划指导目录的方式对基层企业进行管控,也有企业根据项目组建项目团队在供应链管理框架内制订并实施采购计划。

案例 1-3-2　中交集团新疆某公路供应链管理的计划管理

中交集团新疆某公路项目(以下简称项目)作为集团层面特大型重点项目、中交集团和自治区交通厅践行"交通强国"战略的试点建设项目,线路总长度 1 305 千米,总投资达760.23 亿元,其中建安费 615.28 亿元。

1.项目供应链特点

(1)区域内供方协同问题突出

项目位于西北内陆,自然环境恶劣,经济发展落后,厂家资源分布不均衡,头部企业的产量占比高,生产企业之间价格协同问题突出。

(2)项目需求品类多、数量大、资金占用量大

项目工程类型多样,体量大,物资需求量大,物资品类众多;供应点多、线长、面广,需求分散;资金占用量大。以关键物资需求为例,钢材 121 万吨,水泥 546 万吨,沥青 40 万吨,燃润料 24 万吨,砂石料 4 431 万吨。

(3)物流配送难度大

项目线路穿越天山山脉、阿尔金山脉和塔克拉玛干沙漠,且位于地震多发区,高寒、高海拔、高辐射,大部分路段无水、无电、无信号,多处穿越无人区,交通基础设施落后,道路运输条件差,施工人员及施工车辆安全风险高;维稳要求高,疫情防控严;施工场地狭小、物资存放困难,尤其冬季施工物资难以配送。

(4)参建单位多,协同难度大

项目有中交集团所属 11 个工程局参建,25 家三级工程公司,项目部大多属于三级工程公司的下属单位。这种多层级的组织结构带来了大量的工作壁垒,信息传递不畅,执行力层层衰减,工作协调难度大。

2.供应链管理方法及成果

项目自开工以来,聚焦中交集团供应链管理"延链、建链、强链、补链"的最新要求,持续深化 6 个集中(即合同、技术、成本、物资、财务、文化集中),7 条路径(即工期集中筹划、技术集中筹划、安全集中管控、质量集中管控、成本集中管控、财务集中、物资集中管理)的管理理念,通过"抓计划、夯集采、集采分签、分供分结、共享中心统一支付、供应商定期评价"的方式,解决了区域内供方协同问题突出、项目需求品类多与数量大且资金占用量大、物流配送难度大、参建单位多导致协同难度大等问题,打造了优质高效供应链,助力项目高质量发展。规范项目供应链管理工作,提高管理工效,保证工程质量,保障施工生产顺利进行,有效降低物资采购成本。计划程序见图 1-3-3。

项目部根据中国交建相关供应链管理制度和规定,结合项目实际情况,以适应性为原则,总经理部层面供应链制度体系稳步建立。同时,要求各标段严格执行集团及总经理部供应链管理制度,并建立标段层面供应链管理制度体系,从而形成集团、总经理部、标段三级供应链制度体系。在此框架内,通过计划管理,保证了项目顺利进行。

项目"以采控价""以供控量",统分结合,采供一体,打造有中交特色的供应链管理体系。在中交集团物资集中采购目录基础上,将项目物资进行 ABC 分类,推行"集采、分签、分供"模式,取得了良好的经济效益。

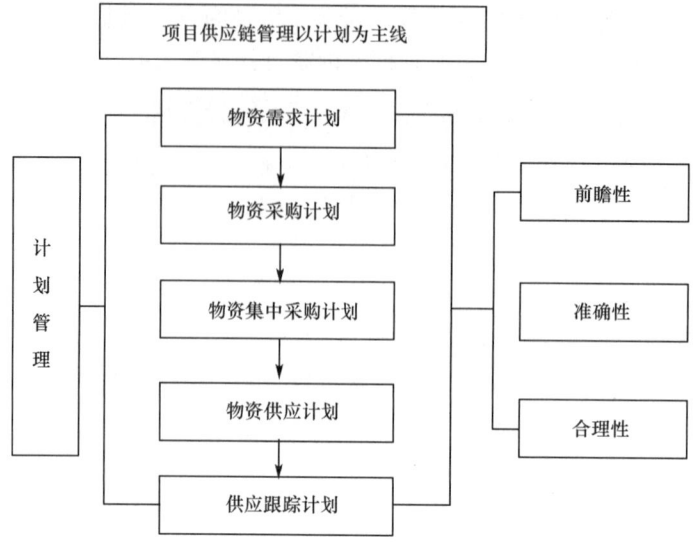

图 1-3-3 计划程序

【专家点评】

计划是个集中行为,优秀的计划需要有全局的视角和极强的责任心。计划简单,执行复杂;计划复杂,执行简单。该项目依据采购策略对各类物资做了详尽的计划,保证了工程的顺利进行。

 本章思考题

1.简述需求预测的分类。

2.建筑业采购供应预测有哪些特殊性?

3.建筑业的需求计划包括哪些?

第4章　供应链构型及其选择

在供应链管理中供应链类型的选择应当依据企业发展战略决定。供应链的构型实质上就是由采购战略、供应结构、采购流程、采购环境组成的一个集群。

本章目标

1.理解供应链管理的内涵包括的相关内容。
2.理解供应链的增值原理。
3.了解供应链构型的设计原理。
4.掌握并运用精益型供应链和敏捷型供应链的适用条件。

>>>> 4.1　供应链管理的内涵

4.1.1　供应链管理概述

1. 供应链管理的定义

供应链管理的定义有多种:

(1)与供应商和客户的上、下游关系管理,以较低的整个供应链成本提供较高的客户价值。

(2)通过企业间的相互合作、高效的商业流程和信息的高度分享来整合和管理供应链组织的活动,创造高绩效的价值体系,为供应链的成员组织提供可持续的竞争优势。

(3)贯穿整个供应链的关系管理和商业流程整合。供应链的各环节通过衡量供应链的整体效率和竞争力来计划和协调其流程和关系。

(4)建立整个供应链的协作关系,以便整个供应链以一种可持续和有效控制风险的方式为终端客户带来增值。

(5)对所有供应运营和物流功能的端对端管理,这些功能应用于原材料到产品或服务的可持续解决方案的商品服务和信息流。(ISM 术语第六版)

2. 供应链管理的内容

(1)战略性供应商和用户合作伙伴关系管理。

(2)供应链产品需求预测和计划。

(3)供应链的设计(全球节点企业、资源、设备等的评估、选择和定位)。

(4)企业内部与企业之间物料供应与需求管理。

(5)基于供应链管理的产品设计与制造管理、生产集成化计划、跟踪和控制。

(6)基于供应链的用户服务和物流(运输、库存、包装等)管理。

(7)企业间资金流管理(汇率、成本等问题)。

(8)基于互联网/内联网的供应链交互信息管理等。

3 供应链管理的驱动因素

(1)成本压力(降低库存和其他浪费的需求)。

(2)时间压力(交付需求更快、更加定制化)。

(3)可靠性压力(质量和履约交付)。

(4)即时反应压力(客户对提供实时信息的需求增大)。

(5)透明度压力(订单进展状况要求可视,以支持计划)。

(6)全球化压力(需要与多个复杂的全球性供应网络合作)。

4 供应链管理的潜在效益

(1)降低总成本。

(2)改善对客户需求的反应,从而提高客户忠诚度和销售额。

(3)资源和能力互补。

(4)提高产品和服务质量。

(5)改善供应链沟通,使计划和合作更为高效。

(6)改善库存管理。

(7)缩短产品周期(产品设计快,成品交付快,库存低)。

(8)成本和风险管理更为透明。

(9)供应链的透明能够更好地控制下层供应商的供应链。

(10)更利于平衡服务水平和成本。

5 供应链内部合作关系的表现

(1)产品和流程的信息交换(比如联合需求预测、成本信息共享)。

(2)操作层面的相互对接(电子采购对接和 JIT 安排)。

(3)联合制定标准。

(4)合作项目和投资。

6 供应链结构的关键战略问题

(1)供应商分层。

(2)逆向物流。

(3)网络采购。

(4)供应基础优化。

4.1.2　供应链与价值链

按照迈克·波特的说法,每个企业都处在供应链中的某个环节,一个企业要赢得和维持竞争优势,不仅取决于其内部的价值链,从产业价值链整体来考察企业的成长性更具有战略意义。

作为一种整合管理思维和途径,供应链管理通过对市场与客户的动态的切实把握,有针对性地对供应链中的信息流、资金流、物流、商流进行设计规划和优化,以满足市场与客户不断变化的需求。供应链管理的目标在于通过把不同企业横向整合在一起,产生协同作用,从而提高整个供应链的效率,为整个供应链的参与者创造更大的价值及"增值"。

1. 增值供应链

"增值"一词本质上是指为一个产品或服务增加更多的价值,它来自支持其生产和交付到客户的所有过程:营销、设计、生产、客户服务、配送。

供应链管理产生的"增值"表现在以下方面:

(1)改善质量

采购与供应链职能可以通过下列途径来提高质量,从而取得增值:

①选择具有第三方质量体系认证(比如 ISO 9000)的供应商。

②评估供应商的质量管理体系及其"表现记录"。

③准备合格供应商清单。

④供应商在产品设计阶段早期介入。

⑤将设计需求细化为清晰、准确的物料和服务技术规范。

⑥制定产品入库流程来检验和测试产品质量。

⑦管理与供应商的关系。

⑧持续监测和控制供应商的质量表现。

⑨与供应商一起来处理质量纠纷、解决质量问题和/或实施质量持续改善。

(2)降低价格和总成本

有效的供应链管理可以借助于下列手段降低成本和控制成本,从而大大增加价值:

①与供应链伙伴合作进行成本降低计划,使用供应链的技术专长和资源。

②提高供应链过程的可视性,从而有助于识别浪费领域。

③支持优化端到端的供应链成本,而不是采取竞争性的、次优的方法来降低成本。

④支持更好的信息共享、活动协调和合作计划。

⑤支持积极的质量保证和管理。

⑥鼓励购买方和供应商系统的集成,降低交易成本。

⑦创建长期、稳定和互惠的商业关系。

⑧支持全生命周期合同。

(3)缩短供应时间

有效的供应链管理通过下列途径,能够缩短产品从开发到市场(从概念到市场)的周期时间:

①建立可靠的专业供应商库存,鼓励供应商早期参与协作。

②鼓励对供应链过程实行积极的端到端管理,而不是只管采购部分。

③鼓励需求链管理和数据分享,提高对客户需求变化的敏感性。

④发展供应链的敏捷性和响应性。

有效的供应链管理还能够通过下列途径,缩短订单周期和提前交货:

①可以实现端到端的供应链可视性。

②缩短新产品开发(概念到市场)的周期时间。

③缩短供应商前置期。

④缩短采购周期时间。

⑤与供应商紧密合作,保证按时交付。

(4)管理创新

有效的供应链管理管理通过下列途径推动供应链创新活动:

①提高对市场信息的获取能力。

②基于供应商早期参与、同步工程和其他方法。

③通过汇集供应网络中的信息、想法和专长,挖掘协同效应和机会。

④为供应链伙伴的创新创建激励机制。

⑤选择具有竞争力的战略性供应链合作伙伴,以创新能力或潜力作为关键资格标准。

⑥支持应用(跨职能的和横跨供应链的)协作技术,如创新委员会、供应商论坛和协会。

⑦支持供应商创新能力的持续开发(例如通过共同投资或技术转让)。

⑧支持供应链管理技术(例如全生命周期成本核算、供应商早期参与和供应商伙伴关系)。

⑨支持持续的供应链改进和发展(例如通过协作改进、对标、最佳实践分享和知识管理)。

(5)降低供应链风险和脆弱性

有效的供应链管理可以借助下列手段降低供应链风险和脆弱性,从而大大增加价值:

①鼓励预防性地监控、识别和评估来自供应链、供应商和供应市场的风险。

②提供更大范围的全程供应链数据分享以增加供应链的透明性和可视性。

③加大与供应商之间的透明度和信任。

④改善供应的安全性和持续性。

⑤有意识地选择战略性的供应链伙伴。

⑥促进高效的合同管理、供应商管理和供应商绩效管理。

⑦鼓励系统整合和共同发展。

⑧鼓励使用供应链图析。

⑨改善供应链的全程可视性。

2. 波特价值链模型

价值链就是一个商业活动的序列,企业或供应链依序将价值增加到产品或服务中去。它包含从原材料到产品交付及售后服务的整个过程。

波特价值链模型描述了企业增值的主要活动和支持活动,如图1-4-1所示。

(1)波特价值链中的主要活动

①入库物流:收货、验货、上架、仓储、库存控制等。

②运营:制造、装配、检验、包装、设备维修保养等。

③出库物流:仓储、分拣、运输计划、订单处理等。

④市场和销售:市场调研、新产品研发、广告和促销、销售团队管理、渠道管理、定价等。

⑤服务:安装、维修、培训、备件供应和保养。

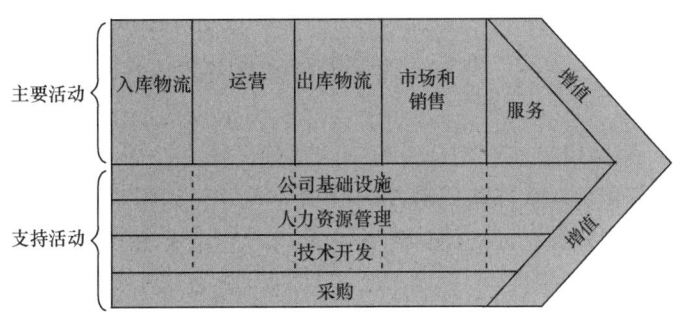

图 1-4-1　波特价值链模型

（2）波特价值链中的支持活动

①公司基础设施：用于计划、财务、质量控制和管理等的系统和资产。

②人力资源管理：招聘、解雇、人员配置、留任和发展等。

③技术开发：产品设计、生产流程改善、资源有效利用等。

④采购：采购主要活动中需要的所有物品。

（3）皮特·海因斯认为波特价值链的两点关键贡献

①从物料的集成管理或物流的角度强调了其在产品增值机制中的角色，从而突出了供应链管理在企业中的战略作用。

②再次突出了客户是供应链的焦点，并且为价值做最终的测量。

（4）皮特·海因斯发现波特价值链的缺点

①该模型以利润作为主要目标，将价值定义为企业的利润，而不是客户满意度。

②该模型展示了独立活动和价值链之间的界面，而不是集成。

③主要活动和支持活动的区别有点武断，没有反映出某些职能的重要性。

④它是一个基于美国公司的静态模型：没有考虑到某些更具有创新性的价值、现代化的 IT 信息技术（使产生"虚拟"价值链）以及动态市场的竞争性挑战。

4.1.3　价值体系/价值网络

企业通过对其供应网络内不同价值链之间的联系进行管理，从而获得竞争优势，这种广泛的价值链，延伸贯穿整个供应链，称为价值体系或价值网络，如图 1-4-2 所示。

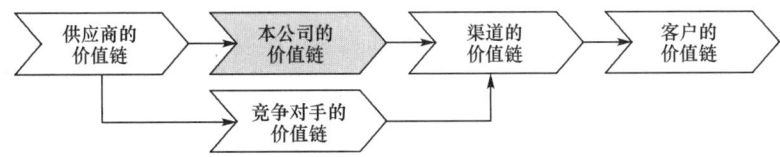

图 1-4-2　价值体系或价值网络

出于合同和供应商关系管理的目的，价值体系或价值网络模型的一个关键点在于，价值体系内的活动被认为是相互依赖的，每个要素都会影响价值链中另一个活动的成本、效率或效力。这就构成了波特所说的联系，联系是供应链中不同价值链之间的终端消费者的需求体现。

4.1.4　价值流图析/供应链图析

风险和脆弱性识别的一个有用工具是价值流图析（Value Stream Mapping，VSM）或供应链图析（Supply Chain Mapping，SCM）。

1. 价值流图析

价值流指原材料到达顾客手中的生产流程和从概念到正式发布的设计流程的全部活动,图析就是用于作图的方式分析,这是日本丰田公司围绕精益生产首先开发的管理工具。其目标是识别、论证和减少供应和制造过程中的浪费。作为一种可视化和沟通的工具,VSM可以为供应链管理者和合作伙伴认识潜在的浪费来源并为诊断它们的根源提供一个起点。一张物料和信息流动的视图有助于使讨论集中重点和问题解决,帮助制订战略计划和进行变革管理。

VSM 技术包括对制造过程中的所有关键活动进行图析,从周期时间、停工时间、在制品库存、物料移动和信息流动等方面描述。

2. 使用增值流程图来做价值流图析

(1)将流程中所有的步骤按次序标注在一个个方框中,做出一个简单的流程图。

(2)将完成每一步当前所需要花费的时间标注在每个方框中,计算出整个周期时间。

(3)识别不增值的步骤:检验、测试、返工、机器调试等。

(4)将代表不增值步骤的方框移到代表增值步骤方框的右边,形成两列。

(5)将增值列中的时间相加得出增值的周期时间,将非增值列中的时间相加产生非增值的周期时间。

(6)计算非增值活动占整个周期的百分比。

(7)设置目标,降低或消除非增值活动。

3. 供应链图析

供应链图析是供应链结构的一种类似的图形表示,包括主要的利益相关者和信息流、资金流、商流和物流的关系。对于供应链中的每个利益相关者,图析团队将添加价值流图析/供应链图析上的信息,如:主要任务及其平均前置期,成本、增值与利润,所识别的沟通障碍、延迟来源和其他功能障碍等。

供应链图析是一种分析和沟通的工具,可以使管理者识别:

(1)价值链中的各个强、弱节点。

(2)潜在的供应风险领域。

(3)潜在的可持续性、合规性或声誉风险。

(4)具有强大能力和资源的网络联系或伙伴关系所带来的潜在机会和优势领域。

(5)供应链中效率低下的领域。

(6)潜在的效率。

(7)供应链每个阶段成本、增值和利润的分解。

(8)提高绩效和创新所需的信息流或资金流改进领域。

(9)可能需要加以解决的逆向物流中的弱点,或闭环供应链的缺陷。

(10)企业在哪些领域需要从供应"链"转化为供应"网络",以便发展更广泛的创新和竞争优势协作。

4.1.5　价值链分析

价值链分析使用前面讨论过的波特价值链模型,识别在价值链中各个节点和活动上潜在的浪费,消除浪费以实现进一步增值。

1. 基本的价值链分析过程

(1)识别每个主要活动和支持活动的所属活动。

(2)识别它们彼此间的衔接。

(3)在所属活动和它们彼此间的衔接方面寻找改善和优化的机会,实现对客户的增值。

2. 价值链分析过程的 4 个主要阶段

(1)信息:定义要解决的问题;评估价值分析作为一种解决该问题的方法是否可行;收集关于该问题的信息;为价值分析调配资源。

(2)思索:使用功能分析系统技术,绘制各功能之间的逻辑关系图;创建一个功能导向的成本模型;使用头脑风暴,对能以更低成本达到所要求的功能提出大量的备选方案。

(3)分析:排除完全不切实际的方案,对各种可行的方案进行成本比较;选择那些具有最佳节约成本的方案,对潜力大的方案进行深度可行性研究和生命周期成本计算;根据优缺点、生命周期成本、设计标准、可行性、安全性等,对各种方案进行排序。

(4)建议:将研究结果提交给利益相关者;获得客户的批准,兑现参与的利益相关者的承诺。

3. 测试价值的 5 个问题

(1)该材料、部件或流程的使用对价值有贡献吗?

(2)该材料、部件或流程的成本与其有用性成比例吗?

(3)该产品的所有功能和特性都是需要的吗?

(4)在保持功能和特性的同时可以使用更便宜的替代品吗?

(5)有其他人花费更少购得此部件吗?

4. 价值分析的助记方法

(1)可以标准化吗?

(2)产品的分类适合报关和运输吗?

(3)是否存在过度设计?

(4)包装费用可以降低吗?

(5)有便宜的替代品吗?

(6)可以在不损失产品性能的情况下减少产品重量吗?

(7)存在不必要的加工工序吗?

(8)问过供应商关于如何减少成本的问题吗?

(9)该产品自制便宜还是外购便宜?

(10)消除浪费。

5. 价值链需要解决的关键问题

(1)成本和价值是在哪里产生的?

(2)哪些活动对于企业自身战略能力特别重要? 哪些不特别重要?

(3)利润池在哪里?

(4)选择自制还是外购(外包)策略?

(5)在价值网络中,谁是最优的合作伙伴? 采用什么关系类型可以充分发挥他们的潜能?

4.1.6　供应链管理的传统观点和现代观点的比较

供应链管理的传统观点和现代观点的比较如表 1-4-1 所示。

表 1-4-1 供应链管理的传统观点和现代观点的比较

传统方式	供应链管理方式
主要特征:独立	主要特征:整合
独立于下一环节	彼此依赖
节点间需要预测	全程可视
不确定性	更多的确定性
对变化反应不及时	快速反应
高成本、低服务水平	高服务水平、低成本
碎片式	"连接式"结构
"指责"文化(敌对)	"共赢"文化(合作)
以公司为单位竞争	以供应链为单位竞争

>>>> 4.2 合适的供应链的选择

整体观和系统观是供应链管理的基本组成部分,基于这一视角,尤其在战略层面上,供应链管理不仅必须专注细节和特定部分,还必须从整体上对供应链构型方法进行分析。供应链构型被定义为由战略、结构、流程和环境所组成的一个集群。

4.2.1 有效型供应链

有关供应链管理构型方法的最早阐述,出自马歇尔·费舍尔的文章,这篇文章所探讨的问题是:"对于你的产品来说,什么是合适的供应链?"为了描述供应链管理构型,他把产品类型和需求可预测性看成主要特征元素,将功能型产品(需求可预测)和创新型产品(需求不可预测)进行了区分,并根据这两类产品的差别,将供应链划分为有效型供应链和响应型供应链。每一种供应链都面临着一组不同的挑战,在一个需求可预测的环境下,关注于物理有效型流程的构型被认为是合适的,然而在需求不可预测的环境下,创新型产品的市场响应型流程是最为合适的。两类不同供应链的管理要素见表 1-4-2。

表 1-4-2 两类不同供应链的管理要素

两类不同供应链	物理有效型流程(有效型供应链)	市场响应型流程(响应型供应链)
主要目的	以尽可能低的成本有效地供应可预测的需求	对不可预测需求快速响应,实现缺货、被迫降价和陈旧存货最小化
关注制造	保持较高的平均利用率	部署额外的缓冲能力
库存战略	提高库存周转率,实现整条供应链库存最小	部署重要的零部件或制成品缓冲库存
关注提前期	在不增加成本的前提下缩短提前期	加大投资以缩短提前期
选择供应商的方法	主要考虑成本和质量因素	主要考虑速度、弹性和质量因素
产品设计战略	成本最小化、收益最大化	采用模块化设计,尽可能地延迟产品差异化

4.2.2 响应型供应链的细分

泰恩等学者对响应型供应链做了进一步区分,将响应型供应链分为两种类型:定制化产品类型的构型和创新型产品类型的构型。

定制化产品类型的构型,以半预测需求模式和中等生命周期为特征,关键性行动和目标是根据个人需求来定制产品,这一目标可以通过需求驱动;计划流程按订单组装、大规模定制和延迟制造战略来实现。

创新型产品类型的构型与可定制化产品类型的构型有着细微差别,其可以在需求不可预测的模式中找到,即短生命周期和按订单生产战略。

4.2.3　从需求稳定性维度设计供应链

马丁·克里斯托夫等学者根据需求的稳定性,将供应链划分为精益型供应链和敏捷型供应链,并对精益型供应链和敏捷型供应链依照需求可变性或提供的产品种类的多样性和产品的数量进行了区分。

如果环境是不完全可预测的(需求不确定),并且需求的产品种类很多,就需要采用敏捷型供应链。在敏捷型供应链中,技术对敏捷型供应链起着关键作用;如果需求的产品数量多、种类少,且环境可预测,则应选择精益型供应链,该供应链运作效率最高。

克里斯托夫同时还指出,一个供应链可能在一段时间需要精益型供应链,一段时间需要敏捷型供应链,即混合构型的精益敏捷型。如高层建筑工程,其设计应以差异化为导向,施工中在保证质量进度的基础上应以成本为导向。敏捷型和精益型供应链的适用如图1-4-3所示。

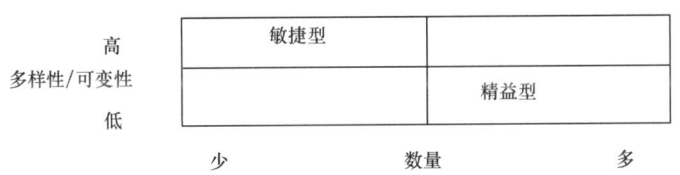

图 1-4-3　敏捷型和精益型供应链的适用

这种混合构型是精益型和敏捷型的结合,可称其为"精益敏捷型"。参考延迟制造的概念,我们将精益敏捷型供应链描绘成为精益流程部分和敏捷流程部分的结合,其中解耦点之前是精益流程部分,解耦点之后是敏捷流程部分,具体见图1-4-4。

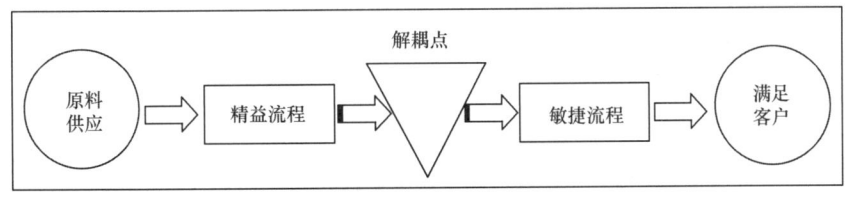

图 1-4-4　精益敏捷型供应链流程图

4.2.4　从需求和供应两个维度设计供应链

美国供应链专家李等学者认为,上述供应链构型设计集中在顾客或需求方并不充分。为了设计正确的供应链战略,需要考虑所有不确定因素,既包括需求方面的因素,也包括供应方面的因素。李认为的构型由需求不确定性和供应不确定性两个维度来决定。在需求侧,分为"功能型产品"(需求不确定性低)和"创新型产品"(需求不确定性高);在供给侧,分为"稳定型流程"(供应不确定性低)和"进化型流程"(供应不确定性高)。

将这两个维度相结合,李总结了供应链的四种类型:效率型、风险规避型、响应型和敏捷型,如图 1-4-5 所示。

<table>
<tr><td colspan="5" align="center">需求不确定</td></tr>
<tr><td>低</td><td colspan="2">低　　（功能型产品）</td><td colspan="2">（创新型产品）　　高</td></tr>
<tr><td rowspan="4">供应不确定</td><td rowspan="2">稳定型流程</td><td colspan="2" align="center">效率型供应链</td><td colspan="2" align="center">响应型供应链</td></tr>
<tr><td colspan="2" align="center">杂货、普通服装、食物、油、气</td><td colspan="2" align="center">时装、计算机、流行音乐</td></tr>
<tr><td rowspan="2">进化型流程</td><td colspan="2" align="center">风险规避型供应链</td><td colspan="2" align="center">敏捷型供应链</td></tr>
<tr><td colspan="2" align="center">水力发电、一些食物产品</td><td colspan="2" align="center">电信、高端计算机、半导体</td></tr>
<tr><td>高</td><td colspan="4"></td></tr>
</table>

图 1-4-5　基于需求不确定性和供应不确定性的供应链构型

效率型供应链适合于需求不确定性低、供应不确定性低的情况,这一构型应将重心放在经济规模上,消除那些非价值增加的活动,并采用最优化的技术。

风险规避型供应链适合于需求不确定性低、供应不确定性高的情况,这一构型的主要特点是通过在供应链中实施联合经营和资源共享来降低和分担风险。

响应型供应链适合于需求不确定性高、供应不确定性低的情况,这一构型以按订单生产和大批量定制流程为主要特征,订单准确率被认为是成功的关键。

敏捷型供应链适合于需求不确定性和供应不确定性都高的情况,这一构型可以被看作风险规避型供应链和响应型供应链的优势的结合,其目的在于灵敏、快捷地响应顾客的要求,通过联合经营库存和其他生产资源来规避因为供应短缺而造成的风险。

李这种方法的优势在于,他集中研究了不确定性,而不确定性被认为是供应链领域普遍存在的问题之一。

4.2.5　从产品结构和需求不确定两个维度设计供应链

学者考斯特和盖比用产品结构和需求不确定这两个维度来描述供应链的构型。对于物理组装产品,如果在需求环境确定的情况下,他们认为精益型供应链是最合适的构型;然而在需求环境不确定的情况下,敏捷型供应链可能是最成功的。对于化学生物产品,如果在需求环境确定的情况下,他们认为应采用联合型供应链;在需求环境不确定的情况下,他们认为应采用快速型供应链,如图 1-4-6 所示。

与之前所提到的构型方法相比,这个构型提供了一个基于供应链运作模型(供应链运作模型是一个用原料来源、制造、配送、返回和计划这五个流程来描述供应链流程的参考模型)的更加细致的和结构化的描述。

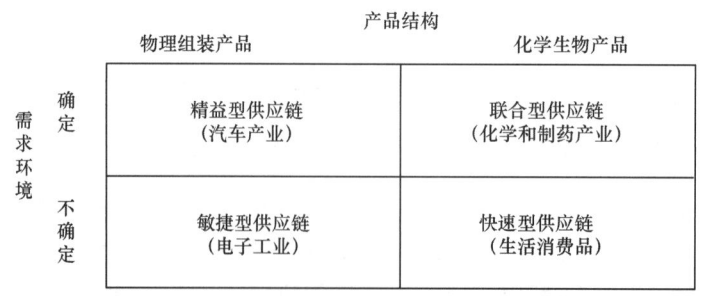

图 1-4-6　考斯特和盖比提出的供应链构型

4.2.6 从战略目标和协调机制两个维度设计供应链

学者克拉斯整合了其他方法中的绝大多数方面,提出了从战略目标和协调机制两个维度设计供应链构型。该构型主要维度一方面是战略目标,另一方面是供应链中的商品流和信息流的协调机制。战略目标关注的是成本和灵活性协调机制,在第一层次可分为预测驱动机制和需求驱动机制,在第二层次可进一步细分为推式系统和拉式系统,如图 1-4-7 所示。

协调机制 \ 战略目标	成本	灵活性
预测驱动	紧密型物流环节 *功能型标准产品 *预期推动控制	敏捷型物流环节 *创新型物流产品 *预期拉动控制
需求驱动	模块化物流环节 *模块化系统产品 *反应性拉动控制	个性化物流环节 *个性化单独产品 *反应性推动控制

图 1-4-7 克拉斯提出的供应链构型

克拉斯根据这些维度提出四种构型,他称这些构型为物流环节,并指出在一个供应链中,与不同消费者或产品关联的物流环节是能够同时存在的。

由于构型被定义为由战略、流程、结构和环境所组成的集群,克拉斯基于构型的定义采用了"协调机制""物流流程和基础设施""正式组织结构""物理环境"这四个维度来描述四种不同的物流环节。

"协调机制"维度包括推式导向和拉式导向的商品之间的协调以及供应链的不同环节(供应、生产、配送)间的紧密程度这两个方面。

"物流流程和基础设施"维度包括延迟制造或预测生产、原料流的捆绑以及集中与分散等方面。

"正式组织结构"维度包括了正式组织结构方面的所有方面,如专门化、标准化、授权等。

"物理环境"维度包括了需求(灵活性、规模经济)和竞争战略(成本领先、差异化)的所有方面。

上述供应链构型方法汇总如表 1-4-3 所示。

表 1-4-3 供应链构型方法汇总

作者/时间	维度	构型
费舍尔,1997	需求不确定 产品	物理有效型流程 市场响应型流程
泰恩等,2000	需求不确定 产品	物理有效型流程 市场响应型流程 * 定制化产品 * 创新型产品

（续表）

作者/时间	维度	构型
克里斯托夫,2000	多样性 数量	精益型供应链 敏捷型供应链
李,2002	需求特征 供给特征	效率型供应链 响应型供应链 风险规避型供应链 敏捷型供应链
考斯特 & 盖比,2002	需求不确定 产品结构	精益型供应链 联合型供应链 敏捷型供应链 快速型供应链
克拉斯,2003	战略目标 协调机制	紧密型物流环节 敏捷型物流环节 模块化物流环节 个体化物流环节

注:本表引自[丹]赫伯特·科扎布等著,刘彦平等译的《供应链管理研究方法论》的第59页。

综上所述,影响构型主体的主要维度包括需求(供应)的不确定性、数量和一般竞争战略,如成本领先或差异化战略(质量或灵活性)。基于这些维度不同方法的比较,我们常用的可以得到三个构型的群体:

(1)精益(低不确定性、大量的、成本导向的);

(2)敏捷(高不确定性、少量的、差异化导向的);

(3)精益敏捷(精益和敏捷的组合)。

>>>> 4.3 精益型供应链和敏捷型供应链

4.3.1 精益型供应链

1. 精益思想的定义和发展

(1)精益型供应链的定义

精益型供应链(Lean Supply Chain),是一个按计划有条不紊、运行稳定可视和协同的供应链。精益型供应链的重点是通过消除不为客户增值的步骤和行动(不浪费),来不断减少供应链的周期时间及减少所消耗的资源。

为了实现这一目的,企业的全体员工和管理者必须通过有效且严格的流程,降低库存并确保"一次就做对"。此外,整个供应链的所有行动,必须是由客户的需求来拉动的。精益型供应链的目的是以最低的供应链总成本,产生最高的价值。

(2)精益供应链的发展

精益思想(Lean Thinking)发源于日本制造业,不过它也可以应用于任何企业类型(包括服务供应商),并且可以跨所有商业领域加以应用。它是一种三叉方法,综合了质量信仰、消除浪费和员工参与,以一个结构化的管理体系作为支撑。

精益生产是精益的,原因在于它与大批量生产相比,使用了更少的资源,如使用了一半的人力,使用了一半的空间,使用了一半的工具,用了一半的工程时间,在与以前相比一半的时间内开发了新产品。同时,它在现场需要远低于所需库存量一半的库存。预期的结果是更少的缺陷,同时生产出更好、种类更加丰富的产品。

精益生产类似于准时制(JIT),都是关注于消除浪费。可是,它们的不同之处在于精益生产的目标是在输出最大化的同时使输入最小化。

❷ 精益思想的主要原则

(1)从客户的角度明确哪些是创造价值的。

(2)识别贯穿价值流的所有步骤。

(3)将所有的增值活动连接起来,为客户高效提供所有价值。

(4)客户需求拉动生产,实施 JIT。

(5)持续追求消除浪费,直至完美。

❸ 精益思想中大野的 7 大浪费

精益思想中大野的 7 大浪费见表1-4-4。

表1-4-4 大野的7大浪费

浪费活动	解释
生产过剩	产出(成品或半成品)超过需求,导致持有成本高,产品变质、陈旧和报废。供应链通过准确的需求预测并根据需求进行供应与生产,有助于消除浪费
运输	在不同的位置之间不必要地移动材料(例如移动一个生产设施,或者在生产设施内部移动)会增加成本,以及带来产品损坏和变质的风险。供应链通过有效的材料搬运、运输路线和负载规划,有助于消除浪费
等待	加工中的延退或排队意味着实际花费的时间比真正需要的时间更多,却没有增加价值。供应链通过有效的进度安排来让等待时间最小化,或者将等待时间用于增值活动(例如培训或维护),有助于消除浪费
移动	不必要的移动(弯腰、伸手去够等)违反了合理的人体工学原理:降低了生产率,引起员工疲劳(甚至可能是受伤)
过度加工	当采购规格要求过高(导致生产不必要的特性),或者当采用了不必如此复杂的设备来生产相对简单的货物而增加了货物成本的时候,就发生了过度加工现象。供应链通过诸如价值分析和新产品设计价值工程等技术来消除非增值的特性和过程,有助于消除浪费
库存	不必要的库存会增加成本,却不会增加价值,而且会掩盖生产计划或过程中的无效。供应链通过准确的需求管理和发展准时制与响应性供应能力,有助于消除浪费
缺陷纠正	返工和报废增加了成本,而不增加价值。供应链通过质量保证、持续改进协议或更根本性的供应链方法,如全面质量管理(TQM)等技术,有助于消除浪费

❹ 减少浪费的五 S 法

(1)纪律(素养)(Shitsuke):该体系持续进步的基础。

(2)整理(Seiri):去除不需要的,只留下需要的。

(3)整顿(Seiton):留下来的做到整齐有序。

(4)清扫(Seizo):做到整洁。

(5)标准化(Seiketsu):将清扫流程标准化。

4.3.2 精益型供应链管理

精益型供应链管理是指对整个供应链的环节包括上游和下游的链条进行优化和改造，免除不必要的步骤、耽搁、等待、消耗、能力和资源的重复，消除企业中的浪费，最大限度地减少成本，最大限度地满足客户需求的一系列对供应链进行计划、实施和控制的过程。它是所有供应链参与者协调一致的努力结果，只有合作才能建立精益型供应链管理。

①精益供应的目的

精益供应网络有意识地开展协作，目的是逐渐在供应链中的所有节点降低成本和消除浪费，以实现优化客户价值流的整体目标。

②精益供应中的客户与供应商关系

精益供应需要紧密的供应伙伴关系，要基于单供应源搜寻或双供应源搜寻和信息透明度。拉明提出了一个客户与供应商关系模型来说明精益供应的特征，如表1-4-5所示。

表1-4-5 客户与供应商的关系

要素	精益供应的特征
竞争的本质	全球的运营 当地的存在 基于对产品技术的贡献依靠联盟与协作
供应源搜寻决策的基础	已有供应商的早期采用 在目标成本核算和价值分析中共同合作 单供应源搜寻和双供应源搜寻 供应商提供全球效益 将重新进行供应商搜寻是尝试改进之后最后的手段
供应商与客户之间的信息交流	真正的透明(例如关于成本等) 关于成本与数量进行双向讨论 交换技术和商业信息 使用CT工具(例如电子采购)来简化流程和降低成本
生产能力管理	用看板系统实时显示需求 讨论区域战略投资 使生产能力同步 有应对波动的运作灵活性
交货实践	真正的准时制 当地的、长距离的和国际的准时制
处理价格变化	提前下订单以降低成本，以此为基础降低价格；供应商和客户共同努力
对质量的态度	供应商审核计划变得多余 对质量目标的共同协议 不断的互动与改进(持续改进) 以完美质量作为目标

③精益供应的好处

(1)持续地消除浪费、降低成本、改善质量。

（2）供应链内部更加紧密的合作关系，产生共同的竞争优势和协同机会。

（3）组织内部跨职能合作，提高团队的参与性和灵活性。

（4）降低库存（同时改善现金流）。

（5）更短的产品周期和交货期，保证了为客户提供更好的服务。

（6）更加高效的流程提高资源的利用效率。

（7）更少的质量缺陷可以提高客户的忠诚度并降低质量缺陷成本。

4. 精益供应的局限性

（1）浪费的减少也使企业灵活应对意外的能力被降低。

（2）高度一体化的精益型供应链增加了供应风险。

（3）可能会只关注降低成本，而忽视了为长期客户价值而提高质量、服务和创新性。

（4）供应链中有的成员不太强大，精益化可能会大大增加成本。

（5）如果精益计划得不到有效的管理，就会导致供应链中的浪费增加。

（6）精益供应基本上适合具有较长前置期和相对可预测需求的高生产量行业。

4.3.3　精益生产的两大支柱

精益是从精益生产开始的，之后被推广到供应链和其他管理领域。准时制（JIT）和自主自动化（Jidoka）是精益生产的两大支柱。

1. 准时制

（1）JIT 的定义和理念

JIT 是一种提高整体生产率和消除浪费的规范方法。JIT 指的是将必要的零件以必要的数量在合适的时间和地点以合适的质量提供正好必需的数量，同时使用最少的设施、设备、材料和人力资源。

JIT 的理念是"库存是可恶的"。缓冲库存只能掩盖运作的效率低下。如果不持有库存，各种流程问题、浪费和风险就会暴露出来，并得到认识和解决。因此，在 JIT 中，通过确保由需求驱动供应、尽可能地延迟所需数量物品的供应，降低制造商所持有的库存。

（2）JIT 的关键绩效目标

①质量：各层级供应商必须承诺高质量，因为没有多余的空间用来检验、返工或退货。

②速度：拥有少量的在制品（WIP），大部分工作用于按订单生产。

③灵活性：对客户需求的变化做出灵活的反应。

④可靠性：对质量、速度和灵活性的追求，并需纠正供应链的低效率和流程的非正常性。

（3）JIT 实施需要的条件

①采购方准确的物料使用数据和需求计划。

②ICT 信息和通信技术的整合。

③供应商为 JIT 备有库存的意愿。

④供应商的地理位置。

⑤供应商在产品设计和开发阶段的早期参与。

（4）JIT 与传统供应的区别（见表 1-4-6）

表 1-4-6　JIT 与传统供应的区别

传统供应	JIT 供应
生产运营时间长并且标准化 具体交货日期显得不重要,在计算订单量的时候要考虑到较长的交货期	生产运营时间短并且更换频率快 送货日期和次数根据买方生产计划精心确定
持有缓冲库存作为安全网,用来保证服务水平	视库存为危害:减少或者消除
一定量的质量缺陷是正常的,质量管理包括了物料的入库质量检验	设置零缺陷目标 供应商的质量保证取代了采购方对物料的质量检验
价格最低的供应商获得合同	采购方会综合考虑供应商的质量、交付、灵活性和实施 JIT 的意愿等因素,将合同授予能够长期合作的供应商
供应基础较大,与供应商为竞争性关系,频繁更换供应商	供应基础较小,关注供应商关系和供应商发展
通过行政官僚化和非常正式的沟通来控制供应	通过内部的灵活性和沟通(例如跨部门合作)支持 JIT

（5）JIT 的局限性和风险

①JIT 的收益会被产能利用率的下降、规模效应的损失以及额外的运输成本所抵消。

②JIT 的收益带来的风险:如果供应商或者系统出错,将不会有时间或库存的缓冲。

③或许会有对高质量、长期的供应商评估、发展和管理的额外费用。

④对一个企业看起来的成本节约可能对整个供应链意味着成本增加。

⑤采购员可能需要对供应商提供的 JIT 服务支付较高的产品单价。

2. 自主自动化

Jidoka 是丰田生产体系(TPS)的另一个支柱。在 TPS 中,Jidoka 意味着如果一个异常现象出现,设备应该立即自动停机,工人立即停止生产。在实际应用中,Jidoka 把工人从持续的监控和判断设备是否运行正常的工作中解脱出来,让他们可以把精力集中在问题被探测出来以后的工作中,如图 1-4-8 所示。

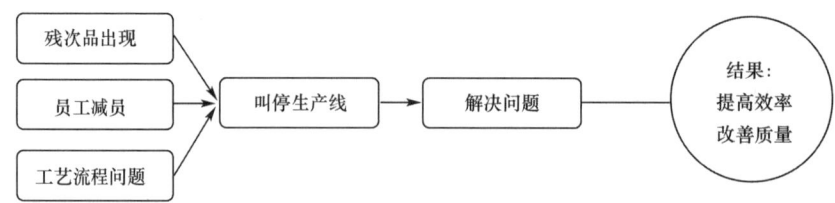

图 1-4-8　自主自动化

专家认为在出现问题时,是否在发生的第一时间就解决问题,还是把问题留到以后解决是区分 TPS 和其他企业在精益方面的根本不同。TPS 的经验之所以有效,就因为在这个系统内出现的问题会在第一时间内被解决掉,从而从整体上提高企业和整条供应链的最终效率。

4.3.4　敏捷型供应链

1. **敏捷型供应链的定义和发展**

（1）定义

敏捷型供应链是指对需求变化能够做出快速反应的供应链。这种反应不但包括对数量的变化，也包括对各种变化的反应，可以改变过去以成本换速度或以速度换成本的情况。敏捷型供应链既能保证速度，又能控制成本。

（2）发展

随着市场需求的变化越来越快，对个性定制的要求越来越多，中长期预测也就越来越不准了。同时出现的挑战还有产品生命周期逐渐缩短，经济更加全球化，竞争更加激烈等，这些都进一步增加了供应链所面临的不确定性。为了解决这些问题，许多新的供应链管理模式和方法涌现出来，敏捷型供应链管理就是其中之一。敏捷型供应链的英文是 Agile Supply Chain，1991 年著名学者戈德曼首次发文介绍了敏捷生产的理念。

2. **敏捷型供应链的特点**

敏捷型供应链具有信息化、可视化、流程高度集成化和以供应网络为基础的四大特征：

（1）随着各种先进信息技术的产生和日益成熟的应用，企业在现代供应链管理中已经能够直接听取市场的声音并及时对其进行反应。

（2）生产过程的可视化，手机使用的各种 APP 等信息技术为敏捷性生产的决策和协调创造了条件。

（3）企业内部和外部供应链伙伴的相关流程的高度对接，供应链各级伙伴之间流程的对接，使伙伴间信息互通的优势进一步发挥出来。流程高度集成和信息共享可以促进供应链企业之间更敏捷地对市场需求进行反应。

（4）以供应网络为基础，灵活利用供应链伙伴的各自优势和集成优势，共同为最终客户服务。

3. **敏捷型供应链考虑的条件**

（1）充分利用分离点和延迟决策技术；

（2）充分发挥和供应商的合作关系；

（3）降低复杂性；

（4）合适的情况下利用快速反应模式；

（5）企业全员参与。

4.3.5　敏捷型供应链管理

1. **敏捷型供应链管理的目标**

敏捷型供应链管理的目标是针对供需的短期变动迅速做出反应并应对外部的突变情况。

2. **敏捷型供应中企业内部各部门之间的关系**

企业发展敏捷型供应链管理并不单纯是供应链管理部门的责任，而是全员参与的过程，每个重要的职能部门都要做出相应的建设和改变，如表 1-4-7 所示。

表 1-4-7　各部门在敏捷型供应链中的主要责任

部门	主要责任
市场	以客户需求为导向,产品和服务个性定制化
生产	按客户不断变化的批量需求生产产品和提供服务
设计	通盘考虑供应商的业务流程和客户的需求以及产品的使用和用后处理
组织	有机整合内部和外部人员的专业特长和设施的能力,产生新生产力
管理	强调领导力,支持员工激励和信任
员工	有专业知识技能和创新能力

③ 敏捷供应和供应商的关系

企业供应链的敏捷程度在很大程度上取决于企业打造出的高质量的上游供应商集群,以及企业和供应商之间的关系与敏捷型供应链的战略契合。

供应链管理者必须在供应商管理方面做到以下几点:

(1)优化整合供应商。要打造敏捷型供应链,企业必须选择有限数目的供应商并与之建立长期的战略伙伴关系。企业要避免频繁地更换供应商,抵御在短期内获取"更好价格"的诱惑;而是应该根据企业供应链的长期发展战略,优选出少数供应商并与之建立长期关系。

(2)高度分享供应链信息。要打造敏捷型供应链,企业必须让整条供应链清楚地看到一致性的市场需求,供应链管理者要尽可能获取供应链下游客户的需求信息,并把这些信息及时分享给上游的供应商。要让供应链伙伴间树立彼此信任的关系,以便让关键信息在整条供应链的双向自由不被人为干扰、改动,信息的流动能够及时分享。

(3)全方位合作。要打造敏捷型供应链,企业必须与主要合作伙伴打造出全面的合作和协同关系,供应链管理者除了要促进生产和库存的供应链信息分享外,还要在供应链伙伴关系所有有关职能部门之间促进各个层级的协作,以满足相关客户的重要和特殊的要求。

④ 精益供应和敏捷供应的区别(见表 1-4-8)

表 1-4-8　精益供应和敏捷供应的区别

维度	敏捷供应	精益供应
关注	对不可预测的需求迅速做出反应	高效满足可预测的需求、消除供应链中的浪费
适用于	服务和提高客户价值是关键	成本和质量是关键
库存战略	部署成品或中间库存以满足需求	最低的库存量、很高的库存周转
产能管理	延迟定制	拉动系统
交期战略	大量的资源投资以提供尽可能短的交期	在考虑成本降低的同时来缩短交期
供应商选择	基于速度、灵活性和质量	基于成本和质量
供应商关系	流畅的 IT 系统整合的(虚拟)供应网络:快速的、短期的合作关系以抓住机会	长期的合作关系、供应基础缩小
工作组织	自我管理、创业精神、灵活反应	标准化以实现高效率
绩效测量	以客户为中心的绩效考核元素	世界级的绩效考核元素

4.3.6 与敏捷型供应链管理相关的概念和技术

1. 快速反应(QR)

企业打造敏捷型供应链需要许多技术和管理体系的支持,快速反应是其中之一。

快速反应要求企业和供应链进行4个基础结构上的变化:

(1)从功能性生产的组织转化为以产品单元为基础的组织:与功能单位相比,快速反应单元比其他单元在实施上更加灵活和全面,并且可以应用于车间之外供应链的其他地方。

(2)从管理层自上而下的控制方式转换到授权到项目团队:项目部在被充分授权的情况下,快速反应可以实现自我管理,并且在项目内充分掌握整个过程的控制和改进。

(3)从专业化的工人转换到经过交叉训练的复合型员工:企业需要训练员工,执行多个任务。

(4)以效率/使用率为目标转换到以减少生产周期为目标。

2. 压缩周期时间

在供应链管理中有4个基本方法可以压缩周期时间:

(1)消除不给客户增值的步骤。

(2)某个步骤中压缩时间或消除一些分步骤。

(3)整合优化和重新设计相接步骤的界面。

(4)同时进行多个流程或者相关步骤的一部分同时进行。

降低和消除浪费,提高供应链的反应速度如表1-4-9所示。

表1-4-9 为客户增加价值的步骤和缩短时间的效果

顺序	步骤	所需时间	类别	效果
No.1	获得原材料	5	不增加价值但需要	可以压缩,如压缩20%,节约5×20%/22≈4.5%
No.2	切割原材料	1	增加价值	压缩有风险:质量风险
No.3	数控车床加工	2	增加价值	压缩有风险:质量风险
No.4	打磨	1	增加价值	压缩有风险:质量风险
No.5	检验	1	不增加价值但需要	压缩效果不明显还可能有管理风险
No.6	入库	1	不增加价值也需要	压缩效果不明显还可能有管理风险
No.7	等待出库	10	不增加价值也需要	可以压缩,效果明显;如压缩20%,节约10×20%/22≈9%
No.8	出库装运时间	1	不增加价值也需要	
	总计	22		

从表中可以看出,精益型供应链管理的重点之一就是消除和缩短供应链周期时间中不能给客户增加价值的步骤。

3. 分离点

供应链管理中的分离点,可以将供应链中着重快速满足客户订单的敏捷部分降低成本,将以计划为基础的精益运营部分分离开来。分离点一般是供应链为了在生产和快速满足不断变化的客户需求之间进行均衡,为了缓冲库存而设立的。

将分离点尽量在供应链后段延迟,有利于零售商降低缺货的风险和避免吸入过多暂时没有需求的库存。图1-4-9是不同情形时分离点设置的示意。

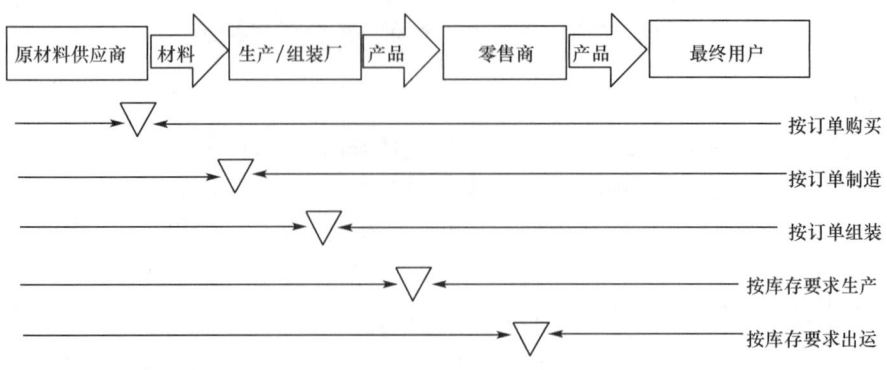

图 1-4-9 供应链中分离点(库存)设置情况

④ 延迟法

分离点设在什么位置涉及另一个重要的供应链概念,即延迟法。其目的是通过将产品最终产品差异化的工序,尽量靠近最终用户,以满足不同用户的需要。如在计算机生产中,企业可以事先准备好各种零部件组装,收到客户订单以后,企业才开始最终组装计算机,生产出不同显示器、内存和处理器组合出来的产品。

⑤ 供应链管理映射

通用管理学中一个普遍的现象是许多问题只要可以直观地展现在管理者和操作者前,大多数情况下这些问题就可以得到迅速圆满的解决。这个可视化过程在管理学上称为"映射图"。供应链管理中非常重要的一个手段是将整条供应链各个环节及其相互关系可视化。

可视化一般用在以下方面:

(1)供应链各方主体,包括内部和外部;

(2)供应链中的重要活动和订单运输仓储计划等;

(3)物料、资金和信息的流动及转移;

(4)决策和批准。

管理影射在建筑行业得到了普遍的应用,如材料运输车辆都装有定位装置,各种参数都可以直观地呈现在管理者面前,便于有效地对现场进行科学调度和管理。

>>>> 4.4 供应链的其他分类

供应链除了依据功能性质分为精益型供应链和敏捷型供应链外,有学者还按照供应链管理主体、供应链管理驱动方式、供应链管理范围、供应链结构导向、供应链管理项目形态等将供应链分为若干类型。

4.4.1 从供应链管理主体划分

① 链主型供应链

在链主型供应链管理中,链主对整个供应链或者供应链中的大部分企业的资源配置和应用具有较强的直接或间接影响力,而且对整个供应链的价值实现予以最强烈的关注,一般是肩负着提升整个供应链绩效重任的核心企业。链主型供应链管理就是对从供应商到客户之间的商业流程和商务关系的管理。

链主型供应链以制造业为代表,以主导产品为纽带,上、下游形成合作关系,体现工业时代生产要素的协同。

2. 平台型供应链

平台型供应链以国内阿里巴巴、京东、苏宁等电商平台为代表。供应商在平台购买"商铺",消费者在平台选购,平台物流部门将货物送到消费者。平台供应链实质是电子化商城。市场这只无形的手是平台供应链的组织者。

平台型供应链是随着互联网技术发展,面向用户和市场,体现工业向数字时代过渡期间产品与民生需求普遍市场的协同。

3. 现代(数字化)供应链

现代供应链以管理数字化为特征,也称为数字化供应链。数字化供应链是链主型供应链和平台型供应链的结合。

数字化供应链在全球构建了分布式的网链结构,能快速进行跨地区的资源配置,既能进行自我调整,满足不断变化的市场需求,也能应对局部失效具有断链续接的能力。如联想集团实施的数字化供应链代表了供应链管理技术的方向。其具有以下特征:一是夯实数据分析基础;二是端到端可视、分析和智能决策,实现供需协同;三是全面布局智能供应链,通过控制塔实现从需求到供应、订单到现金、新产品导入产品生命周期管理的体系。

4.4.2　从供应链管理驱动方式划分

1. 推式供应链

推式供应链,是以制造商为核心企业(研发型企业),根据产品的生产和库存情况,有计划地把商品推销给客户,其驱动力源于供应链上游制造商的研发和生产。

在这种供应链上,制造商对整个供应链起主导作用,是供应链上的核心和关键成员,其他环节如流通企业则处于被动地位。这种供应链的运作和实施相对较为容易,但企业之间的集成度较低,库存成本高,反应速度慢。这种供应链是用在消费变化不大,技术换代和产品市场较稳定的企业,如工程机械、钢铁等重工企业。建立供应链的核心是优化技术、控制质量,打造稳定的销售渠道。

2. 拉式供应链

拉式供应链的整个供应的驱动力产生于需求企业和最终客户订单,产品生产是驱动拉动的,生产是根据实际客户需求,而不是根据预测需求产生的。在拉式供应链中,项目需求不确定性很高,但是项目一旦确定以后,其材料供应的计划性很强。整个供应链要求集成度较高,信息交换迅速,需要根据客户的要求实现定制化服务。

拉式供应链,适用于以客户需求为导向或变化较快的市场,前者如建筑服务等,后者如服装行业等。建立供应链的核心是要强化针对市场产品的研发能力、营销能力与拓展供货渠道和优化采购能力。

3. 推拉式供应链

同时具备拉式和推式供应链特征的称作推拉式供应链,如大中型 EPC 承包项目,项目前段是拉式供应链,后段(施工阶段)是推式供应链。

4.4.3　从供应链管理范围划分

1. 单元供应链

单元供应链包括从需求到供应的循环,是供应链的最基本模式。

2. 产业供应链

企业通过联盟和外包等合作方式,建立了一条经济利益相关,业务关系紧密优势互补的产业供需网链,如煤炭、焦化、发电、化工组成的企业集团构建的供应链。

3. 全球供应链

企业根据需要,在世界各地选择最具有竞争力的合作伙伴,结成全球供应链,如华为供应链。

4.4.4　从供应链结构导向划分

1. 发散型供应链

供应链上的主体企业属于研发型企业,采购有限原材料生产多种产品,满足多个用户需求。供应链的结构形式,总体呈分叉型和发散型,如石油、化工、造纸、纺织等行业。

2. 汇集型供应链

供应链上的主体属于订单型企业,采购内容十分广泛,生产品种单一或仅为有限几种,供应一个或几个客户。供应链的结构形式,总体呈汇集型,如建筑、造船、飞机制造等企业。

3. 发散汇集混合型供应链

发散汇集混合型供应链是介于发散和汇集之间的供应链,供应链的主体企业是为总装企业提供零部件的企业。主体企业根据订单确定通用件,从与自己相似的供应商采购大量的原材料,通过标准化来降低订单的复杂程度,大量终端用户和合作伙伴提供通用件,如芯片行业。

4.4.5　从供应链管理项目形态划分

1. 点状供应链

房屋建筑是典型的点状供应链。其采购物资供应的地点集中,管理集中。同线状供应链相比,外部协调的维度相对较少、难度相对较小,但对现场管理要求高。特别是超高层建筑,设计节点难、周边环境难、交叉作业难、平面转换难和垂直运输难,需要很强的协调管理能力。

2. 线状供应链

高速公路、高速铁路工程管理属于线状供应链管理。这类项目的占地面积巨大,涉及拆迁安置,地上、地下管线迁移,取土弃土,施工用地用路等,需要多个部门协调、多种手段推进。对于这种项目而言,仅与交通部门等职能部门签署一份协议显然是不够的,会出现特定行业部门届时协调不动其他同行政级别兄弟部门的情况,造成项目建设无法推进。务实的办法是,项目投资框架协议必须以政府的名义签署,将项目建设阶段政府的支持、协调等直接关系项目的施工推进及建设补助落实的义务名实相符起来。

3. 应急供应链

该类项目的特点一般由政府主导,央企是实施工程的主体。如2019年中国建筑集团承建的火神山、雷神山医院工程,之所以能够10天完工,除了充分体现了我国体制的优越性

本章思考题

1.供应链管理的内容有哪些?

2.供应链的驱动因素有哪些?

3.供应链的增值作用体现在哪些方面?

4.简述精益型供应链的适用条件和特点。

5.简述敏捷型供应链的适用条件和特点。

6.解释 JIT 模式的含义。

7.分析建筑工程项目合适供应链的构型。

第5章 品类（专业采购）管理

品类是"通常具有相似属性的相关商品产品和服务的组别"（ISM 术语第六版）。品类管理是一种数据驱动的主动的方法，用来在总水平上制定和实施采购和供应管理战略。本章主要对品类(专业采购)经理的能力进行讨论。建立品类是重要的，是确定组成品类的采购项目之间的协同增效作用，并且品类不要过于宽泛，也不要太狭窄。

在建筑业，一般习惯将品类经理称作专业采购经理。

本章主要对品类经理的能力进行讨论。

◎ 本章目标

1. 理解专业采购经理的工作范围和职能。
2. 掌握专业采购经理应当具备的技术技能和行为技能。
3. 掌握和运用品目分类技术。

⟫⟫⟫ 5.1 核心技能

❶ 品类(专业采购)经理应当具备的核心技能

品类经理也称品目经理、类别经理，在建筑业一般称为专业采购经理，其应当具备的核心技能见表 1-5-1。

表 1-5-1 品类经理应具备的 22 项核心技能

领导力	行为技能	技术技能
管理技能 1.变革管理 2.创业管理 3.战略思维	个人发展 1.团队协作技能 2.共鸣 3.创造力 4.利益相关者参与	采购技能 1.功能规格 2.总拥有成本 3.采购战略 4.供应商市场情报和类别专业知识 5.供应商关系管理
决策技能 1.风险管理 2.运行资金管理 3.财务自制还是外购 4.自制还是外购 5.外包	沟通技能 1.跨文化技能 2.高层次的沟通 3.销售和影响技能	支持技能 1.项目管理 2.企业社会责任和环境法规

2. 品类经理能力指标的主要权重

Tony White 将品类管理技能组的 10 项技能分为三组,具体见表 1-5-2。这些技能组不是同等重要的,但是存在不同的权重。所以,品类管理的成功是:

(1)39%的战略成功;

(2)36%的关系管理成功;

(3)25%的"领域"(技术)专业知识成功。

表 1-5-2　品类管理技能组的不同分解

战略	关系管理	领域专业知识
1.丰富的经验和正规的采购流程及技能资格 2.战略思维	1.利益相关者的信誉和关系 2.供应商的信誉和关系 3.变革管理专业知识 4.文化背景(可能有多个) 5.顾问式销售技巧	1.类别的技术技能要求和复杂程度高的经验 2.充分的(类别)供应行业经验 3.为理解需求而应具备的类别和组织内的详细业务经验

3. Paul Snel 提出的品类经理应具备的技能

(1)变革管理:说服人们认识到变革的必要性。

(2)商业意识:了解采购实体的业务和价值驱动因素以及采购工作如何对品类经理产生影响。

(3)沟通:与不同群体的人建立关系。

(4)创造性:通过创新和寻求新的方法来增加价值。

(5)灵活性:适应针对利益相关者需求和动机的流程和实践。

(6)领导力:运行跨职能项目,并确保他们在轨道上,同时保持尊重和权威。

(7)市场知识:提供品类的专业知识和敏锐的洞察力,从而成功地实施变革。

(8)说服:影响和说服持有不同想法的利益相关者。

(9)采购技能:已经建立的"主流"技能仍然很重要。

(10)坚韧:克服障碍并完成项目。

(11)愿景:了解类别管理如何与整体组织目标保持一致。

4. CIPS 所强调的技能

(1)技术技能:财务管理、成本分析、供应链分析、供应基础研究、供应源搜寻过程、风险管理、法律方面的问题、谈判。

(2)行为技能:沟通、影响、团队协作、跨职能工作、担任变革推动者。

⟫⟫⟫ 5.2　技术技能

5.2.1　财务分析和成本分析

财务分析和成本分析的区别主要可以体现在战略和战术层面。

以电子装配 EMS 公司为例:

品类经理需要在战略层面上分析公司的财务资源分配,其中包括公司历年来的支出分析。通过财务分析,品类经理可能会发现公司每年 30%的支出花费在电子元件上,30%的支出花费在设备设施的固定投资和维护上,20%的支出花费在间接耗材的采购上。更进一步的财务分析让品类经理了解到公司的电子元件中 70%的支出锁定在仅有几家半导体供应商的长期合同中。

财务分析有助于品类经理去权衡供应战略的调整,例如通过对标了解公司的供应管理水平,通过和公司财务执行官的沟通,调整资金流向以及付款条件。

成本分析对于不同品类的物品往往采用不同的分析方法,主要体现在标准成分的设定和维护、采购价格 PPV 的分析和控制、TOC 总成本的分析等。不同品类的物品在做成本分析的时候也侧重不同。例如针对机械零部件,价格模型可以帮助品类经理确定金属原物料价格、不同加工工艺的标准加工价格以及质量水平价格等。

5.2.2 财务分析

供应链职能可能需要回答的财务方面的典型问题如下:

(1)财务资源的使用在企业中是如何分解的? 哪些业务单元和成本中心占据了哪些财务资源?

(2)财务资源用来购买了一些什么? 花费在毫无意义的投入上了吗? 如果用在商品上会更有效用吗?

(3)支出的趋势是什么?

(4)哪些资产增加了最大的价值? 哪些资产最有战略价值?

(5)财务资源实现资金价值了吗? 财务资源被指向最增值、高效和有效的人员、流程、供应商了吗?

(6)这些支出的灵活性如何? 有多少支出是锁定在合同上的? 以什么样的条件支出? 可以重新谈判吗?

(7)在哪里对财务资源有序地进行分解? 为什么? 特殊花费与预算的差异在哪里?

5.2.3 成本分析

①. 标准成本核算

标准成本核算是一个可以根据标准或预算成本追踪并分析差异的控制系统,这使得成本控制可以使用以下过程的形式来实现。

(1)为每一个企业运作制定成本标准。

(2)将实际值与标准绩效进行比较。

(3)分析和报告差异。

(4)调查显著差异,并采取适当的纠正措施。

②. 差异分析

差异分析指通过差异分析的手段来进行绩效评估,并通过及时报告来最大限度地为管理行动创造机会。差异分析通过将差异分解来建立。

(1)有多少差异是由于资源的非标准使用而造成的?

(2)有多少差异是由于资源的非标准成本而造成的?

③. 全生命周期成本核算

全生命周期成本(WLCC)核算是指企业对产品在整个存在过程中所发生的成本投入进行的核算。这些成本的形成是由于:

(1)其存在作为一种可能性(如方案设计、可行性研究)。

(2)研究供应源搜寻可选方案。

(3)选择供应商。

(4)编写合同。

(5)对冲和缓解风险(如汇率变动、安全措施)。

(6)质量控制。

(7)接收的服务水平。

(8)其他资源消耗使用。

(9)运输。

(10)存储。

(11)认证。

(12)安全。

(13)处置及副产品。

(14)声誉的影响。

4. 全生命周期成本核算的基础

(1)成本结构分析:所有的成本要素应该很容易被识别出来。

(2)成本估算:针对成本结构的每一个部分。

(3)贴现:在一个共同的时间框架内表达对未来成本的承诺,即它们目前的(现值)等价物(这和通胀因素调整是不一样的)。

5. 有些成本是永远不可追踪的

(1)采购价格。

(2)采购的管理成本。

(3)开发和维护成本。

(4)购置成本。

(5)运营成本。

(6)生命结束成本。

5.2.4　供应链分析

1. 供应链分析的各种视角

(1)供应链作为一种资产的集合。

(2)供应链作为一种流程的集合。

(3)供应链作为一个工作流的系统。

(4)供应链作为一个理想化的模型。

2. 8个核心供应链流程

Croxton 等人描述了可能在采购任务中发现的 8 个核心供应链流程:

(1)客户关系管理。

(2)客户服务管理。

(3)需求管理。

(4)生产流程管理。

(5)订单履行。

(6)产品开发和商业化。

(7)退货管理。

(8)供应商关系管理。

3. 4 种类型的工作流

供应链管理通常被认为是 4 种类型的工作流：

(1)信息流：指供应链中与市场环境,经营商务活动物流、资金流等相关的一切信息,包括传递、分析、共享的管理。

(2)商流：供应链中,企业之间所有商务活动形成的,受法律保护的采购资源流动方案和计划管理(契约)。

(3)物流：指商流执行管理,即从供给者到需求者的运输、装卸,仓储及流通加工等过程管理。

(4)资金流：指供应链中所有采购活动设计的财务事项;包括现金、票据等收支、流通的管理。

5.2.5 供应基础研究

1. 三大挑战

各层级中所有活跃的供应商都属于供应基础,所其面临什么样的任务由以下三个因素决定：

(1)多样性。

(2)复杂性。

(3)异质性。

2. 最重要的问题

Pedersen 和 Jansen 认为供应基础最重要的问题是：

(1)供应商的数量。

(2)采购实体和供应商之间的关系。

(3)供应商采购实体是如何统筹的。

(4)采购实体和供应商的关系如何随时间变化的。

(5)供应绩效管理。

而以上这一切都会随着时间发生变化,采购实体需要研究这种变化以便于对其供应流程做相应的调整。例如,一个传统机械制造企业,供应商的数量在趋向减少的时候,其对供应商的依赖程度就越来越大,采购实体有可能会削减自己的研发能力而依赖于供应商的建议,这样原有的杠杆供应商可能向着关键供应商的维度进行转化,由此导致采购实体需要及时调整与供应商的关系,调整相应的品类管理流程。

5.2.6 供应源搜寻过程

1. 内部顾问

内部顾问是指顾问和客户都属于一个组织,即客户是同事或利益相关者。

2. 顾问角色

确定某人是否有能力履行顾问的角色,需要对其提出一些问题。

(1)态度：如何处理工作?

（2）技能：能做什么？

（3）知识：知道什么？

（4）差异：有什么独特的优势来做这项工作？

（5）行情：能够与时俱进吗？

（6）客户聚焦：如何看待服务和更广泛的社会利益？

（7）道德：对于标准、信任、保密性、公正性和客观性持什么立场？

（8）成本效益：灵活性、质量如何及是否合乎资金价值？

5.2.7　风险管理

风险管理是一个企业所有主动性管理控制活动的总和，旨在使企业内各元素发生失败的可能性处于可接受的容纳范围内。

风险管理的目的是在潜在的问题发生之前将其识别出来，使风险控制活动能够得到计划和根据需要被调用，以减轻对现实目标的不利影响。风险管理有以下3个作用：

（1）使目标更容易实现。

（2）有害的结果将不会发生或变得不太可能发生。

（3）有益的结果将会实现或变得更有可能发生。

风险管理的详细内容见本书第二部分第3章。

5.2.8　法律方面的问题

供应链运营中涉及很多法律，供应链专业人士应当具备其经营所处的司法管辖区内的所有法律框架的"工作知识"。

供应链专业人士将至少需要了解：

（1）地方性法规。

（2）国家法律。

（3）与供应链经营相关的区域、贸易集团的法律（如欧盟）。

（4）与供应链相关的国际法律（如世贸组织），如商法、跨国经营法、竞争法、电子商务法。

5.2.9　谈判能力

谈判是由冲突双方走到一起，期望达成一项共同接受的结果的过程。这包括：

（1）有目的性的说服：一方试图说服另一方接受其情况或明白其观点。

（2）建设性地妥协：各方均接受有向另一方位置靠拢的必要，确定存在具有共同领域的让步空间。

谈判被视为一种人际问题的解决技术，使各方在利益冲突中尽可能地满足自己的需要，同时不破坏他们之间的持续的关系。这就需要：

（1）设置目标并考虑目标的优先级，考虑利益相关者的潜在不同需求，尤其在战略变革管理中。

（2）相互可接受的工作条款和条件，员工和商业关系中均是如此。

（3）解决工作过程中可能出现的冲突和问题的方法，如价值观、期望、利益、优先级或时间表的不同、对稀缺资源的争夺。

>>>> 5.3 行为技能

5.3.1 沟通

从广义上讲,沟通是一项一阶技能,所有其他的软技能均由此推导而出,即其他软技能都是二阶技能。沟通包括观察、倾听、提问、建立融洽关系、表达同理心、自信的沟通、给予和接受反馈。

二阶技能是一阶技能在特定背景或者特定用途下应用的子技能,包括影响、说服、团队合作、冲突管理、通过变革和训练来领导管理人员。

Daniel Goleman 认为沟通的关键因素是情商(EQ),对此,他指出了 5 个基本组成部分:

(1)自我意识。

(2)自我调节。

(3)动机。

(4)同理心。

(5)社交技能。

5.3.2 影响力

① 影响力

影响力是指通过采用某种形式的压力以改变别人的态度或行为的过程,其目的是确保他们遵照、服从、符合或承诺。影响力不是权力。

(1)权力驱动:意味着直接约束。

(2)影响力驱动:通过改变周边因素的行为来进行约束。

② 影响力不同于谈判的关键方面

(1)影响力不是一个单一的事件或一系列事件,它是一个持续的进程。

(2)影响力不需要一个有意识的过程,因为一方或双方可以在自己不知道的情况下影响一个人,并且你也可以在对方不知道的情况下影响一个人。

(3)影响力不需要涉及商议或双方的争论陈述。

(4)影响力不需要以明确的联合协议结束。

(5)影响力不涉及双方妥协或移动以达到中间地带,其目标是将被影响者向影响者的位置吸引。

③ 建立融洽关系的技术

(1)巧妙地匹配或学习对方的姿势、身体语言或音量、语速和语调。

(2)学会对方使用的技术词语、口语和隐喻,并同样使用或将其纳入评论和讨论总结。

(3)学会对方经历和表达的主要方式,这往往基于视觉、听觉或感觉,并且使用类似的表达方式。

(4)积极认真地倾听对方在说什么;用鼓励的手势、眼神接触(如果文化上适当的话)等方式证明这一点;突出支持性的问题或总结,以表明你有兴趣并想了解。

(5)可能的话,寻找共同感兴趣的话题,并强调达成一致或有共同点的地方。

(6)记住并使用对方的名字。

5.3.3　在团队中工作

合作是不同的人走到一起追求(暂时)共同的目标,这是团队合作的本质。没有任何一个人可以独立实现类别管理或战略供应源搜寻。

Kenneth W Thomas 从两个维度描述了冲突处理风格,如图 1-5-1 所示。

类别管理和战略供应源搜寻提倡采购实体和供应商之间的协作,这就意味着双方要在以下方面进行整合和适应:

(1)产品和流程信息的交换。

(2)运营联系。

(3)合作确定标准和期望。

(4)适应特定关系的产品、流程或程序。

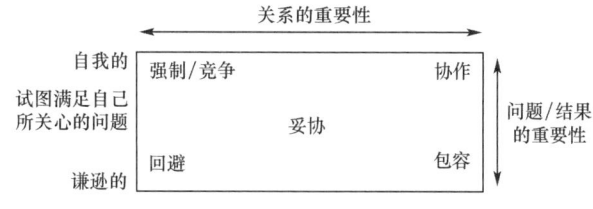

图 1-5-1　冲突处理风格

5.3.4　跨职能工作

品类经理和供应源搜寻专家可以通过跨职能团队或跨职能沟通行使"横向"影响。

Burt、Dobler 和 Starling 提出了 4 种基本方式:

(1)提供流程知识和专长(内部顾问)。

(2)提供内容知识(专家权力)。

(3)与他们自己职能内部的人员联系,以确保其他职能的需求得到重视和优先考虑(身份权力)。

(4)提出供应链管理角度的观点(职能带头人)。

在跨职能使用影响力时,管理者偏好按照以下顺序使用影响策略:

(1)个人魅力和逢迎讨好。

(2)理性说服和磋商。

(3)交换。

(4)合法化(权力)。

5.3.5　担任变革推动者

品类管理方法往往需要采购实体在文化和实践方面做出逐步的变革,除了需要在采购实体和文化条件上支持这一变革,其成功与否在很大程度上取决于变革推动者或者拥护者的特质和技能。这主要包括:

(1)愿景与领导力。

(2)管理策略。

（3）管理流程。

（4）项目管理技能。

（5）团队建设技能。

（6）人际技能。

（7）个人灵活性。

（8）承诺、毅力与耐力。

≫≫≫ 5.4　品类管理实践

5.4.1　获取评估信息

O'Brien 建议使用情形、目标、建议工具（STP）从整个采购实体的各种来源收集这些信息。

（1）定义想要了解的问题或者议题。这将为品类管理过程制定框架，开展头脑风暴，列出所知道的关于问题或者议题目前的一切情形，并且进行界定。对头脑风暴的结果进行排序，从容形成一些适当的类别。

（2）确定想从这个过程得到的结果、定位和解决方案。

（3）确定一个能够实现目标的行动，即建议。

（4）规划行动及确定行动将带来的收益。

为了有效使用 STP 工具，可以做如下回答：

（1）过去购买了什么？未来需要购买什么？

（2）过去购买花了多少钱？未来购买需要花多少钱？

（3）谁购买的？为什么购买？如何使用？

（4）购买了合适的东西吗？

（5）在什么样的范围内购买不同的东西来满足相同的需要？

（6）有什么机会可以提升在类别购买方式和使用方式上的效率？

（7）现在或未来有什么机会去实现技术进步？

许多采购实体没有集成系统来支持相应的支出分析，尤其是如果分支、部门或业务单元过去经历过分拆或合并情况，此时可能有必要为支出分析创建一个事由。对于如何承担这些支出，O'Brien 给出了一些指南：

（1）使用可用的所有信息系统提取数据，无论是否是原始的数据。合并多个数据源，并以支出分类的形式来进行评估。

（2）查询采购订单，审查所购买的项目及购买模式，随着时间的推移建立一个关于采购实体购买了什么的类别状况。

（3）要求供应商对于花费支出进行类别分解，但是需要意识到让某些供应商来做这件事可能是昂贵的或不可能的。

（4）与利益相关者和预算持有人联络，了解在关键领域支出了什么。

（5）分析最终产品和服务，以确定投入的性质和支出。

5.4.2　品类组的需求模式分析

1. 预测对象

O' Brien 将品类组的需求模式进行分析,如图 1-5-2 所示。该分析将所采购的产品和服务映射到一个网格中,并反映出 4 种通用的买家和供应商关系(即如何在品类管理过程开始之前正确审视采购项目)。

(1)通用:相当普遍的指定产品和服务,它们有许多客户和供应商。

(2)定制:为采购实体特别制作的产品或服务。可能有许多供应商,但是根据定义只有一个买家,这将对于所出售东西的过程和能力产生影响。

(3)自定义:由一个供应商为一个买家专门提供的产品或服务,这种独特性将导致特定的产能、能力和法律问题。

(4)专有:供应商在某一类别所供应的东西已取得了受到保护的独特性并且拥有许多买家。

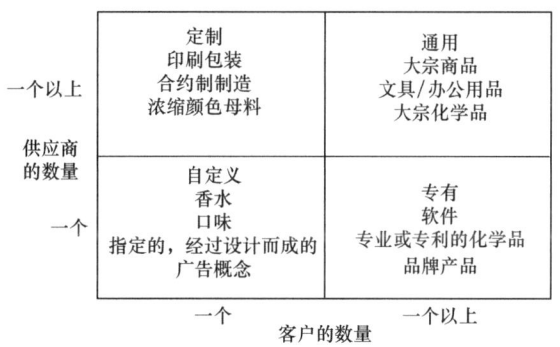

图 1-5-2　O' Brien 关于品类组需求模式的分析

2. 预测时机

预测是如此的重要和不确定,因而采购实体往往会尽其所能多进行预测。为什么有时候预测会适得其反?

(1)所有的预测都有成本:无论是在生成预测,还是在使用预测的过程中,需要考虑从预测获得的额外好处大于额外成本吗?

(2)所有的预测都一样可靠吗? 不可靠的预测会破坏整个过程吗?

(3)预测比实际上可以用到的信息产生了更多的信息吗?

(4)预测来得太晚是否意味着难以实现预测的全部价值?

(5)从本质上讲,是否有一些预测在关注同样的事情?

3. 预测趋势

在预测中,趋势是已经存在一段时间,并有可能持续到可预见未来的一个连续一致的模式。趋势可以是复杂的,但很少是永久的,因为在任何时间都有可能发生改变趋势行为的事件。趋势之间可以相互加强或相互抵消。

4. 预测检查

当检查过去的需求数据时,可能会发现正存在如下的情形:

(1)季节性是绑定到一个特定时间段的连续一致的模式,如一年中的季节。

（2）产品和服务在其生命周期的不同阶段表现出不同的形式：引入期、成长期、成熟期和衰退期都有其自身的趋势。

（3）商业周期是许多行业都具有的长期模式特点：它们有时正好可以形成一个一般的经济周期。

（4）事件是能够导致很大改变的独立的冲击，这种改变可能是永久的、持久的或短暂的。

（5）噪声是无法解释的行为和随机波动的行为，从定义上讲是不可预测的，并且是无法预测的；需要将噪声从历史数据中剥离出来，以便不会使预测发生偏离。

5. 预测类别

（1）定量预测：基于可测量的数字和其他硬性评价方法，客观性特别强，例如毛皮大衣在不同季节不同地区的销售量。

（2）定性预测：基于意见、直觉、经验和其他软性评价方法，更加富有主观性。最好用定性预测来处理不确定性和意料之外的事情。例如皮衣的款式和配件，可能受时尚潮流影响，可能受政府行政法令影响，也可能受到文化传统改变的影响等。

6. 预测分析

O' Brien 将采购实体的业务需求统筹起来转化为一步一步的分析过程，称为 RAQSCI，如表 1-5-3 所示。这个过程中的每一个步骤都建立在前面步骤的基础之上。

（1）监管需求（Regulatory Requirements）。

（2）供应保证需求（Assurance of Supply Requirements）。

（3）质量需求（Quality Requirements）。

（4）服务需求（Service Requirements）。

（5）成本需求（Cost Requirements）。

（6）创新需求（Innovation Requirements）。

表 1-5-3 RAQSCI 需求解释

需求	关注	范围
监管	遵照法律法规	遵守相关即将启用的法律和法规
供应保证	在需要的时候，产品和服务的可用性和可达性	供应商的财务稳定性 规模 风险 产能 交付 问题管理 企业社会责任、可持续性和环境义务
质量	产品和服务以一致性和适用性为目的	设计 可重复性 符合规范 可靠性 测量 质量管理体系和标准

(续表)

需求	关注	范围
服务	产品和服务的提供方式;支持活动	前置时间和灵活性 库存 流程和程序 响应时间 客户管理 沟通 信息 支持 培训和教育
成本	成本和价格,包括条款和机制	购置成本目标 实施成本 持续改进 条款和条件 收费方法 现金滞留
创新	持续改进,例如降低成本、增加价值或创造竞争优势	重点能力和领域 供应链 市场 内部流程 新兴技术 供应商创新中的早期参与 共享和协作

5.4.3　现有的合同、供应商和条款管理

1. 商业环境

在任何类别管理过程开始之前都需要尽可能地充分了解采购实体现有的商业环境。

(1)进行支出、类别开发等方面的分析。

(2)了解采购实体在其购买行为方面是如何运作的以及现有合同的优势或劣势。

(3)确保对于采购实体内部关于购买的结构、系统和流程的回顾,以便以后规划新的结构、系统和流程。

(4)了解利益相关者目前想要什么和需要什么,并形成未来的需求。

(5)引导建立采购实体内利益相关者的参与,从而积极影响采购实体内的类别管理。

(6)了解类别管理进行变革的艰巨性,但要突出通过这些变革可能会带来的益处。

(7)帮助针对现有合同协议制定必要的退出管理战略。

(8)识别如何可以快速实现早期价值的提取或成本的削减。

2. 收集信息

如果没有全面的合同登记册或供应商记录,这就需要通过数据采集来建立。同上述O'Brien的建议一样,需要收集的信息如下:

(1)现有合同:参与方、合同开始和持续时间、供应商、商业性质、规格和要求、协议条

款、退出战略、成本、价格模式、数量、交付的产品和服务、延长机会和续签方法。

（2）现有供应商：名称和业务详情、市场地位、对采购实体的重要性、供应什么、在什么时期供应、联系供应给采购实体中的谁、供应商的利益相关联系人是谁、这些人当中有影响力的人是谁、采购实体对于供应商的重要性。

3. 熟悉合同

清楚地了解合同内现有的条款及条件是非常重要的，有以下几方面原因：

（1）确定可以从现有合同条款的优势中获取价值；这些价值可能是由于关系或通过强有力的谈判获得的交易中的增强质量因素，或者只是有利的交付条件或付款条件。

（2）确保条款在整个采购实体内达成一致，已经获取到的价值或法律责任不会因受到不端行为的诱惑而失去。

（3）确保了解了违约补救措施和退出条款，以备一旦需要通过谈判或重新竞争来变更合同。如果其他的交易更有利，则可能有必要提前退出，因此在这种情况下全面了解采购实体的立场将是至关重要的。

5.4.4　现有的关系与绩效的评审

需要收集相关的供应商数据（见表 1-5-4）。

表 1-5-4　收集供应商数据

值得收集的数据	数据来源
现有供应商	现有供应商
产品及服务范围 地理覆盖范围 销售量 财务信息 支出占供应商销售的比例 质量性能历史数据 资质认证 所有者和高层管理者的利益 未来计划 主要客户	信息、建议和报价请求 采购订单和发票 供应商的宣传和信息内容 行业出版物和专家 质量记录 参观或访问供应商 来自合作伙伴的信息 对标活动
潜在供应商（除上述以外）	潜在供应商（除上述以外）
市场上的替代供应商 当前不供应该市场，但可以很容易转变并进入 该市场的供应商 市场中可能的新进入者	信息请求（RFI） 供应商的宣传和信息内容 行业出版物和专家

5.4.5　市场趋势

采购实体需要知道在购买的市场中正在发生什么，因为这会影响市场中的供应商行为和在这些供应商之间运营的买家行为，如表 1-5-5 所示。

表 1-5-5 收集市场数据

值得收集的数据	数据来源
市场条件及其驱动因素 趋势 目前在市场中经营的供应商 供应市场的潜在进入者 市场竞争力 技术的发展趋势和新兴技术 细分市场和利基 潜在机会 潜在威胁 在市场中的力量和支出份额	行业出版物 与供应商的访谈和讨论 与专家的访谈和讨论 财务报告 媒体报道 咨询公司 公共指数(如商品价格) 贸易展览

 本章思考题

品类管理技能

1.列举有望在未来几年内越来越重要的类别管理技能。

2.列出由 Tony White 识别出的类别管理技能。

3.列出与类别经理相关的财务管理的一些典型问题。

4.列出使用标准成本核算和差异分析系统所涉及的步骤。

5.列出 Croxton 等人所识别出的 8 个核心的供应链流程。

6.内部顾问是什么意思?

7.Goleman 的情商分析中的 5 个基本组成部分是什么?

8.区分影响力和谈判。

9.列出建立融洽关系的技术。

品类管理实践

1.描述 O'Brien 的 STP 工具。

2.为有效利用 STP 工具必须回答哪些问题?

3.O'Brien 在品类组需求模式分析中强调的 4 种通用买家和供应商关系分别是什么?

4.为什么需求预测有时会适得其反?

5.区分定量预测和定性预测。

6.对于类别经理来说,为什么清楚了解现有的合同条款和条件是非常重要的?

7.列举值得收集的有关现有供应商及潜在供应商的数据类型。

8.列举值得收集的有关市场趋势的数据类型。

第 6 章　战略采购

企业战略采购指对企业具有重大技术、经济利益项目的采购,主要包括以下两个方面。

一是企业需要长期稳定供应体现战略重要性的采购,如战略物资和大批原材料的采购。企业质量的稳定在某种意义上取决于原材料质量的稳定,且可能和生产工艺紧密相关;战略采购的基本属性是"长期合作"。

二是需要和特定供应商当面沟通、交流、协商长期合作的采购,主要体现协作专业性,如瓶颈物资,满足供应链需要的物资,特定重要零部件、模块或总成的设计或生产分包。这类物资、服务的采购除了相对于企业的重要性外还有专业性,需要面对面沟通,通过谈判建立必要的合作关系,包括松散、半松散和长期合作联合体。这种合同谈判不是体现竞争,而是实现双赢,最终实现企业之间同向价值的战略联盟。

◎ 本章目标

1.熟悉 CIPS 采购与供应模型。
2.熟悉交易型采购和战略供应商寻源的区别。
3.熟悉本章介绍的典型战略采购模型。

>>>> 6.1　CIPS 采购与供应模型

6.1.1　战略采购的内涵

1. 战略采购活动

CIPS 认为战略采购包括三项活动:规划、正规化实施和评价。

(1)供应链职能应纳入企业规划,从而能够考虑到最为广泛的供应商可选方案和替代方案。

(2)采购的正规化(供应源搜寻)实施,对应采购职能的业务活动,如考虑供应商、与供应商建立关系、划分选择好的供应商,以及维护和终止与这些供应商的关系。

(3)评价所获取的绩效并从中获得经验教训,以改进目前的关系和流程,并为未来建立更好的关系和流程。

2. 战略采购步骤

安德鲁·考克斯认为,战略采购应当通过三个主要步骤来实现。

(1)价值链定位(VCP):采购实体以此在市场中进行自身定位,以反映市场中所有供给和价值关系的边际成本分析的过程。

(2)市场定位分析:采购实体用于了解自身供应链的价值创造和成本,以及在这方面与竞争对手对标。

(3)扩展关系能力的方法:采购实体创建供应商和客户关系是由一系列坚定的想法来支撑的,包括价值是如何创造的,合同应该是什么样的,如何设置有效的边界,以及如何最好地利用核心竞争力。

3. 战略采购模型

CIPS采购与供应模型是一个端到端的采购流程模型,既切入采购实体的战略问题,同时也提供了在进行采购过程中获得运营最佳做法的一种方法。该模型具有以下特点:

(1)呈现了一个采购实体的通用画面及供应链管理融入战略和运营层面的一种方式。

(2)展现了采购实体的供应链战略适合于什么地方,涵盖了什么以及是如何实现的。

(3)展现了供应链活动的高级阶段以及每个阶段的关键步骤。

4. 战略采购流程

CIPS采购与供应流程:

(1)采购实体的愿景、使命和价值观。

(2)采购实体的采购与供应管理战略。

(3)战略供应源搜寻分析。

(4)积极的需求管理。

(5)采购管理(合同前)。

(6)采购管理(合同后)。

(7)向前展望,持续改进。

5. 战术供应寻源与战略供应寻源的区别

战术供应寻源模型和战略供应寻源模型的区别详见图1-6-1和图1-6-2。

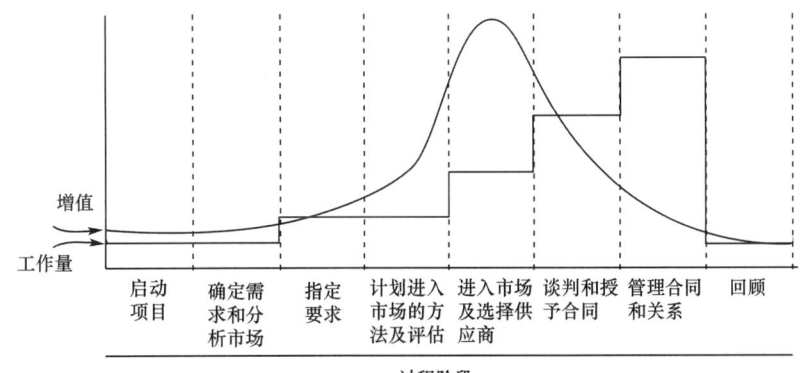

图 1-6-1 战术供应寻源模型

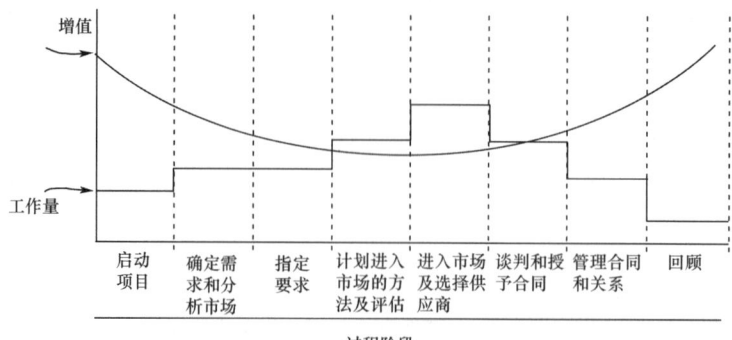

图 1-6-2　战略供应寻源模型

6.1.2　CIPS 战略采购模型解析

1. 采购与管理战略

CIPS 采购与供应模型见图 1-6-3。

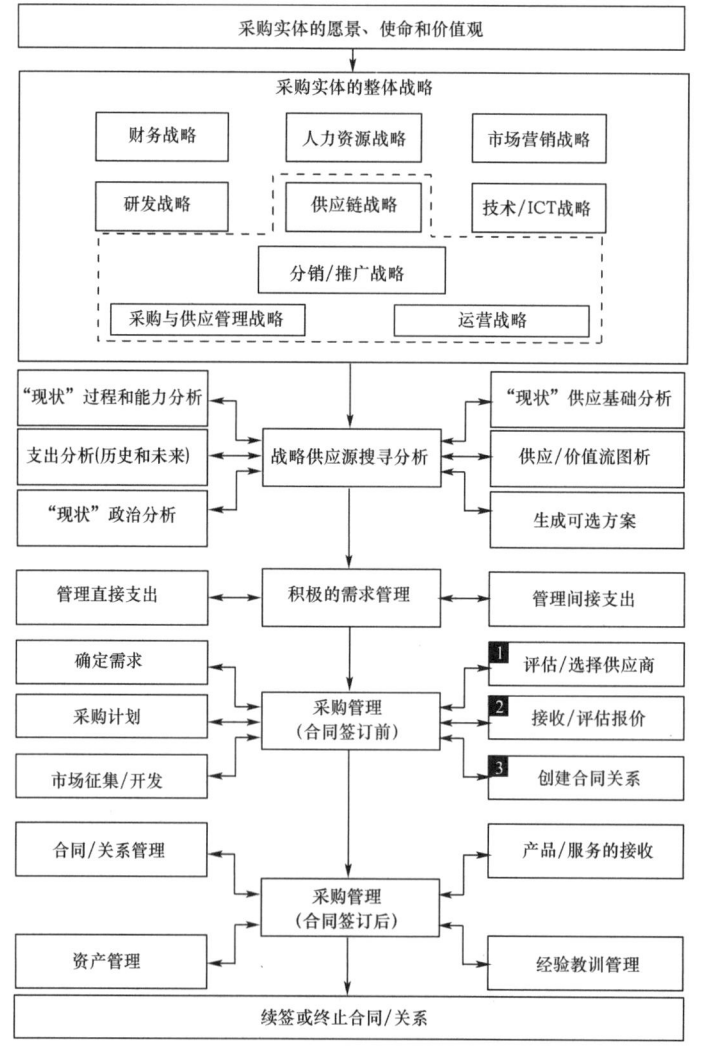

图 1-6-3　CIPS 采购与供应模型

采购与供应管理战略、运营战略和分销战略相关主要内容见表1-6-1。

表1-6-1　采购与供应管理战略、运营战略和分销战略主要内容

序号	采购与供应管理战略主要内容	运营战略主要内容	分销战略主要内容
1	采购前景	高效的流程管理	客户关系管理
2	功能定位	库存管理	服务水平
3	治理结构	精益和敏捷原则的应用	履行
4	目标和活动	厂房和设备管理	交付
5	理想的产能、技能和产品结构特点	工厂的所在地	处置
6	管理内部客户、用户和采购者的需求	虚拟运营	
7	长期坚持的战略,如合理化、标准化、价值管理、供应商开发、企业社会责任	协作	
8	控制框架的关键流程,如长期坚持的指令和程序		
9	技术和系统的使用		
10	良好做法的定义		
11	绩效监测、对标、持续改进		
12	供应市场管理		

❷ 战略供应源搜寻分析

如图1-6-3所示,战略供应源搜寻主要从以下6个方面进行分析。

(1)"现状"过程和能力分析,主要包括以下5个方面:

①代表图析:根据利益相关者的角色及对于采购和供应管理职能参与的要求,将它们映射到供应结构上。

②能力图析:评估所有参与采购与供应管理的人的能力,无论他们在采购与供应管理职能内是兼职还是全职,这将形成技能差距分析和采购实体发展计划的基础。

③认识和理解:所有者、董事及高级管理层的同事对于采购与供应管理职能的理解有多好? 哪些职能有用处,如何才能实现。

④知识:在采购与供应管理职能中设立信息,包括技术信息与采购信息,以及对信息不对称造成的问题进行解决。

⑤控制:对所有的系统、决策、程序和控制进行分析和评估。

(2)支出分析(历史和未来)。

(3)"现状"政治分析。

(4)"现状"供应基础分析。

(5)供应/价值流图析。

(6)生成可选方案。

战术供应寻源和战略供应寻源之间的关系程度特征如图1-6-4所示。

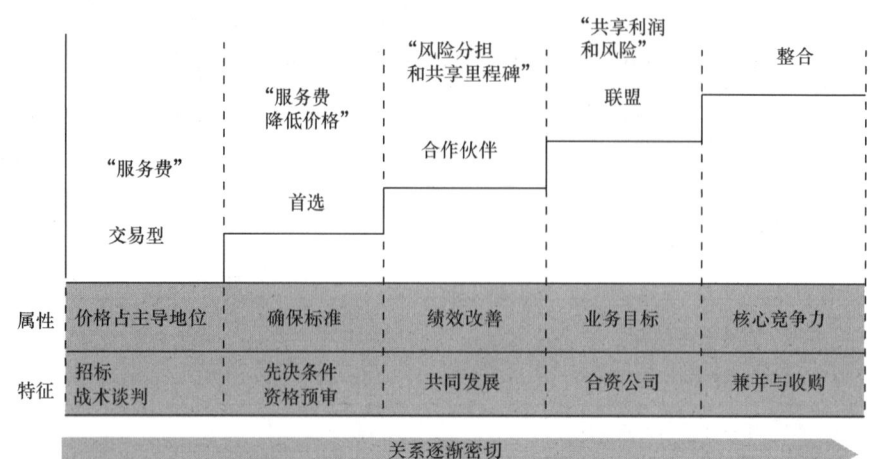

图 1-6-4 战术供应寻源和战略供应寻源之间的关系程度特征

③ 隔离机制

隔离机制具有使供应商避免竞争的特性(如规模经济、转换成本、信息不对称)。

④ 采购管理(合同签订前)6 个连续的阶段

合同签订前,采购管理有 6 个连续的阶段:

(1)确定需求。

(2)采购计划。

(3)市场征集/开发。

(4)评估/选择供应商。

(5)接收/评估报价。

(6)创建合同关系。

⑤ 采购管理(合同签订后)4 个连续的阶段

合同签订后,采购管理有 4 个连续的阶段:

(1)合同/关系管理。

(2)产品/服务的接收。

(3)资产管理。

(4)经验教训管理。

6.1.3　战略分析工具

现状分析本质上是对于供应链职能采购实体织定位的战略审计。现状分析使用常见的战略分析工具,并且涵盖以下几个方面:

(1)客户的业务需求:客户需要什么? 采购实体需要什么?

(2)支出分析:商品和服务的历史使用情况、供应商定位、供应商历史、交易成本、产品和服务的重要性。

(3)未来支出分析:市场和服务的远期/预期使用量、市场趋势。

(4)市场分析:评估市场能力、供应链中的力量依赖性、单个市场、供应商偏好、采购实体的相对定位、供应链成本、市场的性质和适当的供应源搜寻战略、供应基础的潜在和实际规模。

CIPS建议的供应链图析包括以下几个方面：

(1)确定利润和毛利率；

(2)了解相互的依存关系；

(3)绘制所需的产品和服务；

(4)分析每个供应商在品类和业务单元上的支出；

(5)产品、服务、供应商和业务单元的购买模式；

(6)供应源搜寻模式；

(7)价格模式：历史的和预测的价格模式，以及购买价格分析；

(8)供应商的历史表现；

(9)历史市场趋势和相关的成本驱动因素；

(10)价值链分析；

(11)识别并处理供应链中占主导地位的参与者；

(12)关键资产分析；

(13)战术分析：同一规格的替代解决方案；

(14)风险评估；

(15)成本模型；

(16)组合分析；

(17)STEEPLE分析；

(18)降低复杂性；

(19)确定需求；

(20)质疑需求(推迟、减少、删除)；

(21)市场潜力和市场模型；

(22)需要解决的战略领域，如作为企业社会责任的一部分；

(23)资金。

≫≫≫ 6.2 建筑企业战略采购的实践

6.2.1 合作谈判组建战略物资股份公司

成品油、油脂、沥青是中国中铁股份有限公司最重要的战略物资。经协商，本着互利互惠原则，2012年9月，中国石油天然气集团有限公司(简称中国石油)与中国铁路工程集团有限公司(简称中国中铁)为充分发挥双方的资源网络优势和建筑市场优势，签订合资合作框架协议，成立中石油铁工油品销售有限公司。

2013年1月，公司正式注册成立。

公司的愿景是打造石化产品供应链示范企业。

服务对象包含了中国中铁所属18个工程局，已供项目3 900余个，在供项目1 984个，服务范围覆盖全国 34 个省级行政区和中铁部分海外项目。产品涵盖汽柴油、沥青、润滑油、重油、改性剂等主要石化产品,加油卡、非油和中铁投资建设的服务区加油站也纳入服务范围。

公司成立以来,依托中国中铁和中国石油两大央企,创新管理体制与机制,整合各方资源优势,与生产厂家、科研院所、施工单位搭建产销研用一体化平台;借助"互联网+物联网+大数据"推进企业数字化转型;紧随国家战略,着力打造国内、国际两个市场的供应链管理服务保障体系;逐步形成了"以项目为中心、以保供为目标、以服务为核心、以信息化为手段"的互联网+现代企业战略集采专供模式;使中铁全国范围内工程项目用户均可享受到采购渠道、服务标准、供应价格、运费计算、结算方式"五统一"的标准化服务。

服务特点=全项目周期服务+信息化全流程管控+7×24 小时服务

服务内容=多种产品+资源优势+稳定优惠+资金保证+专业化服务

为解决供应项目多、采购渠道多、产品种类多、资源调度难、现场交割难、对账结算难等诸多问题,公司借助"互联网+大数据+移动应用+云服务"等先进的信息化技术手段,建设覆盖公司内、外部,产业链上、下游的综合管理平台。

公司实现了降本增效、战略保供、财务融资、科技创效、管理创新和阳光采购多重目标,实现了双赢。

6.2.2 竞争谈判划分战略采购区域

中交集团按照"一品类一对策、一区域一对策"的思路,以"集团搭台综合统筹、各单位全程参与、集采工作组组织实施"的形式,以最优质量成本、绿色环保为基本原则,通过与源头厂家战略谈判,内、外部企业集中供应,开启了钢材、水泥、钢板、沥青、燃润料的全新集采模式,实现"供应链总成本最优",促进集团整体利益最大化。

集团总部对集采工作进行统一指导,谈判方案与谈判报告统一审核。在全国范围内,将 34 个省级行政区划分成 9 大区域,并按品类、区域成立 21 个集采工作组,根据区域采购量指定集采牵头单位与工作组组长,其他单位推荐精干力量作为工作组成员参与集采。

在集采推进过程中,中交集团从线上、线下、制度体系、支付保障体系 4 个方面,"四线同步"推进集采工作。各集采工作组进行详细的市场调研、需求统计和价格分析,并直接与源头厂家进行多轮谈判,确定各区域集采成果。

中交集团在全集团范围内发布集采成果文件,由内贸企业作为承接,对接源头厂家与内部施工单位,并通过制度约束与考核监督,促进集采成果的落地应用,凸显了集采价值,实现集采成果与公司效益的转换,促进了企业的高质量发展。

6.2.3 专项物资战略采购的管理

中国化学工程集团有限公司(以下简称集团公司)根据所属项目不锈钢板需求总量优势,通过与国内知名生产企业建立长期稳定的战略合作伙伴关系,实现供需双方互惠共赢,增强采购议价能力,降低采购成本,提高集团公司的核心竞争力。集团公司工程项目不锈钢板采购实施战略采购供应。

1. 采购需求分析

运营管理部对所属企业工程项目应用于化学品罐体制造,压力容器制造,高温、高压、耐腐蚀的设备等的不锈钢板年度需求进行了初步调研,年度需求量约12万吨,采购金额约18亿元。运营管理部对集团公司供应链的下游供应商不锈钢板采购需求量做了预测,采购需求量远大于内部需求量。

②. 战略采购供应的必要性分析

(1)降低采购成本

实施不锈钢板战略采购供应,可有效增强议价能力,优化材料选型,整合物流资源,提供增值服务,达到降低采购成本的目的。运营管理部做了市场调查测算,对比战略采购单价和分散招标采购单价,可节约采购成本300~500元/吨,成本节约率可达到2%~4%。

(2)优化采购流程

所属企业采购管理部门归集本企业工程项目不锈钢板采购需求,组织项目申报,直接和战略采购供应实施主体签订合同,进一步优化了采购流程,提高采购质量和效率。

(3)培育贸易业务

实施不锈钢板战略采购供应,进一步提升集团公司在石化行业不锈钢板单品细分市场的影响力,培育集团公司不锈钢贸易业务能力,提高市场话语权,依托集团公司内部存量优势,积极开拓外部市场,做强、做优、做大增量。

③. 机构与职责

集团公司运营管理部负责组建不锈钢板采购价格管理专业工作小组(以下简称专业工作组),建立不锈钢板采购供应定价机制,指导、协调、监督不锈钢板战略采购供应工作。

二级企业采购管理部门负责本单位不锈钢板需求归集,组织项目申报,指导、协调、监督本单位不锈钢板集中采购供应工作。

集团公司授权天辰(天津)国际技术贸易有限公司(以下简称天辰国贸)负责不锈钢板战略采购的资源渠道管理、需求归集、供应组织、结算支付等具体工作。需求单位与天辰国贸签订供应合同,负责申请计划提报、进场验收、结算支付等工作。

④. 战略采购工作程序

(1)组建专业工作组

运营管理部从集团公司工程物资类专家委员会选取专家,成立专业工作组,开展不锈钢板战略采购相关工作。

(2)确定采购需求

专业工作组在采购需求基础上,根据需要进一步收集相关资料,明确采购项目的供应范围、质量技术标准、供应规模、价格控制目标、收益预期、融资要求、技术支持等采购需求,作为战略供应商选择与协议谈判的基础。

(3)设定供应商资格条件

专业工作组根据不锈钢板战略采购需求和市场调查,从战略采购供应商的行业影响力、生产供应能力、质量保障能力、价格控制能力、技术研发能力、财务能力、供应业绩、服务水平等方面设定供应商资格条件。

(4)确定供应商考察名单

经前期市场调查,应用于化学品罐体制造,压力容器制造,高温、高压、耐腐蚀的设备等的不锈钢板供应商主要有:山西太钢不锈钢股份有限公司、浦项(张家港)不锈钢股份有限公司、甘肃酒钢集团宏兴钢铁股份有限公司、振石集团东方特钢有限公司、江苏青锐达不锈钢有限公司和北海诚德金属压延有限公司等生产企业。专业工作组根据满足供应商资格条件的潜在供应商数量、分布情况、国内不锈钢企业调研报告、初步考察资料,提出考察报告。考察报告应全面覆盖战略采购供应商资格条件,并提出拟邀请供应商的名单。考察报告须经专业工作组全体人员签字确认。

(5)战略采购供应商谈判

专业工作组负责评审不锈钢板竞争性谈判文件,采用邀请竞争性谈判方式,采取综合评审法,与投标人进行竞争性谈判,分事项形成谈判记录,编制谈判报告,并推荐战略采购候选供应商。不锈钢板分热轧卷板和中厚板两个标段(包),每个标段(包)推荐战略采购候选供应商数量为三家。谈判报告须经专业工作组全体人员签字确认,有不同意见的成员应表明意见。

(6)战略采购竞争性谈判结果审批

战略采购候选供应商在"化学云采"平台公示后,战略采购竞争性谈判结果上报集团公司集中采购领导小组审批。

(7)战略采购协议签订

专业工作组评审战略采购协议,经集团公司法律合规部评审后,集团公司与山西太钢不锈钢股份有限公司、甘肃酒钢集团宏兴钢铁股份有限公司、浦项(张家港)不锈钢股份有限公司、振石集团东方特钢有限公司签订"总对总"战略采购协议。

5. 集中供应工作程序

(1)价格管理

不锈钢板价格管理包括战略采购价格管理和供应价格管理。战略采购价格定价机制由基准价、综合费用、运输费和加价项构成,供应价格定价机制由战略采购价格、财务费用和服务费构成。

基准价:以51不锈钢(www.51bxg.com)订货通知单当日(逢节假日,以节日前的最后一个工作日),首次公布的无锡市不锈钢材价格行情中东方特钢品牌行情中发布的对应同一材质、同一品种规格的价格作为基准价。

综合费用:钢厂具备发货条件下的一切综合费用(包括资金成本、财务费用、利润等),综合费用在合同执行过程中必须保持固定不变,采购方不考虑任何调整因素。

加价项:由钢种加价、厚度加价、宽度加价、长度加价、执行标准加价、技术检测项目加价、包装加价构成,加价项在合同执行过程中必须保持固定不变,采购方不考虑任何调整因素。

运输费:钢厂运至项目所在地的费用,运输费单价每千米每吨在合同执行过程中必须保持固定不变,采购方不考虑任何调整因素。

财务费用:由集团公司运营管理部结合集团公司财务公司利率,按资金支付期限、支付方式分别核定,原则上不得高于集团公司财务公司利率。

天辰国贸服务费:由集团公司运营管理部组织核定。

市场价格异常波动时,集团公司授权天辰国贸可组织与战略供应商谈判确定临时价格机制,保证供应并维护企业利益。

（2）供应组织

集团公司各级企业必须执行集团公司不锈钢板战略采购供应。需求单位承接有不锈钢板需求的任务后，将不锈钢板需求总计划逐级上报至二级企业采购管理部门，由二级企业采购管理部门审核后在交货日期50日历天前报天辰国贸。

天辰国贸收到需求总计划后，与需求单位进行洽谈，明确供应渠道、运输方式、供应保障措施、供应价格等具体事项，形成商务洽谈备忘录，并据此签订订货合同。

天辰国贸应根据各单位计划，制定供应保障方案，当出现资源不足、运输受阻等情况时，应调整供应方案，并及时与需求单位进行沟通。

需求单位负责不锈钢板进场验收工作，天辰国贸根据需求单位需要提供质量检验报告等技术证件。

天辰国贸负有保障不锈钢板供应的责任。在接到需求计划后，因天辰国贸原因不能供应的，应在10日历天向二级企业采购管理部门书面回复，并报集团公司运营管理部备案。需求单位收到天辰国贸回复后可按集团公司工程物资集中采购相关规定自行采购。

不锈钢板原则上必须从战略供应商处采购，且仅限于战略供应商本厂生产的产品，不得使用贴牌产品。供应产品出现质量问题给需求单位带来损失的，天辰国贸应承担赔偿责任，并负责向相关供应商进行索赔。

供需双方在不锈钢板的供应过程中发生争议时，应本着友好协商的原则进行处理，必要时，集团公司运营管理部给予协调。

（3）结算支付

供需双方按合同约定的结算周期和时间对供应的产品数量、价格、金额等进行签认，及时办理相关结算手续。涉及出口退税事务，天辰国贸应会同需求单位制定采购、供应方案，并协同完成。

天辰国贸应及时向需求单位开具发票，发票形式应在合同中予以明确；需求单位收到发票后应及时入账，并按月核对确认往来账单。

需求单位应按照合同约定付款时间、付款方式及时向天辰国贸支付货款。需求单位未能按时结清的货款，按照集团公司资金支付相关规定进行清算。

（4）采购评价与监督检查

集团公司运营管理部要定期组织对不锈钢板战略采购效果进行评价，并根据评价结果优化不锈钢板战略采购供应组织策略。

各企业执行集团公司不锈钢板战略采购供应情况纳入集团公司对各企业采购管理考核指标。集团公司、二级企业采购管理部门对所属企业执行情况实施监管。

 本章思考题

1.根据安德鲁·考克斯的理论，实施战略采购的三个步骤是什么？

2.描述 CIPS 采购与供应模型的一般特性。

3.供应商隔离机制是什么意思？

4.现状分析是什么意思？

第 7 章 供应商管理

将转包商和供应商比做企业的根须,支持着巨木的成长。树根向树干聚集,而树枝却向外扩张,这又成为企业发展的最佳隐喻。

◎ 本章目标

1.理解战略寻源的内容和步骤。
2.熟悉并掌握对供应商绩效评价和集成管理的方法。
3.熟悉供应商关系管理的有关内容。

>>>> 7.1 供应商管理概述

7.1.1 供应商管理的内容

供应商管理是指对供应商的了解、选择、开发、使用和控制等综合性管理工作的总称。供应商管理分为两阶段五个步骤。

第一阶段为战略寻源,包括对供应商的分类、评估和选择三个步骤,确定合适的供应商让企业和有限的优质供应商合作。这样在规模效应下谈判降价也有了以量换价的基础。

第二阶段为管理阶段,包括对所有供应商进行绩效评价和集成管理两个步骤。供应商的开发、集成只能适用为数甚少的关键供应商。在供应商分类中,主要是战略供应商和优质供应商。

供应商的选择和管理能力由三方面组成:一是结构清晰、职责清楚的组织结构;二是标准的、闭环的选择与管理流程;三是统一的、跨职能共享的信息系统。换句话说,这也是供应商管理的基础保障。

管理就是把该做的事说明白,解决问题的路径看清楚,大家心情舒畅地齐心协力把事情办好,而且持之以恒不走样。

7.1.2　采购战略职能转变

战略寻源指对供应商进行分类、评估、选择。

在此期间,坦诚最重要,信息共享、利益共担,遇到问题共同解决。项目管理中,信息管理、沟通管理是九大管理中的两个,两个管理的支撑点是诚信。在供应商管理中,包括企业内部各部门,信息的沟通要坦诚和及时。把战略供应商集成到企业新产品的研制过程中,是"大采购"和"小采购"重要的区别之一。

采购有两个层面的任务:订单层面、供应商层面。这两个层面的任务是关联的,如果供应商层面的问题不解决,订单层面的问题就会更多。要知道,问题很难在问题发生的层面——订单层面解决,只有上升到供应商层面,通过选择和管理合适的供应商,才能真正解决。

例如,供应商出现质量问题,首先会表现在订单层面,因为来料验收不合格。"小采购"通常做的就是退货,让供应商免费补货。但有些质量问题是与供应商的系统、流程有关的,需要在供应商层面上改进。而"小采购"没有能力、没有资源驱动供应商系统地解决问题。结果,同样的问题还会重复发生。

这在建筑业挺有代表性:供应商选择一般是集中决策,比如在公司层面;供应商的绩效则由每个具体的项目组分散地管理。项目组只对项目层面的问题感兴趣,一旦出现交付、质量问题,一般是随便打个补丁,就急着赶进度;供应商层面出现问题,比如流程、系统问题,项目组既没有资源,也没有能力来对付,导致供应商层面的问题得不到解决。有些项目层面的问题,根源却在供应商的组织、流程、系统层面。供应商层面的问题不解决,同样的承包商、供应商今天在这个项目上出现的问题,几个月后在另一个项目上还会出现。所以,在建筑业有句话,"只有教训,没有经验"。

类似的问题,在一些集中采购、分散管理的企业也很普遍,系统、流程相关的问题,一定要上升到供应商层面才能真正解决,没法通过分散管理来有效实现。如果只是10个工厂其中的1个,为什么要花大量的精力来做供应商评估,识别其系统、流程上的短板,把供应商的整体问题解决了,让那9个工厂也来受益?工厂层面以订单处理为主,也没有资源来对付供应商层面的问题。结果,就是有供应商选择,没供应商管理,甚至出现这样的极端情况:有的供应商在分部A上了黑名单,但在分部B还是优选供应商。

供应商的选择权与管理义务不可分离。集中采购应当集中管理,总部在选择供应商时,一般是受成本这一单一指标驱动;分部在管理供应商时,一般是受交付这一单一指标驱动,大家都在为自己的单一指标博弈,做局部优化,注定不是"大采购"。

另外,两者的层次不同:"小采购"是行政文秘,不是平等的业务伙伴;"大采购"管理战略资源,是平等的业务伙伴。

行政文秘性的"小采购"主要把精力花在交易过程中,特点是跟ERP的操作联系紧密;管理战略资源的"大采购"则把精力花在关系层面,代表公司开发和维护供应商关系,跟ERP的操作相关甚少。

"大采购"不用ERP,并不意味着不用数据;相反,他们借助各种报表、指标和分析来支持供应商选择、管理供应商的整体绩效,是数据的使用者。而"小采购"呢,他们围绕订单,确保数据的准确和准时,是数据的制造者。这其实有普遍意义:判断一个职位的战略重要性,看它是数据的制造者,还是数据的使用者,就可以有个大致概念。

"大采购"的特点可归纳为:

(1)聚焦供应商,通过解决供应商层面的问题,来解决订单层面的问题;

(2)管理供应商这一战略资源,成为兄弟职能的平等合作伙伴;

(3)积极主动管理需求,通过理顺需求来理顺供应。

有专家认为,以下三种情况注定是"小采购":

其一是工程师和内部客户决定一切,采购只是执行,围绕订单转,基本是打杂;

其二是采购有了管理供应商职能,但没有相应的权力和资源;

其三是单一指标驱动,局部优化,虽然拿到了最低价格,但却牺牲了交货时间、产品质量和服务。

图 1-7-1 是"大采购"战略职能和发展历程示意图。

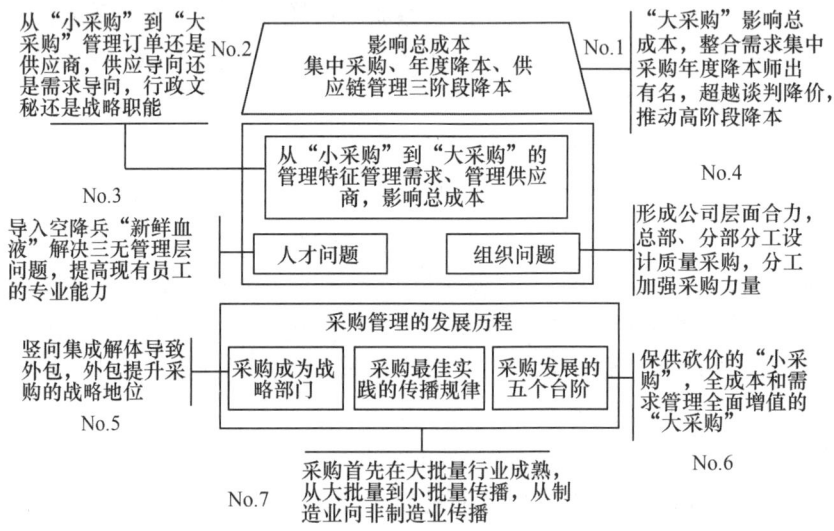

图 1-7-1　大采购战略职能和发展历程示意图

注:三无管理层即针对采购和供应链管理知识,没有系统学过、没有系统做过、没有系统总结提高过的管理层。

No.1 描述了企业降低总成本的三个办法,分别是集中采购、年度降本目标和供应链管理,并解读了在"大采购"理念下实现降本的途径;No.2 描述了从"小采购"到"大采购"的管理特征;No.3 提出了实现"大采购"的人才问题;No.4 是关于实现"大采购"的组织问题,需要企业整体形成合力;No.5 分析了采购部门成为战略部门的缘由;No.6 描述了从"小采购"向"大采购"过渡的五个台阶;No.7 展示了企业采购管理的发展历程,其首先在大批量行业成熟并从大批量向小批量传播,从制造业向非制造业,如建筑业传播。

⟫⟫⟫⟫ 7.2　战略寻源阶段管理

7.2.1　战略寻源阶段管理概述

1. 战略寻源管理

企业采购流程可分为战略采购和订单采购。战略采购包括供应商的开发和管理,也叫战略寻源管理。订单协调则主要负责材料采购计划、重复订单以及交货付款方面的事务。

战略寻源管理是以企业总成本控制为导向,采用合理的采购寻源策略,把握成本明细关键控制点,建立成本联动获取最优成本的动态过程。

战略寻源管理包括选择供应商和管理供应商两个阶段。选择阶段包括寻源分类、供应商评估、供应商选择的管理。在供应商管理阶段分为绩效管理和供应商集成。

在寻源管理阶段,一般容易出三个问题。一是企业内部对供应商的选择和管理没有统一的管理部门,多权分离,供应商成了"公共草地";二是没有供应商选择和管理的流程,缺乏对供应商寻源管理的系统流程,随意性很大,供应商绩效不好;三是缺乏供应商层面的优化管理,不断寻找供应商,供应商越来越多,规模优势丧失。三个问题有逻辑关系,首先是寻源管理的组织不落实,然后造成没有统一的流程,因为供应商绩效不理性,最后一直在寻找供应商,形成恶性循环。所以供应商寻源管理的第一步是统一供应商寻源的管理部门。

❷ 战略寻源的组织管理

企业生产运营中,涉及供应商选择、管理的部门很多,质量部门要求品质最好,设计部门要求技术先进,采购部门要求价格最低,生产部门要求供料及时,各部门的指标需要平衡;有些企业为了预防供应商相关的腐败,在部门内继续分权,如在采购部门,寻源、合同、核价、供应商管理、处理订单、验收分设岗位,加上设计、质量、审计等部门,企业管理供应商没有一个整体,谁都可以找供应商的麻烦,如核价的只管砍价,处理订单的只管催货,财务不按时付款,连仓库不给好处验收也难办。供应商变成"公共草地",其合法权益得不到保护,只能通过非法手段找"靠山",形成系统的腐败。

因此,企业必须指定一个部门统一负责寻源管理(一般是采购部门),该部门对外协调企业内部技术、质量、生产和采购部门之间的利益诉求,平衡各部门的选择标准,统一对外管理供应商。这样,供应商的合理诉求有专人负责,背地里找"靠山"的情况会减少,客观上减少了腐败;各部门形成合力,一致对外保护了企业的应得利益。

管理供应商权力的集中可能造成该部门权力的增加,但是权力大不可怕,可怕的是没有约束的权力,因此,对企业供应商的选择必须制定严格的选择和管理供应商制度,固化流程,通过系统维护企业整体利益。

7.2.2 供应商寻源分类

❶ 寻源

依据企业发展战略和新产品开发计划需求,采购部门应从各种媒体资讯寻找符合企业需要的供应商信息。

(1)新供应商资讯来源方式

各种采购指南、新闻传播媒体,如电视、广播、报纸、产品发布会、产品展示(销)会、行业协会、行业或政府的统计调查报告或刊物、同行或供应商介绍、公开征询、供应商主动联络等。

(2)问卷调查

问卷设计由采购部主导,质量、设计研发等部门协助,其应注意的事项有:

①依本公司需要设计的内容及格式;

②应尽可能掌握、了解供应商的资讯；

③易于填写；

④通俗易懂；

⑤便于整理。

2. 供应商分类

采购实体应依据其提供的品目或细目对所需供应商进行分类，但供应商分类和商品编码分类的性质和目的不同。商品编码分类是为了实现标准化管理，提高采购管理效率；供应商分类的目的是确定采购实体和供应商的战略关系。

分类就是按照"品目或细目分类"，将共性的材料对象归为一类。企业成立由采购、质量、技术等部门组成的专业团队，一个专业采购团队包括采购经理、技术员、工程师和采购员。在采购经理组织协调下，制定品类策略，确定关系类别是竞争性关系还是合作性供应商，决定和哪些供应商做生意，处理供应商发生的质量、技术问题。

依照供应商关系分类，可分为战略供应商、优质供应商、合格供应商和资格未定供应商，这种分类也可理解为分级。分级就是在分类的基础上把供应商分为若干级别，以便区别对待。有些工程公司把供应商分为一线供应商、区域集团采购供应商等并赋予采购实体不同的采购权限。

对供应商的分类/分级是重要的沟通工具，可以清楚地告诉各职能部门公司对特定供应商的策略，以及在合作时应当注意的事项。

3. 供应商分类工具

细化供应商分类有很多途径，但常见的方法是卡拉杰克矩阵。卡拉杰克矩阵的横坐标是市场的复杂性，体现在产品的可使用性、供应商的数量、技术变革速度、贸易壁垒以及运筹的复杂性；纵坐标是采购的战略重要性，表现在通过产品的组合性，表示某类产品在总成本中的占有率以及该类产品对收益率和增长率的影响，体现价值增值。本丛书第一册第二部分第 2 章对该矩阵已做过介绍。

《战略采购和供应链管理》的英文版作者、美国战略供应领导力 ATK 中心主任、CAPS 研究董事会成员、《供应链管理期刊》联合首席主编、俄亥俄州迈阿密大学农民工商学院营销部供应链管理系特聘教授里斯引入了风车的两翼图，对供应商客户进行细化分类，如图 1-7-2 所示。

供应商也可通过该图定位自身的采购策略。如战略供应商把一个战略客户看作很好的合作者，并获得长期合作的机会。然而，如果采购人认可的战略供应商并没有把采购人视为战略合作者，双方之间的关系就处于危险状态。采购人可能面临竞争挑战。反之，如在左上方杠杆型的客户中，有供应商认为采购人是战略合作者，采购人将处于有利位置。因为供应商不会弃你而去，会在竞争环境中积极表现。

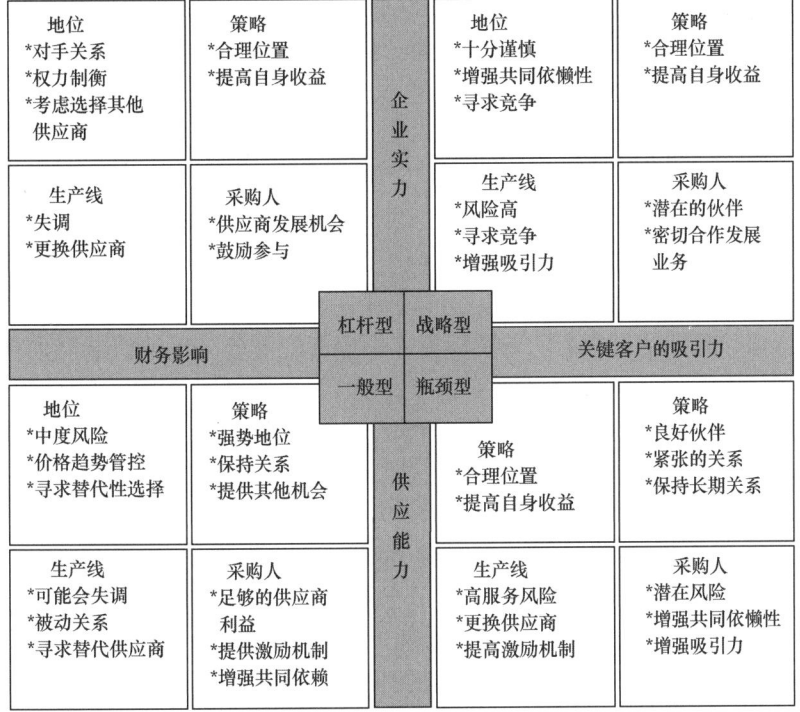

图 1-7-2　风车的两翼图

案例 1-7-1　　中交集团海投通过卡拉杰克矩阵对采购的资源进行分类

中交集团海投聚焦文旅产业,涉及前期规划、中期建设、后期运营,公司、行业、项目的管理难度和复杂程度高。针对不同的类别,中交集团海投采用不同的供应商关系策略,通过卡拉杰克矩阵对采购的资源类别进行分析:

瓶颈类:总体属于轻资产类别,可能很重要、难获得,但不一定非常昂贵,如 IP 授权、策划类、规划设计类、运营服务类等,通过合格供应商库管理措施,设置供应商商务修正系数,支持长期合作关系。

战略类:总体属于重资产类别,金额大且复杂,如建造、装修施工总承包,机车制造、船舶建造等,适合优先采用长期合作型关系,适当采用交易型关系。由于属于重资产类别,并购资金占用较大,采用跨职能团队采购模式,由供应链管理委员会直接领导,采用谈判或邀请招标方式。

杠杆类:属非核心资源,金额较大,供应市场丰富,供应风险低,如大宗物资、材料采购,各种专业分包等,适合采用交易型关系,充分进行市场竞争,通过公开招标获得成本优势。

一般类:属非核心资源,非关键品项,如日常办公用品、小额采购等,适合采用交易型关系,简化交易流程,采用框架协议或者分批次供货等方式提高采购效率。

采用帕累托(ABC)分析方法,对已完工的高福小镇二期、海棠麓湖 B04 地块、麓湖酒店、三亚中瑞学院四个项目建设期主要合同支出情况进行统计、分析。通过分析汇总可以看出,这四个项目的支出占整个项目支出的80%。从总体上考虑,优先管好这些供应商,整个项目就处于受控状态。

【专家点评】

在供应商管理中,战略寻源包括分类、识别和选择三个流程。其中依据企业发展战略对供应商进行分类是首要环节,中交集团海投通过卡拉杰克模型原理对四类供应商进行梳理并确定采购策略,包括确定管理层级、采购方式等,应用帕累托分析方法,抓住重点环节精准管理,在提高了企业经营效益的同时减少了可能产生腐败的漏洞。

7.2.3 供应商评估

在供应商选择阶段,评估是核心,是对供应商技术、生产、质量和物料管理体系进行系统的评估。评估工作必须应当有刚性的制度、固定的流程,具体包括以下方面。

1. 供应商评估因素

财务指标评估是评估供应商的首要因素。供应商的财务分析从清偿能力开始,清偿能力取决于流动资产,严格讲是扣除库存的资产;清偿能力取决于盈利能力,体现在资产回报率和净利润指标上;盈利水平是财务结果,取决于企业的周转能力,反映在应付账款、应收账款和库存上。这三个数据好,企业效益就好。此外,还要注意:供应商的资本结构决定了供应商的长效绩效;财务指标是相对性的,没有绝对意义,数据比较在竞争对手之间才有意义。供应商财务报表可以通过采购文件要求提供,如果是上市公司,在网上可以查询。这样严谨的财务分析一般用于重大决策,如决定同其长期合作的战略合作伙伴。

除了财务指标,还要评估供应商的质量、生产和物料管理体系。这三大体系是确保供应商运营绩效的保障,也是实现企业盈利能力的基础。在物料管理体系中对下级供应商管理的能力评估在外包和供应链分级分层的环节中很重要。

对供应商质量、生产和物料管理体系的评估一般用在新供应商的导入环节。评估一般应由三部分专家组成,质量工程师评估供应商的质量管理体系,企业设计开发工程师评估供应商的生产管理体系,采购专家负责评估供应商的物料管理体系。每项评估都应有详细的评估清单,评估决不能从判断开始到判断结束,一定要以事实为依据,客观、准确,特别要防止只在价格上"做文章",给企业质量管理造成很大的风险。

2. 评估工具使用的条件

企业对供应商质量、生产和物料管理体系的评估是选择、评价供应商的重要工具。对供应商的全面评估有事前、事后和事中三种情形。

(1)新供应商准入

纳入新的供应商必须要对新供应商进行全面的评估和认证,满足企业各项规定的基本要求,不能简单用招标的采购方式,因价格低就纳入合格供应商清单,必要时应进行实地考评。如果企业在质量、交货期、服务等指标上存在作假的情况,价格就可以做得很低,采购腐败表面上是价格腐败,实质上是以降低质量为代价的。对新供应商的评估是事前管理。

(2)战略供应商绩效出现问题

战略供应商的绩效评价出现问题事关企业的核心利益。作为补救措施,对供应商的质量、生产、物料管理体系重新进行评价,达不到标准的,应制定切实可行的办法确保在一定期限达到考核标准,这叫事后管理。

(3)定期维护

定期评估属于事中管理,依照制度规定,抽取一定比例的供应商进行主要体系的评估,评估可采用自我答卷的方式,采购部门通过数据或现场核实。一般年度评估数具有可比性。

表 1-7-1 为中铁建供应商评价指标表,表 1-7-2 为中铁建供应商日常管理评价表,仅供参考。

表 1-7-1　中铁建供应商评价指标表

序号	评价项目	评价内容	满分值	评分标准	得分
1	综合实力(15分)	生产保障供应能力	6	企业具有良好的市场信誉,知名度较高的得1分,否则不得分;企业生产及销售规模,处于国内同行业前列的得2分,其余酌情扣分;企业销售网络覆盖全国各个区域的得2分,覆盖部分区域的得1分,仅覆盖本区域的不得分;企业在销售网络覆盖范围内均建立自己的物流配送中心得1分,部分建立得0.5分,未建立不得分	
		财务状况	3	参照事务所出具的审计报告,综合考虑供应商资产负债率、资产流动性、短期负债、资金周转率等情况。按小、中、大对应的分数分别为0~1、1~2、2~3分	
		技术与研发能力	3	企业拥有自己的研发团队得1分,否则不得分;拥有国家级新产品,新技术认证证书、专利证书得1分,否则不得分;技术创新企业得1分,否则不得分	
		企业环境	3	企业所处地区的经济发展水平高得1分,发展水平一般得0.5分,发展水平低不得分;上市公司得1分,非上市公司不得分	
2	供货业绩(10分)	交货数量	10	考核期间同类产品或服务供应商供应总量排在公司前三名的得10分,其余按次序酌情扣分	
3	价格水平(15分)	价格优势	12	同类产品或服务多个供应商的价格按最低为基准,每高出2%,扣1分,扣完为止	
		抗风险能力	3	能有效把控市场价格变化,降低供应成本、产品销售价格,能稳中有降的得2~3分;价格基本保持稳定,偶尔涨价的得1~2分;供应商经常提出涨价愿望,但价格还可以保持在合理水平的得0~1分	
4	日常评价(60分)	日常评价	60	按所占分值比例折算,该项目得分等于日常评价得分×0.6	
合计			100		

表 1-7-2　中铁建供应商日常管理评价表

序号	评价内容	满分值	好	中	差	得分
1	质量	30	当期交货全部合格,使用中未出现质量问题	当期交货或使用中出现一次不合格,但能及时解决	当期交货或使用中出现一次不合格,不能及时解决或出现两次以上不合格	
2	交货及时性	20	交货及时	催过一次能及时交货,且未影响生产经营	催过两次以上或影响生产经营	

（续表）

序号	评价内容	满分值	好	中	差	得分
3	交货准时性	10	规格数量准确,且技术证明文件齐全	规格数量不准确或技术证明文件不全,但能及时解决	数量规格不准确和技术证明文件不齐全,且不能及时解决	
4	应急保障	15	零星和应急订货能及时满足	零星或因应急订货能部分满足	零星或应急订货完全不能满足	
5	售后服务	15	按合同约定进行技术培训、安装调试和其他售后服务项目	基本能按合同约定进行技术培训、安装调试和其他社会服务项目	不能按合同约定进行技术培训、安装调试和其他售后服务项目	
6	问题处理	10	接到整改通知,及时按要求整改	接到整改通知,整改不及时或整改效果不理想	接到整改通知,不及时整改或整改无效	

7.2.4 供应商选择

对供应商评估的目的是选择供应商。

1. 确定选择供应商的采购办法

依据对供应商的分类、评估,经过初步询价,确定采购供应商的办法。选择供应商应优先在战略供应商或优质供应商中选择,只有符合招标采购条件的选择招标采购。除了信息资料的审核外,必要时还需要进行实地考察。

供应商选择的标准既要满足当前的需要,又要满足未来的需要;供应商选择是品类战略的关键构成;选择供应商的因素因项目不同而不同,但从选择供应商的视角看,共性的战略考量因素是规模效益、竞争的充分度和供应风险管控。

2. 主要选择因素分析

（1）规模效益

规模效益是指企业应优先考虑选择生产能力能满足本企业需求批量的供应商。企业生产能力的指标主要是净资产,包括主要关键设备、需要资质条件的具备相应资质,还有行业排名等,供应商获得批量规模订单,可以显著降低生产成本。

选择的原则是既要使供应商有规模效益,又不能使其在所有供应商的业务收入中占比过高,否则会给双方带来不必要的风险。业务过于集中,采购实体业务的起伏波动对供应商影响太大,供应风险必然增加。

（2）竞争态势

选择供应商第二个需要考虑的战略因素是竞争态势。在订单采购中,实质性竞争越充分,采购合同价格越低。但是对于战略寻源,还应当按供应链总成本最低的原则选择供应商。

这里有两个问题。一是什么是充分竞争？具体到每个品类选几家供应商合适？二是如果每个项目都找最便宜的供应商,在供应链管理中会有什么后果？

①竞争是市场行为,是客观存在的现象;竞争在任何时候都存在,不以人的意志为转移。真正带来差异化优势的是企业行为。在实质性竞争的态势下,两家供应商就会产生充分的竞争,这两家企业必须是势均力敌的企业,如飞机制造行业虽然只有波音和空客两家企业,

但是其利润只有7.5%。因为市场规模有限,所以两家不会联手操纵市场。

具体到某一个品类,当能形成实质性竞争的时候,两个供应商就是充分竞争。

需要注意的是,导入竞争一定要导入实质性的竞争对手,如果为了应对强势供应商,导入非实质性对手,既没有形成实质性竞争又增加了供应商数量,也丧失了规模效应;竞争不够,再继续导入会导致采购额更加分散,供应商管理更加困难,形成恶性循环。如泰森和一群小孩玩拳击,永远形不成竞争,再找10个小孩也没用。

②如果每个品类通过招标采购选择最便宜的供应商,虽然每个项目合同价格最低,但是在供应商层面会导致供应商太多,采购额分散,后续运营很麻烦。设备来自多家供应商,运营复杂度增加,如售后服务的备品、备件库存增加,规模效应也成为问题,最终造成供应链成本的增加。

(3)风险管控

选择供应商的战略考量是风险管控。即如何应对供应商可能出现的交货延期、质量问题甚至可能存在的其他供应风险。

关于风险管控,常见的办法是风险分散,即不要把鸡蛋装在一个篮子里。典型的做法是开备份,如同一个料号,A供应商70%,B供应商30%。万一A供应商交不了货还有B供应商;A供应商出现质量问题,还有B供应商。两个供应商竞争还可能使价格更低。有些公司还规定,凡是达到一定量的产品必须多点寻源。但有专家认为,比较"一品一点、一个料号、单点寻源"和"一品多点、一个料号、多点寻源",人们就会发现以下问题:

①价格因素。70%以上的产品价格在设计阶段就已经确定了。设计离不开供应商的参与,如果是单点供应,供应商会把最新的、独特的技术提供设计部门,组合到新产品中,从而增强企业产品的竞争力;如果是多点供应,供应商还会这样吗?多点供应只能造成供应商的忠诚度越来越低,谁都不愿意协助采购方优化设计,成本控制从源头上落后了。

此外,一品多点造成规模效应的削减,供应商生产成本增加,降价的空间少了。

②工期因素。由于一品多点占供应商业务比例不大,到了产能短缺的时候,供应商不会优先给你供货,他会向高盈利企业倾斜。此外,多点寻源导致采购额分散,降低了对供应商的管控力度。在一些季节性、周期性的行业里,一品多点的问题就充分显现,旺季来了产能不够,供应商互相推诿,谁都想均衡生产,怕造成淡季的积压。如同一个老人有五个儿子,老人年迈需要照顾时,谁都希望其他兄弟多照顾一下,反而只有一个儿子时会老有所靠。

③质量因素。即使采用同一个标准,每个供应商的产品质量也不会完全一样。如果A供应商的质量好,绝不会用B供应商的做备份,如果一品两点,那么在同一料号层面上出现质量问题的概率反而增加。

④在管理水平比较高的企业,常见的做法是料号层面一品一点,即一个料号尽量只给一个可靠的供应商做,以便增加料号层面的规模效益;在品类层面,却维持不止一个供应商,保持相当的竞争。也就是说,风险管控是在品类层面,这是一种既保证规模效益,又控制风险的做法,比如焊接设备的采购可以有两家或三家,但具体到某一个规格型号只安排一家。

⑤一品一点的例外情形。一是采购量特别大,超过了供应商的最佳经济批量,任何一家供应商都难以满足,应当多点供应。二是采购量特别小,主要依靠市场采购的商品。这类产品主要靠市场拉动,采购人对其影响可以忽略不计。三是粗放式管理的企业,管理能力差,供应商数量多,多点供应很普遍,以分散风险。其结果是企业管理资源更分散、采购额更分散、对供应商的控制力更差,只好再找新的供应商,陷入恶性循环。

3. 强化管理供应商的能力

（1）"无形的手"≠"短期行为"

市场经济的鼻祖亚当·斯密认为，市场是"无形的手"，最终可以理顺一切不合理的经济行为。但是不要忘记，任何整合行为都要付出代价，包括时间，经济活动也是这样，"无形的手"不等于"短期行为"。如果企业只注重短期行为，一定走不远。日本在其特有的财阀体制下把一品一点的供应模式做到了极致，系统地降低了供应链成本，提高了质量，加速了新品的开发，这是日系汽车全面超过竞争对手美系汽车的原因之一。在这种模式下，日系企业的议价能力并没有降低，成本控制能力反而更强。现在北美企业也认识到，一定要注重和供应商的长期合作，同时强化供应商管理系统，实行全面供应链管理，提高企业的竞争力。

（2）供应商管理团队

对一品一点的供应商，采购人和他们有长期的依存关系，需要有强大的团队来管理和维护。企业缺乏对供应商管理的经验一般是一品多点，导入"市场竞争"就成了采购人必然的选择，结果是一个不如一个，订单分散，批量上不去，问题更多。

管理供应商是跨部门之间的工作，特别是对战略供应商的管理，它绝不是采购部门层次的事，必须整合企业不同层次、不同职能部门共同维护，包括企业高层领导的参与。如建立季度汇报会、年度高层例会、文化交流等制度，逐步形成"战略心理"，最后形成"战略合力"，在儒家文化的氛围内有时可能比"协议"还重要。

新供应商开发是跨部门的事，技术、质量、采购等都需要介入。在一般情况下设计部门是强势，但是，采购部门应当早期介入，发挥采购部门的作用，例如，供应商接触设计部门之前，采购部门需要和供应商签订保密协议，在合作设计开发之前明确知识产权以及后续定价机制；采购部门应和设计、质量、生产部门沟通，明确和供应商谈判的注意要点和保密事项，在新供应商开发中发挥领导作用。

在和供应商合作期间，要注意虚心向供应商学习，通过沟通交流获得对方在这个领域中的知识、信息和经验，尤其在经验方面，有些竞争对手走过的弯路，在供应商及时提醒下就可以避免很多不必要的风险。

4. 选择供应商的方式

符合招标条件的，同时符合采购需求明确、具有竞争优势、采购时间允许、交易成本合理的条件，选用招标的方式选择供应商。企业供应商战略寻源更多的情形还是采用谈判等方式。一旦纳入供应链一般不要轻易排除，除非绩效评价出现重大问题。频繁更换供应商的，往往是那些技术含量不高的行业。

5. 选择供应商的流程

企业应建立对供应商评价选择的制度，固化选择供应商的流程。寻源的成果是合格供应商的清单。供应商清单中供应商入库或退出一般应由企业采购最高负责人经过程序批准。对于重要设备的采购，只有在企业电子采购平台注册的供应商才能有资格被授予合同。在强有力的采购管理组织领导下，企业统一的电子采购平台是采购管理的载体，平台为有关供应商的决策和绩效管理提供充分的信息，同时帮助固化供应商管理流程。

案例 1-7-2 中交集团海投抓住外部环境有利时机购买邮轮

依据企业积极发展文旅的战略，在新冠肺炎疫情的影响下，中交集团海投获悉国际二手邮轮价格大幅下跌，给中交集团海投发展邮轮产业带来了百年一遇的窗口期。由于船价非常优惠，成交会很快，机会瞬间即逝，公司必须快速决策锁定中意目标邮轮。为了顺利购置意向邮轮，公司克服窗口期短、审批流程长、国内邮轮产业发展不成熟、缺乏运营团队等重重困难,果断决策推动国际邮轮采购。在国际船舶中介的协助下,经过筛选比对、初步商谈,公司锁定嘉年华邮轮集团旗下公主邮轮公司的"碧海公主"号作为目标邮轮。

结合中交集团海投实际情况,公司决定采取经营性租赁的模式,通过成立跨部门的工作小组,借助外部专家的力量,开展具体的寻源及谈判工作。在三个月的时间内,工作小组落实融资方案及交易结构、与嘉年华商定支付方式、确认境外经营主体、签订购船意向书、与租赁公司签订协议、与融资方签订光租合同及担保合同、与公主邮轮公司洽谈购船 MOA 协议、与船管公司签订委托合同、境外接船、确定邮轮修整方案及修改船厂,最终以正常价格的三分之一、低于正常市场价至少 5 000 万美元的价格购入该艘邮轮。目前该邮轮已并入福熙永乐邮轮品牌旗下,并更名"憧憬"号,为中交海投开拓邮轮产业、开辟"基地+目的地+邮轮+航空+海洋文旅"的模式,打造业态丰富、产业链较为完整的复合型邮轮品牌奠定了坚实的基础。

【专家点评】

本案例凸显了外部环境对供应链管理的影响,采购人依据企业发展战略,抓住有利时机,通过完美的采购方案,包括借助外部专家开展寻源和谈判,在签订债权合同的基础上,陆续签订了租赁、融资整修等一系列合同,完成了项目采购。

>>>> 7.3 供应阶段管理

7.3.1 供应商绩效评价

寻源阶段以选择供应商同其签订供货合同为止,之后进入采购供应阶段。供应阶段管理主要是对供应商进行绩效评价和集成管理。

在"小采购"的理念下,在供应阶段就是履行合同,出了质量问题、进度问题,采购部门协助解决;但在"大采购"的理念下,采购部门不再是围绕合同订单转,而是把工作重点放在对供应商的管理上。

和"小采购"被动、分散、过程导向不同,"大采购"是主动、集中、结果导向的管理工作。采购部门主要有两项任务:一是选择管理能满足公司战略需要的供应商;二是管理领导内部团队共同履行供应商管理义务。

众所周知,管理供应商是跨部门的工作,包括工程设计、质量管理、订单处理等。采购部门的任务是领导这个跨职能的团队。这就需要公司授权给采购部门更高的领导力。企业在其不同发展阶段,对供应商的选择和评价指标也不尽相同。基本思路是:阶段性连续评价、网络化管理、关键点控制和动态学习过程。这些思路体现在供应商评价体系的建立、运行和维护上。

❶ 供应商评价体系

在 2006 年的欧洲领袖论坛上,英国石油(BP)的一位副总裁介绍了 BP 的供应商管理。企业通过战略寻源选择了合适的供应商,使供应商绩效提高,但绩效随后会逐渐下降。企业执行委员会也有类似的发现。研究表明,如果没有后续的供应商管理,战略寻源/集中采购75%的节支会在 18 个月内消失殆尽,如图 1-7-3 所示。

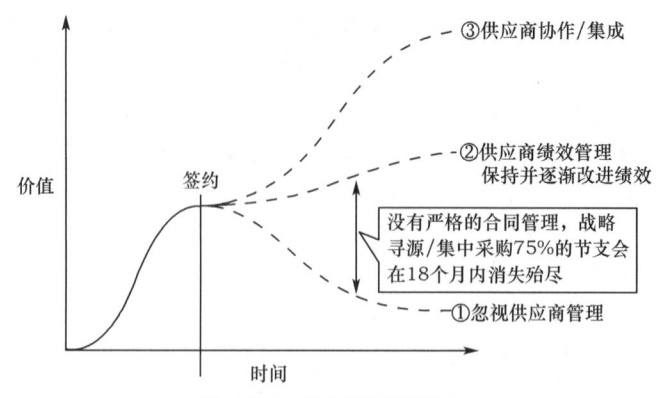

图 1-7-3 供应商管理效果

因此,企业应当建立连续的供应商评价体系,包括供应商进入评价、运行评价、供应商问题辅导、改进评价及供应商战略伙伴关系评价。不同阶段的指标体系应有区别。

选择供应商战略评价因素主要是规模效益、竞争度分析和供应风险等三个方面。在运行阶段,针对其主要评价因素,有专家提出了六西格玛应用理论,也有专家提出供应商评价的 QCDSTAP 管理指标体系。

2. QCDSTAP 管理指标体系

供应商管理指标体系包括七个方面:质量(Quality)、成本(Cost)、交货(Delivery)、服务(Service)、技术(Technology)、资产(Asset)、员工与流程(People and Process),合称 QCDSTAP,即各英文单词的第一个字母。前三个指标各行各业通用,相对易于统计,属硬性指标,是供应商管理绩效的直接表现;后三个指标相对难于量化,是软性指标,却是保证前三个指标的根本;服务指标介于中间,是供应商增加价值的重要表现。前三个指标广为接受并应用;对其余指标的认识、理解则参差不齐,对其的执行程度能体现管理供应商的水平。

(1)质量指标

质量指标常用的是百万次品率。优点是简单易行,缺点是一个螺丝钉与一个价值 10 000 元的发动机的比例一样,质量问题出在哪里都算一个次品。供应商可以通过操纵简单、低值产品的合格率来提高总体合格率。在不同行业,标准大不相同。例如,在采购品种很多、采购量很小的"多种少量"行业,百万次品率能达到 3 000 就是世界水平;但在大批量加工行业的零缺陷标准下,这样质量水平的供应商八成属于淘汰对象。

质量成本(Cost of Poor Quality,COPQ)能弥补百万次品率的不足。其概念是造价不同的产品,质量问题带来的损失不同;同一次品,出现在供应链的不同位置,造成的损失也不一样(例如更换、维修、保修、停产、丧失信誉、失去以后生意等)。例如,坏在客户处,影响最大,假设权重为 100;坏在公司生产线,影响相当大,假设权重为 10;坏在供应商的生产车间,影响最小,假设权重为 1。该产品价格为 1 000 元,在上述三个环节各出现次品一个,总的质量成本就是 111 000 元(100×1 000 +10×1 000 +1×1 000)。这个指标有助于促使在供应链初端解决质量问题,在一些附加值高、技术含量高、供应链复杂的行业比较流行,例如美国的飞机制造业、设备制造行业等设备原厂采用得比较多。

质量领域还有很多指标,例如样品首次通过率、质量问题重发率(对那些积习难改的供应商)等。不管什么质量指标,统计口径一致,有可对比性,才能增加公司内部及供应商的认可度。但是质量统计不是目的。统计的终极目标是通过表象(质量问题)发现供应商的系统、流程、员工培训、技术等方面的不足,督促整改,达到优质标准。

质量问题没法在问题发生的层面解决。

（2）成本指标

成本指标常用的有年度降价。要注意的是，采购单价差与降价总量结合使用。例如年度降价5%，总成本节省200万元。在实际操作中采购价差的统计远比看上去复杂，相信经历过的人有同感。例如，新价格什么时候生效：采购方按交货期定，而供应商按下订单的日期定，这些一定要与供应商事前商定。

多采购回馈是指当采购额超过一定额度时，供应商给采购方一定比例的回扣。这个条款给买卖双方动力来增加采购额。付款条件是指在公司资金宽裕的情况下，鼓励供应商提前领取货款，但给公司折扣。例如货到10天发款，给采购方2%的折扣等。这两个方面设立具体的指标也未必现实，很多公司把它算作年度采购价差的一部分。

有些公司也统计80%的开支花在多少个供应商身上。其目的是减少供应商数量，增加规模效益。具体指标很难定，因为不同公司、行业，即使同一公司在不同市场环境下，最佳供应商数量也不同。例如，在买方市场下，供应商数量越少越好，这样规模效益好；但在卖方有产能限制、原材料不足等情况下，供应商多，采购方的风险就相对低。美国高级采购研究中心的统计表明，2004年9.4%的供应商占80%的采购额，这一比例逐年降低，2005年和2006年分别为7.7%和7.6%。这一统计的对象是美国大公司，采购额动辄几十亿美元、上百亿美元。针对中小公司的统计还没看到。

（3）按时交货率

按时交货率与质量、成本并重。概念很简单，但计算方法很多。例如按件、按订单，按时交货率都可能不同。一般用百分比。缺点与质量百万次品率一样：一个螺丝钉与一个发动机的比例相同。生产线上的人会说，缺了哪一个都没法组装产品。但从供应管理的角度来说，一个生产周期只有几天的螺丝钉与采购前置期几个月的发动机，还是不一样。

对于供应商管理库存（Vendor Managed Inventory，VMI），因为有最低与最高库存点，按时交货可通过相对库存水平来衡量。例如库存为零，风险很高；库存低于最低点，风险相当高；库存高于最高点，断货风险很小但过期库存风险升高。这样，统计上述各种情况可以衡量供应商的交货表现。根据未来物料需求和供应商的供货计划，还可以预测库存点在未来的走势。

值得注意的是，成本、质量和按时交货应综合考虑。这些指标如果分归不同部门，部门间的扯皮就可能很厉害。例如在美国一些大公司里，成本归供应管理部门负责，质量由质量管理部门负责。为降低成本，供应管理部门力图到低成本企业采购；为确保质量，质量管理部门则坚决反对。两个部门的扯皮旷日持久，往往导致全球采购战略失败。解决方法之一是让一个部门同时负责三个指标，促使其通盘考虑。

上述三大指标可客观统计。尽管没有一种完美的统计指标，但只要统计口径一致，不同供应商之间、同一供应商的不同时期就有可比性，就能很好地反映供应商的总体表现。下述的服务、技术、资产、员工与流程指标则相对主观，统计上不是很直观，却是衡量供应管理部门绩效的重要一环。

（4）服务指标

服务没法直观统计，但是，服务是评价供应商价值的重要一环。已故IBM首席采购官、三届美国《采购》杂志"采购金牌"得主Gene Richter，总结一生之经验，有一点就是要肯定供应商的服务价值。服务在价格上看不出，在价值上却很明显。例如同样的供应商，一个有设计能力，能对采购方的设计提出合理化建议，另一个则只能按图加工，哪一个价值大，不言而喻。

服务是无形的,在不同的公司、行业侧重点也会有不同。但共性是,服务都涉及人,可通过调查用户满意度来统计。例如,公司期望供应商给设计人员提合理化建议、尽量缩短新产品的交货时间、主动配合质量人员的质量调查、积极配合采购人员的调度和催货,那么公司可发简短的问卷给相关人员,调查他们对上述各项的满意程度,以及哪些地方需要改进。统计的人多了,统计结果便具有代表性。更重要的是,供应商得到的信号是,公司在统计他们的服务质量,任何一个人的意见都很重要。这样就可尽量避免只有主管机构才能驱动供应商的现象。

(5)技术指标

对于技术要求高的行业,供应商增加价值的关键是因为他们有独到的技术。供应管理部门的任务之一是协助开发部门制定技术发展蓝图,寻找合适的供应商。这项任务对公司几年后的成功至关重要,应该成为供应管理部门的一项指标,定期评价。不幸的是,供应管理部门往往忙于日常的催货、质量和价格谈判,对公司的技术开发没精力或没兴趣关注,在选择供应商时随随便便,为几年后的种种问题埋下祸根。

对供应管理部门,技术指标还包括应用信息技术采购。这个指标有利于促进采购方、供应商利用先进技术,节省成本,提高效率。美国高级采购研究中心的统计表明,2004年7.7%的供应商与采购方通过电子采购合作,到2006年则达到13.5%;2004年电子采购占采购额的17.3%,到2006年则占20.5%。信息技术的应用深度、广度逐年增加,供应管理部门是主要推动力。

(6)资产管理

供应管理直接影响公司的资产管理,例如库存周转率、现金流。供应管理部门可通过供应商管理库存(VMI)转移库存给供应商,但更重要的是通过改善预测机制和采购流程,减少整条供应链的库存。例如,在美国半导体设备制造行业,由于行业的周期性太强,过度预测、过度生产非常普遍,大公司动辄注销几千万美元的库存。到头来,整个行业看上去赚了很多钱,但扣除过期库存,所剩无几。但有些公司通过提高预测和采购机制,成功地减少了库存,因而成为行业的佼佼者。所以,供应管理部门的绩效指标应该包括库存周转率。这样也可避免为了价格优惠而超量采购。

在供应商方面,资产管理体现供应商的总体管理水平,主要包括固定资产、流动资产、长期负债、短期负债等。这些都有相应的比例(不同行业的标准比例可能不同。例如,在合同加工行业,库存周转率动辄几十、上百,而在一些大型设备制造行业,一年能周转六次就是世界级水平)。作为供应管理部门,定期(例如每季度)审阅供应商的资产负债表,是及早发现供应商经营问题的一个有效手段。现金流、库存水平、库存周转率、短期负债等都可能影响供应商的今后表现,也是采购方得到年度降价的保证。

人们往往忽视供应商的资产管理。普遍想法是,只要供应商能按时交货,我才不管他有多少库存、欠多少钱。但问题是,供应商管理资产不善,成本必定上升。羊毛出在羊身上:上升的成本要么转嫁给客户,要么就自己亏本而没法保证绩效。这两种结果都影响到采购方。在有些行业,换个供应商就行了,因为市场很透明,采购就像到超市买东西。但对更多的行业,更换供应商会带来很多问题和不确定因素,成本很高。所以敦促现有供应商整改达标往往是双赢的做法。

(7)员工与流程

对供应管理部门来说,员工素质直接影响整个部门的绩效,也是获得别的部门的尊重的关键。学校教育、专业培训、工作经历、岗位轮换等都是提高员工素质的方法。相应地可建立指标,例如,100%的员工每年接受一周的专业培训,50%的员工通过专业采购经理认证,跳槽率低于 2%等。

流程管理能优化与供应商有关的业务流程,比如预测、补货、计划、签约、库存控制、信息沟通等。供应商的绩效在很大程度上受采购方的流程制约。例如,在预测流程中,如何确定最低库存、最高库存,按照什么频率更新传递给供应商,会直接影响供应商的产能规划和按时交货能力。再如补货,不同种类的产品,按照什么频率补货,补货点是多少,采购前置期是多少,不但会影响公司的库存管理,也会影响供应商的生产规划。

流程决定绩效。管理层可以通过动员、强调达到一时效果,但如不改变流程及其背后的规则,这种效果就是暂时的。流程管理和改进的关键是确定目标和战略,书面化流程、实施流程,确定责任人并定期评估。在此基础上,开发一系列的指标,确保流程按既定方式运作,并与前文按时交货率、质量合格率等挂钩。这样从流程到绩效,再由绩效反馈到流程,形成一个封闭的管理圈。值得注意的是,流程改进更多的是渐进而非革命,因为每个公司总有现行的流程,不大可能推倒重来,要通过不断微调来优化。

7.3.2 供应商集成管理

1. 供应商管理的最高阶段

供应商集成是供应商管理的最高阶段,就是把关键供应商集成到公司的供应链里,让其成为公司的有机延伸。

在设计阶段,这意味着让关键供应商早期介入产品开发;在量产阶段,就是通过 YMI、JIT 等简化与供应商的信息流、资金流、商流和物流;在交易过程中,就是通过电子商务等信息化手段,更有效地传递信息,促进协作。

越是复杂、技术含量高的行业,产品设计和工艺设计联系得很紧密,供应商早期介入就越重要。如美国电话电报公司(AT&T)推行供应商早期介入,每个关键技术在技术开发阶段只选择两个供应商,在保证充分竞争的同时,也能很好地深入合作。

2. 追求高阶段降本

企业降低成本有三个台阶。

一是招标采购降本。这个阶段降本的潜力有限,一般企业利润在 10%左右,采购做到极致,让供应商一分不赚也就是 10 个点上下,供应商长期不赚钱,要不退出供应链,要不以降低质量为代价。

二是流程优化降本,降本的空间在 20%左右。优化流程包括生产、经营等环节,通过精益生产、六西格玛等工具可以降低生产成本,通过电子商务和适当的采购技术降低交易成本。和供应商建立长期合作关系,可以有力地降低合同成本。过于充分竞争从而导入太多的不确定,反倒系统地增加了交易成本。

三是设计优化降本。降本空间一般在 70%左右。这个阶段更离不开供应商的深度协作,是供应商集成的主战场。价值工程、价值分析离不开供应商,因为没有供应商的生产工艺知识,研发人员就没有办法优化设计。

当采购人和供应商的降本目标抵触时,"小采购"的方案就是招标压价,利润转移,一条道走到黑。美国 EPC 巨头陆福公司为了改变这种情况,把战略供应商在设计阶段就纳入项目,及早利用供应商的经验、技术来降低项目总成本。相应地,这也把采购的任务从围绕订单转提升到选择和管理供应商,提高了采购的战略地位。

3. 创造供应商集成的条件

"大采购"也是美国最近几十年在采购研究方面的重点。在美国,这一战略过渡经历了近半个世纪。外包战略盛行后,供应商的地位从单纯的执行功能上升到战略高度,也在客观上促成了采购向"大采购"的过渡。目前我国企业对关键供应商集成管理的企业还不多,需要从两方面努力。

(1)提高企业采购团队的管理能力

如果说,绩效管理是面向全体供应商,集成管理仅针对关键供应商,并不是每个供应商都可以早期介入设计,参与优化流程。供应商的集成难度最大的是跨部门协调组织工作,需要具备以下几个方面:

①强有力的领导

给采购部门配备强有力的领导,这样才能有资格、有能力协调企业内部、外部的交叉事务。采购部门的领导还要得到高层领导的绝对信任和授权,同时应当具有先进的供应链管理知识,具有娴熟的采购技术和管理能力,在长期合作、深度协作的背景下完成企业的目标降本。

②部门职责清晰

"大采购"是跨部门的合作和协调,企业总部和分部的职责必须清晰。以澳大利亚电信公司为例,各职能部门以管理供应商为目标,对供应商实行最高级别的管理,总部和分部通过职能表明确责任范围内的第一责任人、协助人,聚焦管好供应商。

③各部门形成合力

除了企业总部和分部的职责分工明确外,企业内部各职能部门的分工也必须明确,各部门进行沟通协商、信息共享。如果各部门多头对外,企业即形成"公共草地"。

(2)加强采购部门的技术力量

在制造业,设计成本一般占总成本的70%左右,60%~70%的增值活动发生在供应商处。两个70%的纽带是采购部门,采购部门应当义不容辞地承担沟通、协调的组织管理责任。在采购团队,一般有管理供应商的经理、管理供应商的工程师,但是缺乏设计部门的专职工程师,给采购团队的工作带来困难,企业应安排说服设计部门的专家参加采购团队,这样供应商集成的工作才容易落到实处。

(3)督促、帮助以提高供应商管理能力

近年来,由于生产制造业的利润越来越薄,如家电行业,一些大的企业试图把生产外包给供应商,如海尔集团开始尝试逐步加大分包的份额。有这么一种说法:竞争力不再只是造得便宜,更多的是买得便宜。采购成为这些行业的核心竞争力就显得更加突出。但总体上说,类似汽车行业那样能够负责一个模块、系统的设计、制造等,并管理第二、第三梯队的供应商不多。这就需要行业排头兵在企业转型过程中转变,不但意味着经营管理理念的变化,而且意味着供应链观念的变化,应有计划地选择一批优秀的供应商并对他们进行系统的督促、帮助以提高供应能力,强化管理第二级、第三级供养商的能力,尽快完成外包的供应链转型。

≫≫≫ 7.4　供应商关系管理

7.4.1　供应商关系管理概述

著名咨询公司 Gartner 对供应商关系管理的定义为:供应商关系管理是用于建立商业规则的行为,以及企业为实现盈利,对提供不同重要性的产品/服务供应商的沟通和理解。

供应商关系管理的重点,包括以下几点:

一是整个供应环节的重心调整及灵活性把控;二是管理战略采购成本,从而实现从价格到价值的转变;三是供应链的风险;四是信息技术对采购过程的优化。

供应商管理的基础是建立一个完整的供应商网络。通过对供应商的分类、评估,选择优质供应商签订合同,在合同履行中不断进行绩效评价,作为供应商管理的最高形式,集成优秀的供应商参与本企业的设计研发或运行咨询管理,从而实现价格和价值的转变。在这个过程中,不断学习、改进、总结、循环。这就是"大采购"的理念。

在供应商关系管理中,还应注意供应链的风险把控,特别是在全球采购供应链管理中,政治因素也是我们应当关注的因素;此外,信息技术对采购的影响和优化作用在供应商关系管理中也是不可估量的。在采购人的有限资源下,供应商关系管理中的重点是对战略供应商和少数特殊供应商进行管理,特别是企业内部供应商、甲方指定供应商,是企业经常遇到又难以处理的供应商。

7.4.2 关系图谱与模型

1. 关系图谱图例

商务关系在紧密程度、互惠性、信任度以及专注度方面差异甚大。相关作者常常将各种关系总结成了一个关系图谱,从一次性交易关系到长期密切合作的伙伴关系,如图1-7-4所示。

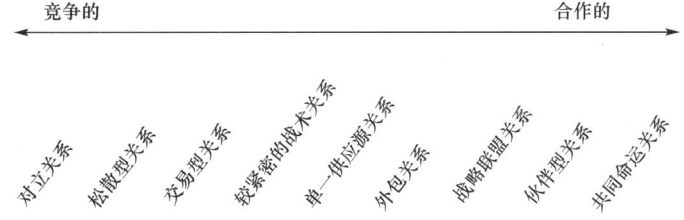

图1-7-4 关系图谱

2. 关系图谱解释

表1-7-3对各种关系类型的主要特点分别做了介绍。

表1-7-3 各种关系类型的主要特点

关系类型	特点
对立关系	买方和供应商是对手或竞争者,每一方都努力以另一方付出代价的方式获取自己的优势(通常是价格方面的)。彼此间谈不上什么互信、沟通,或者合作,在争取利益的过程中可能出现公开的冲突或胁迫。不考虑发展持续的未来交易的潜力
松散型关系	一种疏远的、不带个人感情色彩的关系,买方不需要紧密地、频繁地或合作性地接近供应商。采购的次数少、数量少、价值低,所以不值得为了建立紧密关系而付出。采用的是不带个人感情色彩的、高效的多供应源方法(例如电子拍卖或现场采购)
交易型关系	与供应商之间发生更经常性的交易,但仍被视为多供应源的、一次性的商业交易(一般为了获得有利的价格和交易效率),而不是关系
较紧密的战术关系	在节约成本之外,买方想要保证供应的质量和连续性,因此,试图与选定的可靠的供应商建立一种相互承诺(例如通过固定价合同或总括合同)和协作(例如共同的质量控制)的长期关系
单一供应源关系	对于买方来说,供应连续性和质量是优先考虑的,所以买方通过确保获得来自唯一的、高度信任的供应商的承诺与配合,来提高自己的控制能力。即买方就某一特定物料项目或物料项目系列,授予供应商排他的独家供货权。这体现了一种高度的信任、相互的承诺和合作。实践中,依赖于唯一供方的风险可能太大,所以买方可能会选用两个供应商来满足其需求

（续表）

关系类型	特点
外包关系	买方选择一家外部供应商来提供原本由该企业自行提供的货物或服务,这样做的目的,一方面是将资源集中到自己的核心竞争力上,另一方面是获得外部的专长和资源。比起企业内部供应,这样做能更有效地或更有竞争力地满足买方的需求。为了确保达到标准,双方需要建立起高水平的信任、承诺和合作
战略联盟关系	两个或多个企业发现一些可以共同协作的合作领域。比如,一个软件开发商可以与一家培训公司结盟,培训公司可以提供关于软件使用的认证课程
伙伴型关系	买方和供应商一致同意开展长期密切合作,分享信息和开发思路。这是一种高度的互信,目的在于寻找一种互惠的解决方案,分担收益和风险
共同命运关系	这是一种更为密切的关系,将买方和供应商的业务从战略高度绑定,以争取长期互惠

③ 关系图谱中关系类型的决定因素

对于一个给定的采购情形,最适合的关系类型取决于以下因素:

（1）所采购物品的性质和重要性。

（2）供应商的能力、产量、合作度和绩效表现。

（3）地理距离。

（4）供应伙伴的适合度。

（5）企业和采购部门的目标。

（6）供应市场的状况。

（7）法律法规的要求。

7.4.3　供应商关系管理

① 合作性或协作性关系

在交易型关系中,做生意的利益纯然来自等价交换,一手交钱一手交货。而在协作性的关系中,做生意还会因分享、协作,以及协同效应（2+2=5）而得到额外利益。

在协作性的关系中,各方有意识地寻求建立长期、互惠的持续性交易。他们的战略视点是不仅买方和供应商分享共同利益,还要通过寻求供应链增值的方法来获益。把"蛋糕"做大,形成一种双赢局面,买方、供应商以及最终客户都能够获益。

合作性或协作性关系的特征:

（1）双方均寻求更高的效率和竞争力。

（2）供需双方共同规划未来。

（3）双方目标一致并且考核方式一致（质量、成本和服务等）。

（4）供需双方一致认为应该共同努力消除供应链中的浪费,来获取竞争力,并且是共赢模式。

（5）组织间高度信任,是开放和透明的。

（6）彼此理解对方的期望,并尽可能满足或超过。

（7）供求双方地位一致,买方没有"主人-佣人"的态度。

（8）双方承认这种关系不可能永远保持,均对此有所准备,而且备有双方同意的"退出"战略。

（9）双方文化适合。

（10）利用跨职能团队来加强合作。

（11）系统高度融合。

② 伙伴关系

伙伴关系可以定义为：客户和供应商抛弃大小之别，在明晰且双方共同认可的目标基础之上致力于一种长期的合作关系，以追求世界级的能力和有效性。

（1）适用于伙伴式供应源搜寻的情况

①客户对供应商的支出巨大。

②客户面临着很高的风险。

③所提供的产品技术复杂度很高，需要供应商具有先进的技术知识。

④产品很重要、很复杂，管理起来需要大量的时间、精力以及资源。

⑤产品的供应市场变化很快。

⑥供应市场受限，水平高、可信赖的供应商数量很少。

（2）伙伴式供应源搜寻的关键特点

①合作伙伴之间的文化兼容性。

②客户与供应商之间高度的信任水平、知识共享和公开透明。

③相互接受供应链中的共赢概念。

④在互补领域中有相关的技能、资源或能力。

⑤有明确的共同目标和用于评估供应链绩效的有意义的绩效测量指标。

⑥使用跨职能团队，以提高协调性、过程关注度和持续改进。

⑦全面质量管理理念，强调通过合作达到质量最优，确保持续改进。

⑧高度的系统集成。

③ 对抗性的或竞争性的关系

在对抗性的或竞争性的关系中，每一方都试图为自己获得可能的最优结果，必要时以牺牲另一方为代价。我们可以称之为一种潜在的"非赢即输"局势，其中买方获得收益，卖方就要增加支出，反之亦然。例如，买方通过挤压供应商的利润率获得最低价格，或者供应商通过在质量上偷工减料来提高其利润率。

（1）竞争性关系的特点

①缺失信任和信息分享。

②关注一次性或短期交易。

③利用权力和谈判获取最好的交易结果（甚至以损害对方或破坏双方今后的关系为代价）。

④对合同条款的严格执行（而不是共同负责改善绩效）。

⑤非常少的合作和对彼此利益的关注。

（2）支持竞争性关系的观点

①更具有对抗性的方法可能更好地保证最好的商业交易，并从关系中获得最大的价值份额。

②竞争性采购方法可能有助于保持供应商的竞争力和合同的公平与透明。

③为避免供应商的不思进取，可能或多或少地采用对抗性的、指令性的方法。

④发展合作性关系费时费力，而且将资源投入所有的关系中的做法不切合实际。

⑤长期关系存在风险。

7.4.4 战略供应商管理

要让战略采购落地实施,首先,要有稳定的供应商网络,并注意整个供应环节的重心调整及灵活性把控;其次,要管理战略采购成本,从而实现从价格到价值的转变;再次,要关注供应链的风险;最后,要关注信息技术对采购过程的优化。

毋庸置疑,对战略供应商的管理是供应商关系管理最重要的组成部分。

战略供应商,简单地说就是不可替代的供应商。不可替代的原因有技术、质量、加工规模等。战略供应商在企业合作伙伴中处于相对强势地位,关系到企业的生死存亡,具有实实在在的战略重要性。

1. 管理战略供应商关系的三要素

(1)制定管理战略

对于战略供应商,应当在公司层面形成供应商战略,研发、采购、质量等跨职能部门形成合力和战略供应商打交道。在和战略供应商合作时最大的问题是企业部门没有形成合力,被供应商各个击破。如日本企业设备一般报价低,但运营成本高;德国企业设备报价高,但运营成本低,企业和这些战略供应商合作时应当权衡全寿命成本,做好战略考量。采购时不能仅考虑采购合同价。

(2)建立长期关系

战略供应商因为技术、质量甚至价格规模的优势虽然很强势,但是,世界上任何一个产品也不是只有一家生产,市场那只无形的手还在起作用。对于采购方,需要几年的时间才能淘汰一个供应商,供应商想打进一个新采购方体系中也需要几年的时间,这就注定双方的关系是长期合作关系,也由此产生了很深的依赖关系。这种关系会促使双方更加理性。采购人的优势是长期需求,凡是供应商的期望值都是在未来的订单上,作为筹码可以要求战略供应商在长期合作中逐步降低合同成本。战略供应商的管理已经远远超过采购经理层面,需要整合公司不同层次、不同职能的力量来管理。

(3)实现双赢

天下熙熙皆为利来,天下攘攘皆为利往。在长期关系下,任何一方不赢都不能持久。这意味着对战略供应商而言,"我的是我的,你的也是我的"注定行不通。压倒骆驼的最后一根稻草,损失的不仅是骆驼,还有骆驼的使用者。谋求共赢应是出发点,也是战略供应商管理的基调。换句话说,构建与供应商合理的利益分享机制,是保障供应和提升竞争力的关键。

具有核心竞争力企业的供应商应该具有保持技术领先的承诺,因为只有这样,供应商供应的原料、材料才能够得到质量、服务的保证,同时由于产品成本和质量在研发阶段就已基本决定,在这一阶段的供应商参与能使他们感到对设计的所有权的拥有感,也能够使供应商以及生产商拥有更多的机会去改进产品的质量和设计,显著降低供应商管理的成本以及运输成本,在很大程度上能够使生产商和供应商之间实现互利双赢。

2. 管理战略供应商的办法

管理战略供应商的办法主要有签订长期合同、绩效考核、督促交流、恩威并重。过去把供应商视为对手的观念已经行不通了,只有把供应商纳入企业的生产系统中,由采购供应经理人与之一起对其产品质量进行监控,方能取得理想效果。这些理念意味着企业必须与战略供应商建立长期的合作关系。

7.4.5 集团内部供应商管理

我国现行国有企业体制是原计划经济体制下的全民所有制企业在市场经济改革中不断深化演变逐步发展的。

在改革之初,为了摆脱原有行业、体制隶属管理的羁绊,一些有经济关系的科研单位、不同行业的企业在自愿的前提下组成各种形式的经济联合体,包括紧密的、半紧密的、松散的三种。在企业内部还有一级法人、二级法人、三级法人等多级法人。作为临时应急措施的定型化,《中华人民共和国民法通则》第五十三条将我国这种特有的法人形式定义为"法人型联营"。但随着市场经济体制的逐步完善,在 2020 年颁布的《民法典》中取消了上述定义。

紧密的和半紧密的经济联合体企业通过行政整合组成"企业集团"。其中,紧密的经济联合体体现为"企业内部统计报表合并"的企业;半紧密的经济联合体属于集团管理,但统计报表各自核算。这种经济联合体有以下法律特征:

一是各级法人主体保持着法律赋予企业的全部权利,具有完全的法人地位;二是各级法人拥有其实施经济活动和管理协调经济职能的一定数量的财产,自主经营;三是上级法人对下级法人有"特殊"的行政管理职能,这种特殊性区别于计划经济时期的政府部门管理,表现在其内部有一定的经济关系,包括供应链管理的上、下游企业,相关企业等。这种体制是企业纵向整合的结果。

在这种体制下,为了集团企业利益的最大化,企业可以通过制度规定,对企业内部能够生产提供的产品在企业内部互相提供,保证这种经济关系的可靠、稳定。但是内部交易不应当违反国家有关禁止非公允关联交易的规定。

7.4.6 关键二级供应商管理

在供应商管理中,涉及产品质量、产品标准、产品成本和用户体验等重要的关键下级供应商,企业可以直接管理。图 1-7-5 是日本本田美国公司对关键下级供应商管理的示意图。

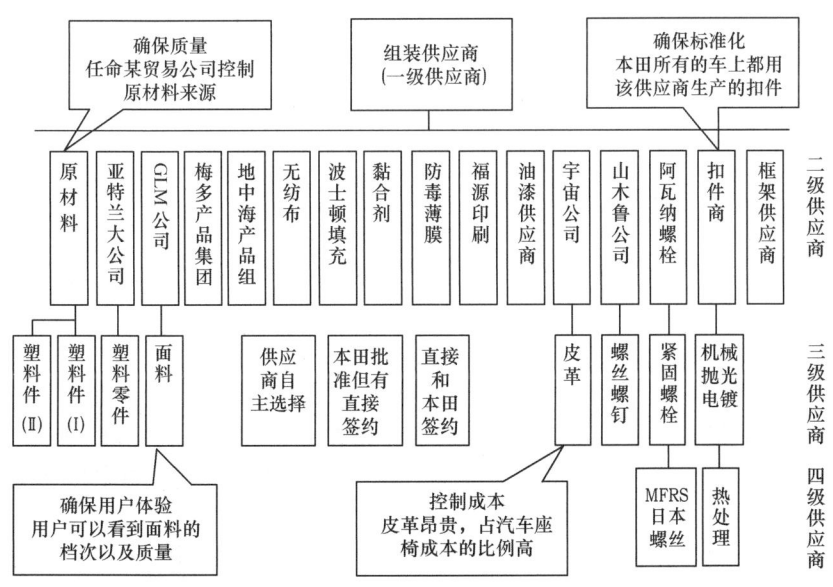

图 1-7-5 日本本田美国公司对关键下级供应商管理的示意图

从图 1-7-5 可以看到,本田公司针对确保质量、确保标准化、控制成本和确保用户体验,对下级关键供应商的管控到四级供应商。二级供应商管到扣件和原材料；三级供应商管到塑料件、面料、皮革；四级供应商管到扣件的热处理；其供应商都是一品一点，最大限度地增加规模批量，保证成本降到最低。

7.4.7 用户指定供应商管理

用户指定供应商在工程施工中称为甲供，甲供设备、物资在风险管理中也称作风险自留，是风险控制的手段之一。在工程建设项目中，为了保证关键设备、重要原材料的质量，甲方通过指定品牌、产地等方式或甲方直接购买的方式提供。双方可以在采购合同中约定。

但是，在招标采购中，法律规定不能指定品牌等，这是由于指定品牌等于确定了合同相对人，而招标采购最大的特点是合同对象的不确定性。国家发改委等七部委颁发的《工程建设项目货物招标投标办法》(27 号令) 第二十五条："招标文件规定的各项技术规格应当符合国家技术法规的规定。招标文件中规定的各项技术规格均不得要求或标明某一特定的专利技术、商标、名称、设计、原产地或供应者等，不得含有倾向或者排斥潜在投标人的其他内容。如果必须引用某一供应者的技术规格才能准确或清楚地说明拟招标货物的技术规格时，则应当在参照后面加上'或相当于'的字样。"法律规定可以在特定技术规格前加上"相当于"的字样，改变了指定品牌的性质，变成了技术规格的要求，这是法律允许的。除了招标采购外，其他采购方法都可以指定品牌。

采购人指定下级供应商还有节约成本的原因。如惠普采购有些产品，加价卖给自己的供应商，然后集成到最终产品中又卖给惠普，原因是惠普由于规模批量大可以取得最优惠的价格，这实际上把采购中心变成利润中心，而不是传统的成本中心。希尔顿酒店也是把采购中心变成利润中心。

>>>> 7.5 供应商信用管理

7.5.1 信用管理

供应商信用管理和风险管理既有联系又有区别，在学科建设上属于不同学科。

信用管理学科建设称为信用管理学。信用管理学主要研究"信用"的内涵、具体形式、与经济的关系，探索信用管理的具体内容，信用经营和信用管理服务机构的产品与服务，分析社会信用体系的构成、运行机制及其法律环境和数据环境，指导信用成果在社会和经济领域的应用。

信用管理包括供应商信用管理和企业信用的建设管理。

《中华人民共和国招标投标法实施条例》第六章法律责任中第七十九条规定："国家建立招标投标信用制度。有关行政监督部门应当依法公告对招标人、招标代理机构、投标人、评标委员会成员等当事人违法行为的行政处理决定。"即法律明确"透明化"是法定的监督手段。

企业制度应要求企业针对供应商可能存在的失信风险、诚信危机和失信行为建立识别、预警、防范、控制和处置的管理体系，必要时可要求供应商做出诚信承诺，规定相关过程并使其持续受控。

7.5.2　供应商征信和供应商评价

供应商征信和供应商评价是对供应商信用管理的重要工具。

传统的信用评价主要是评价主体的偿付能力，即能否在规定的期限内还本付息的能力，但是对供应商的信用评价不同，在一个供应链体系中，一个供应商不仅是信用投放人，也是信用承受人。因此，对供应商的信用评价，不仅要研究其是否具备与之供给能力相对应的偿付能力，即对金融机构的信贷偿付能力和对上游供应商的应付账款的支付能力，同时还要研究其可持续性的供给能力。因此，供应商信用评价的重点就是考察其长期信用状况与可持续性供给能力。

供应商征信系专项征信，其征信目的引用了国家标准《合格供应商信用评价规范》中关于合格供应商的定义与判别标准，即充分分析供应商的"长期的信用状况与经营的稳定性"，征信内容吸收了国家标准《企业信用调查报告格式规范基本信息报告、普通调查报告、深度调查报告》中关于对企业基本信息、产品与技术信息、竞争能力信息以及财务信息等要求，根据信构行业数据库内容，通过计量分析研判目标供应商行业地位、运营效率以及临界表现，以充分表现供应商的供给能力及可持续性能力。

供应商信用评价系根据国家标准《合格供应商信用评价规范》中关于合格供应商信用评级的定义与判别标准，评价内容吸收了国际信用评级的基本理念、基本指标体系及公允原则，通过构建信用风险计量模型，根据供应商所处行业的发展状况以及供应商发展、潜力、稳定和风险等方面的表现综合评价供应商的长期信用状况与可持续供给能力，也就是供应商长期经营的稳定性，并通过信用等级符号定义供应商的信用状态。采购人以此作为判断是否和供应商合作的基础条件。

7.5.3　供应商信用信息管理

企业的信用信息内容较为复杂多样，以邓白氏公司的信用信息数据库为例，其信用数据包括了三个组成部分。

第一部分是企业的基本信息：一是企业名称、地址、电话及邓氏编码的身份信息；二是企业的规模、雇员人数、业务范围、年销售收入等自然状况信息；三是企业总部、主要投资者、分支机构及部门结构等组织信息。

第二部分数据主要涉及企业的信用记录和状况：一是企业的财务状况，包括企业的资产负债表、收益率、发展趋势和信用等级评定情况；二是企业的付款和银行记录，主要包括企业各种应付账款情况、付款记录与特点、银行开户及贷款情况等；三是法院、行政执法及其他公共信息，包括诉讼、判决等法院记录、行政处罚记录、欠税情况、破产记录以及企业在政府的登记注册信息。

第三部分主要是关于企业经营管理活动方面的信息，如企业高级管理人员的情况、主要业务领域、品牌等。

企业征信中应注意个人隐私的保护。在国外较为成熟的征信市场，个人年龄、性别、血型、宗教信仰等并不能被纳入信用评价的标准，而国内部分征信机构不但采集这些敏感信息，甚至根据这些信息对用户进行差别对待。企业在信用信息管理中应避免此类现象的发生。

供应商的信用信息管理可着重于产品、服务相关信息，应收、应付情况，供货记录，付款记录,信用等级评定,公共信用记录等方面。

7.5.4　第三方征信与信用评价

针对数额较大、项目执行时间长、长期重复采购的重要供应商,涉及企业供应链安全的相关供应商,仅通过网上平台的查询是不够的。目前国家级的征信平台主要的征信数据来源于行政许可和行政处罚的信息,这些信息对于理解和认识一个供应商的履约意愿有着重要的价值,但是这并不能反映一个供应商是否具有真正意义上的履约能力。因此,需要独立第三方的信用评价机构对其进行专业的信用风险计量分析。

追溯我国征信市场真正的起步,要从 20 世纪 90 年代算起。经过 20 来年的发展,如今我国已初步形成政府背景信用信息机构、社会征信机构、评级公司和信贷市场评级等机构的多层次征信市场。

我国征信行业目前形成三大领域:第一大领域是金融征信,以央行征信中心为主导,其建设的全国企业和个人征信系统是重要的金融基础设施;第二大领域为各类政务征信,如工商、税务、海关等部门;第三大领域为商业征信,主要开展信用等级、信用调查、信用评级业务,包括 100 多家社会征信机构和 80 家信用评级机构。

为规范征信活动,保护当事人合法权益,引导、促进征信业健康发展,推进社会信用体系建设,2013 年国务院出台《征信业管理条例》(以下简称《征信条例》)。

《征信条例》的出台,解决了征信业发展中无法可依的问题,有利于加强对征信市场的管理,规范征信机构、信息提供者和信息使用者的行为,保护信息主体权益;有利于发挥市场机制的作用,推进社会信用体系建设。

>>>> 7.6　供应商风险预警管理

供应商预警属于风险管理的内容之一,在风险管理中属于风险识别、评估环节,其风险源属于外部驱动因素。但预警管理不仅有风险识别,还有识别结果输出和处理等,包括预警信息管理、预警信息通报、预警信息发布和预警信息处理四个条款。

❶ 预警信息管理

在供应商管理中,供应商风险涉及企业供应、生产、库存、质量、设计等方面,因此,企业应制定供应商预警信息管理办法。预警信息管理办法包括预警信息的内容、通报的程序,如果需要发布,还有发布审核程序,以及启动应急预案的程序等。采购实体是该系统的首要责任部门。

❷ 预警信息通报

预警信息通报包括两方面内容:一是供应商的经营、财务发生重大变化,这种变化势必会对企业产生影响;二是供应商发生重大法律纠纷,这类纠纷可能是供应商的问题,也可能是别人的问题,但是在诉讼期间如果出现诉讼保全,可能影响供应商的正常生产,间接影响对企业的供货。因此作为预警信号,企业应该对"较大变化"做出具体规定。

❸ 预警信息发布

鉴于该类信息的高度敏感性,企业应订立供应商预警信息管理制度,也可在风险管理制度中单列一个章节。管理制度应包括管理部门、发布单位、审核程序和发布办法。发布办法包括企业内网发布、文件通知、口头通知等,以及接收该类信息的层级、单位、保密级别等。

预警信息一般不应对外公开发布,以免引起不必要的法律纠纷。但是,有专家指出,特殊事项可能有信息披露的需要,比如不良行为处理中的破产,调查期内的违法、违规等行为。如确有必要,企业可以在需要的范围用妥善的办法予以公布,真正起到预警作用。

④. 预警信息处理

预警信息处理属于企业供应商预警管理制度的重要组成部分。企业收到预警信息后应立即启动风险应对方案。首先是结合本单位进行风险评估,之后根据信息的危害程度,分别采取不同的措施执行风险防范的应对措施。

≫≫≫ 7.7　供应商不良行为管理

供应商不良行为管理包括认定和处理两个过程。企业和供应商之间的合同一般属于民事合同(国防军事合同除外),采购人和供应商是平等的法人主体。因此,采购人不能对供应商的违法行为做任何处罚。只能按照合同约定,按照缔约过失或违约责任进行处理;或依照企业制度规定,在一定期限内限制有不良行为的供应商参加企业的采购活动。

7.7.1　供应商不良行为的认定

企业应建立供应商不良行为认定标准和限制交易的具体规定。不良行为按照行为性质可分为违反合同约定、违反企业制度规定和违反政府法规三方面内容。其中违法违规事项由政府有关部门处理,触犯刑律的交由司法部门处理。

违反合同约定的行为中,包括不履行合同,不全面履行合同,在质量、交期、服务等方面出现不能容忍的违约行为给企业造成实质性的损失,除了按照合同约定进行必要的赔偿外,对于情节严重的还可以在一定时间限制同其交易。

违反企业制度规定的行为包括出现问题的供应商未完成企业要求的整改计划,采取非正当手段索取欠款,半年内2次或一年内3次无效投诉等,这些行为给企业造成了经济和名誉上的损失。

违反政府法规的行为包括在投标时串通投标、弄虚作假、假借他人名义、贿赂企业采购人员等影响采购制度的公平,给企业造成难以挽回的损失等。

7.7.2　供应商不良行为的处理办法

供应商出现不良行为应按照企业制度规定,由企业采购监督部门认定,并依据认定标准通知采购部门执行。

在企业采购活动特别是招标采购活动中,企业制定异议和投诉制度是保护采购人合法权益的重要通道。但是个别供应商滥用救济权力,只要不中标或成交就投诉,浪费了企业有限的行政资源。

机电产品国际招标/投标活动,需要招标代理机构代理投标事宜包括代理投诉事项。商务部2014年颁布的《机电产品国际招标投标实施办法(试行)》第一百条规定:"招标机构有下列行为之一的,给予警告,并处3万元以下罚款;该行为影响到整个招标公正性的,当次招标无效……(七)因招标机构的过失,投诉处理结果为招标无效或中标无效,6个月内累计2

次,或一年内累计3次的······"各企业参照该条款对供应商制定类似规定。

企业可依据供应商违法行为对企业造成的损失程度制定供应商不良行为认定标准和限制交易期限规定。

 本章思考题

1.战略寻源包含哪些阶段?

2.请列举选择供应商的主要因素。

3.供应商绩效评价体系包括哪些内容?

4.供应商关系管理的重点有哪些?

5.战略供应商关系的三要素是什么?

6.什么是第三方征信?

7.我国征信行业包括哪三类征信类别?

8.供应商预警管理包括哪些内容?

第8章　建筑业供应链客户关系管理

客户关系管理理念起源于西方的市场营销理论,最早在 1999 年 Gartner Group Inc 公司提出了客户关系管理概念。Gartner Group Inc 在早些时候提出 ERP 概念,但是没有实现对供应链下游(客户端)的管理。步入 21 世纪,随着电子商务的蓬勃发展,客户关系管理理念逐步被许多大型企业成功应用于商业管理实战。

建筑业客户关系管理是一个涵盖管理理念、建筑产品、管理机制三个不同层面的管理体系。

◎本章目标

1.理解供应链管理中客户关系管理的内涵。

2.理解客户关系管理的主要内容。

3.掌握建筑业供应链实施客户关系管理的基本步骤。

▶▶▶▶ 8.1　建筑业客户关系管理的基本情况

8.1.1　客户关系管理的定义

广义而言,客户关系管理是指企业为提高核心竞争力,利用相应的信息技术以及互联网技术协调企业与客户间在销售、营销和服务上的交互,从而提升其管理方式,向客户提供创新式个性化的客户交互和服务的过程。

狭义而言,就建筑业而言,建筑业客户关系管理是指一套旨在健全、改善建筑企业与客户之间关系的管理系统。依托这个系统,建筑企业凭借产品生产能力、企业经营业绩、信息化手段等,以服务客户为中心,从市场营销、合同履约、交付运维等阶段做好客户管理与服务,维系建筑业上、下游客户关系。

8.1.2　建筑业客户关系的特殊性及分类

1. 建筑业客户关系的特殊性

在建筑企业客户关系管理过程中,企业需要清晰地认识到"谁是客户",才能发现和了解客户需求,为客户提供种服务。建筑业同样适用"二八法则",在总承包单位市场营销环节,仍然是 80%的企业利润来源于 20%的大客户,大客户能够持续不断地给总承包单位提供项目资源。分供商与中国建筑等大型央企合作,往往能够获得持续的、稳定的利润,使企业逐渐发展壮大。除了大型央企建筑公司外,还有数以万计的中小型建筑公司,其管理模式仍停留在人管人的阶段,未形成规范的管理制度。

随着我国供给侧结构性改革与数字经济的发展,建筑业转型动力十足,建筑企业逐步认识到工业电子商务在提升流通效率、降低流通成本、拓展市场渠道方面的作用,纷纷主动转型触网。2020 年 3 月 6 日,工业和信息化部办公厅印发《推动工业互联网加快发展的通知》,提出加快新型基础设施建设、加快拓展融合创新应用、加快健全安全保障体系、加快壮大创新发展动能、加快完善产业生态布局、加大政策支持力度共 6 个方面 20 项措施。2020年新冠肺炎疫情的爆发,加速了建筑领域触网进程。工业电子商务成为众多中小企业落实"互联网+"的第一步,在各个垂直细分领域,已经形成一批扮演不同角色、提供不同价值的产业链参与者。

② 建筑业客户关系的分类

根据服务客户主体类型不同,建筑业客户分为政府关系客户和企业关系客户。政府关系客户包括中央、省级、地方各级政府及其行政部门,例如地方财政局、交通局、审计局、住建局等。企业关系客户包括中国铁路总公司、某高速集团、城市投资公司、房地产开发商、生产型企业、科技公司、各类需改扩建企业等。

根据上、下游服务对象不同,建筑业客户分为下游关系客户和上游关系客户。下游关系客户主要指发包方,如各级政府部门、企事业单位等。上游关系客户主要包括劳务分包商、专业分包商、生产厂家、中间商、资金方、物流服务商等。

根据市场经营区域的不同,建筑业客户分为国内关系客户和国外关系客户。国内关系客户主要聚焦国内市场,各省份、各地区有一定差异。国外关系客户纷繁复杂,宗教信仰各不相同,与国内市场千差万别,国际形势关系影响也较大,了解各国习俗是维护国外关系客户的重要方面。

根据供应链内、外部关系不同,建筑业客户分为内部供应链关系客户和外部供应链关系客户。内部供应链关系客户是指局限在单个建筑企业内部,强调建筑企业内部市场、财务、计划、工程和采购等部门之间的协调;外部供应链关系客户则是指超越了某一单个建筑企业的范围,由业主、设计院、监理公司等咨询机构,总承包商、分包商、材料及设备构配件等供应商,银行、政府部门、保险公司等企业与组织共同组成,这就是通常意义上的建筑供应链。

根据项目类型不同,产生不同类型的客户关系。以中国建筑施工企业为例,建筑业客户类型划分如表 1-8-1 所示。

表 1-8-1　建筑业客户类型划分

序号	项目类型	客户举例	备注
1	建筑工程	地产开发商	业主型
2	高铁工程	中国铁路总公司	业主型
3	市政公用工程	市交通运输局	业主型
4	水利水电工程	中国水利水电	业主型
5	公路工程	某高速集团	业主型

（续表）

序号	项目类型	客户举例	备注
6	机场场道工程	某航空集团	业主型
7	电力工程	国家电网	业主型
8	石油化工工程	中国石油、中国石化	业主型
9	风景园林	市园林局	业主型
10	电子与智能化工程	华为、小米	业主型
11	消防设施工程	市消防局	业主型
12	建筑机电安装工程	某工业厂房	业主型
13	古建筑工程	某旅游局	业主型
14	隧道工程	市交通运输局	业主型
15	桥梁工程	市交通运输局	业主型
16	建筑装修装饰	装饰装修材料生产企业	分包分供型
17	建筑幕墙工程	玻璃幕墙生产企业	分包分供型
18	地基基础工程	土石方施工企业	分包分供型
19	钢结构工程	钢结构生产企业	分包分供型
20	城市及道路照明工程	路灯及照明生产企业	分包分供型
21	环保工程	某环境科技发展有限公司	分包分供型
22	安全技术防范工程	某安防科技有限公司	分包分供型
23	特殊设备安装、改造、维修工程	某设备安装工程有限公司	分包分供型
24	音、视频集成工程	某智能化安装工程有限公司	分包分供型

8.1.3　建筑业实施客户关系管理的意义

客户关系管理系统主要包括三个方面:营销中的客户关系管理、履约施工过程中的客户关系管理、运营维护过程中的客户关系管理。建筑业实施客户关系管理的意义主要有四个方面:

（1）提高企业效率。采用物联网等技术可以提高建筑业业务处理流程的自动化程度,实现企业范围内的信息共享、跨部门联动,提高员工沟通效率,促使企业内部更高效运转。

（2）拓展建筑市场。通过加强企业内部、外部管控,增强企业软实力,及时掌握市场动态,可以拓展更大的市场空间。

（3）提升用户体验。坚持以客户为中心的管理理念,满足客户需求,提升客户满意度,可以有效提升客户体验,同时利于拓展新客户。

（4）提升企业核心竞争力。"得资源者得天下",在长期发展中形成稳定优质的供应链客户,使双方,甚至是多方从技术到产品、从营销到履约、从管理到战略等综合素质的全面提升,使各方在市场竞争中立于不败之地。

>>>> 8.2 建筑业供应链客户关系管理存在的问题

根据中国建筑业协会发布的《2020年建筑业发展统计分析》的统计数据,全国有施工活动的建筑业企业11.6万家,每个企业的资源条件不同,管理水平参差不齐。从行业总体来看,目前,我国建筑企业在客户关系管理方面存在以下问题:

1. 企业营销体系有待完善,客户信息相对分散和混乱成为常态

大多数建筑企业的营销管理体系需完善和提升,企业的营销大多仍停留在拉关系、探标底等传统工程承揽阶段,客户信息和客户关系掌握在少数个人手中,企业无法进行有效的控制和利用。一旦相关人员离开公司,公司也失去了相关业务资源。

2. 联动协作机制有待提升,客户管理重复做和不连续现象时有发生

一般施工单位进场前后,营销人员需要对项目部主要管理人员进行交底,明确项目基本情况,方便施工单位项目部管理团队日后有针对性地进行管理,同时在施工过程中,积极与业主接触,进行二次营销,此种成功案例数不胜数。然而市场部与项目部分属不同体系,前期市场营销过程中的核心资源往往难以移交施工项目部,需要项目部重新对接客户资源,导致在建立客户关系上存在不连续性、重复劳动。

3. 企业竞争残酷性愈发严重,不公平、不规范仍存在

国内知名建筑公司如中国建筑、中国中铁、中国铁建、中国中冶等,其业务范围遍布国内外,各大央企巨头之间的竞争十分激烈。同时,不同企业的二级、三级子公司分布于不同的省份,业务范围的划分心照不宣,但是也难免有交叉,导致隶属于同一集团公司不同子公司在同一区域,不可避免地短兵相接,由于头顶业绩指标,其竞争的残酷性不言而喻。

4. 监管机制不健全,对客户关系全业务流程的监管有待加强

无论是在项目前期营销阶段,还是在施工阶段,对整个业务过程,大部分建筑企业未建立起有效的监管手段,尤其是集团公司对子公司、子公司对分公司、上级对下级的监管制度尚未建立,考核更无从谈起。不同的建筑公司对上、下游客户关系管理模式不同,例如中建某局供应商分级标准为战略合作供应商、优质供应商、合格供应商、不合格供应商,年度星级供应商评定分为五星、四星、三星,对供应商客户关系管理有很大益处,但是绝大多数建筑企业尚未形成规范有效的供应商管理体系。

5. 业主型客户关系受到重视,上游分供商客户关系不受重视

业主关系的维护越来越得到重视,而与分供商等上游关系的维护不受重视。在调查中,甚至有些企业管理人员秉持着分供商理应低姿态服务总承包单位的观念,双方之间的合作关系还停留在讨价还价阶段,没有形成战略合作伙伴关系,双方之间存在严重的信息不对称。

>>>> 8.3 建筑业供应链客户关系全生命周期

初识期、发展期、稳定期和减退期四个阶段是建筑企业客户关系全生命周期阶段,当施工单位与业主合作的项目不局限于单个工程项目时,双方的持续合作会导致双方的合作关系进入一个崭新的、更持久的客户关系周期循环。

1. 初识期

初识期是整个周期的开端。建筑企业市场营销人员在搜集到项目信息后,进行目标客户的定位,主动接触相关人员。在接触过程中,建筑企业将对业主需求、企业自身实力、企业发展战略契合度、地方关系等进行识别、评估,进而选择不同的营销策略。

2. 发展期

度过初识期后,进入客户关系的发展期,双方通过频繁的接触,建筑企业深入了解业主的需求和偏好,展示自身优势,有针对性地制定投标策略。此时此刻,业主开始系统地了解建筑企业的技术实力、业绩能力、服务水平,对招标方案有了更清晰的规划,设定招标门槛,随后通过法定的招标流程确定中标单位,合同谈判后签订合同。

3. 稳定期

合同签订后,进入工程的实施阶段。在这一阶段,项目业主招标人员退出,工程项目部进入;施工单位营销人员退出,现场施工项目部管理人员进入。双方管理人员首次接触,在整个项目实施阶段必然经历一定的磨合期和矛盾期,在此阶段施工项目部起着至关重要的作用。

4. 减退期

工程竣工交付后,进入保修期,建筑企业和业主的关系进入减退期。建筑企业仍应重视客户关系管理,以保证后续工作(如保修、回收尾款等工作)的顺利进行。减退期仍然是建筑企业二次营销的重要机会,许多建筑公司就是由于在此阶段疏于跟踪和管理,导取业主评价大幅度降低,失去了日后合作的机会。

优质的建筑企业,可以在施工设计阶段介入项目,根据己方积累的施工经验,提供给业主完善的方案,为业主提供增值服务,提升业主对建筑企业的信任度与好感度,提高日后项目对接中沟通的便捷性,提升客户满意度。这就对建筑企业的客户管理提出了更高的要求。

>>>> 8.4　建筑业供应链客户关系管理业务系统分析

8.4.1　建筑业供应链客户关系管理系统框架及流程

客户关系管理是一种管理策略,虽然随着技术的发展,集成了5G、大数据、云计算等最新技术,但最终目标都是为企业适应新形势下的管理模式服务的。只有技术实现与管理目的相匹配,技术才具有意义,才能发挥技术的最大潜能。企业实施客户关系管理的要点包括企业的管理策略和客户关系管理技术。

1. 企业的管理策略

客户关系管理的应用目的是要对建筑企业与客户发生的各种关系进行全面的、逻辑性的管理呈现。客户关系管理策略的核心目的就是要协助建筑企业识别、发展和维护企业的客户关系。这些关系,包括市场营销中发生的业务关系,也包括在工程项目实施及售后服务过程发生的关系等。客户关系管理作为企业的管理策略,会因工程类型不同而不同、因材料种类不同而不同。对企业自身的管理需求和管理特点进行分析,把客户关系管理作为企业的管理策略来进行研究,才会起到事半功倍的效果。

2. 客户关系管理技术

企业在对自身管理目的、管理特点以及管理需求有了充分认识的基础上,就可以根据需求来选择适合的技术构件。涉及的相关技术包括软件、数据库、数据挖掘、知识发现、决策支持、数据管理、交互式语音集成、呼叫中心的组建与维护等。

建筑业客户关系管理系统应能实现对市场、生产、服务、客户的全面管理,实现客户对项目进度的追踪,自动采集市场信息和分析客户数据、研判市场趋势,实现业务流程的自动化,同时可以进行数据挖掘,给企业提供决策支持。建筑企业对客户关系管理系统的需求主要有:客户信息管理、客户关系跟踪、客户个性化价值、共享的信息库、一体化的办公平台、沟通工具、现场管理平台、业务流程管理、客户响应执行支持等。

一个完整的建筑企业客户关系管理系统可分为三个层次,如图 1-8-1 所示。

(1)界面层。它通过直观、简便易用的界面,让客户可以方便地查询所需要的信息并提出要求,是客户关系管理系统跟客户进行双向交流,获取或者输出信息的接口。

(2)功能层。它由执行具体功能的各个基本业务子系统构成。各业务子系统又包含着若干业务层,业务层间既有顺序的又有并列的。这些业务子系统包括客户营销管理子系统、客户支持与服务管理子系统、投标报价决策支持子系统、工程合同管理子系统等。

(3)支持层。它是指保证客户关系管理系统正常运作的所用到的网络通信协议、操作系统、数据库管理系统等基础系统。

客户关系管理=最大化客户盈利率

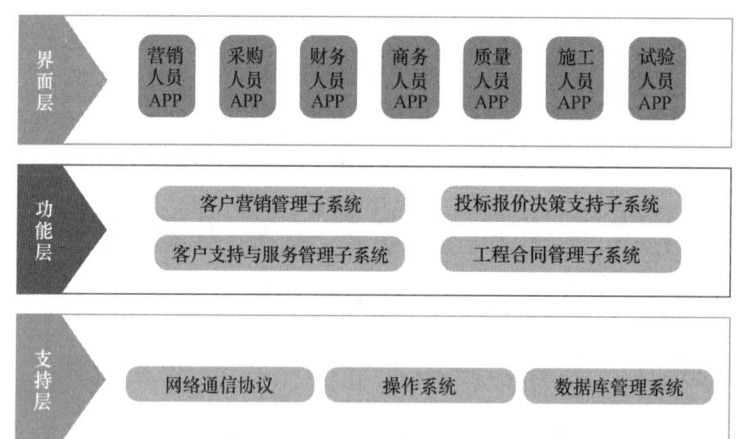

图 1-8-1　客户关系管理的概念框架

基础数据是构建建筑业客户关系管理系统的前提和基础,数据挖掘能力是发挥此系统的重要保障。因此,客户关系管理团队需要对客户数据进行筛选、分类、处理并整合,使这些数据结构的集成性好、可测性好、可测性强,并有很好的预测性能。企业客户关系管理的工作流程如图 1-8-2 所示。

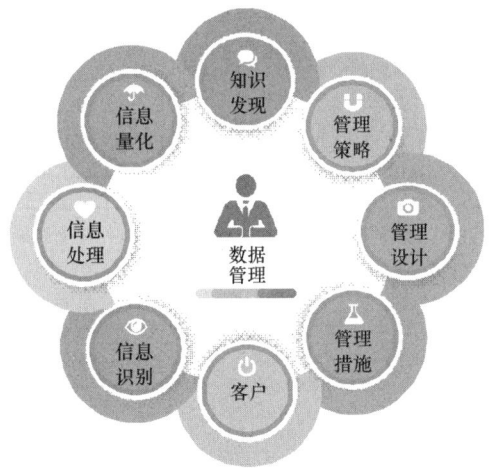

图1-8-2　客户关系管理工作流程

8.4.2　建筑业供应链客户关系管理业务系统设计

建筑企业客户管理关系业务系统设计,应该有一个整体的企业客户关系管理总体规划,在此基础上,从需求最为迫切的某个部门开始着手,在内部搭建跨部门的、统一的、"以客户为中心"的信息框架,实现客户信息的统一规划、收集、管理、分析和处理。

简单地说,建筑业的客户关系管理就是围绕建筑企业的业务流程,从与潜在客户的第一次沟通、会面接触直至参与竞标、签订合同、项目正式实施管理、客户支持与服务,最后到工程竣工移交和保修期满等全过程。在此过程中,建筑企业不断完善客户信息,制定客户关怀策略,使其过程更加流程化、自动化,从而提高客户满意度,获取客户最大价值。由于建筑业的生产单件性、交易特征(招投标)、生产与销售同步等,对建筑企业来说,一个全面有效的客户关系管理业务系统,至少应包括下列四个基本方面:客户管理业务系统、投标报价决策支持业务系统、工程合同管理业务系统、现场管理与服务业务系统。

1. 客户管理业务系统

记录和存储包括流失客户在内的客户完整信息资料并进行分类处理,包括客户市场历史信息、客户服务历史信息、客户掌握资源情况信息、客户管辖工程项目的信息、客户与各投资主体或其他关系主体的综合关系、客户决策机制等,并在此基础上建立客户价值分析模型,并能够对下列问题做出回答:最重要的客户最为关注的是什么、新客户是否比现有的客户更有价值、一个全新的领域项目新成立的业主是否更有价值、企业进入该新领域或新工程项目的最大障碍来自何方等问题。同时该业务系统还应跟踪与客户发生联系的全部业务操作,对业务人员的工作内容进行记录和监管,并对业务的交易结果进行监测,在日常工作中能对业务人员所使用的信息提供知识、技术支持等。

2. 投标报价决策支持业务系统

本业务系统的基础是数据仓库和知识仓库的建设,并与企业资源计划(ERP)建设有密切关系。收集市场工程项目信息,包括市场招标公告、招标文件、服务要求、投标项目运行的规范性、客户的资金能力(直接关系到项目投标的风险问题)等信息,并进行分析;有可能的话,还应当收集和跟踪竞争对手的信息,如重点分析竞争对手与客户的关系,竞争对手目前经营业绩、管理水平和企业目标、优劣势以及可能的投标决策等;然后结合项目的成本构成、竣工资料、结算资料、企业的标准定额库分析企业利润点和客户利润的增长点等。并在此基础上,建立决策支持模型,对企业制定合理的投标策略(资质能力、技术、报价、合同承诺、服务理念、管理水平)提供决策支持。

例如,中建某公司投标资源管理的信息收集包括的内容如表 1-8-2 所示。

表 1-8-2　投标资源管理的信息收集

信息收集	收集企业过往工程业绩的简介、技术成果、管理成果、廉政证明资料、奖项申报资料、工程合同、中标通知书、合同协议书、竣工验收、过程施工图片等,并及时更新维护
	收集企业省部级以上优秀项目经理的毕业证、建造师证、职称证、安全 B 证、个人工程业绩的成套资料
	收集企业的基本证照及各类奖项证书
	收集主要竞争对手的高端项目的投标资料
	收集行业投资动态、大宗土地交易情况及重大工程投资信息等
	收集主要战略市场政府主管部门的政策变动信息
	收集各地建筑业企业信用评价标准

❸. 工程合同管理业务系统

它主要包括企业签订的所有工程合同资料、合同评审记录、合同履约情况、合同变更及合同结算情况。其中,合同结算情况作为该系统的主要内容;合同详细履约记录作为数据仓库的存储内容,为企业评价客户资信、履约能力提供决策支持。

例如,中建某公司对重大风险合同的管理如下:

(1)承包合同重大风险条款

①无预付款或有预付款但分次抵扣情形下,月进度付款低于 70%(基础设施项目低于 65%)、形象节点付款低于 75%(基础设施项目低于 70%)或节点的支付间隔超过 3 个月;竣工验收支付低于 85%。

②履约担保形式为现金保证,或担保形式为保函,但比例超过合同额的 10%,或约定保函未经我方同意即可转让。

③违反相关规定的非现金收款,进度款支付方式包含承兑汇票、供应链融资、保理、信用证、以房抵债以及其他非常规支付方式。

④工期罚款无上限。

⑤质量罚款无上限。

⑥要求我方放弃建设工程优先受偿权。

⑦固定总价合同且变更签证及主材人工均不调差。

⑧任何情形下我方均无停、缓建权力,或停缓建情形下我方无工期顺延且无费用补偿权力。

⑨非财政/国有资金投资,结算时限超过 6 个月或未约定。

⑩融投资项目,承包合同中与股份批复不一致且未按规定履行投资变更审批的条款。

⑪其他涉及复杂法律关系的合同条款。

(2)实质评审承包合同

①股份公司名义合同;

②融投资项目项下的承包合同;

③要求我方放弃建设工程优先受偿权;

④非财政/国有资金投资,结算时限超过6个月或未约定。

4. 现场管理与服务业务系统

它主要为企业现场管理提供支持和服务。企业应当依合同履约,重视与保持和业务及监理等单位的良好关系,建立畅通的、科学的响应机制和畅通沟通渠道;同时合理配置现场相关人员和资源,确保企业的质量、进度、成本管理能够体现业务需求。在工程合同履约完毕后,企业应调度和管理相关服务部门与人员、资源完成后续的服务和支持。

▶▶▶▶ 8.5 建筑业供应链实施客户关系管理的基本步骤

8.5.1 前期准备阶段

前期准备是企业实施客户关系管理项目部的必备步骤,是项目得以顺利进行的必备措施。

1. 调研和咨询

调研和咨询是项目开始的前提条件。没有调研就没有发言权,充分的需求调研是避免走弯路的最好方法。秉持拿来主义,学习优秀企业成功的客户关系管理实施经验,取其精华、去其糟粕,尤其要重视同行业的失败教训,将风险控制在最小范围内,减少实施的盲从性,使企业的成功可控。

2. 建立客户关系管理项目团队

(1)建立核心团队

一个成功的客户关系管理项目需要一个成功团队的支撑,尤其是核心团队。核心团队应当由8~12名成员组成,而且必须是"全职"。核心团队需要具备两个关键能力——组织专长和技能专长。具有组织专长的团队可以把客户关系管理与所有公司的部门和整体企业战略结合起来。尽管一个客户关系管理项目不一定要在所有部门都花费"心血",但是项目也绝不是单个的销售自动化的实施或客户价值细分的实践。具有组织专长的团队往往拥有实现营销、销售和服务功能所需的知识和关系。技能专长意味着需要具备特定的专长来设计和实施新的客户关系管理战略、流程和技术。首先,正确的团队应当能够设计客户战略,来吸引、赢取并发展客户。其次,团队成员需要建立技术平台,来交付良好客户体验;并且他们能够在不同的客户接触点上实现统一的交互。最后,团队成员必须具有开发和执行评估的技能,评估过程可以跟踪客户关系管理的商业价值,并驱动系统的持续改进。

(2)建立扩展团队(外部专家)

通常,企业倾向于求助大型的跨国公司或很多小型的、有专长能力的咨询公司。但是它们都不能提供最好的解决方案。大型企业很难提供必要的、很强的组织专长和功能专长能力。此外,使用几个拥有不同专长的公司,需要核心团队发挥总顾问的作用,并管理一系列独立的创新。

近年来一种不同的模型开始出现。这种新模型创造了一个集成网络,它由具备不同专长的公司组成,为客户关系管理项目的实施建立一种联盟。这种公司网络集成了整体客户关系管理创新中各个方面的专长,并有一个统一的事先确定的协议。这种集成的网络不同于一个大型企业将客户关系管理创新中不同的功能转包给小型公司。集成网络的成员组建成一个实战能力极强的团队。该团队的优势在于：由资深专家组成，经常在一起合作，相互了解各自的优势和劣势，并且有一个很清晰的游戏规则。

3. 制定实施规划

明确的近期目标和远景规划是项目成功的基础。通过对客户关系管理进行科学的规划，有效实现了客户关系管理实施过程中在组织、流程和营运等方面的优化和改善，确保客户关系管理的目标收益。在实施过程中，企业需要仔细分析内外部环境，对企业的业务流程、现状、组织和客户现状做好评估，明确人、财、物等资源能力水平，分析客户关系管理的制约点、目标、推动点等关键因素，尤其要对企业自身的实际状况做分析，通过咨询、调查等多种方式做出符合自身特点的规划，为将来成功实施做好铺垫。

各业务系统目标应由各部门主要负责人提出并细化，客户关系管理项目负责人负责企业远期、近期目标的制定，同时与各部门沟通，将企业总体目标与各部门目标相匹配，且必须获得企业内部一致认同。

8.5.2 项目实施阶段

1. 建立客户群分类与管理策略

确定目标客户的途径是非常重要的，对客户进行分类是客户管理的前提。通过对客户数据的收集、整理、分析，建立客户价值分析模型，识别不同的客户群体对企业的经济价值、战略价值的重要程度，从而制定不同的营销服务策略。同时对举足轻重的客户群体进行资源倾斜，从而实现企业资源价值的最大化利用。

2. 重组与整合业务流程

我国企业的架构及流程是依据传统业务模式构建的，因此不利于客户关系管理的实施，因此要调整企业业务流程，坚持以客户为中心的设计思想，使企业的市场营销、工程管理和客户服务支持等经营环节的信息有序、及时地在企业内部和客户之间流动。业务流程重组需要考虑的重要内容是决策权力的再分配、业绩激励系统和评估系统的重新设计，解决分权以及部门划分问题。

3. 分析与调整组织机构

构建以客户为中心的运作程序和组织机构体系，从客户的角度来分析组织机构，增加、合并或重组部门，优化业务流程，同时建立配套的业绩评估和激励机制。

4. 对重要目标客户"一对一服务"

建筑工程项目周期较长，短则 2~3 年，长则 5~6 年，与客户之间的信任、了解与配合尤其重要。企业必须制定"一对一服务"制度，保证在整个客户关系生命周期内为客户提供规范、连续的服务流程。人员的频繁变换会导致客户的信任度降低，既破坏了客户关系，无形中又增加了企业成本。

5. 建立与客户关系管理相匹配的企业文化与激励机制

培养以客户为中心的企业文化和价值理念，重视客户利益，关注客户个性需求，重视与客户工作之外的情感沟通。与此相应，企业应建立一套评估和奖励机制，做到权、责、利协调统一。

8.5.3 信息化系统应用

信息技术系统的构建应对集团信息化建设统一部署，对管理和执行层面的需求有清晰的、逻辑化的认识,并将需求转化为系统功能,选用成熟的或者自研软件系统安装试用,经过多次培训及功能完善,实现信息技术的全面应用。

以某央企为例,2021年年初,集团宣布启动"136"工程,对集团信息化建设统一部署;其下属某局紧跟部署,实施"221+"工程方案,明确供应链信息化建设方向。在采购系统层面,央企自建采购平台,积累了较为扎实的基础,但是仍缺乏清晰的长远规划,在计划、现场、资产、贸易等方面管理缺失。因此,采购执行、智慧仓储、数字物流、全景质控等领域对信息化系统应用提出了更高的要求,主要表现在以下3个方面。

1. 需求调查

前期经过充分的调研,在采购管理层面存在4个痛点:

(1)采购计划指导性差。物资需求部门无法提交准确、有效的物资需用计划,无法指导采购行为,采购询价时间长,采购价格及交货周期无法实现最优。

(2)未建立科学的供应商管理模式。未形成实用的供应商资源库,供应商结构单一,中间商比例过高,优质厂家、战略供应商所占比例较少,对供应商缺乏科学有效的评级机制。

(3)采购过程自动化程度低。集团层面尚未建立统一的物资收、验、领信息化工具,订单通过微信、电话等方式下达,状态无法追踪,过程管理无法留痕,材料验收缺乏行为标准和验收格式,材料库存通过人工盘点实现,无法及时地反映现场真实情况。

(4)采购战略缺乏科学数据支撑。对竞品采购缺少洞察,未形成材料资源和价格数据库,无法通过大数据分析等手段科学制定采购战略。

2. 设计研发

中建某局构建的供应链管理信息系统是流程化操作、多功能接口、场景化应用的数字化管理平台,设计17个功能板块,36个子模块,同时实现与多个系统无缝连接,达到全局一次录入、全局共享,配套大数据分析及场景展示,实现采购、招标、计划、订单、验收、物流、盘点、结算、剩余物资、资产等全部线上一体化管理。

在产品设计上,从端口设计(PC端、移动端)、功能、界面、接口4个方面规划,实现数据共享、全景质控、智能协作、决策支持。在底层架构上,分清职责权限,梳理基础数据,配套工具按钮,制定节点及接口、表单,建立数据字典、审批流程,最终生成统计报表。

3. 系统应用

系统应用是一项长期工作,技术系统构建完毕后一般要经历系统的安装、调试、完善、升级,以及再调试、再完善、再升级等几个周期,才能最终达到客户关系管理系统设定的目标。

某央企"136"工程,以建筑产业互联网为数字化转型目标,计划一年夯实、三年创先、五年互联,助力集团数字化转型。

在信息化建设目标及收益上,近期目标(2021—2023)夯实基础,信息化应用和产业互联网同步建设,实现三个提升,即运营和管理能力提升、业务能力提升、降本增效能力提升;中期目标(2024—2025)创一流,信息化水平国际一流、行业领先,提升集团组织管理效能,提升数字化业务运营水平;长期目标(2025及以后)建生态,数字化赋能商业模式,促进公司商业模式变革,创新盈利增长点,提升行业引领能力。

8.5.4　后期阶段

1. 定期组织培训

企业应定期针对客户关系管理系统组织员工培训,使其掌握系统使用方法,培训人员包括管理层、市场营销人员、现场管理人员、商法物资管理人员以及上、下游客户。

2. 实施效果评估和改进

实施效果评估的前提是建立一套科学有效的评估机制,系统及时做出调整反馈。建筑业客户关系管理系统是设计建筑企业各方面各部门的系统工程,系统实施模型如图 1-8-3 所示。

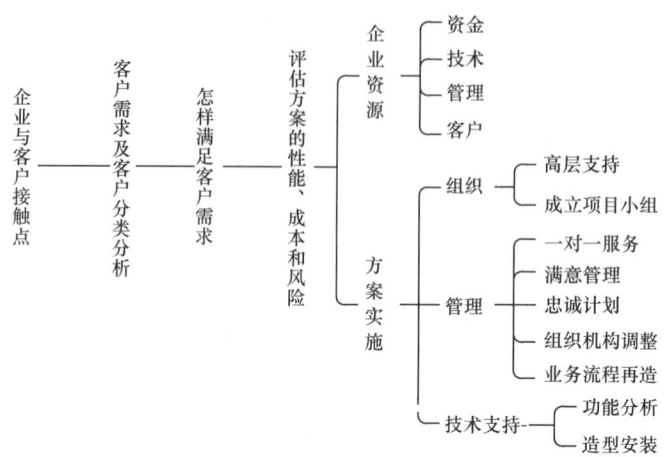

图 1-8-3 建筑业客户关系管理系统实施模型

>>>> 8.6 建筑业供应链在实施客户关系管理中的关键问题

客户关系管理作为一种新型的管理思想、管理机制和管理工具,企业在实施过程中,不可避免地会遇到缺陷和不足的制约。由于建筑业的复杂性,建筑企业在实施客户关系管理的过程中遇到了前所未有的困难与挑战。

首先,客户关系管理属于投资大、见效慢,在企业运行和发展过程中长期受益的投资活动。

其次,客户关系管理的投资范围与企业的规模不易衡量,没有相关指标参考。

再次,实施风险的管控标准不清晰。

任何制度均具有两面性,如何趋利避害、发挥其长处、规避其短处,均无相关经验参考,因而形成了一定的项目风险。为了发挥客户关系管理的作用,规避客户关系管理风险,编写组建议加强以下方面的管理:

1. 培养与客户关系管理相适应的企业文化

企业文化在引导企业员工日常工作行为中起着潜移默化的作用,因此,必须建立与之相适应的企业文化。当今大型建筑企业负责人多为"70"后和"80"后,都是从一线施工现场逐步成长起来的。他们经历了建筑行业粗放型向精细化管控转变的过程,但是尚未建立以客户为中心的管理理念,企业的经营理念、行为准则、机制考核均为传统建筑企业管理模式建立起来的,企业缺乏相关基因与优秀的人才。为此,企业的转型非一朝一夕能够完成。

2. 业务流程重组织和组织机构改革

管理理念的改变决定了相关组织机构必然面临革新,相关人员岗位和职责同样会变化。

这种变革不可避免地涉及各业务部门和人员的相关利益,企业决策者在实行变更的过程中,如何处理新人与旧人之间的关系,如何进行利益重新分配,保证企业稳步向前,对企业决策者的毅力和管理水平提出很高的要求。

3. 客户关系管理系统的开发与管理

单纯从技术层面讲,客户关系管理软件的开发不存在技术难度,然而如何向不懂建筑工程的技术开发人员讲述清楚并让其理解需求,同时让技术开发人员写出满足不同管理层次人员需求的产品,是一项非常大的挑战。在组建开发团队上,应该按照项目经理(管理岗)+项目副经理(技术岗)模式组建开发团队,项目经理对建筑企业管理的理解的广度与深度决定着软件开发的成功与否。一款产品需要经历需求调研、UI 设计、产品开发、内部测试、产品完善、产品上线 6 个阶段,历经 1~2 年才能最终推广使用,因此客户关系管理系统的推广应用需要公司决策层的大力支持。

4. 数据的采集与分析在低段位徘徊

数据的采集和处理是客户关系管理信息系统的基础工作,数据采集是数据挖掘的前提和基础。许多建筑企业建立起了分供商考察、计划、招标、合同、采购、结算等全流程管理平台,但尚未掌握对数据的挖掘方法,企业也缺乏数据分析的专业人才,使平台的使用仍停留在数据的录入和查看环节,未真正发挥数据平台的作用。

5. 可量度目标和评价机制的建立

人才是企业的核心竞争力,企业需建立在客户关系管理机制下的人才管理机制,设定客户关系管理相关岗位、薪酬制度以及上升机制。同时,企业应建立起一整套客户关系管理实施科学评价机制,以便企业管理层评估客户关系管理机制对企业运营的影响并做出相应决策。

》》》 8.7　供应链客户关系管理实施案例示范

针对前面章节中所述建筑业供应链中客户关系管理相关理论、概况以及基本步骤等要点,下面结合 A 集团在供应链客户关系管理的案例,就其实施供应链客户关系管理的背景原因、实施目标、实施流程以及取得的管理效果,与读者共同展开进一步分析和探讨。

8.7.1　A 集团供应链背景及客户分析

1. 企业背景

A 集团隶属中国建筑集团下属子公司,具有房屋建筑工程施工总承包特级资质、市政公用工程施工总承包特级资质、机电工程施工总承包一级、水利水电二级等多项总承包资质,建筑工程、人防工程、市政行业设计等 3 项甲级设计资质,还具备军工涉密资质、消防设施工程专业承包一级、机场场道二级等 N 项专业承包资质。公司拥有"国家级企业技术中心"研发平台,是科技部认证的"国家高新技术企业",并下设多家二级单位、参股三家建筑材料生产销售公司、设立 N 个事业部。

A 集团 2020 年实现签约合同额近 1 000 亿元,累计采购额近 300 亿元。截至 2020 年年底,累计储备有效供方资源 2 万余家,涉及钢材、水泥、商品砼、周转材、各类管材、电气设备、砂石料、钢绞线、交安设施等多种物资设备,覆盖土建、安装、装饰、基础设施、桥隧工程、交安工程等多个专项工程,并逐步发掘优秀生产厂家 2 000 余家、战略供方资源百余家,在供应链中拥有较强的资源储备优势和整合能力。

2. 客户分析

在供应链环境下,建筑施工企业同时扮演着客户(物资设备购买者)和产品、服务提供者(施工单位)两个角色。如果以材料供应商、各专业分包商为参照物,则建筑施工企业是客户。如果以购买产品和服务的建设单位为参照物,则建设单位是客户,施工企业要为建设单位提供产品和服务;那么从签订合同的角度来说,客户是甲方,相应的客户关系管理即对甲方的关系管理。

A 集团立足国内市场、着眼海外市场,"十三五"以来,国内已逐步形成了"1811"的市场布局,即 1 个本埠市场、8 大核心城市群、11 个重点城市,海外市场逐步形成了"2+2+2"的战略布局,即 2 个自营市场、2 个战略市场、2 个潜力市场;涵盖商业综合体、高科技厂房、酒店办公、金融电信、科技文旅、医疗健康、军工航空、公路铁路、市政桥隧、环保水务等十大产品序列。同时,也面对着众多不同的客户,不同类型的客户与企业的关系也不相同。对客户进行有效的分类,可以帮助企业充分认识到自己客户的特点,从而可以对不同的客户采取不同的策略,更大限度地实现资源最优化和有效的管理运营。

A 集团目前的客户按性质大体分为三类:

(1)中央或地方政府及其行政部门

该类客户为注重实力型。这类工程一般属于财政投资项目,目前 A 集团已承接了许多的政府类工程,跟政府相关部门一直保持着良好的关系。政府工程项目多,同时随着国家政策的更新和完善,加上城市的发展的需求,这类客户往往重复购买较为频繁,所以政府类工程客户是 A 集团最重要的客户。此类工程在实施中一般都能得到政府的大力支持,并对企业品牌推广影响力较大。政府投资类项目一般是用来满足一定的社会需求和公共需求的,而社会需求和公共需求是具有长期性和稳定性的,就需要政府源源不断地投资新的项目,来满足人民群众不断增长和变化的社会需求和公共需求,因此有连续的不同的政府投资建设项目作为保证,就可以形成以作为投资建设单位的政府为核心,与供应商、承包商等项目参与方建立长期稳定的战略伙伴关系,形成一条完整的供应链。

(2)事业单位

该类客户为注重实在型。这类工程大部分还是财政投资项目,也有部分工程属于事业单位自有资金项目,一般有较多的增加工程,存在着客户价值增值的可能性,同时此类工程利润率较高。此类项目的供应商是政府或事业单位采购的重要合作对象,具有向采购人提供采购对象的重要责任,因此,做好此类项目供应链客户关系管理就显得尤为重要。此类客户一般对工程物资、设备使用管理要求较为严格,通过引入供应链管理可以引导项目参与方通力协作,统一各自的经营目标,并以供应链整体的利益和价值最大化为导向。这样不仅可以提高项目管理的效率,还能降低工程的各项建造成本,提高工程管理的效率。此类工程是重要的潜在挖掘客户、市场开拓的主要目标。

(3)国有企业

该类客户为注重实绩型。国有企业指资本全部或主要由国家投入并为国有企业所有,依法设立从事生产经营活动的组织。国有企业一直带着与生俱来的政治色彩,尤其体现在执行国家政策方面,一定要带头执行落实政府的各项政策要求。作为同是国企的 A 集团,在同此类客户关于推进执行国家相关政策方面有较大的优势。国有企业三年改革行动方案中提出"国有企业要在提升产业链供应链水平上发挥引领作用,根据不同行业集中度要求,推动形成比较好的市场结构"。借助国家政策引导力,国有企业可以共同积极地推进产业结构调整,提升产业链、供应链的稳定性和竞争力,在产业链、供应链整个领域探索新的有效的金融运行模式,提升产融结合的效果。

8.7.2　A集团供应链客户关系管理的现状分析

客户关系管理本质上是一种管理手段,更是一种经营理念,而绝非简单的一种工具。

为强化供应链管理,经过分析发现,目前A集团的多数管理人员甚至高层管理者在对供应链客户关系管理认识上还有差距,表现在:

一是认为在供应链环境下的客户关系管理就是简单地对客户资料的收集和记录、工程保修等一些基础性工作,没必要搞得太复杂。二是认为客户关系管理是一个信息系统或者是一套简单的软件,只要有了这套软件,就可以对客户的数据进行收集、整理,具体有什么作用就不清楚了。

因此,企业缺乏实施全过程的客户关系管理制度,企业内部客户关系管理分散,企业相关的职能部门(如市场部、投标部、工程部、商务部、物资部等各区域公司机关)分别从各自的职能范围和业务分工出发开展工作,彼此间缺乏有效的交流沟通,影响到企业整体的客户关系管理目标。

8.7.3　A集团供应链客户关系管理实施目标及流程

1. 实施供应链客户管理的动因

面对经济一体化、资源国际化、信息网络化的形势,企业的利润更多来自"信息""客户""关系",而并非只限于"物质"。因此,作为供应链管理活动重要的一环,"客户关系"已成为企业越来越重要的资产,企业的整个供应链和价值链都应在紧紧围绕"客户"这一中心展开一切活动。

因此,在供应链环境中实施客户关系管理,通过提供良好的客户服务,形成长期的关系,不仅能节省争取新客户所要花费的成本,更能较好地抓住商业机会,无疑对于企业核心竞争力的提高有着巨大的作用。

建筑产品具有生产周期较长、单件性、固定性的特点,建筑产品一次性投资量大,产品原材类型繁杂,质量要求高,建筑业客户关系管理的难度大。建筑业的客户关系管理,就是以客户的需求为大前提,通过供应链各企业紧密合作,有效地为客户创造更多的附加价值。通过对从原材料供应商、中间生产过程到销售网络的各个环节进行协调,和对供应商实体、供货信息及资金的双向流动进行速度和集成管理等一系列的行为,可以明显提高供应链中上、下游的供应商、业主单位等各个企业的即时信息可见度,从而创建一个完整的价值传递系统,全面提升企业的核心竞争力。

2. 供应链客户关系管理的实施目标

企业实施供应链客户关系管理,就是要在职能上实现从产品管理向客户管理、从交易管理向关系管理的两个转变,从而达到两个方面的目标:

一是通过提供更快速和周到的优质服务吸引和保持更多的客户;二是通过对业务流程的全面管理,降低企业的运行成本,实现客户资源价值的最大化。通过对A集团现阶段供应链及客户关系管理的现状分析,结合集团近期("十四五")发展目标,逐步确立了近阶段

A集团实施供应链客户关系管理的期望目标。

（1）有效地促进企业内部、企业间的信息共享。企业内部由于沟通不畅、缺乏有效机制等各种因素造成信息一定程度的"私有化"，通过实施供应链客户关系管理将各部门、个人掌握的"私有化"资料，收集起来成为集团内部共享、能统一利用的固定资料。供应链在运作过程中风险的存在，使供应链的诸多企业在追逐自身利益最大化的进程中，选择了信息的压缩和隐藏，而信息共享能使各个企业以供应链的整体利益为决策标准，从而实现最优的目标。

（2）进一步提高对客户的核心需求关注。最大限度地了解并满足客户的需求，使企业在日益激烈的竞争中，通过越来越重视客户服务，达到提升自身竞争力，并保持长期竞争优势的目的。

（3）利用专业的信息系统软件进行辅助管理。对从不同渠道收集的业主信息，用现代化的计算机和网络技术，由企业客户管理部进行整合，建立完善的客户信息档案，使这些信息资源在企业内部所有部门之间实现共享，以便他们在各自的职权范围内了解业主的需求和欲望，从而及时向业主做出回应。

（4）实现将客户与供应链真正链接起来。将供应链中上游供应商的"需求制造"和下游建设单位客户的"需求满足"的活动紧密结合起来，为企业的客户提供准确的交付信息，为上游伙伴提供指导产品开发与产品制造的信息。

3. 供应链客户关系管理实施流程

在真正实施供应链客户关系管理之前，企业需深入理解客户关系管理的核心思想，其主要包含三层意思：

（1）重视客户的个性化特征，实现一对一营销，企业愿意并能够根据客户的特殊要求来调整自己的经营行为。

（2）提高客户满意度，留住老客户，争取新客户。保持现有客户，实现现有客户的重复"采购"，开拓新市场同时吸引新客户。其中保持现有客户是首要的、基本的任务。

（3）将客户关怀贯穿营销的全过程。

作为链主的A集团就是在各种资源配置时以效益为中心，始终以客户及其需求为向导，不断优化企业内、外部资源，根据业主客户需求信息的反馈情况，对整个供应链的生产活动及流通流程做出调整，并给业主做出最及时的反应。

创建客户关系管理系统是获取项目合同的基础工作。首先，获得高层领导的支持，向该项目提供为达到设定目标所需的时间、财力和其他资源，确保企业从领导到基层员工都认识到实施供应链客户关系管理的价值；其次，组织良好的团队，实施该项目的队伍应具备几个方面较强的能力：对业务流程重组的能力，对系统的客户需求状况分析的能力，对改变管理方式的技术能力；再次，通过公司内部资源或聘请外部专业培训机构加强对员工的培训，让每位员工都了解相关的管理理念，避免理念冲突；最后，进行信息化平台建设，选择合适的软硬件及供应商，实现在现有的信息管理平台基础上，建立一系列可以选择的模块，来实现管理与客户的互动活动。A集团的具体做法如下：

（1）成立实施供应链客户关系管理项目团队

为了实现预期的目标，A集团进行了统筹考虑，多次开会研究，针对项目组建优秀的项目管理团队。团队成员包括集团生产副总、采购部门人员、工程部门人员、信息化部门人员、市场部门人员、财务人员等。根据调查研讨结果确定具体的实践活动项目，由生产副总统一协调资源,制定保障项目顺利进行的措施,召开项目启动大会,制定项目工作日程表,并对实施过程进行监督和及时反馈改进。

（2）具体实施流程

①员工培训

在项目团队组建后,为了更好地推行项目的具体实施,A集团对项目组成员进行了全面培训。培训人员包括企业的高层领导、部门负责人等中层干部、业务骨干及主要操作人员,培训工作主要集中在理念讲解灌输、新流程运作方式、客户沟通技巧、软件操作等。

②优化现有业务流程

A集团对原有业务流程进行了诊断,消除项目实施推行的障碍。对现有的业务流程进行优化,改善了客户信息收集、客户资料及来往文件管理流程,工程维修管理流程,增设了客户投诉管理流程、工程管理流程,使经营环节的信息能有序、充分、及时地在企业内部和客户之间流动,增强了在供应链层级企业对客户的反应速度,提高了企业的运行效率,同时提高供应链上、下游的共同满意度。

③使用智验宝APP

A集团历时两年于2018年推出了智验宝APP,实现了从材料下单到现场验收会签的全过程线上管理功能。之后智验宝升级版上线,引入了供应链金融管理服务,打通了与金融公司信息公路的"最后一千米",实现了一键融资功能。在保证支付的前提下,A集团组织了一定批量的集中采购,为集团的重要原材料从生产企业直接采购创造了条件。

如高强钢筋作为新型材料,一直以来都是集团通过中间商采购。依托智验宝APP,A集团在考察生产企业后与其进行了深度沟通,本着互利互惠、双方共赢的原则,实现了厂家直供,每吨节约采购成本近百元。

同时,通过对供应商集成管理,A集团借助生产厂家的力量与设计院共同推广新材料的使用,累计已节省钢筋近1万吨;互利共赢的良好合作也助推了A集团首个货运铁路——疏港铁路的顺利落地,成功地把供应商变成了业主。通过管理与客户间的互动,提高客户价值、客户满意度、客户忠诚度,并发现市场和销售渠道,发现新的客户,提高客户利润贡献率,A集团最终实现企业的社会效益和经济效益的提高,实现了供应链价值最大化。

在供应链管理中,客户服务是重要的一环,它能起到在销售者与购买者之间传递货物及服务的过程中促进产品销售,实现供应链增值的作用。客户服务贯穿于整个供应链过程中,涉及面众多。库存水平、订单周期、可靠性、售后服务等都会影响到客户服务的质量。

在客户关系管理中,A集团通过以下要素进行客户服务的检查和评估,如图1-8-4所示。

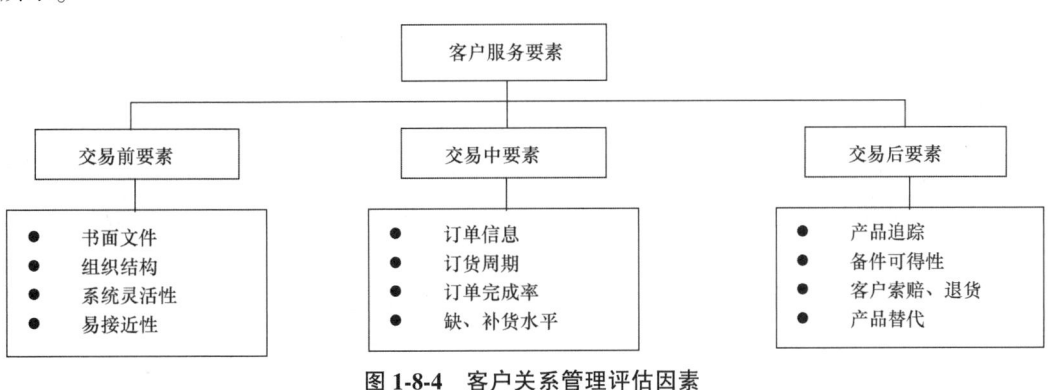

图1-8-4 客户关系管理评估因素

④进行过程监督和持续改进

A集团针对项目的实施制定了一整套监督制度,由企业高层牵头,各部门负责人组成监督小组,随时对项目的实施进行定期的追踪和监控,及时解决系统实施过程中碰到的各种难题与问题,对项目进度进行验收,全面考核实施成果和全面检验模型适用性,分析产生偏差的主要原因,调整进度和效果的偏差,持续对实施过程的工作方法进行改进,控制项目朝着预定目标发展。

8.7.4　A集团供应链客户关系管理实施效果

对于A集团而言,实施供应链客户关系管理意义重大,影响深远。实施供应链企业客户关系管理的构建原则是在最大化满足客户需求的同时,完整地认识整个客户生命周期,提供与客户沟通的统一平台,提高员工与客户接触的效率和客户反馈率,真正解决企业上、下游供应链管理问题。

1. 帮助企业实现了供应链运作的可计划性和可控制性

企业系统中的计划体系主要包括:施工进度计划、物料需求计划、招标采购计划、货款支付计划等,计划功能与价值控制功能已完全集成到整个供应链系统中。在供应链的每一个环节上,企业通过协同运作保持各种计划的协调一致。同时销售和营销计划能起到监测整个供应链的作用,以使供应链及时发现需求变化的早期警报,并据此安排和调整生产和采购计划。另外,通过新技术的运用,提高业务处理流程的自动化程度,提高企业员工的工作能力,减少培训需求,使整个供应链能够更高效地运转。

2. 倾听市场的需求信息并及时传达给整条供应链

在瞬息万变的动态环境下,通过营销策略和信息技术掌握确切的需求,使企业供应链上的供应活动建立在可靠的基础上,保持需求与供应的平衡。同时,客户关系管理使企业通过新的业务模式,利用最新信息技术,扩大企业经营活动范围,及时把握新的市场机会,拥有更多的市场份额。例如,前面所述利用高强钢筋,助推了A集团首个货运铁路——疏港铁路的顺利落地,A集团成功地把供应商变成了业主。

3. 全面管理企业与客户发生的各种关系

企业与客户之间发生的关系,不仅包括在单纯的销售过程中所发生的业务关系,如合同签订、订单处理、发货、收款等,也包括在企业营销及售后服务过程中发生的各种关系,如市场推广过程中与潜在客户发生的关系等。对企业与客户间可能发生的各种关系进行全面管理,将会显著提升企业营销能力、降低营销成本、控制营销过程中可能导致客户抱怨的各种行为。

4. 使企业与客户有一种互动式关系,促进企业与外界的沟通

企业选择客户喜欢的方式同客户进行交流,可以方便获取客户的信息,从而使客户得到更好的服务。提高客户的满意度,能帮助企业保留更多的老客户,并更好地吸引新客户。目前,国内众多企业开展了网上客户服务,相关产品一旦出现问题,客户可以通过上网来咨询解决方案,此种模式方便快捷。这就要求企业积极推进电子商务的具体应用,改变过去的客户服务模式,拉近客户与企业之间的距离。

A集团客户关系管理理念、制度建设的完善强化了以A集团为链主的供应链的可持续发展能力,提高了供应链的竞争力,最终提高了链内企业的整体效益。

本章思考题

1.简述建筑业实施客户关系管理的意义。

2.简述建筑业客户管理关系系统三个层面的内容。

3.供应链客户关系管理的目标是什么？

4.简述供应链客户关系管理的实施流程。

5.简述客户关系管理的评估因素。

第二部分

供应链与项目管理

第1章 项目管理概述

从1993年开始,中国优选法统筹法与经济数学研究会发起成立了中国项目管理知识体系的研究工作,2006年正式颁布了《中国项目管理知识体系》。

建筑工程的基本属性就是项目,因此,项目管理的知识体系完全适用工程建设项目的管理。某条供应链也可以视为"项目",用项目管理的方法进行管理,包括范围管理、时间管理、费用管理、质量管理、人力资源管理、信息管理、风险管理、采购管理和综合管理等,包括计划、执行、控制、收尾等操作程序等。但是,项目管理的内容主要是工程内部的管理。

供应链管理的内容包括预测与需求计划管理、战略寻源管理、采购管理、生产管理、交付管理、物流管理。其中各环节都有质量管理、风险管理、人力资源管理的要求,且不仅管理工程内部,还需对相关外部管理进行整合,如在供应链管理中对供应商的管理是供应链管理的重要组成部分,需要特别关注外部环境对供应链管理的影响等。

因此,针对供应链管理同时又属于项目管理体系的内容,本章从项目管理范畴入手进行解读,如质量管理、风险管理、人力资源管理,这样可以保证管理知识的系统性。

◎本章目标

1.了解项目管理九大管理的基本内容。
2.熟悉质量管理的基本要求。
3.掌握风险管理的原理和应对措施、流程。
4.理解人力资源管理的管理和战略。

>>>> 1.1 项目的概念

1.1.1 项目管理和运作管理

随着人类的发展,人类有组织的活动分为两种类型:一类是连续不断、周而复始的活动,人们称之为"运作"或"作业"(Operations);另一类是临时性、一次性的活动,人们称之为"项目"。

1. 项目的定义

按国际项目管理界较为权威的美国项目管理协会(PMI)的《项目管理知识体系指南》及国际标准化组织(ISO)给出的概念,"项目"是"为创建一个独特产品、服务或任务所做出的一种临时性的努力",是"由一系列具有开始和结束日期、相互协调和控制的活动组成的,通过实施活动而达到满足时间、费用和资源等约束条件和实现项目目标的独特过程",这样的一次性努力与过程在项目的目标实现后就结束或终止了。

2. 项目管理的概念

(1)项目管理是一种管理活动。项目管理最原始、最基础的概念是指对项目的管理活动,也就是说,只要是对项目进行的管理活动,都可以称为项目管理。

(2)项目管理是一种组织方式。对项目这个"一次性任务"的管理可采用不同的管理方式,例如对企业中的一次性任务,既可以将其化整为零,通过企业传统的职能组织方式完成,即将任务分解到各职能部门中,按企业规定的业务流程去完成,也可以以任务为中心,调配企业内部(甚至包括外部)的相关资源,通过一个临时性组织,并针对项目自身特点形成特定的业务流程去完成。前者是面向过程的管理方式,人们称之为过程管理,而后者是一种面向对象的管理方式,人们通常把这种基于面向任务的临时性组织的管理方式称为项目管理。

(3)项目管理是一套管理方法。不同的组织方式需要不同的管理方法,针对项目的属性和特点,给予临时性的项目组织方式,运用系统论的思想和系统工程的方法,在项目的管理实践中探索并形成了以 WBS、PERT/CPM 等为代表的一系列对项目的管理行之有效的管理方法。这一管理方法体系一度成为项目管理的代名词。

(4)项目管理是一门管理学科。随着环境的变化及项目管理方法的应用与发展,项目管理由一套面向项目的管理方法体系,逐步发展成为一种项目的管理方法论,其管理思想和管理哲学取代管理方法成为项目管理方法论的灵魂和核心,同时也是项目管理方法创新的源泉。因此,项目管理也不再局限于管理项目的方法,逐渐发展成为管理长期性组织的方法。项目管理已发展成为一门独立的学科,成为管理学科的一个重要分支。

四个不同层次的项目管理概念并不是彼此独立的,而是一个有机的整体,体现了项目管理概念发展的递进层次。项目管理活动是基础,也是项目管理学科研究的对象,前者是一种客观性实践活动,后者是前者的理论总结;项目组织方式奠定了项目管理方法的研究与发展方向,也是项目管理方法形成的基础,项目管理方法体系则是项目管理学科的具体内容。

1.1.2 项目管理和运作管理的区别

项目管理和运作管理的区别如表 2-1-1 所示。

表 2-1-1 项目管理和运作管理的区别

活动 比较项目	项目	运作
目标	特定的	常规的
组织机构	项目组织	职能部门
负责人	项目经理	部门经理
时间	有起止点的有限时间内	周而复始,相对无限
持续性	一次性	重复性
管理方法	风险性	确定性
资源需求	不确定性	确定性
任务特性	独特性	固定性

（续表）

活动　　比较项目	项目	运作
计划性	事先计划性强	计划无终点
组织的持续性	临时性	长期性
考核指标	以目标为导向	效率和有效性

1.1.3　项目的属性

属性指事务本身所固有的特性。项目的属性有以下六个方面：

（1）独特性。项目的独特性是指与一般的工业产品生产不同，项目具有独特的生产活动过程，整体上不具重复性。每个项目都有其区别于其他任务的特殊要求，没有两个项目是完全相同的。项目的独特性是项目区别于运作的主要标志，是项目得以从人类有组织的活动中分化出来的根源关键所在，是项目一次性的基础。

（2）一次性。项目的一次性亦即临时性。作为一次性的任务，项目有一个明确的起始点和结束点。一旦项目完成即告结束，没有完全相同的任务重复出现。项目不会重复，这是项目的一次性。项目的一次性体现为，项目是一次性的成本中心，项目经理是一次性得到授权的管理者，项目管理是一次性的组织。项目一完成，项目组织就解散。项目机会是一次性的，作业层由一次性的劳务构成，但项目的一次性是针对项目的整体而言的，并不排斥在项目中存在重复性的工作。

（3）多目标属性。项目的目标包括成果性目标和约束性目标。项目的成果性目标是项目必须实现的，在项目过程中，成果目标都是由一系列技术指标来定义的，同时受到多重约束性目标的制约。约束性目标是项目管理者必须努力的方向，多目标属性的根源是使利益相关者满意，利益相关者的多元性导致了项目目标的多样性。项目的多个目标之间可以是相互协调的，也可能是相互制约的，如有时为了实现时间目标而不得不降低功能要求。在项目执行过程中必须注意各目标之间的平衡，在使利益相关者满意的前提下，实现系统目标的最优化。

（4）生命周期属性。项目是一次性的任务，有起点和终点，有明显的开始和结束标志。任何项目都会经历启动、开发、实施、结束这样的过程，这一过程称为生命周期。项目的生命周期特性还表现为在项目的全过程中启动比较缓慢，开发实施比较快速，而结束又比较缓慢的规律，项目的一次性是项目生命周期属性的根源。同时，由于项目中广泛存在的不确定性，从易于管理的角度出发，按照时间维度把项目的生命周期分为若干阶段，尽管各类项目的生命周期的阶段划分有所不同，但总体来看可以分为概念阶段（Conceive）、开发阶段（Develop）、实施阶段（Execute）、结束阶段（Finish）四个阶段，简称CDEF。

（5）相互依赖属性。项目的相互依赖属性是指项目是由若干相互关联、相互依赖的子过程组成的整体，是一个相互关联的系统。要运用系统的观点和方法去组织项目。一个项目要取得良好的经济效益，项目的决策须正确无误；在设计技术上先进可行，在经济上合理，有优化的设计方案；项目的实施要求造价低、工期短，质量符合预定标准，项目使用后效益好、寿命长；其各阶段各环节之间是相互影响、相互依赖的有机整体。在这个问题上，如果只考虑某一阶段工作的优化，则整体不一定最优。

（6）冲突属性。冲突属性是由于项目的不一致性而导致的项目中存在各种各样的冲突。项目管理中唯一不变的是变化,不确定性贯穿了项目整个生命周期。不确定性引起了不一致性,从而产生了冲突。项目经理经常被描述成一个冲突经理,他的工作过程可以说是一个不断解决和协调冲突的过程。项目之间有为资源与其他项目进行的竞争,有为人员与其他职能部门进行的竞争,项目的成员在解决项目的问题时,几乎一直处于资源和领导问题的冲突中。

1.1.4 项目的分类

① 依据目标和方法的分类

(1)项目目标和实现方法的不确定性程度都比较低,如工程项目。这类项目应在保证质量的前提下,采取各种管理的方法和手段,加强对前期工作的管理,提高工作质量,搞好投资控制。在项目过程中强化进度管理,在不突破投资限额的前提下,缩短工期。

(2)项目目标不明确,但实现方法很明确,如信息系统项目。这类项目的关键是对项目生命周期进行明确的定义,以保证项目稳定执行。通常采用里程碑计划,里程碑代表项目某个周期任务的完成。

(3)项目目标明确,但实现方法不明确,如新产品开发。对这类项目项目管理的重点除了项目的组织管理和技术成功外,还要搞好预测管理等全方位管理,掌握更多的信息,努力降低风险,以实现项目目标。

(4)项目目标和实现方法的不确定性程度都很高,如研发项目。对这类项目,由于不确定程度很高,项目取得的预期成果不确定性很大。因此,该类项目应进行严密的组织与生产,强调搞好技术管理和方法管理。

② 依据劳动成果的分类

现代经济社会的劳动成果由商品部分和服务部分构成。主要由商品部分构成的产品被看作商品,例如,工程和货物的管理都是对于有形的产品的管理。而主要由服务部分构成的产品被称为服务。商品与服务的关系如图 2-1-1 所示。

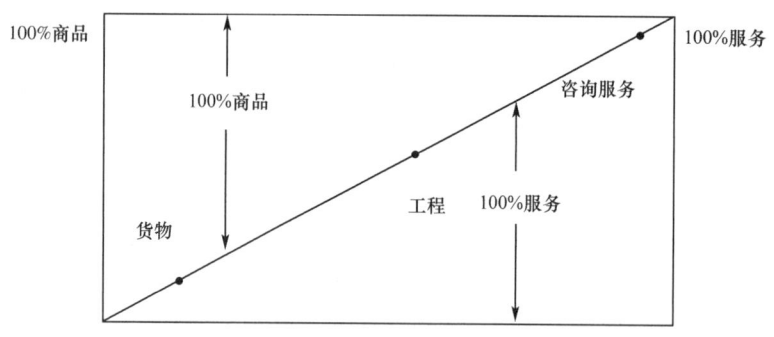

图 2-1-1 商品与服务的关系

1.1.5 项目管理的特点

(1)项目管理的对象是项目或项目化运作。

(2)项目管理的全过程都贯穿着系统工程的思想。

(3)项目管理的组织具有临时性。

(4)项目管理的体制是一种基于团队管理的个人负责制。

(5)项目管理的方式是目标管理。

（6）项目管理的要点是创造和保持一种使项目顺利进行的环境。

（7）项目管理的方法、工具和手段具有先进性、开放性。

1.1.6 项目管理的范围

项目管理的范围包括：范围管理、时间管理、费用管理、质量管理、人力资源管理、信息管理、风险管理、采购管理和综合管理等九大管理。其管理过程见表2-1-2。

表 2-1-2　管理过程

项目管理过程 项目管理领域	开始	计划	执行	控制	收尾
范围管理	启动	范围规划 范围定义		范围控制	范围确认
时间管理		活动定义 活动排序 活动时间估计 进度安排		进度控制	
费用管理		资源计划 费用估计 费用预算		费用控制	
质量管理		质量规划	质量保证	质量控制	质量验收
人力资源管理		组织规划	团队组建 团队建设	团队管理	
信息管理		信息管理规划	信息分发	进度报告	信息归档
风险管理		风险管理规划 风险识别 风险评估 风险应对计划		风险监控	
采购管理		采购规划	采购、招标 合同管理		合同收尾
综合管理		项目计划集成	生产要素管理	综合变更控制	

⟫⟫⟫ 1.2　项目管理

项目管理（Management by Projects，MBP）是伴随着项目管理方法在长期性组织中的广泛应用而逐步形成的一种适用于变化环境中长期性组织（如企业集团）的管理方式。随着外部环境变化加剧，长期性组织的任务日趋项目化，如何通过项目来实现组织的战略目标成为管理界关注的热点。长期性组织的项目管理作为项目管理学科的重要组成部分，已得到国际项目管理的广泛认同。

1.2.1 项目管理的内涵

1. 项目管理的概念

项目管理是针对长期性组织,特别是项目型组织的一个重要概念,也常称为"组织项目管理"。项目型组织的任务,主要是以项目形式进行的,通过按项目进行管理,可以提高组织的适应性和生存发展能力。细化管理责任,使组织的变化变得更容易。

通俗地讲,项目管理,是一种以项目为中心的长期性组织管理方式,以项目为导向,面向环境、市场、客户驱动构建柔性组织结构,强调部门间的沟通和协调,通过减少管理层级实现组织结构的柔性和扁平化。

2. 项目管理的任务

项目管理作为一种基于项目的长期性组织(企业集团)的管理方法,其目标是通过项目实现组织的战略。因而项目管理的中心任务,是基于长期性组织战略目标的要求,选择项目、管理项目,通过一系列项目的完成来实现组织的战略目标。问题的关键是如何选择项目,如何有效地管理项目,通俗地讲,就是组织层次如何管理项目的问题,也就是组织项目管理(OPM)的问题。

组织项目管理包括:组织内部的单项管理、组织内部的多项管理、跨组织的单项管理、跨组织的多项管理。

在供应链管理中,上述管理形式都存在:如企业的采购管理属于组织内部的单项管理;企业的供应管理属于组织内部的跨部门管理;企业对外包的管理属于跨组织的单项管理;企业对供应商的管理属于跨组织的多项管理。

3. 项目管理体系

基于项目管理的任务与要求,经过长期的实践与探索,项目管理逐步形成了相应的体系。

项目管理体系,是沟通组织(企业集团)战略与项目的桥梁。长期性组织(企业集团)战略目标的实现,最终要落到具体的任务(包括项目和日常运作)去完成,也需要资源(包括管理资源和技术资源)去完成。项目管理体系通过项目来实现组织(企业集团)的战略。因而其管理的工作要点如下:

(1)根据战略目标的要求发起并选择恰当的项目。

(2)根据战略发展的要求,为组织配置核心资源,并构建可用的备用资源网络。

(3)根据战略目标的要求,整合资源,完成项目目标。项目管理体系的内容包括方法、组织、机制和流程等4个方面。

项目管理体系框架如图2-1-2所示。

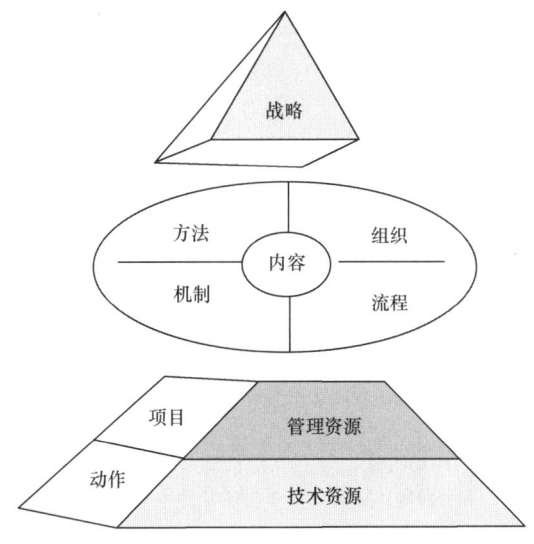

图 2-1-2 项目管理体系框架

1.2.2 供应链管理和项目管理

1. 系统论管理体系的组合

系统论已成为现代科学技术体系中一门十分重要的新兴学科。

在钱学森、宋建等科学家们的大力倡导和推动之下,这门科学在我国已有了很大发展,是 20 世纪对人类科学活动、生产活动和社会生活发生重大影响的科学领域。不过中外许多著名的系统论专家早已指出:关于系统论的某些观点和实践早在 2000 年前的中国和欧洲就已出现,它们在哲学、社会学和更为具体的科学中早已存在。

供应链管理和项目管理都是系统论指导下的产物。供应链管理和项目管理应用于不同范畴。

从职能划分,供应链管理由采购供应管理、生产运营管理和履约交付管理三大块组成。

在一个施工项目中,采购供应管理的重点是对供应商的管理;生产运营管理的重点是按项目管理的办法组织施工运营;履约交付管理的重点是和发包方合作进行工程验收并结算。

项目管理是以项目为中心,按照项目建设生命周期的顺序阶段,按照分层分类组织项目活动的实施。

供应链管理是对一种"特殊生态组织"的管理,其中既有项目管理,也有运作管理。这些管理类别是这种"特殊生态组织"的管理工具,但是两者都采用系统论观点组织活动,或者说是系统论体系下的不同组合,但是其中管理的理念和思路都是一致的。

2. 建筑业供应链管理

建筑业主要是以项目为龙头组织的建设活动。

管理科学最初的研究对象就是以建设工程为"模特"不断完善发展的,因此建筑业供应链管理和项目管理的相通性很高。应当说,项目管理中的管理理念、思路、流程以及一些管理工具在供应链管理中也得到了应用。

典型的供应链项目有:

(1)供应商关系管理;

(2)成本管理;

（3）外包管理；

（4）品类管理；

（5）供应链的组织重建或设计；

（6）培养供应链的人才培训和发展；

（7）供应链的风险管理等。

供应链项目会促使企业加强内部过程改造，有助于强化与顾客及供应商的关系。

③. 项目管理与供应链管理有关内容对比（见表 2-1-3）

表 2-1-3　项目管理与供应链管理有关内容对比

	项目/项目管理	供应链/供应链管理
术语定义	项目："为创建一个独特产品、服务或任务所做出的一种临时性的努力"，是"由一系列具有开始和结束日期、相互协调和控制的活动组成的，通过实施活动而达到满足时间、费用和资源等约束条件和实现项目目标的独特过程"	供应链是以客户需求为导向，以提高工程质量和建设效率为目标，以整合信息流、资金流、商流和物流等资源为手段，实现工程设计、采购供应、生产、交付、服务等全过程计划协同的组织形态
管理定义	项目管理是指以项目为管理对象，在既定的约束条件下，为实现最优项目目标，根据项目的内在规律，对项目生命周期全过程进行有效的计划、组织、指挥、控制和协调的系统管理活动。美国项目管理协会将其定义为"项目管理是将知识、技能、工具与技术应用于项目活动，以满足项目的要求"	供应链管理"是将通过企业内部及外部伙伴之间的协同计划组织和控制，从原材料采购到最终产品及服务的生产和交付全过程"
管理内容	九大管理任务具体如下： 综合管理 范围管理 时间管理 费用管理 质量管理 人力资源管理 信息管理 风险管理 采购管理	七项管理任务具体如下： 预测与需求计划管理 战略寻源管理 采购管理 生产管理 交付管理 物流管理 供应链整合与优化管理
主要工具	项目管理工具有 20 多种，常用的有： WBS 甘特图 里程碑图 网络图 SWOT 资金时间价值 激励理论 质量控制方法	常用管理工具有： 卡拉杰克模型 SWOT 波特五力模型 PESTEL 分析模型 4P 营销理论 价值链分析 核心竞争力分析 质量控制方法

>>>> 1.3　项目管理过程

1.3.1　项目周期

1. 分阶段项目生命周期

（1）项目生命周期四阶段模型（4D 模型）（见表 2-1-4）

表 2-1-4　项目生命周期 4D 模型

阶段	关键问题	关键活动
D1:定义项目	项目和组织战略,目标界定 关键问题:要做的是什么? 为什么要做?	概念化:生成需求的明确说明 分析:明确为了满足需求必须提供的东西;项目可行吗?
D2:设计项目过程	建模与计划、估算、资源分析、冲突解决和论证 关键问题:怎么做? 参与的人是谁? 什么时候开始与结束?	建议书:表明如何通过项目活动来满足需求 论证:准备并评估项目财务成本和收益 协议:项目发起人同意进行下去
D3:交付项目	组织、控制、领导、决策、问题解决 关键问题:如何进行项目的日常管理	启动:收集资源、配备项目团队 执行:执行规定的活动 收尾:达到时间或资金约束条件或者完成了活动 移交:项目输出转移到客户或用户手中
D4:发展过程	项目过程和结果的评估、评价、未来的变化 关键问题:如何持续改进这一过程?	评估:识别所有利益相关者获得的结果 反馈:采取程序改进措施,填补知识上的缺口,记录经验、教训以备未来使用

（2）韦斯和维索茨基五阶段生命周期模型（见表 2-1-5）

表 2-1-5　韦斯和维索茨基五阶段生命周期模型

阶段	活动	可交付成果
定义	识别问题,明确总目标,分解目标,获得预备资源,识别假设与风险	项目概述
计划	识别项目活动估算时间和成本,对活动进行排序,识别关键活动,撰写项目建议书	工作分解结构,项目网络图,关键路径分析,项目建议书
组织	获得资源 招聘项目负责人,招募项目团队,组织项目团队,分配工作包	成功标准,工作描述,工作委派
控制	明确管理风格,建立控制工具,起草状态报告,检查项目进度,发出变更命令	与目标的偏差,状态报告,人员分配
收尾	获得客户的验收,安置可交付成果,项目归档,发布最终报告,开展项目评审	最终报告审计,未来项目的建议

2. 建设工程的生命周期

任何项目都具有明显、确定的周期性与阶段性,且有一定的规律可以遵循,但处于不同行业与专业的不同项目,它们的周期性和阶段性的表现又具有各自的特点。其中工程建设项目是具有重要特点的项目类型。研究工程建设项目的周期性和阶段性并得出带有规律性的认识,对合理安排管理资源、有效推进并控制工程建设项目的进程具有重大的意义。对于在项目管理学科应用领域中具有重要地位的工程建设项目而言,其生命周期的规律可以参考图 2-1-3。

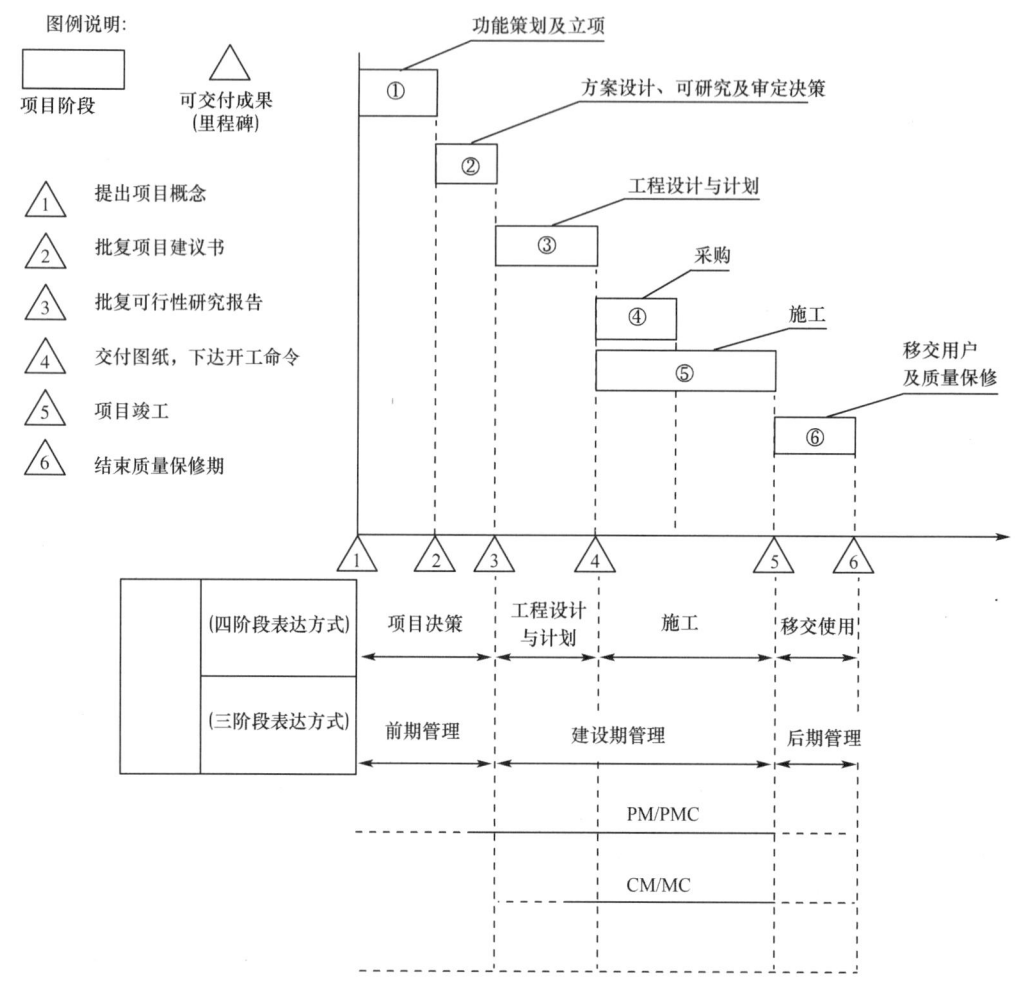

图 2-1-3 工程建设项目的生命周期

1.3.2 供应链管理应介入的周期

如图 2-1-3 所示,针对绝大多数的建设工程,建筑企业供应链管理是从项目的第三阶段或第四阶段开始的。

图中③~④是工程设计与计划阶段(建设期管理),是指国际工程界习惯所称的工程设计阶段,工程设计的范围包括初步设计及施工图设计。在工程设计阶段,随着项目的技术与经济条件愈来愈清楚,项目的施工阶段即将到来,亟须在此时完成项目各项预控计划的编拟,以便在项目施工前确定项目的预控指标,为项目的目标管理奠定较为牢固的基础,否则到了施工阶段还没有预控指标,就无法进行目标管理。

图中④～⑤是施工阶段(建设期管理),包括采购、施工过程,是指从施工单位获得施工图纸,业主下达项目开工令开始,直至项目竣工验收交付使用的完全过程。对工业项目而言,该阶段则是指从开工直至工业设备试车生产的过程。其中施工过程中的动用前准备是对工业工程项目施工后期的工业设备调试与试运行试投产的工作安排,而对非工业项目而言,这一阶段几乎并不独立存在。

图中⑤～⑥是移交使用阶段(后期管理),包括竣工、移交用户及质量保修过程,是工程项目生命周期的一部分。一方面,业主和承包商双方进行竣工验收,办理工程移交手续;另一方面,采取相关措施,确保承包商在工程保修期保修责任的履行。在保修期结束后,项目将进入运营阶段,此后既不再属于工程建设项目,也脱离了项目的工作方式,如图2-1-4所示。

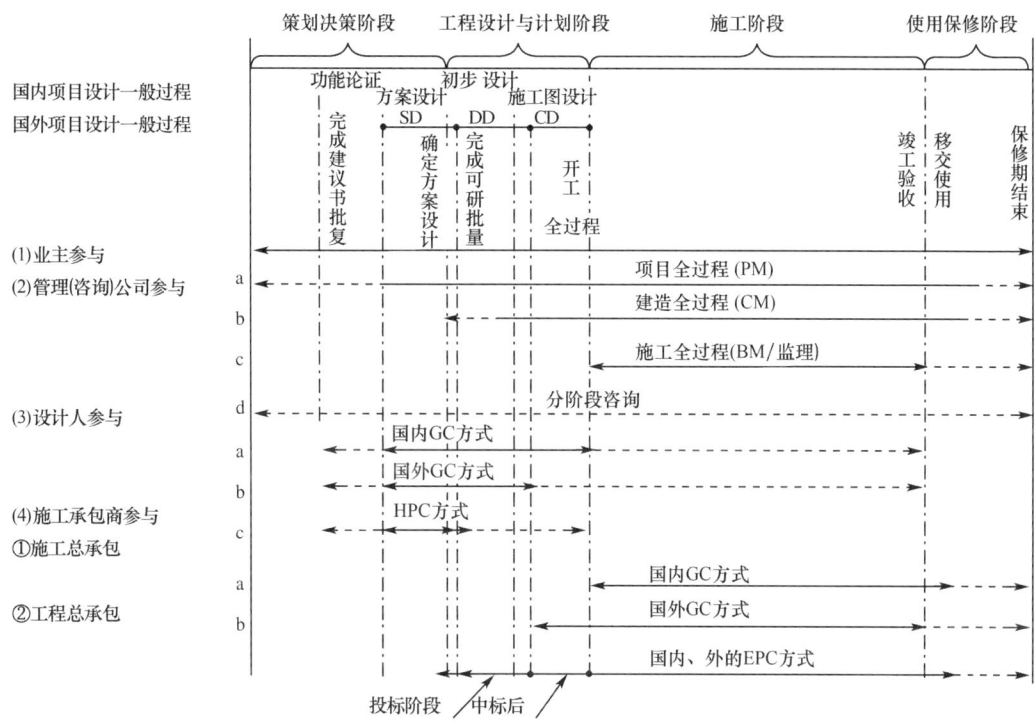

图 2-1-4　项目运营阶段

1.3.3　项目计划

项目计划是安排项目未来活动的路线。它是在预测项目未来环境条件的基础上,依据项目目标、相关的标准和要求,运用决策与优化的工具和方法,选择制定项目实施方案的决策过程,其输出结果是项目活动的各项具体计划,包括计划要素、说明书内容、工作分解结构、质量计划、组织规划、采购规划、活动排序、活动时间估计、进度安排、资源计划、费用估计和费用预算等。项目计划通常借助程序指南、说明书、作业手册来描述。

1. 计划要素（见表 2-1-6）

表 2-1-6　计划要素

要素	描述
概要	项目目标和范围的简短摘要，如上所述
目标	对技术和利润目标进行更为详细的说明
一般方法	说明工作的管理方法和技术方法
合同内容	列出所有报告要求、客户提供的资源、联络安排、检查和取消程序等
进度计划	列出所有任务以及带有估算日期的里程碑
资源	预算和成本监督与控制程序
人事	项目所需的技能与专长
风险管理计划	明确潜在的威胁、计划的应对措施和风险责任人，指定使用项目风险登记簿
评估方法	在项目开始阶段建立标准，对照该标准评判项目最终成败

2. 说明书内容（见表 2-1-7）

表 2-1-7　说明书内容

项目	内容和用途
目标	项目结果指标及费用、进度和质量指标的测量值
产品范围说明书	说明项目创造的产品、服务或成果的特征
要求说明书	说明项目可交付成果，满足合同中技术规定标准的说明书或其他正式强制性文件的要求。它反映了利益相关者的愿望、需要和期望的结果
边界	明确哪些事项包括在项目之内，哪些事项不属于项目的内容
可交付成果	由项目成果或产品服务组成的结果，也包括项目管理报告和文件等附带结果
产品验收准则	确定产品完成的验收原则和程序
制约因素	项目范围相关的，具体包括限制团队选择的一些制约因素
假设	项目范围有关的，具体假设及其如果不成立时，可能的后果和影响
初步组织	识别项目团队的利益相关者及成员
初步确定的风险	识别项目可能存在的风险
进度里程碑	确定项目实施的重要时间阶段和成果标志
资金限制	说明项目资金上的所有限制，包括总金额和规定的时间
费用估算	在成本收益分析的基础上，大致估计项目费用
配置管理要求	识别项目实施的配置管理和变更控制水平要求
技术规定说明书	确定项目的技术规范
批准要求	确定关于项目目标、可交付成果、工作和文件等事项的批准要求

3. 工作分解结构

工作分解结构（Work Breakdown Structure，WBS），确定了项目的整体范围，并将其有条理地组织在一起。WBS 细化了当前批准的项目范围说明书规定的工作，有助于各利益相关者理解项目的可交付成果。

4. 质量计划

质量是项目的一组特性，满足相关方要求的程度，主要体现在两个方面：一是项目范围内子项、项目工作单元、各阶段的工作质量；二是项目完成最终产品的质量。

质量计划的成果包括质量管理计划程序和作业指南、质量检查表格以及其他项目活动的思路和依据。

5. 组织规划

组织规划是确定项目角色,职责相互关系,并制订人员配备管理计划的过程。项目组织可以是个人或小组,可以来自项目组织的内部和外部,其主要依据是组织目标、组织过程资产和项目管理计划。此外,项目组织的文化环境和结构形式,也是制约组织规划的条件和因素。

6. 采购规划

采购管理涉及采购规划、采购组织和方式、合同管理、合同收尾等过程。采购规划主要依据范围说明、项目最终成果说明、WBS、采购所需资源、市场状况对项目进行计划,要求包括质量管理计划、项目进度计划、活动费用估算、合同管理计划以及与风险相关的信息。

7. 活动排序

活动排序是在活动的定义的基础上进行的。活动是指依据 WPS、项目范围说明书,识别达成项目可交付成果所必需的各项活动。通过项目活动的定义,列出活动清单和详细的申请资料,并更新和细化 WBS。

8. 活动时间估计

活动时间估计是制订项目计划的基础工作,涉及各个事项、各项工作时间的计算,以及整个项目的总时间等,活动时间力求客观、准确。

工作详细列表、项目约束和限制条件、资源需求、资源能力要求、历史项目工作资料等是活动时间估计的依据。

9. 进度安排

进度安排是根据项目的工作分解、工作时间估计、活动排序,安排各项项目工作的开始和结束时间。网络计划技术、项目进度计划是目前多采用的形式。

安排进度时依据的条件和信息,包括项目网络图、活动时间估计、资源需求、可用资源描述、日历以及各种限制因素和假设条件。

经过项目进度安排,生成的结果包括:

(1)进度安排:利用甘特图、网络图、里程碑图、时间坐标网络图等,反映项目工作之间的逻辑关系、工作进度,提取时间信息;

(2)细节说明:说明项目进度的细节,包括假设条件和限制因素;

(3)进度管理计划;

(4)资源需求更新要求。

10. 资源计划

资源计划是指对项目中的每项工作的资源(人、设备及材料等)的种类及其数量进行确定,并依据项目资源需求优化资源配置。资源计划一般可用项目资源负荷图来描述。

11. 费用估计

费用估计是对完成项目各项工作所需资源(人、材料、设备等)的费用的预估,项目只能在一定的约束条件下实施。在保证项目各项工作的质量前提下,对资源的费用估计是一项重要的项目计划工作。

费用估计的依据包括 WBS、资源需求计划、资源价格、工作时间、可参照的历史信息和会计表格。

经过评估可形成项目活动的费用估算值,以及活动费用估算的支持细节。

⑫ 项目费用预算

费用预算,将全部费用分解到每个子项目中,是每个子项目执行过程中的费用度量基线。费用预算包括采购物品费用预算、直接人工费用预算、辅助服务费用预算。

项目计划,是一项综合性管理活动,它应用系统工程方法,综合考虑组织内部和外部的因素,以项目有序化为目标,以项目的时间、成本、质量、范围、采购等各个领域计划的协调与整合为主要内容,按照项目目标平衡各类具体计划,保证项目在不断变化的环境下顺利实施。

1.3.4 项目实施与控制

项目实施阶段始于项目计划获准执行,终于任务完成,取得了预期的、可交付的项目成果,这是项目生命周期中设计工作内容最多、时间最长、资源耗费最多的环节,其交付的是项目的最终成果。项目实施与控制,主要包括两个环节:

一是调配资源,以完成项目的各项活动,实现项目目标,达成项目成果;二是实施控制,动态执行调控过程,采取措施,保证项目时间、质量、费用目标的实现。其中常用的工具和方法有:网络计划、技术增值法、激励理论应用、质量控制方法和技术,甘特图、里程碑图、责任矩阵图,资源负荷图,资源费用曲线等。

项目实施与控制的主要工作包括以下 12 个方面。

① 采购控制

采购控制是项目组织根据采购规划选择供应商,从项目实施组织外部获取资源的过程。

② 合同管理

合同有许多类型,分别适用于不同的目的和要求,合同管理的依据有合同条款、产品或服务结果、变更请求供应商或承包商单据等。

合同管理的方法包括:利用合同变更控制系统,保证按照规定和程序修改合同;利用进度报告掌握有关供应商和承包商的工作效率;依靠承包商付款系统向承包商付款;根据合同条款和条件进行合同收尾;利用合同档案管理系统,管理合同文件和记录。合同管理工作的输出包括供应商或承包商函件、合同变更、承包商付款请求。

③ 质量保证

质量保证贯穿于项目实施的全过程,为项目质量体系运转提供可靠的保证。它是所有项目计划和项目工作得以实施和达到质量要求的基础。ISO9000 系列标准的实施为项目质量保证提供了系统化的工具。

质量保证的输出包括:一是建立项目质量保证体系,或质量保证大纲,说明项目质量标准、工作目标、质量责任、特殊控制要求和质量控制点、控制方法和措施,完成标识和评价标准、项目质量评审等;二是实施质量改进,提高项目有效性和效率,以保证项目投资者的利益。

④ 质量控制

质量控制是监督项目的实施结果,并与质量标准进行比较发现偏差,制定和实施纠正措施与预防措施,保证项目结果,满足要求的过程。质量控制贯穿于项目实施的全过程。其结果包括产品结果(交付产品和服务)与管理结果(实施的费用和进度)。

质量控制的依据是项目质量计划、工作程序和作业指南。

质量控制的输出包括缺陷补救、改进措施、预防措施、请求的变更与拒收,以及接受结果的决定。

5. 质量验收

质量验收是基于采购合同中的质量条款项目、质量计划的范围、指标要求,按照项目的质量评定与检验标准,对项目质量进行质量认可评定和办理验收交接手续的过程。在项目生命周期内,按照范围、准则与要求,分阶段进行质量验收。

质量验收的输出是编制质量验收技术资料、项目验收评定报告、项目质量评定报告,详细评定项目各组成部分的质量等级,综合质量验收结果,评价项目的最终质量,针对存在的不合格问题,阐明内容并限期再验收。

6. 生产要素管理

生产要素管理是指对人、机械设备、材料、资金、技术等生产要素的配置和使用进行的计划与控制。

生产要素管理的输出包括编制生产要素供应计划、生产要素配置计划,确认最低生产要素成本、项目交付成果、现场与环境管理体系等。

7. 进展报告

进展报告是针对项目和任务的执行状况和发展趋势收集数据,并做出判断,提交和报告项目进展信息的活动。

常见的进展报告有项目执行状态报告、项目关键点检查报告、重大突发事件的报告、项目进度报告、项目变更申请报告、任务完成报告、项目管理报告。

8. 范围控制

范围控制聚焦于对造成项目范围变更的因素施加影响,并对其变更造成的后果进行控制,确保所有请求的变更与实施。项目控制系统按照项目范围变更处理程序实施。

范围控制的依据是项目范围说明书、WBS、项目范围管理计划、批准的变更请求。范围控制的输出包括提出请求的变更和纠正措施,以及更新项目范围说明书、WBS、范围基准、项目管理计划等。

9. 进度控制

进度控制是利用进度变更控制系统,对项目工作进度的持续测量和监控。发现偏差后,及时采取必要的措施,确保项目按时安置,按预算完成,最终完成项目目标。项目管理软件的可视化图表包括网络图、甘特图、里程碑图、进度前锋线、资源负荷图、费用成本曲线、工作绩效、项目成本记录等,这些是项目进度控制的有效工具。

进度控制的输出包括请求的变更,以及纠正措施、已更新项目进度表、进度基准、衡量工作绩效。

10. 费用控制

费用控制是为了保障各项工作在其预算范围内完成,防止超支,对项目支出进行控制的活动。费用预算是费用控制的基础。费用控制包括:各部门定期上报其费用报告;控制部门审核支出的合法性,并对比预算判断是否超支。

费用控制的依据有费用预算曲线、项目执行报告和请求的变更。费用控制的输出包括修订费用估计、更新预算、提出纠正措施、估计项目 EAC 等。

11. 综合变更控制

综合变更控制是为使项目发展朝着利好的方向,调整和变动某些因素,从而改变项目范围、目标、计划、交付物等的过程。

综合变更控制的依据有项目计划、请求的变更、工作绩效信息、推荐的预防措施、推荐的纠正措施、推荐的缺陷补救方法、可交付成果。

综合变更控制的输出包括项目计划更新、项目管理经验/教训、纠正措施等。

⑫ 范围确认

范围确认是指核实项目范围,确认项目成果,确保各项结果满足相关方要求的活动。如果项目提前终止,则项目范围核实过程还需要查明并记载工作完成的水平和程度。范围确认是借助测量、考察和试验,核实项目或项目阶段是否已按规定完成,并记载已完成并经过验收的可交付成果的过程。

范围确认的依据有范围说明书、WBS、项目范围管理计划、可交付成果、说明项目成果的文档。范围确认的输出包括经过验收可交付的成果、请求的变更、推荐的纠正措施等。

1.3.5　项目结束

项目结束是指项目成果完成后交接并结束项目的过程,项目结束的输出是项目验收报告和项目最终成果。项目结束的工作包括资料验收、交接或清算、费用结算、审计、后评价。

① 资料验收

项目资料是整个项目生命周期的详细记录,是展示成果的重要形式。项目资料既是项目验收和评价的标准,也是项目交接维护和后评价的重要凭证。

资料验收的内容和范围涉及项目生命周期各阶段的计划、报告图表记录等各种文件,完成项目资料验收后,编制项目资料验收报告,建立项目资料档案。

② 交接或清算

项目交接是指全部合同收尾之后,全部项目参与方与项目业主之间移交项目所有权的过程;项目清算是项目结束的另一种方式和结果。正常的项目结束过程是项目交接,非正常的项目终止过程则是项目清算。

③ 费用结算

费用结算是指确定项目从起始到结束交付使用为止的全部费用的结算。合同以及合同的变更是项目费用结算的主要依据。费用结算的内容包含整个项目生命周期内支付的全部费用。费用结算的输出的方式是项目决算书,包括项目概况表、财务决算表、交付使用财产明细表、交付使用财产总表等。

④ 审计

审计是指审计机构依据国家法令和财务制度、组织的经营方针、规章制度和管理标准对项目进行审核检查,并判断其是否合法、合理和有效。

审计的内容包括:

①审核检查项目活动是否符合国家政策、法律法规,是否符合相关制度规章的规定,有无营私舞弊或违法现象等;

②审核检查项目活动是否合理;

③审核检查项目效益;

④审核检查各类项目报表、报告等资料是否公允和真实。

⑤ 后评价

后评价是在项目完成并使用或运营一段时间之后,系统评价项目立项决策、设计、实施、生产运营等全过程的一项技术经济活动。

项目后评价的输出是形成项目后评价报告,主要包括项目概况、评价内容、主要变化和问题、原因分析、结论和建议,以及经验/教训总结、基础数据和评价方法说明等。

本章思考题

1.简述项目的定义。

2.简述项目管理的范围。

3.简述项目管理和运作管理的区别。

4.简述项目管理的过程。

5.供应链管理和项目管理有哪些不同?

第 2 章   全面质量管理

质量管理属于项目管理九大管理的范畴之一,也是供应链管理各环节都需要重点关注的内容之一。质量管理是一个独立的学科,涌现出诸多质量管理理论,最著名的是戴明的全面质量管理理论。质量和质量管理的理念已经渗透到经济活动的各个环节,包括供应链管理环节。

◎ 本章目标

1.理解质量和质量管理的内涵。
2.熟悉管理供应和供应商质量的方法。
3.掌握和熟悉全面质量管理的理论和运用。

≫≫≫ 2.1   质量

对大多数企业而言,质量是一个关键的成功要素,因为它决定了客户的满意度,还是生存和竞争优势的最终来源。

2.1.1   质量及其管理的定义

1. 质量的定义

早期对质量的定义集中于产品质量,定义为符合用途或只是符合要求。如果供应商和客户商定了各种要求且这些要求得到了满足,就可以说这是一个有质量的产品或服务。

2. 质量管理的定义

质量管理的定义:为了使生产和服务达到最佳经济水平,使客户完全满意,而将一个组织内各种团组的质量开发、质量维护和质量改进等工作进行集成的一个有效的体系。

2.1.2   质量理解的 5 个角度

(1)从卓越性角度:将质量与"卓越"相比较。
(2)从使用者角度:所生产的产品"合乎使用",满足客户的需要。
(3)从产品的角度:精确可测量产品的性能。
(4)从生产的角度:所生产的产品完全符合技术规范。

(5)从价值的角度:从生产的角度拓展开来,同时包括成本和价格。

2.1.3 质量的 8 个维度

(1)性能:产品的操作特性。

(2)特色:增值的特性和服务要素。

(3)可靠性:产品随时间始终如一地执行功能的能力。

(4)耐久性:产品在不变质或不损坏的情况下可以持续的时间长度。

(5)一致性:是否符合约定的规格和标准。

(6)可维护性:支持性服务的便捷性与可用性。

(7)美观:产品为用户带来的吸引力与愉悦感。

(8)客户主观看法:受广告、品牌、价格的影响。

2.1.4 "合适的质量"的最重要的定义

(1)符合用途。

(2)与要求或规格的一致性。

(3)相对卓越性。

2.1.5 质量的重要性

(1)从质量方面将产品区别于竞争对手。

(2)在市场上以质量定位自己的品牌。

(3)以质量开发客户的忠诚度,留住客户。

(4)符合法律和法规。

(5)避免产品召回、退货以及客户索赔带来的经济和声誉损失。

2.1.6 质量成本

1. 定义

质量成本被定义为:确保和保证质量的成本,以及未达到质量要求标准而产生的损失。

2. 与质量相关的成本包的内容

(1)预防成本

技术规范制定、人员培训、设备维修保养、供应商管理、ISO 认证等。

(2)鉴定成本

质检、测试、质量体系审计、供应商等级评定等。

(3)内部损失成本

废弃或返工、再次检验、产品降低等级、损失销售、库存、事故分析等。

(4)外部损失成本

逆向物流、修补或更换、索赔及处理索赔、丧失客户忠诚度和未来销售额、外部声誉受损。

➤➤➤ 2.2 　质量管理

管理供应和供应商质量的技术有很多种,一般分为两种基本类型:被动的检测方法(找出和解决问题),如检验和质量控制(QC);主动的预防方法(在根源上铲除问题),如质量保证(QA)和全面质量管理。

2.2.1 　质量控制

质量控制基于检验和缺陷检测。

1. 质量控制的作用

(1)监督或检验供应和生产过程每个阶段的物品。

(2)识别缺陷的或不符合规格要求的产品。

(3)对没有通过检验的产品进行报废或返工处理。

(4)将通过检查的可接受产品移交到下一个环节。

2. 质量控制的 3 个不同阶段

(1)入库检验:对来自供应商的材料、零件和组件进行检验,检验是否符合约定的规格。

(2)中间过程控制检验:检验在制品,以识别并纠正各种差异。

(3)审计检验:对照标杆标准对质量管理程序和过程进行审计。

3. 质量控制的局限性

(1)为了防止缺陷产品出现在生产过程中或到达终端客户,必须对巨大数量的产品进行检验。

(2)由于预算和生产日程等方面的压力,缺陷产品的数量可能达到不可接受的程度。

(3)质量控制过程旨在识别和排除缺陷产品,但这是在这些产品已经生产出来之后,即这是在"亡羊补牢"。

(4)检验活动可能在供应过程每个阶段重复进行,这进一步放大了效率低下。

2.2.2 　质量保证

质量保证建立在缺陷预防基础之上。这是一种更为主动的和综合的方法,将质量融入过程的每个阶段,从概念与规格开始。它包括质量管理体系中所使用的全部系统性的活动,以"保证"或给予企业足够的信心使之相信这些产品和过程将满足其质量要求。换句话说,质量保证是"融入质量",而不是"清除缺陷"。

1. 缺陷预防系统

缺陷预防系统是由戴明提出的,用来在实际生产之前发现生产过程中制造缺陷品的可能性。企业对运作流程进行监控,一旦在输出中发生不可接受的变动,马上就识别出来,然后立即采取纠正措施,防止更多的缺陷品被生产出来。

2. 质量保证计划和认证可融入供应链管理的阶段

(1)产品设计。

(2)材料规格与合同的制定。

(3)供应商的评估、选择、批准与认证。

（4）与供应商的沟通、反馈机制和质量记录。

（5）供应商的培训与开发。

（6）为了保持和持续提高绩效水平，对员工和供应商进行激励。

2.2.3 质量管理

1. 定义

（1）质量管理是指用于保证输入与输出具有"合适的质量"的各种过程，即产品和服务适合于用途并符合规格要求，随时间不断取得持续的质量改进。因此，质量管理包括质量控制和质量保证两个方面。

（2）质量管理体系（QMS）可以定义为：用于指导和控制企业的一套经过协调的活动，目的是持续提高该企业绩效的效率与效力。QMS 的主要目的是定义和管理系统性的质量保证过程。

（3）全面质量管理（TQM）是一种彻底的质量管理方法，作为一种经营理念，TQM 将质量的价值观与理念应用于管理企业内和整个供应链的所有资源与关系，以追求全面绩效的持续改进和卓越。

2. 质量管理体系（QMS）的目的

（1）使客户们相信该企业有能力提供满足客户需求与期望的产品与服务。

（2）通过改进过程控制和减少浪费，一贯地和有效地实现企业的质量目标。

（3）通过清晰的期望与过程要求，提高员工的能力、培训和道德水准。

（4）一旦取得质量效果，继续保持，并坚持学习与良好实践，使之不会因为缺乏归档、实施和一贯性而中断。

3. 供应链中的关系对质量管理的重要性

（1）使供应链各环节加深认识，对交付给客户最终产品的质量负责。

（2）长期的业务量能够激励供应商在产品质量、标准认证并持续改善上加大投入。

（3）提供有保障的、长期的关系框架，来共同改善和发展商业流程。

（4）避免采购活动中为走"快捷径"导致供应商损害产品质量的做法。

（5）创造开放、合作、共赢的文化。

（6）使产生对卓越性和改善的"承诺"。

（7）改善供应链的可视性和透明性。

（8）支持知识管理和最佳实践的分享。

（9）培养采购员对供应商及其商业流程的信任。

（10）加强对客户需求及质量和价值定义的意识。

►►►► 2.3 服务质量的管理

2.3.1 服务

服务是一方提供给另一方的各种无形的，并且不会形成所有权的活动或利益。

与商品相比，服务的质量控制更难：

①产品是有形的,服务是无形的,技术规范难以测量。

②产品的质量具有高度一致性,而服务是变化的。

③产品的质量评估是客观的,而服务质量的评估更为主观。

2.3.2 服务质量的测量指标

服务质量的测量指标包括以下五个方面:

(1)有形性:设施、设备、人员、沟通等的外观表现。如服务提供商是否有着装得体的员工及保养很好的设备?客户反馈表是否好用?

(2)可靠性:可靠并精准完成所承诺服务的能力。如服务是否按规格、及时、在预算内交付?

(3)响应性:愿意帮助客户并提供快捷服务。如员工能否对紧急或例外需求积极响应?

(4)保证性:客户基于服务提供商所展示的能力、举止、可靠性等对其所产生的信心大小。

(5)共鸣性:客户相信服务提供商能够明白客户在使用、沟通与合作便利性方面的需求与期望。

2.3.3 监控服务质量的技术

1. 观察与体验

观看和体验所提供的服务。例如,办公室是否被清扫并达到承诺的标准可以通过观察得出结果,交付货物是否及时也可以通过体验直接感知等。客户可以对服务失败的情况进行记录或报告。

2. 现场检查与抽样检验

可以定期以某种方式对绩效进行检验或测量。例如,在保洁服务中,现场检查包括按照测量指标(如清空垃圾箱数、清洁窗户数、消毒卫生间数、清洁地毯数)对办公室进行突击检查,而抽样检验可以通过对选定区域地毯上的尘粒数量进行分析等。

3. 商业结果与间接的客户反馈

服务都有目的,因此好的/差的质量的服务对客户的活动具有连锁反应。例如,来自客户的反馈可能表明客户对不清洁的办公环境、延迟的运输送货或呼叫中心人员的不礼貌言行等不满意。

4. 客户和用户反馈

应当定期邀请接受服务的客户和用户填写反馈调查表,反映他们对所接受服务质量的意见。此外,应当建立机制以便于将客户和用户的投诉、具体的服务失误迅速通知服务经理。

5. 绩效电子监控技术

在有些情况下,可以使用电子测量与跟踪装置监控服务绩效。例如,用考勤计时装置记录工作小时数,运输提供商用"黑匣子"旅程记录器跟踪延迟和路径,由计算机程序记录处理的交易数量、电话次数、偏离计划的成本与进度等。

6. 服务提供商的自评估

服务提供商可以要求其员工或主管提交报告。这可以采用多种形式,从在交接班时由清洁工的主管在检查表上签字,到定期开展系统性的自评估。

7. 协同绩效考评(双方一起周期性的绩效回顾)

应当定期收集所有上述信息并与客户和服务提供商分享,以评估服务合同的成功与否。

2.3.4　服务差距的分析

服务差距：根据 SLA、KPI 或其他标杆目标，对供应商绩效数据进行测量，并找出所得到的服务水平和目标水平之间的差距。

服务质量(SERVQUAL)模式认为某个特定服务的质量是一个评估过程的结果。在这个过程中，采购者将自己所期望获得的与他们认为自己实际获得的服务进行比较，如表 2-2-1 所示。

表 2-2-1　服务差距

差距	解释	采购者的补救措施
采购者和服务提供商对质量理解的差距	服务提供商对质量的定义可能和采购者有所不同	采购者和服务提供商需要一起寻求对质量要求的共同理解
想法和服务规范间的差距	由于资源的缺乏或者制定服务规范的能力欠缺	采购者需要与用户和服务提供商沟通来开发精确的服务规范
服务规范和服务表现间的差距	服务提供商方面的服务规范和服务水平协议并没有展现在服务提供商所提供的实际服务水平上	采购者需要对服务提供商的能力进行预评估
沟通和服务表现间的差距	服务提供商的沟通可能会导致不准确的质量期望	采购者需要对服务提供商提供的信息进行核实
采购者的期望和所感受到的服务间的差距	采购者或用户所感受到的服务可能没有达到他们的期望	采购者需要管理用户的期望和服务感受

>>>> 2.4　全面质量管理

全面质量管理(TQM)是一个组织整体的生活方式，通过持续改进过程和人的贡献与参与，致力于全面的客户满意。

2.4.1　TQM 的主要原则

①关注客户

将客户视为价值的定义者，发现并满足他们的需求，这些是质量思想的基石。

②分析质量环

注重整个供应网络的管理，与供应商合作共同改进整个供应链的质量。

③形成质量文化

企业中的一种重要的文化价值观，企业高级管理层必须将其表达出来并且塑造典型，同时通过招聘、培训、评价和奖励体系，促进并强化质量文化。

④全员参与

企业中的每个人都有可能对质量产生影响，要想达到合适的质量，人人有责。

⑤"人"决定质量(而非仅仅通过系统)

在保证质量方面，在承诺、沟通、意识和问题解决上，人是比体系更重要的因素。

⑥跨职能团队的合作

必须对团队进行授权和人员配备，采取必要的措施纠正问题，建议并实施改进措施，对客户需求灵活、迅速地进行响应。

7. 质量一步到位

质量应该融入产品、服务和流程,以求实现零缺陷。

8. 和谐的商业流程(BPR 的应用)

企业应该谨慎地设计并修改业务过程,以便将所有活动都趋于同一目的:满足客户的需求。

9. 质量管理体系的应用

应用企业质量手册、部门程序手册和详细的工作说明书和规格,详细记录质量体系。

10. 持续改善(非一次性作业)

质量改进应该通过努力持续地改进,企业应该保持对新机会和方法的开放姿态,鼓励各个层级的学习和灵活性。

11. 分享最佳实践

运用质量小组、网络或矩阵结构、对标、评审与认证计划和供应链人际关系来分享质量数据、技术和标准。

2.4.2　TQM 的实施

(1)得到高级管理层对持续改进的长期承诺的全力支持。

(2)推行零缺陷理念,即第一次就将事情做正确。

(3)培训人员,使之理解客户与供应商的关系。

(4)不只按价格购买产品和服务,要看总成本。

(5)认识到必须对系统中的改进进行管理。

(6)采用现代的监管与培训方法,消除恐惧和责备。

(7)通过对流程的管理,消除部门之间的障碍,改善沟通与团队协作。

(8)避免任意设定目标,基于数据支持。

(9)不断地教育和培训,开发企业中的"专家"。

(10)开发一种系统性方法来管理 TQM 的实施。

2.4.3　TQM 的好处

(1)如果没有质量缺陷,将没有质量缺陷成本。

(2)在战略层面,稳固的质量体系意味着商业流程和绩效表现的持续改善,客户服务会更加可靠地达到或超过期望。

(3)促进以质量为核心的沟通和问题解决。

(4)促进内部和外部供应链管理的集成。

(5)在质量价值的基础上,产生具有强大的驱动性和引领性的企业文化。

(6)促进工作小组的培训和授权。

(7)使企业能够在质量和服务上更有竞争性地区别于竞争对手。

2.4.4　TQM 的缺陷

(1)TQM 在实践中被证实存在一定的局限性。引入不当或管理不善,全面质量管理会变得无效。由于自满或厌烦,引入 TQM 所获得的短期利益可能会随着时间慢慢消失。

（2）如果引入 TQM 时采用的是一种闪电战的方法，TQM 还会造成干扰，因为人们不知道该做什么，或者接下来做什么。所需变革的程度和损失不应被低估。

（3）TQM 的引入、实施和稳定是要耗费时间、人力、金钱的，并且困难重重，特别是在大型企业中，人们会抵触新文化价值观，例如以客户为中心和全员参与。

>>> 2.5 全面质量管理的不同视角

2.5.1 戴明

爱德华兹·戴明是一位美国统计学家，20 世纪 20 年代在贝尔实验室与沃尔特·舒瓦特共事。舒瓦特是对产品公认标准偏差进行统计测量的先驱，戴明将该技术进一步发展为统计过程控制。

1. 7 种致命的管理恶疾

（1）缺乏长远的目标，仅为占有市场的权宜之计。

（2）只重短期利润：目光短浅。

（3）通过绩效评级或年度评审，评估个人绩效。对雇员的绩效评估和等级评定会破坏团队合作，使部门之间、工作人员之间陷入竞争。

（4）不安定的管理层，即管理职位流动快。

（5）只是根据可见的数字来运行一个公司。

（6）沉重的医疗支出。

（7）产生巨额的担保和法律赔偿费用，支付律师处理紧急事务的费用。

2. 质量管理的"小类别障碍"

（1）忽视长期计划。

（2）依赖技术来解决问题。

（3）寻求可以照搬的示例而不是开发解决方案。

（4）找借口，比如"我们的问题有所不同"。

（5）依赖质量控制部门，而不是由管理层、主管人员、采购经理和生产人员全员参与。

（6）归咎于工人，而工人只应对错误负 15% 的责任。

（7）依赖质量检验（缺陷检验），而不是提高质量（缺陷预防）。

3. 质量管理十四法

（1）要有一个改善产品和服务的长期目标。

（2）在新的经济时代采用新的质量思想。

（3）停止依靠大规模的最终检验。专注于缺陷预防而不是缺陷检测。

（4）考虑总成本。

（5）持之以恒地改进生产与服务体系，不断寻求改进质量和生产效率的途径。

（6）建立工作岗位培训，特别是现代的在岗培训方法。

（7）在机构上下建立领导机制：强调对质量的责任而不是对"数字"的责任。

（8）消除恐惧感，以便每个人都能够有效地为企业工作、提出问题并发表建议。

（9）打破部门和单位之间沟通及工作流的各种障碍。

（10）避免对员工喊口号、发警告和下指标。

（11）取消数字化的生产率目标,这样的目标会促使为了达到定额而投机取巧和虚假报告。

（12）鼓励敬岗和敬业,消除各种障碍。

（13）支持不断地学习和自我提高,组织严密的教育与发展计划。

（14）采取转型行动:在高级管理层创立一个推动转型的结构,在所有层次上都创造"支持"氛围。

2.5.2 克劳斯比

菲利浦·克劳斯比是最受推崇的现代质量大师之一,在其《质量免费》(1979)和《质量无泪》(1984)这两本有影响的著作中,他提倡全面质量理念。

1. 质量四个准则

（1）质量被定义为"符合要求"。

（2）质量体系是预防性的。

（3）绩效标准是零缺陷,第一次就将事情做正确。

（4）质量的测量是按照检测不符合要求的过程进行的。

2. 十四步计划

（1）高级管理层必须制定一个规范的质量标准。

（2）建立一个管理层质量改进团队来负责质量问题。

（3）确定何处存在当前的和潜在的质量问题。

（4）评估质量成本并解释其作为一种测量浪费的管理工具的有效性。

（5）提高所有员工的质量意识和参与度。

（6）采取纠正措施,使用正式的系统来暴露问题的根源。

（7）建立零缺陷委员会和项目。

（8）对所有员工进行质量改进的培训。

（9）举办"零缺陷日"以增强意识和获得动力。

（10）鼓励团组和个人设定改进目标。

（11）鼓励员工进行沟通。

（12）对那些参与者给予正式认可。

（13）建立质量委员会以便信息传播和分享。

（14）将所有这些重复做一遍,质量过程永远不会结束。

3. 质量管理成熟度

阶段 1:不确定性,"不知道为什么会有质量问题。"

阶段 2:觉醒,"一定会有质量问题吗?"

阶段 3:启蒙,通过管理层的支持和质量改善,能够发现并解决问题。

阶段 4:智慧,预防质量缺陷是日常运营的常规部分。

阶段 5:确定性,"知道为什么没有质量问题。"

2.5.3 朱兰

约瑟夫·莫西·朱兰曾是戴明在贝尔系统实验室的同事,后跟随戴明到了日本并提出了质量三部曲(质量计划、质量改进和质量控制)。

1. 质量的4个主题

(1)设计的质量:市场研究、产品概念和设计规格。

(2)符合性质量:技术、人力资源和管理的应用。

(3)可用性质量:配送、可靠性和可维护性。

(4)现场服务:及时性、胜任性和整体性。

2. 质量的分阶段流程

(1)识别内部的和外部的客户。

(2)确定这些客户的需求。

(3)将客户需求转化为用我们的语言表述。

(4)开发一个旨在满足这些需求的产品。

(5)优化产品特性,以便同时满足我们的需求和客户的需求。

(6)开发一个能够生产该产品的流程。

(7)优化这个生产流程。

(8)证明该流程在运营条件下是有效的。

(9)将该流程转化为运营。

案例 2-2-1　雀巢公司的供应链管理

雀巢(Nestle)在食品和饮料行业是世界上最大的消费品公司之一。

1.执行 GMP 标准

雀巢运营着一个质量管理体系,该体系是用来保证食品安全、符合质量标准、为消费者创造价值的全球性平台。独立认证机构的审核和验证,证明其内部质量管理体系符合内部标准、ISO 标准、法律和监管的要求。

这个质量管理体系是从农场开始的,雀巢与农村地区农场主的合作有着很长的历史,它帮助农场主们改善他们产品的质量,并采用环境可持续性的农业生产措施。质量管理体系不仅能确保雀巢持续获得高质量的原材料,还能确保农场主维持甚至提高他们的收入,因此农村地区的生活标准得到了提高。该系统有助于解决关键的全球环境和社会问题。

质量是根据消费者的需求和所有食品安全和监管的要求,建立在产品开发过程中的。

雀巢的研发网络秉承"质量是设计出来的"这个理念,用在公司所有产品的研发中。

雀巢采用国际认可的优良制造标准(GMP),以确保质量和食品安全。GMP 涵盖制造业的各个方面,包括标准操作程序、人员管理和培训、设备维护和材料的处理。

雀巢也采用国际认可的危害分析和关键控制点(HACCP)体系,以确保食品安全。这个以预防和科学为基础的体系能够识别、评估和控制风险,尤其对食品安全非常重要。它涵盖整个食品生产过程,从原料到分销和消费。雀巢的 HACCP 计划和系统验证通过了外部认证机构的认证,符合 ISO22000:2005/ISO22002-1 国际标准。

雀巢产品携带的信息保证它们对消费者而言是在最高水平质量下的安全使用。雀巢全球消费服务组织确保公司可以立即回复任何消费者的查询、问题或担忧。所有雀巢产品的标签邀请消费者和公司进行交流,并提供详细的地址或电话号码。

2.持续改进

按 Büchel 和 Zintel(2013)的说法,在驱动绩效改进方面雀巢一直是领先者,因此到2007年,全球的业务单位都发现很难删除任何额外的成本。许多人,包括首席执行官包必达,担心继续关注节约成本可能最终在产品质量上妥协,他们想知道这种主动的成本节约是否具备长期的可持续性。包必达在他2006年雀巢的蓝图中倡议公司"从项目驱动的方式转变为可持续性的态度激励的方式",所面临的挑战是让组织各层级的每一个人,在每天中持续改进以加快绩效的改进,并确保可持续性。这是种下的第一颗雀巢持续卓越(NCE)的种子。

当何塞·洛佩兹开始在2007年2月担任全球运营副总裁时,包必达给了他一个新的使命:"为了加速执行这个转变我需要你思考一下如何吸引大家。"洛佩兹在他的新职位所做的第一件事就是巡视雀巢的全球业务,在不同的市场通过已经建立的持续改进计划寻找灵感。

在巡视雀巢的全球业务后,洛佩兹形成了 NCE 模型的愿景:这是一个建立在世界各地雀巢公司内部已经实现的最佳实践基础上的,针对雀巢运作的一个操作系统,他认为,拥有一个共同的模式对整个组织是至关重要的,因为它将:

(1)保证项目的可持续性不受管理变化的影响。

(2)实施经过验证的最佳实践。

(3)消除重复工作。

(4)实现学习的共享。

为了实现这个理念,三个 NCE 基础元素在进一步的活动之前必须到位。

第一个基础元素是雀巢公司综合管理系统(NIMS),这个系统是确保健康、安全和质量的指导方针,以及流程的到位和执行,从而以一种安全的和值得信任的方式持续地为消费者交付高质量的产品和服务。

第二个基础元素是领导力发展,其中包括三个组成部分:成功的配置(定义角色和行为);人才和接班人计划(开发适合这份工作的人);领导和指导(重点放在培训和授权,因为这些被认为是吸引人才、释放个人潜力的关键)。

第三个基础元素是目标的校准,这是一组实践,旨在使员工的行为与业务优先级保持一致,并确保可靠地执行这些操作。层级目标允许每个人都理解战略和日常行为之间的联系,促进团队合作。它包括几个视觉元素:一个操作总体规划、绩效指标、回顾、标准程序和基本问题解决。

一个业务单元为了"开启"NCE 大门,必须证明它有效地实施了这三个基础元素,并且开始全员生产维护(TPM),下一步就是利用 TPM 机制优化生产操作。所有这些因素组合被称为"单一雀巢运作模式"。

对于 NCE,洛佩兹的观点是:"这是我们提高绩效的路线图,但它也作为我们的新思维,这将推动持续改进并让我们所有所做的工作持续卓越。关键是所有参与的人将有这种心态的变化。作为一个公司,这是带领我们到更高层次的力量——事实上不仅如此。"

在洛佩兹计划如何部署 NCE 时,他考虑推出 GLOBE,一个雀巢全球 IT 平台,用平台建立通用流程、系统和贯穿整个组织的数据。GLOBE 是一个自上而下的实施方案,几乎不关注市场状况。他想让本地管理者喜欢 NCE,积极参与这种新方法。洛佩兹还意识到,GLOBE 对于 NCE 将是一个关键驱动引擎,因为标准化的流程、系统和贯穿雀巢市场的数据将提供识别运作中改进机会所需的透明度。

为了获得动力和员工自发的承诺，NCE 在 10 个参照工厂试点的技术型组织中进行推广。区域经理计划在他们地区的工厂实施 NCE，然后与技术经理交谈，参观工厂，并访问工厂的管理人员，以评估他们的准备。工厂生产线中工人正式开始运作时，NCE 开始启动。操作人员被要求在红色的纸条上写下他们机器上所发生的问题，然后迅速纠正。为了确保车间团队在每周的操作审查会议上的自主权，只有工厂工人能够发言。审查会议在一个预留的隔间召开，用一条绿色的线隔开，工厂经理不允许跨越。工厂使用白板列出关键绩效指标(KPI)，并在会议期间回顾。每个工人都要写出他们负责的 KPI。如果没有实现，工人有责任必须把它标出来，并用红色写下一个新的目标。

试点的初步结果是令人鼓舞的：消费者投诉下降了 30% 以上，主生产计划实现水平提高了 14% 以上，转换成本降低了 9% 以上，生产效率为 90%，零事故。

NCE 的好处开始显现，热情在蔓延。但是它可以应用到如金融、市场营销、IT 和人力资源等其他业务领域吗？有些人相信 NCE 能给生产之外的领域带来贡献，有人关心如何让 NCE 适应不同的职能：NCE 是一个非常结构化的方法，能很好地用来减少生产浪费，但如果用在例如营销这样的职能时，有一个真正的危险，它会限制创造力。不是所有的事情都可以使用 NCE 提供的工具插入流程中并优化。

然后雀巢开始全面开展 NCE，目前是全部员工三分之一的规模，要把它推广到工厂网络的其余部分和职能。雀巢首席执行官保罗·薄凯把 NCE 视为公司成功的关键："NCE 把我们的绩效提高到新的水平，甚至更高。NCE 是一个长期的、永久的，能够改变我们思维方式。"

3.获得持续绩效改进的方法

NCE 为所有人采用雀巢的精益思维方式提供了关注度、工具和经验。从生产开始，然后通过团队，它将导致个人、团队、工厂和最终职能水平上的零浪费、简单和高效的活动。NCE 建立在过去成功的绩效改进之上，并改变了人们的行为："人们对自己的命运有更大的控制，消费者需求将决定我们业务和运营的反应，我们将缩小与竞争对手之间的距离。"

NCE 的开始、推广和广泛应用的故事提供了许多关于在复杂的组织环境中引入可持续改进文化以驱动绩效的范例。

4.创建自己的适应模式

为了推出全球持续改进计划，雀巢把不同的方法和技术，如精益、TPM、六西格玛、质量管理小组和 SAWTS，融入领导力发展、功能卓越等现有雀巢内部全球最佳实践等领域，创造出独特的雀巢方法：NCE 和"单一雀巢运作模式"。如果 NCE 要推广到不同的功能区域，灵活的基础模式应允许每个功能领域引入本地化的适应性改变。

5.从基础开始

持续改进和主动变革要取得成功，公司必须有强大的哲学基础。雀巢实施 NCE 有三个基本要素：目标校准、领导力发展和承诺。这些在进行任何更多活动之前必须到位。目标校准是至关重要的。在作为市场负责人的经历中，洛佩兹形成了"技术行动必须与企业战略一致"的理念。与业务目标保持一致也是取得早期效果的关键，因为目标是在每个工厂分解成一个个清晰的、可以在短时间内改善的活动。有了之前的校准目标，雀巢通过强调培训和授权，专注于领导力的发展以及承诺，从而确保健康、安全和质量方针与流程的到位。这三个要素的组合构成是雀巢成功的基础。

6.变化不会很快到来

许多公司认为,持续改进将提供一个快速的改变,但这种情况很少。雀巢意识到 NCE 将是一个十年的旅程。员工参与需要时间,必须基于不断变化的态度和行为,而不只是使用工具。NCE 有自己内置的可持续性和长期的目标:它被设计为一系列的步骤,以平均两年一个步骤,用十年的时间来完成。在每一步中,把取得的进展与里程碑相比较进行评估,以证明在消除浪费上具体的绩效改善。NCE 模式引进不是"一次性通过",而是不断地通过不同的门槛——监测是定期进行的。因此,门槛作为一个持续的改进工具,但也作为一种方式来减缓快速实施的步伐,因为快速实施可能是不可持续的。

7.平衡本地灵活性和全球效率

许多大型组织面临的一个重要困境是如何平衡本地灵活性和全球效率的要求。雀巢通过 GLOBE 成功地保持了规模与全球化的效率,用 NCE 使雀巢变得越来越敏捷和本地化。GLOBE 为所有区域显示了全球的最佳实践的标杆,NCE 提供了一种方法论,使雀巢员工积极推动在各级组织中的可持续的绩效改进。

8.多级领导是关键

持续的高级管理层的支持、各个国家区域领导强有力的管理以及具有创业精神的本地人才,这些都对 NCE 的成功做出了贡献。持续改进计划,需要高层管理人员的支持和耐心。此外,雀巢意识到这不只是总部领导的事情,当地负责人、中层管理人员和训练有素的教练对于在雀巢全球网络应用 NCE 都是非常关键的。

为建立心态和行为的变化,鼓励参与和自主权是必要的。通过持续改进,公司可以鼓励参与和自主权的巨大差异。雀巢意识到参与进来的员工能够更好地执行、参与决策,能够自由地表达自己的想法和担忧,并能听取组织各级管理人员的意见。NCE 的主动性依赖于那些能做出更多努力的、有参与感的和授权的、追求在日常岗位持续改进的员工。

9.需求和供应计划

根据 SAS(2016),雀巢生产线的每一天能生产出十亿个单位的产品,这个数字说明了世界上最大的食品公司生产的货物数量。为确保这些产品以正确数量搬上货架、送到顾客手中,雀巢依赖于预测。毕竟,当顾客看到他们最喜欢的食物的货架是空的时候,即使是最好的营销、促销可能也会适得其反。

这一点也不奇怪,雀巢的兴趣是密切管理供应链,并严格限制库存与其运作规模相适应。它的规模使在全球范围内的计划高度复杂。产品类别、销售地区和大量的参与部门结合编织起一个错综复杂的网络。这也是食品和饮料行业的性质,使营运规划成为一个挑战。季节性影响、依赖于天气的收成、波动的需求、其他零售趋势、许多产品的易腐性质使计划生产和物流变得非常困难。

"供应链管理在雀巢被视为一种建立完善、得到认可的流动和流程",马塞尔·鲍姆加特纳解释说,他在雀巢公司总部领导全球的需求规划和统计预测,"我们的专业人员关注着交通网络、运行高效的仓库,这是与客户接触的第一个点。集中一个区域进行计划——或者更准确地说是需求和供应计划。"

根据鲍姆加特纳的说法,这一过程解决了两个重要的指标:客户服务水平和库存水平。一个定义为完成和按时交付的百分比,通过扩大库存可以提高客户服务水平。但是扩大库存关系到资本,也往往很难找到存储空间,产品的新鲜度也受到影响。

这个行业都是以非常大的批次进行生产的,以确保质量和低的单位价格,并充分利用原料。这就是按库存生产的战略,与之对应的是按订单生产,也能经常在其他行业看到,如汽车行业。

"为了在正确的地点和时间生产正确数量的正确的产品,我们很大程度上依赖于能够尽可能精确地预测我们的客户将要下达的订单",鲍姆加特纳说,"其他业务指标,如预算和销售目标,也是重要的因素。"按鲍姆加特纳所说,总体目标是能够采取积极主动的措施,而不是简单的反应。为了实现这一目标,雀巢着重于调整过程,更强调与客户加强合作和使用适当的预测方法。

生成预测有两个主要选项。一是主观的估计和评价方法,主要是依靠决策者基于他们可借鉴的经验。二是数据统计方法预测。如果可用的历史数据足够,统计预测往往是更可靠的。"但有一件事情对我们而言已经很清楚了——不管有多么复杂的计算模型,你们不能简单地依靠过去去预测未来。"这对鲍姆加特纳和他的团队来说主要不是统计方法的问题。这个复杂的环境中的关键因素能够评估预测的可靠性。

"对某种产品的需求可预测性高度依赖于产品的需求波动,"鲍姆加特纳说。尤其是对显示大范围波动需求的产品,选择和组合预测的方法是非常重要的。需求规划中尤为重要的是"疯狂的公牛",这是雀巢的术语,用来描述高度不稳定性的数量很大的产品。"疯狂的公牛",例如像雀巢咖啡产品,通常销售全年稳定,但促销活动使其数量急剧飙升。

这些难以预测的产品,生成需求预测时一个简单的统计计算不比一个有经验的计划员更有用。唯一的出路是注重解释过去历史中的波动。鲍姆加特纳和他的团队用预测增值(FVA)的一套方法作为指标。FVA描述的是预测过程中预测错误的减少或增加。

10.英国供应链的再平衡

每次都确保正确的货物以正确的时间到达正确的位于英国的跨国公司、批发商和零售店,这是一个庞大的物流运作。该运作由雀巢在英国约克郡和莱斯特郡的博达两家最大的配送中心提供支持。

雀巢的约克郡中心是由公司内部进行运作的,仓储面积为456 000平方英尺的博达中心则是由TDG公司代表雀巢进行管理的。TDG公司是英国最大的供应链解决方案提供商之一,其拥有由8 000名员工和1 600辆车组成的强大车队。约克郡中心负责处理雀巢的糖果业务,而博达中心处理雀巢其他的产品组合,主要是食品和饮料系列。TDG公司在配送中心组合包装产品,并使用在英国的8个转运中心运送雀巢产品。

而处理糖果业务的约克郡中心的仓库利用率已经过高,雀巢食品量是博达中心处理货物的主要部分。这也意味着该公司卖给第一食品的食品业务将为博达中心带来相反的问题,即利用率不足。有余力提供详细的供应链分析机会来评估客户服务,这是雀巢供应链再造的主要驱动力。然而,这并不是唯一的,也有一个供应链风险管理的问题。雀巢不再觉得把整个产品的库存放在一处是适当的,必须要为主要产品线的战略储备和配送找到一个解决方法,例如咖啡或奇巧巧克力,不能影响拣货和送货的效率。

此外,雀巢项目的另一个目的是在约克郡建立一个单独的客户服务中心。这也是应对欧盟工作时间的指令的明确需要:卡车从约克郡到英国南部行驶的时间很长。如果没有一个替代的解决方案来缩短交货的时间,坚持该指令将几乎肯定意味着成本增加。

"最初的供应链分析涉及建立剩余业务线的产品流,以及替代仓储和运输方案的成本模型。一个能改善售出食品部门仓库利用率不足问题的可能方案是,通过重新配置现有的网络,从两个特定产品的全国配送中心变为两个区域配送中心——每个中心都处理全系列产品。实际上,这会把糖果的运送与剩余的食品和饮料产品运送合并到一起。"

"现在已经确立了正确的供应链战略变革,并更详细地分析了该方案及其对业务的影响",希尔说道,"第二级分析为我们提供了明确的可供操作的配送方案,包括约克郡和博达库存配置的正确方法。他们迅速确定了仓库和运输系统需要进行改变的地方,以确保改进客户服务,优化仓库利用率,更快的响应时间,组合订单和随时能用的更频繁配送的能力。"

在 2003 年,仓库配置、支持系统和流程方面的变革必须完成,并于 2003 年 9 月开始第一次联合配送。修订后的供应链在接下来的数月全面推出,在雀巢主要的批发和零售客户群中取得了成功,并在 2004 年为雀巢及其客户带来了许多关键的业务效益。

希尔总结了供应链再平衡项目的好处:"我们首次能够通过两个车队和配送中心组合糖果和饮料,在整个英国运作组合的托盘货物。我们已经能够保持我们的成本基础,更频繁运送更小的货物批量,而不增加成本。客户的反应非常好:他们正在接受一种本质上更灵活的改进的服务,而我们已经能够减小车队规模,这带来了一个积极的环境影响。我们在约克郡建造了一个单独的客户中心,在那里,我们寻求集中控制所有的日常作业计划。交货前置时间更短,订单吞吐量增加,我们现在运营的供应链是每周七天下订单,每天 24 小时送货。重要的是,我们已经能够遵守欧盟工作时间指令的规定,没有给我们或我们的客户增加额外的费用。"

11. 供应商搜寻

雀巢实行一种供应商准则,它定义了雀巢与他们的供应商和次级供应商在交易时所需的不可协商的最低标准。该准则可以帮助雀巢持续实施承诺的国际标准,如经济合作与发展组织对跨国企业的指导方针,联合国关于商业和人权指导原则,国际劳工组织(ILO)的核心公约和联合国全球契约的十项原则。除了自己的运作,雀巢还扩大到其上游供应链,直到农场和种植园的每一环节。该准则是雀巢经营原则的延伸,也是责任化采购计划的基础。雀巢的责任化采购指南(RSG)补充了雀巢供应商准则,适用于上游价值链的所有阶段直到初级产品。RSG 是补充的、适当的,在本地或区域层次是额外的指导、规范和实用工具(根据地域和气候、生态变量、耕作制度、文化、消费偏好等),而且尊重国家法律和法规。RSG的目的是引导雀巢的供应商在必要时改善他们的实践,并便于雀巢执行国际标准、公司的决策和有关责任采购的承诺。

根据责任化采购计划,所有 1 级供应商都要受到第三方的审计。高风险种类的原料,如棕榈油、纸浆和纸张、可可、大豆、糖、牛奶、咖啡、海鲜、肉、香草和榛子,还要执行一个适合供应链中上游供应商的可追溯计划。这会直接与生产商保持联系,使雀巢能够优化其价值链,通过以下方面在许多地方获得竞争优势:

(1)确保可追溯到农民的层次。

(2)确保原材料的质量、安全和数量的增长。

(3)缓解价格波动风险。

(4)降低交易成本。

(5)保证有权使用特定的原材料供应雀巢品牌。

在纸浆和纸张供应链,雀巢采取一种标准方法进行责任采购:

(1)描绘供应链地图,以确定木材成条厂、造纸厂和纸浆厂的纤维原料来源于哪个乡村和森林。这通过评估访问每一个加工点来确定和验证这些信息。

(2)风险评估纤维原料的来源,以符合 RSG 要求的水平。这确定了高等和中等优先级来源。

（3）评估中高优先级原料,决定符合RSG要求的程度。

（4）当森林中的原料来源并不能完全满足要求时,雀巢马上采取消除差距的行动计划,以完全满足RSG的要求。

（5）监控供应商和原材料的输入。

这种方法的透明度使雀巢更好地了解其供应链,只有满足其"不砍伐森林"的要求,才能成为纸浆和纸张供应源,或者,至少供应纸浆和纸张的供应商为了满足这些要求而做出可衡量的进步。当雀巢的供应链企业不遵守或不愿意改变时,雀巢采取必要的措施将他们从供应链排除,并运行监控计划来决定是否再与他们进行合作。

实现透明度和可追溯性引发了挑战。纸浆和纸张的供应链在国家之间有很大的不同,而因为纸张配方的更新,包装的创意可能变化很快。例如,在巴西,纸浆和造纸厂大多数是整合在一起的。这意味着他们拥有自己的森林、纸浆厂、造纸厂和木材成条厂,向雀巢供应基于木材纤维的包装产品。这有助于确保供应链和原材料信息,因为数据在同一个公司内部,这也有助于准备现场考察和采取任何所需的后续行动。巴西纸浆和造纸厂通常也证实,这是RSG的补充,有助于证明他们符合许多要求。

在中国和马来西亚的情况是很不同的。这些供应链非常复杂,因为中国或马来西亚的木材成条厂使用的木材往往是在其他地方种植的树木,并通过中间商和贸易商供应到不同国家的造纸厂和纸浆厂。这些纸浆厂和造纸厂也可能采购来自其他国家的木材纤维,因此实现可追溯性和访问这些上游加工厂和森林更复杂。当雀巢面临不合作、不支持这种方法的供应商时,公司对供应链中上游供应商的影响力降低了,因此雀巢寻找更愿意合作的替代者。

12.供应商关系

2016年,雀巢在利兹的奎恩斯酒店举行了英国和爱尔兰供应商颁奖活动,超过300名供应商和关键的雀巢人员出席。

雀巢概述了颁布"杰出服务奖"的目的:"我们的供应商直接影响我们的工厂是否能够运行,当出现错误时,后果会很严重。作为一个制造商,雀巢承认事情会出错,也出过错。然而一个供应商处理和沟通事件的方式可以在计划变更和生产线停止之间产生不同的结果。该奖项是一种赞美那些始终提供高水平服务或积极主动去克服巨大障碍的供应商的方式。"

雀巢依赖世界上成千上万的农民来供应其产品所需的农业原料。超过695 000名农民直接或通过合作社和采集中心向雀巢供货,这些农民和农场工人对雀巢业务的持续成功是功不可没的。雀巢帮助农民提供农业支持,以及提高产量、作物的质量和收入水平的建设计划。雀巢已经开发了农村发展框架以帮助公司将其业务活动与当地的优势相匹配。

供应商开发开始于2005年,雀巢印度公司意识到为了满足在当地采购更多原材料的需求,要建立一个专门的供应商开发部门。部门的目标是通过更少地依赖进口,克服质量和食品安全问题,以及建立一个更广阔、更柔性的供应商基础来实现成本的节约。

4年后,该部门管理了:

（1）安全地对以前进口的12种原材料进行当地采购。

（2）避免了10种原材料单一供应商的情况。

（3）发展超过70个能满足雀巢规格的新的印度供应商。

（4）节约 500 万瑞士法郎。

（5）对供应商提供技术援助以弥补安全和质量的差距。

（6）加速基础设施建设和为供应商提供更好的技术。

供应商开发也给供应商带来扩大业务范围的新机遇，包括出口到雀巢的其他市场，例如，来自印度北方邦的菊苣供应商，现在把原料大量运往雀巢南非公司，也出口到雀巢的欧洲和韩国公司。

雀巢在中国也进行供应商开发。在 2012 年，公司认识到需要提高牛奶供应链的可持续性，新建了雀巢乳品农业学院。帮助农民增加他们的知识和技能是其农村发展战略的焦点领域。通过采用最佳实践，农民能够提高生产率、改进贸易关系和进行成本控制。学院包括三个乳业示范农场，在那里，农场的所有者和工人参加培训会议，提高农场的管理技能，学习如何使用最新的技术和获得扩大业务的实践经验。在 2014 年，学院发布了涵盖乳业农场管理和乳牛喂养的训练计划。

案例 2-2-2　中国能建乌东德大坝的质量管理

乌东德大坝为混凝土双曲拱坝，是世界首座全坝应用低热水泥混凝土浇筑的特高拱坝。这座大坝的修建很有特色，斩获多项世界之最。大坝本身的宽高比非常低，基本接近 1，大坝的高和宽基本相当，相对较小的面积让大坝承受的水压也更小；同时这座大坝的厚度也非常小，平均厚度仅为 40 米，但大坝高达 270 米、坝顶弧长 326.95 米，换算下来大坝的高厚比仅为 0.19，好似一弯鸡蛋壳，镶嵌在金沙江 V 形峡谷之中，是目前全世界范围内已经建成的 300 米级双曲拱坝当中最薄的，受力情况复杂，在全世界范围内是公认的复杂型建筑物。

为了顺利建成这座"无缝拱坝"，中国能建葛洲坝集团三峡建设工程有限公司乌东德施工局采取了以下措施：

（1）定质量目标

为全面打造大坝主体工程创精品工程，施工局制定《大坝混凝土施工质量强制性规定》《乌东德施工局大坝坝顶结构混凝土质量创优专项措施》等制度文件，强化施工中质量管控措施落实到地，明确创"精品"工程目标及奖励机制。

（2）抓质量管理

在施工过程中质量管理以"三检制"为基础，强化质量管理机制，注重质量全过程控制，并针对现场存在的质量顽症、工艺难点、技术薄弱环节，深入开展质量控制小组攻关活动，以问题为导向，组织召开质量提升活动，从现场一线操作工人到质量管理人员，提升质量管理意识。

（3）重技术创新

全坝浇筑低热水泥混凝土，采用自主发明的液压自升式悬臂重型拱坝模板系统及施工方法，坝体混凝土形体达到设计要求，体形合格率为 92.3%。

大坝混凝土浇筑全面应用了大体积混凝土冷却通水智能控制系统，使混凝土各温控阶段的目标温度、降温速率、温度变幅、仓内温差、间歇期控制等温控指标全面受控。

通过对混凝土拌和、运输、平仓、振捣、层面处理、温控防裂等方面进行工艺研究，形成了一套完整的低热水泥大坝混凝土施工工法。

（4）强质量保证

大坝混凝土仓次目标温度符合率 99.7%，降温速率符合率 99.3%；全坝平均间歇期为 11.87 天，间歇期为 7~21 天的仓面约占 89.74%，浇筑仓层间间歇期总体控制较好。乌东德大坝蓄水运行至今未发现一条温度裂缝，建成了一座真正意义的"无缝拱坝"。

本章思考题

1.列举质量的 8 个维度。

2.分别举例说明内部损失成本、外部损失成本。

3.质量控制系统在哪些阶段进行检验？

4.质量管理体系的目的是什么？

5.与有形的产品相比，对服务的质量控制更加困难，为什么？

6.列出监控服务质量的可能的技术。

7.描述 TQM 的主要原则。

8.列出 TQM 的局限性。

9.尽你所能列出戴明的质量管理十四法。

10.克劳斯比提出的质量四个准则是什么？

第3章 供应链风险管理

风险管理作为企业的一种管理活动,起源于 20 世纪 50 年代的美国。当时美国一些大公司发生了重大损失使公司高层决策者开始认识到风险管理的重要性。1953 年 8 月 12 日,通用汽车公司在密歇根州的一个汽车变速箱厂因火灾损失了 5 000 万美元,成为美国历史上损失最为严重的火灾之一。这场大火与 20 世纪 50 年代其他一些偶发事件一起,推动了美国风险管理活动的兴起。后来,随着经济、社会和技术的迅速发展,人类开始面临越来越多、越来越严重的风险。科学技术的进步在给人类带来巨大利益的同时,也给社会带来了前所未有的风险。

20 世纪 50 年代,风险管理发展成为一门学科,"风险管理"一词才形成。20 世纪 70 年代以后,逐渐掀起了全球性的风险管理运动。中国对于风险管理的研究开始于 20 世纪 80 年代。1983 年,在美国召开的风险和保险管理协会年会上,世界各国专家学者云集纽约,共同讨论并通过了"101 条风险管理准则",它标志着风险管理的发展已进入了一个新的发展阶段。1986 年,由欧洲 11 个国家共同成立的"欧洲风险研究会"将风险研究扩大到国际交流范围。1986 年 10 月,风险管理国际学术讨论会在新加坡召开,风险管理已经由环大西洋地区向亚洲太平洋地区发展。

风险管理是指如何在一个有风险的环境里把风险减至最低的管理过程。

◎ **本章目标**

1.理解风险驱动理论及其应用。
2.熟悉风险管理战略的制定。
3.掌握风险应对的办法。

>>>> 3.1 风险管理概述

3.1.1 风险及风险管理的定义

1. 风险

风险是指生产目的与劳动成果之间的不确定性,大致有两种定义:

一种定义强调了风险表现为收益的不确定性;另一种定义则强调风险表现为成本或代

价的不确定性。

若风险表现为收益或者代价的不确定性,说明风险产生的结果可能带来损失、获利或是无损失也无获利,属于广义风险,应被视为管理风险,金融风险属于此类。而风险表现为损失的不确定性,说明风险只能表现出损失,没有从风险中获利的可能,属于狭义风险。

2. 风险管理

风险管理最主要的目标是控制与处置风险,以防止和减少损失,保障社会生产及各项活动的顺利进行。按照一般风险管理的目标,项目风险管理的目标通常被分为两部分,一部分是损失前的目标,另一部分则是损失后的目标。损失前的目标是避免或减少损失的发生;损失后的目标是尽快恢复到损失前的状态。两者构成了风险管理的完整目标。

风险管理是社会组织或者个人降低风险消极结果的决策过程,通过风险识别、风险评估,并在此基础上选择与优化组合各种风险管理技术,对风险实施有效控制和妥善处理风险所致损失的后果,从而以最低的成本收获最大的安全保障。风险管理的具体内容包括:

(1)风险管理的对象是风险。

(2)风险管理的主体可以是任何组织和个人,包括个人、家庭、组织(包括营利性组织和非营利性组织)。

(3)风险管理的过程包括风险识别、风险评估、选择风险管理技术对风险的控制等。

(4)风险管理的基本目标是以最低的成本收获最大的安全保障。

(5)风险管理成为一个独立的管理系统,并成为一门新兴学科。

3. 采购风险

采购风险通常是指采购过程可能出现的一些意外情况,包括人为风险、经济风险和自然风险。具体说来,如采购预测不准导致物料难以满足生产要求或超出预算、供应商群体产能下降导致供应不及时、货物不符合订单要求、呆滞物料增加、采购人员工作失误或/和供应商之间存在不诚实甚至违法行为。这些情况都会影响采购预期目标的实现。

供应链的风险研究最早是由英国交通部(British Department of Transport)发起,并由英国克兰菲尔德大学管理学院(Cranfield School of Management)组织进行的。在其研究报告中首次提出形成供应链风险的"驱动因素"可归纳为外部驱动因素和内部驱动因素两类。

4. 采购风险管理

采购风险管理应以采购战略的制定和执行为基础,以发布的采购价格、质量预警等重要指标为引导,以采购实体内控制度的完善和采购过程的监督为保障,对采购的风险防控综合管理。

通俗地讲,采购风险就是买到的产品不是自己想要的或满意的,或买不到产品会影响生产,甚至可能引起诉讼的情形,采购实体应当运用识别、评估、控制的办法避免或减少不必要的损失,即对采购风险的管理。

5. 供应链风险管理

供应链风险管理是指管理供应链中出现意外事件或变化所带来风险的一个系统过程。在建筑业供应链管理中,除了采购供应、生产运营和履约交付等三个环节内部可能产生的风险外,三个环节的节点可能出现的风险是供应链管理的重点。如采取一品一点战略供应链应保持供应链的弹性,对出现的"断供"要有应急预案等。

3.1.2 风险驱动理论及其应用

风险驱动理论指风险可归纳为内部风险和外部风险两方面。

1. 内部风险

内部风险包括计划风险、合同风险、验收风险、库存风险和责任风险等。为应对经营风险,企业大多建立了经营风险管理系统。

2. 外部风险

外部风险包括意外风险、价格风险、质量风险、技术进步风险和合同履约风险等。而意外风险的发生概率很低。

3. 风险驱动理论的应用

企业建立风险管理体系是驱动理论的应用体现。建筑业企业风险管理体系覆盖采购供应、生产运营、履约交付等供应链管理的全部环节。

在采购环节,不同的采购战略的风险表现形式不同。比如,瓶颈类供应商的风险表现是能否保证基本供应,杠杆类供应商的风险表现是价格出现异常等,因此应以采购战略作为风险管理的基础;在采购环节,质量、价格、交货期(工期)是最重要的预警信号,"风起于青萍之末",针对预警信号,采购部门应当依据风险管理制度规定的程序启动风险管理预案,在企业风险管理部门的统一领导下积极应对,如在供应商库启动预备寻源方案增加库存等。

>>>> 3.2 风险管理标准与战略

3.2.1 风险管理国际标准

1. ISO31000 的含义

ISO31000 是由国际标准化组织制定的用于实施风险管理的一组标准。

2. ISO31000 的原则

(1)风险管理创造并保护价值。

(2)风险管理是组织流程不可分割的一个组成部分。

(3)风险管理是决策的组成部分。

(4)风险管理明确地解决不确定性问题。

(5)风险管理是系统的、结构化的和及时的。

(6)风险管理是建立在可利用信息的基础之上的。

(7)风险管理是因具体情况而定的。

(8)风险管理将人的因素和文化因素考虑在内。

(9)风险管理是透明的和包容的。

(10)风险管理是动态的、重复的并对变化有所响应的。

(11)风险管理是促进持续改进和提高的。

3. ISO31000:2018 实施原则和指导方针(见图 2-3-1)

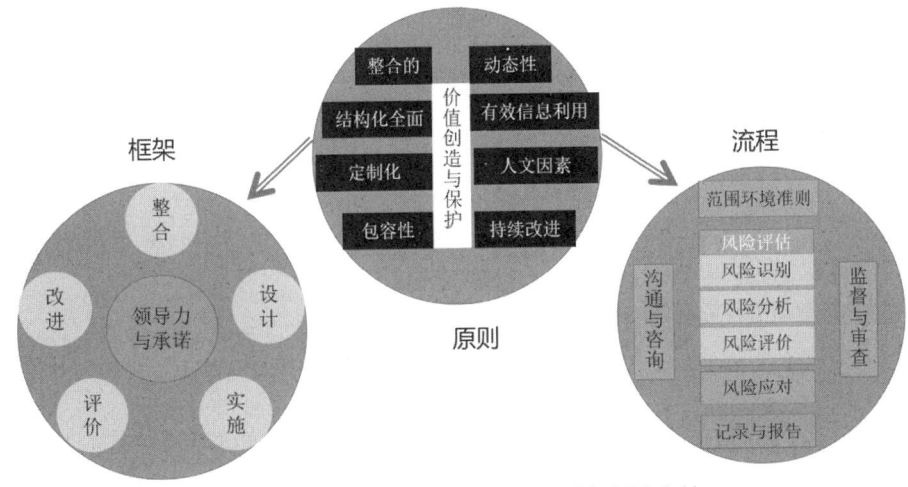

图 2-3-1　ISO31000:2018 实施原则和指导方针

3.2.2　风险管理战略

1. 容忍风险

如果评估后风险的可能性或影响可以忽略不计,当下就不需要或者没有理由采取进一步的措施。

2. 转移风险

通过购买保险,或者利用合同条款,确保风险事件成本由供应链伙伴承担或分担。

3. 终结风险

如果与某一具体项目或决策有关的风险太大,并且不可能减轻,采购实体可以考虑不投资或不参与这项活动。

4. 处理风险

采取积极的步骤对风险进行控制,将风险可能性减小或潜在影响最小化,或者同时将两者减小或最小化。

3.2.3　风险管理需要的资源

1. 风险管理资源调配应考虑的因素

(1)风险的不可容忍性和脆弱性暴露的优先级;

(2)管理层时间的可利用性及成本;

(3)现有控制基础设施、体系和信息资源的可利用性;

(4)得到控制的风险给采购实体带来的潜在好处;

(5)没有实施风险管理体系的成本;

(6)开发和维护风险管理体系的成本。

2. 风险管理战略需要的资源类别

(1)信息资源;

(2)人力资源;

（3）基础设施；

（4）技术资源；

（5）时间资源；

（6）物质资源；

（7）财务资源。

3. 风险意识对采购实体或供应链的好处

风险意识是一种观念模式，使人们意识到威胁和脆弱性的存在，并且在做决策、问题解决时将风险考虑在内。

对采购实体或供应链的好处：

（1）将风险管理原则嵌入每天的日常工作中，不需要建立单独的机制和付出成本来管理已识别的风险；

（2）采购实体的所有成员都能够为风险识别和应对过程做出贡献，充分利用"一线"知识和专长、风险责任制和信息共享；

（3）风险意识鼓励更大范围的环境扫描，这可能对采购实体学习、创新和机会做出连锁的贡献；

（4）风险意识可以使采购实体不断加深对新涌现的和升级的风险因素的认识并提高管理能力。

3.2.4 项目生命周期各阶段风险管理的重点

项目生命周期各阶段风险管理的重点如表 2-3-1 所示。

表 2-3-1 项目生命周期各阶段风险管理的重点

界定/启动阶段	设计/计划阶段	工作/执行阶段	发展/退出阶段
关键风险可能是： 定义过分严格； 没能邀请关键利益相关者参与界定； 利益相关者之间发生冲突； 没能获得拥护与承诺	关键风险可能是： 信息缺乏； 缺乏计划； 计划过分详细，从而缺乏灵活性； 过度优化； 资源准备不足； 缺乏项目管理、专业和/或团队合作等技能； 汇报的结构不清晰	关键风险可能是： 监督、检查和控制不到位； 在应对意外事故和权衡的时候缺乏灵活性； 错过里程碑和目标； 在入口检查中没能通过，无法进入下一阶段； 忽视整体目标； 健康与安全、技术和其他运营风险； 与某种特定类型项目有关的环境因素风险	关键风险可能是： 无法完成项目； 不知道何时完成结果； 没有对过程进行审计并为未来的项目获取经验教训

3.2.5　降低供应链风险的战略

1. 风险计划框架(见图 2-3-2)

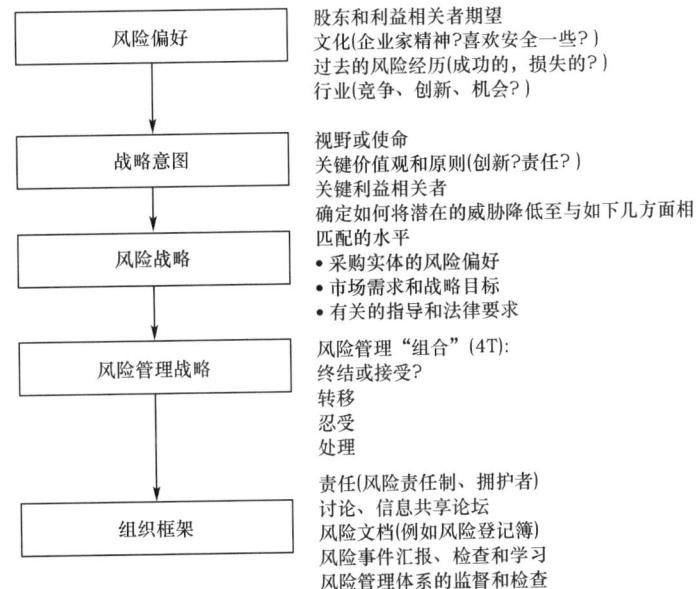

风险偏好	股东和利益相关者期望 文化(企业家精神?喜欢安全一些?) 过去的风险经历(成功的, 损失的?) 行业(竞争、创新、机会?)
战略意图	视野或使命 关键价值观和原则(创新?责任?) 关键利益相关者 确定如何将潜在的威胁降低至与如下几方面相匹配的水平
风险战略	• 采购实体的风险偏好 • 市场需求和战略目标 • 有关的指导和法律要求
风险管理战略	风险管理"组合"(4T): 终结或接受? 转移 忍受 处理
组织框架	责任(风险责任制、拥护者) 讨论、信息共享论坛 风险文档(例如风险登记簿) 风险事件汇报、检查和学习 风险管理体系的监督和检查

图 2-3-2　风险计划框架

2. 风险计划内容

第一部分——介绍和目的

风险战略通常要界定采购实体面临的风险是什么,并且概述采购实体的战略目标及风险管理在保证达成这些目标过程中的作用。

第二部分——目标、原则和实施

目标搭建了战略的背景,原则表达了采购实体在风险管理的核心价值观,实施计划规定了战略实施的各种角色和职责。

第三部分——风险识别

界定采购实体面临的主要风险类型,同时说明采购实体应如何识别新的风险。

第四部分——风险分析与评估

对已识别的风险,评估其可能性和影响,任命责任人。

第五部分——风险处理

关于处理风险的战略选择以及应何时使用。

第六部分——风险检查与汇报

确保适当的、有效的检查与汇报安排就位。

3. 风险顾问团(风险管理委员会)负责的活动

(1)对于那些涉及整个采购实体,或者风险严重程度超过制定阈值的问题和活动,考虑相应的风险管理战略;

(2)评审并同意采购实体中的风险管理过程;

(3)向董事会报告新出现的战略和运营风险;

(4)向一线的职能经理汇报较低水平的风险；

(5)检查并更新风险登记簿；

(6)支持风险管理,确保在采购实体内部共享最佳实践。

►►►► 3.3 风险管理流程——风险识别

3.3.1 风险分类

1. 战略风险

战略风险产生于采购实体愿景和方向,以及采购实体在某一行业、市场和/或地理区域的地位。

一些关键的战略风险如表 2-3-2 所示。

表 2-3-2 关键战略风险

战略风险分类	具体内容
经济风险	供应商故障,供应和客户市场条件变化
财务风险	缺乏流动性,财务成本增加,投资风险,汇率损失,信用管理不到位,欺诈
方向性风险或竞争风险	竞争者的举措或反击不当引起的失败,包括核心能力的丧失,品牌的损失
发展风险	兼并或收购:财务风险,文化和系统不兼容; 战略外包
国际化风险	汇率损失:文化和法律差异,市场不熟悉,市场和网络准入受限,运输风险加大

2. 运营风险

运营风险产生于采购实体追求战略时所依靠的职能的、运营的和行政的程序,它们主要和交付生产或服务中的运营有关。一般运营风险的示例如表 2-3-3 所示。

表 2-3-3 一般运营风险的示例

一般运营风险区域	风险降低的措施
成本结构不合理,无法降低成本基数	成本分析和重组; 分包或外包
产品和服务需求不足(或过量)	提高需求预测和管理水平; 改善客户关系; 调整市场营销组合
供应商或外包提供者破产	加强供应商的选择、评估、监督、绩效管理
供应中断	多供应源或后备供应源; 灵活的和适应性强的供应链管理
生产中断(例如工业罢工、设备故障引起的生产中断)	预防性的和应急的规划; 保险
健康、安全和福利问题	健康与安全规划、惯例、设备、培训、保险
无效的系统、流程和管理	过程审计、基准计划、企业流程再造或持续改进

3. 财务风险

从内部来说,财务风险产生于采购实体财务结构;从外部来说,财务风险产生于与供应商的财务交易。

(1)内部风险

①在确定或谈判合同价格的时候缺少价格或成本的分析;

②缺乏合同生命周期内的预算或成本控制与管理,导致成本超支和利润的丧失;

③财务控制和采购程序或支付程序的设计缺陷或者执行不力,导致财务欺诈的风险;

④由于签约中的漏洞或者合同不履行而招致的财务罚款;

⑤对合同或项目的投资资金巨大,投资评估不充分,缺乏全生命周期成本计算,或者贷款的资金成本过高;

⑥缺乏流动性:没有留出足够的可利用现金来支付短期债务;

⑦没有根据信用表现和财务实力进行合理的信用评级,使得获得信用和/或贷款资金出现困难或代价过高。

(2)外部风险

①宏观经济因素:商业周期、波动的商品价格、利率、波动的汇率;

②供应商的财务实力、稳定性和总体的"健康状况"等。

(3)汇率风险管理措施

①让供应商用采购方国家货币报价,采购方能够把风险转移给供应商;

②如果波动不是那么剧烈,就可能估算支付时适用的汇率,并根据估算汇率协商价格;

③双方协商在合同签订时付款;

④利用货币管理工具回避风险;

⑤如果汇率风险很大,采购方可能不得不考虑暂时从其他的稳定货币市场进行采购。

4. 合规性风险

合规性风险产生于确保遵守法律、法规和政策框架的需要,以及采购实体或其他供应链的不合规或不合法活动曝光引起的可能损失。如可能对坏境造成危害或退化的情形。

①大气排放物;

②水排放;

③固体废弃物;

④拥有(或者获取)环境遭到损害的资产,例如土地;

⑤生产、使用和/或运输有毒的或危险的材料;

⑥消费化石燃料或者由化石燃料生成的能源;

⑦消费稀缺的或不可再生的资源,或者以一种快于再生速度的速度消费可再生资源;

⑧对环境的危害。

3.3.2　来自宏观环境的风险

1. 外部环境对采购实体及其供应链的脆弱性施加的影响

(1)外部环境是威胁也是机会;

(2)外部环境是采购实体所需资源的供应源;

（3）外部环境包含了对采购实体活动试图施加影响或有权施加影响的利益相关者。

2. 衰退风险的应对措施（见表 2-3-4）

表 2-3-4　衰退风险的应对措施

	行动	工具和技术
战略	更新供应链风险管理计划，理解主流供应市场中的变化，与关键供应商沟通； 支持供应商的现金流	风险分析、风险应对计划； 五种力量（竞争环境）、STEEPLE 分析共同需求规划、共同降低成本、财务分析按时支付、尽早折扣付款、在线折扣谈判
战术	确保质量，不会降低适合类别的最优价格，管理价格波动	加强对交付货物的检验； 与供应商讨论质量问题； 考虑 QA 现场访问来验证供应商，例如利用电子拍卖、杠杆谈判； 在上升中的市场，用固定价交易来保证低价，利用升级和降级条款

》》》 3.4　风险管理流程——风险评估

3.4.1　评估风险发生概率与影响的方法

1. 风险评估

（1）含义

它是指对潜在的已识别风险事件的概率和严重程度进行评估。

（2）公式

$$风险 = 可能性（概率）\times 影响（负面的后果）$$

风险可能性：在假定风险性质和当前风险管理做法的情况下发生的概率。

风险影响：给采购实体造成的可能损失或成本，或者对采购实体完成其目标的能力可能的影响水平。

2. 脆弱性评估

（1）含义

脆弱性评估是一个过程，凭借该过程，可以对系统、采购实体或供应链中特别易遭受风险或攻击的领域进行识别、量化和排序。其是风险评估的一种形式，专门用来识别风险状况中的薄弱环节。

（2）脆弱性评估的 4 个基本阶段

①列举某一系统中的资源，并对其进行分类；

②给这些资源赋一个重要性数值、分数或等级顺序；

③识别每种资源的潜在威胁；

④对于最有价值的资源，为减轻最严重的脆弱性，进行计划安排。

3. 风险评分矩阵

评分方法

（1）第一种方法

根据"概率×后果"的公式,建立简单的风险矩阵。

（2）第二种方法

为可能性和影响分配数字分值,相乘得出分数,依据范围进行决策。

对可能性和影响进行评分,如表 2-3-5 所示。

表 2-3-5　对可能性和影响的评分

可能性	分值	影响性	分值
行业内从未发生过	1	没有可觉察出的影响	1
行业中发生过但在本集团从未发生过	2	如果发生,会耗费这一商业单元净资产的10%	2
在本集团发生过但从未在本商业单元中发生过	3	如果发生,会彻底摧毁这一商业单元	3
在本商业单元中偶尔发生过	4	如果发生,会耗费集团净资产的10%	4
经常在本商业单元发生	5	如果发生,会彻底摧毁这一集团	5

$$风险值 = \sum 可能分值 \times 影响分值$$

风险值在 6（风险程度低）以下,不需要采取减轻措施;

风险值为 8～12（风险程度中等）,提醒我们应该审视现有措施,并且可能需要执行额外的控制措施;

风险值为 14～20（风险程度高）,提醒我们应该审视现有措施,并且进行降低风险规划;

风险值在 21 以上（最大风险）,应该优先进行较高层级的风险降低和避免的规划,而且应该不间断地进行检查。

3.4.2　整理风险的统计证据

1. 情景分析与规划

（1）情景的含义

情景是反映因果作用的一种未来发展的情况梗概。

（2）情景分析的方法

①利用头脑风暴法或团组研讨会,以激发对采购实体或供应链、行业或市场,或更广外部环境中问题和可能性的识别;

②描述或计算机模拟某情形中的关键变量;

③改变所选变量并观察对其他变量和对总体结果的影响;

④创建最优的、最可能的和最坏的情形来测量影响。

2. 概率论的应用

（1）概率

①含义

估计事件发生概率的关键技术是从历史经验数据外推,预测未来事件发生的可能性,常见的有二项分布、泊松分布和正态分布。

②概率分布类型(见表2-3-6)

表2-3-6 概率分布类型

类型	要点	应用示例
二项分布	只有两个结果的离散事件概率(p 或 q:例如成功或失败,具有或不具有某种属性,答案是"是"或"否",事件会或者不会发生)。 $P(p+q) = 1$ 所以,如果 $P(p) = 1/2$, 则 $P(q) = 1-1/2 = 1/2$	某一批次包含缺陷品或非缺陷品的概率;含缺陷数等于 x 或不等于 x 的概率客户购买或不购买某一品牌。 项目成功或失败;准时或延迟
泊松分布	一个离散事件(p)在事件序列或试验序列(n)中的概率。如果该事件在一个单独试验中发生概率较小且试验的总数非常大,则采用泊松分值	质量控制:例如,在一定长度的电缆上或在一定时间期间出现缺陷(或者不出现缺陷)。 风险评估:在给定时间间隔发生问题的次数
正态分布	概率范围,以及它们发生的可能性有多大,基于连续的历史数据,形成一个频率分布,用直方图来表示	如果缺陷是呈正态分布的,计算每次交付中出现 3~7 个缺陷品(容忍水平)的概率

(2)决策树分析

决策树分析以一种结构化的方式,将决策和结果的各种组合以图表示出来。通过估算各种可能结果的概率,并且为其分配货币值,从而帮助做出最优决策方案的选择。

(3)故障树分析

故障树分析将一个系统或过程内的可能时间的组合以图表示出来,以便计算某一故障或风险的概率。其是因果分析的一种形式。

(4)相关性建模

相关性建模是一个软件工具,用来分析那些共同导致风险产生的相关变量之间的联系。

(5)风险价值(VaR)

风险价值是用来评估风险暴露程度的测量工具,是指采购实体在一定时间范围内在某项投资上预期(在预定的概率水平上)遭受的最大损失量。

(6)风险调节资金回报率(RAROC)

风险调节资金回报率是用于测量利润率的一个基于风险的框架,它以分析经风险调节的财务效益为基础。

3. 应用正态分布评估时间概率(见图2-3-3)

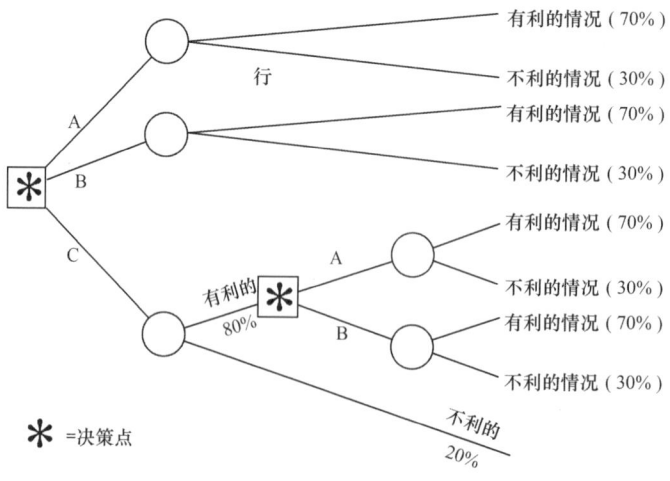

图2-3-3 正态分布评估时间概率

④ 二项分布与泊松分值

风险价值(VaR)计算的步骤:

(1)确定估算损失的时间范围;

(2)选择所要求的可信度;

(3)利用历史市场数据,结合前面市场状况的评估,建立可能的投资回报的概率分布;

(4)计算 VaR 估算值。

⑤ 关于对采购风险的评估

采购风险评估主要针对以下几个方面:风险事件发生的可能性大小、可能的结果范围和危害程度、预期发生的时间、一个风险因素所产生的风险事件的发生概率等。采购产生的风险主要是人为因素造成的,且事件的发生具有隐匿性,如道德风险等,其损失很难用数学的方式表示,因此对采购风险估计的方法,主要选择主观概率估计法。

3.4.3 关于采购合同的评估

合同风险中的一种重要风险就是合同条款的风险。合同内容约定不明确、条款不齐全所产生的争议对合同最终全面履行会带来严重的影响。合同签订时主要条款的设置存在普遍性风险,潜在风险损失很大。主要从以下几点对合同条款的风险进行评估:

① 标的条款的风险评估

对标的条款的风险评估主要包括对其数量条款和质量条款的评估。在标的数量条款中对计量单位、计量方式及其他可能影响数量的内容规定明确;质量条款中对质量的权利性保证(对标的处分权的保证)、效能性保证(保证标的符合事先约定的参数、能达到预期的用途)、完整性保证(保证标的及其配套设施完整、齐备)、质量检验维修保证及保证期等规定明确。此外,最好能根据行业标准采用格式条款,以减少合同签订的随意性。

② 价款条款的风险评估

金额的大小写一致,没有发生涂改以避免产生歧义;金额中涉及税金的,对税金的承担方式约定明确;货款的支付条件、支付方式约定明确,以降低交易风险。

③ 履约条款的风险评估

由于履约条款与违约条款、风险分担分割点及纠纷的管辖均具有密切的联系,因此在签订合同时要站在系统的角度全面考虑,综合衡量以力求准确。在该条款中,对合同履行的地点、合同履行的时间及合同履行的义务人等约定明确,避免由于对方履约能力弱、对方利用条款中的漏洞或双方对条款产生误解而导致的风险。

④ 违约条款的风险评估

违约条款是合同产生约束力的必要条件,是双方履约的保障。在该条款中,当一方不履行义务或履行的义务不符合条款约定时,对违约方违约责任的承担方式(继续履行、采取补救措施或赔偿损失)的规定要明确;违约金的数额及对违约产生的赔偿额的计算方法约定要明确,避免双方在违约金问题上纠缠不清。

▶▶▶ 3.5 风险管理流程——风险处理

项目风险控制面对的风险因素很多,如果对所有的风险予以同等的关注及应对,会使风险管理成本显著提高,这与提高项目效益的原则是相悖的。在风险管理中,只要识别和量化影响招标采购主要目标的重要风险,就可以基本达到风险管理控制的目的。对目标影响较小和能被接受的风险可以进行一般性的管理。所以进行风险控制时,只有根据风险对项目主要目标的影响来评估确定风险管理的等级,才能有效地制定风险控制的相关措施。

3.5.1 常用的风险处理办法

1. 风险规避方法

风险规避并不意味着完全消除风险,是要规避风险可能造成的损失。一是要减小损失发生的概率,这主要是采取事先控制措施;二是要降低损失程度,这主要包括事先控制、事后补救两个方面。在采购过程中,风险规避可以有效化解招标投标阶段的市场风险、战略风险等,风险规避的方式有通过资格预审、保证采购文件质量,包括评审办法、合同主要条款科学、严密设置等。

2. 风险削弱方法

风险削弱方法具体包括:风险分散、风险分离、风险监测、后备应急措施等。在采购过程中,可以选择资质等级高并有同类项目采购业绩经验的咨询机构有效地抑制风险。

3. 风险转移方法

在项目实施过程中,风险转移可以将采购实体无法避免的风险,部分转移给供应商或其他方,共同承担风险。在采购过程中,风险转移方法有项目外包、合同的分包、履约担保、投标担保和保险等,其中保险是最常用的方法。

4. 风险自留方法

在项目实施过程中,采购实体面临的不可避免的风险,只能自己承担或由于转移风险成本太高而自己承担。如在采购过程中,关键设备材料的采购由采购人采购交由承包商用于建设工程,俗称工程的"甲供"。

5. 风险利用方法

在采购过程中,采用总价合同就是风险利用的一种方法。如采购人判断原材料可能涨价,适当增加风险范围的约定,如判断准确,采购人在风险约定范围内可避免增加合同费用的超支。对冲也是一种风险利用的形式。

3.5.2 风险应急、持续和恢复计划

1. 应急计划

(1)定义

应急计划通过制订第二计划、权宜之计、退却阵地以防情况变糟或者最初的计划失败,从而减轻风险事件、偏差和失败所造成的影响。

(2)应急计划的意义

①许多风险不可能完全消除;

②风险可能是小概率但高影响的;

③积极主动的风险降低措施要比被动的措施更加有效。

(3)应急计划的制订流程

①识别关键风险;

②确定并评价解决方案;

③明确选择的应急措施并做好文件记录工作;

④记录什么/谁触发计划的执行;

⑤建立和培训应急领导团队;

⑥对计划进行宣传,让人人在需要时都可应对。

2. 业务持续性计划

(1)含义

业务持续性计划(BCP)是应急计划的一个分支,它特别强调威胁运营连续性的关键因素,以及在面临潜在中断事件、问题或故障时采购实体职能如何维持或恢复。

(2)目的

目的是识别对采购实体关键活动或成功因素的潜在威胁,确保能够在风险事件中以维持业务职能和流程的方式减轻或者应对这些威胁。

(3)框架

①确保采购实体的弹性和连续生存能力;

②对采购实体的风险评估做出响应;

③避免对采购实体关键的流程或资源造成损失;

④在受到破坏事件影响时,确保给关键客户提供连续服务;

(4)全面业务持续性计划的内容

①人员:角色、责任、意识和教育;

②计划:积极主动的过程管理;

③流程:所有业务流程,包括供应和信息管理;

④建筑物:大楼和设施;

⑤供应商:供应链及外包供应商;

⑥形象:品牌、形象和信誉;

⑦绩效:对标、评价和审计。

3. 灾难恢复计划(DRP)

灾难恢复计划是业务持续性计划的一门分支学科,特别强调在灾难性的故障或破坏事件中,在企业的基本运营、职能、场所、系统和资源等方面,提前进行必要的规划与准备,如:计算机系统故障、供应商破产、火灾等。

(1)有效的灾难恢复计划的优点

①识别脆弱性;

②明确并界定角色和责任;

③支持紧急情况下迅速的、协调一致的应对;

④确定资源和时间范围;

⑤降低由于客户服务中断产生的信誉和商业等风险。

(2)灾难恢复计划(DRP)的基本要素

①角色和责任;

②关键人员的事故检查表;

③第一阶段；

④跟进阶段；

⑤文件检查。

（3）灾难恢复生命周期

①开始灾难日志；

②应急服务；

③损害记录；

④组建恢复团队；

⑤对员工进行照顾、支持和通报；

⑥通知利益相关者；

⑦公众和媒体关系；

⑧情况汇报与学习；

⑨检查灾难恢复计划。

（4）供应商破产的灾难恢复计划要素

①提前对合同终止和过渡（退出战略）做出计划；

②进行合同、绩效和关系管理，将供应商财务或运营问题引发的风险降至最低；

③供应链图析和环境（STEEPLE）监测；

④预先识别后备供应源并进行资格预审；

⑤预先谈判好框架合同。

（5）与低层级的供应商建立直接联系

①预审批过的采购卡或现金支付设施，以便能付款给应急供应商；

②邮件通知所有相关人员，启动应急响应计划；

③启动供应商转化安排和终止条款；

④酌情通知业务联络人和其他利益相关者。

3.5.3 保险在防止供应链风险中的作用

1. 保险在防备风险中的应用

（1）利用保险可减轻风险的风险种类

①偷窃与欺诈；

②财产损害；

③火灾与洪水；

④海运、航空和汽车运输险；

⑤公众责任；

⑥产品责任；

⑦雇主责任。

（2）保险的好处

①降低了风险事件的财务影响；

②通过提供资金替换失去的或受损的资产，帮助恢复；

③可能使客户、供应商和其他关键利益相关者满意：可以预防未产生的风险，对已经发生的风险，可以减少或挽回损失；

④可能是采购或销售合同所要求的；

⑤可能是法律要求的。

2. 保险的主要类型

保险的类型见表2-3-7。

表2-3-7 保险的类型

类型	定义
意外伤害险	保险的类别，也包含一些责任险（例如雇主的责任）
财产险或赔偿保险	保险的类别，覆盖到由财产损害引发的损失
责任险	保险的大类，覆盖到对受损方不利的法律索赔所造成的损失
信用险	当某些情形导致借钱人不还钱的时候，信用险会偿还部分或全部的债务或贷款
业务中断险	覆盖到一个投保的风险事件（冒险）中断正常企业运营之后所带来的收入损失和增加的开支

3. 保险的法律原则

（1）合同：寻求转移风险的实体一旦借助于合同（这被称为"保险单"）由"保险公司"承担风险后就变成"投保方"。

（2）赔偿：保险公司保证在发生损失时向投保方赔偿或补偿一定数额的补偿金（"投保方的利益"）。

（3）保险利益：投保方必须在投保的人或财产损失或损害中有其利益（例如，拥有所有权或责任），投保方直接遭受了损失。

（4）近因：损失原因（风险事件）必须是保险单覆盖的，损失主因不能是保险政策中的例外情况。

（5）减轻：资产责任人有义务将风险事件造成的损失保持到最低水平，就好像没有投保时一样。

（6）代位追偿权：为了减小损失，保险公司代表投保方获得寻求恢复的法律权利。

（7）最大诚信：投保方和保险公司须遵守诚实和公平的诚信契约。

对所有与风险及合同有关的材料事实必须进行披露。

4. 保险与索赔

（1）保险核保的程序

保险核保是一方（如银行或保险公司）同意接受另一方的一些风险，另一方要支付保险费作为交换的一个过程。

保险公司的保险核保程序如下：

①评估潜在顾客的风险暴露；

②确定保险公司是否应该接受为顾客保险的风险，以及顾客应该购买多少保险项目；

③确定与保险公司风险暴露相称的保险费；

④保护保险公司风险组合免受可能亏损风险的影响。

（2）保险索赔程序（见图 2-3-4）

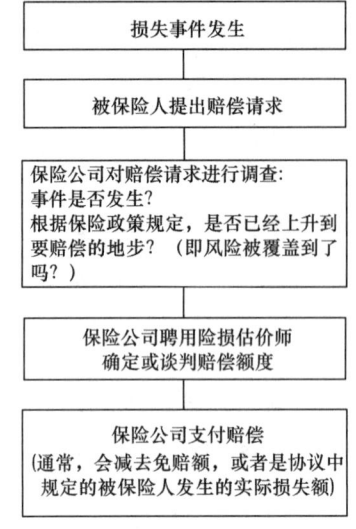

图 2-3-4　保险索赔程序

（3）专属保险

一家企业或行业协会组建或并购一家保险公司，专门为自己的风险保险。参加的企业要支付保险费，并按要求提出索赔。专属保险公司必须遵守所有保险公司要遵守的纪律。

专属保险的优点如下：

①降低了保险费；

②从企业或集团内部保留的保险服务规定中获利；

③对所覆盖的风险类型施加影响，得益于对行业专业状况的专业意识；

④税收优势（尤其是当保险提供者在海外运营的时候）。

3.5.4　分包外包项目的风险管理

1. 项目承包的四种策略

（1）交钥匙统包：外部承包商承担了全部的项目责任，如表 2-3-8 所示。

表 2-3-8　交钥匙统包

优点	缺点
将项目的最大责任交到一个组织手中	如果没有选对承包商，后果是灾难性的
可能达到最快的完成速度	对于复杂项目，可以选择的承包商相当有限
鼓励设计创新，提高质量，降低成本	价格必须反映承包商承担的高风险与责任
避免了使用多个外部承包商所引发的不经济	承包商可能会绕过严格的合同条款，在某些领域克扣（例如在安全方面）
将所有"额外"索赔降至最少，因为这些完全属于承包商的责任	

（2）部分交钥匙：外部承包商承担了规定的责任，同时将有些活动留给了客户，客户还承担协调不同贡献者工作的职责。

（3）客户协调：客户承担了项目工作设计的责任，外部承包商则按照客户的设计和规格，完成分配的工作。项目可能被分解成单独的工作包，客户负责对完成各个工作包的不同承包商进行管理。

（4）管理承包战略：客户任命一个专业的项目经理或顾问来指导工作，工作是由项目经理确定的一个或多个外部承包商来完成的。

2. 项目合作方案（项目合作的主要方式）

（1）合资企业和联营企业：合资企业是一种正式的安排，两个独立的公司借此建立一个可以共同拥有和管理的新公司。如果有两个以上的公司达成这样的协议，则被称为联营企业。

（2）公私合营（PPP）：公私合营模式是指私营部门公司和公共部门以各种结构化的方式，共享资本和专长，目的是建立并经营大型的资本和基础设施资产。

（3）私人融资计划：一般是指私营联营企业融资以便设计并建造公共部门的项目。它也涉及公共部门使用期间建筑物的维护合同承包。

3. 项目激励合同及类型

（1）激励合同的含义

激励合同是为了让承包商在项目结果中、目标实现中和项目风险管理中有其利益份额而提出的。

（2）类型

①协商确定一个目标供应成本，在此基础上，确定固定最高价；

②分期付款或者权变付款或者对提前交付进行提前付款；

③明确在固定价之外的奖金（或者激励费），它与具体关键绩效指标（KPI）的实现、成本节约或目标的增进有关；

④收入、利润或收益共享。

4. 项目定价协议不同类型

（1）固定价合同；

（2）总包价合同；

（3）单价合同；

（4）总包价合同的调价规定。

3.5.5 合同签约与实施的风险处置

1. 合同签约的风险控制

合同管理中合同制定的管理实际是采购人的合同总体策划过程，合同签订意味着合同生效和全面履行，前者是后者的基础，后者是前者实施的结果，两者的风险都是十分明显的。所以，采购人必须依据谨慎、公平的原则，采用系统、科学的方法明确谈判与签约的工作单元，协调处理两者的工作界面。合同谈判与签约应围绕合同总体策划的目标要求开展活动，合同双方需要经过项目招标投标活动，充分酝酿、协商一致，从而建立起项目合同的法律关系。这种法律关系实际是合同总体策划结果的具体体现。

2. 采购项目在合同实施阶段的风险控制

合同依法订立后，采购人应组织做好履行过程中的协调和管理工作，确保合同双方履行合同条款，并享有相应的权利和义务。主要工作包括：建立合同实施保证体系，针对合同情况实施跟踪并进行诊断分析，实施合同变更及纠纷管理等，直至合同期结束。

（1）合同实施保证体系建立与实施的风险处置

合同实施是一项综合的管理协调过程,不仅关系到项目合同双方的利益,而且实施活动充满各种可能的风险。为了有效确保项目合同的履行,发包方应建立有效的合同实施保证体系,包括:围绕项目目标,从职责、过程、资源、惯例和程序等方面形成完整的管理系统,有效推动合同的正常履行,合同实施保证体系的建立和运行风险是明显存在的。因此应考虑项目所有相关方的利益需求,以平衡的方式处理项目合同实施的各种可能风险,从策划实施入手,确保职责分配,方法应用,资源提供及其过程跟踪诊断等工作的适宜性和有效性,以降低合同实施保证体系建立与实施的风险。

①策划的系统实施策略:确定系统的合同实施工作计划,围绕可能的风险设定集成化的合同实施的时间、程序、方法和手段。

②沟通与交底的动态推进策略:保持持续的合同沟通或交底,组织员工了解合同和合同总体分析的动态结果,研究分析合同实施的变化趋势,对合同的主要内容做出解释和说明。

③职责的合理分配策略:围绕合同风险控制要求,以权利与责任对等为基础,合理规定落实合同双方履行合同的责任、义务和权利。

④方法应用的适宜性策略:以适宜性的管理要求为基点,评价和选择适宜的合同履行方法,保证合同落实的有效性。

⑤资源提供的效率策略:按照合同履行的进度,合理安排、提供实施合同所需的人力、物力、财力等资源,保证资源使用的效率要求。

⑥合同跟踪诊断的改进策略:及时进行跟踪检查,实施过程风险诊断,确定风险的产生原因,寻找改进的领域和机会。

（2）合同实施的情况跟踪

合同实施情况关系合同履行活动的风险大小,包括条款执行情况、履约效果、偏差和变更可能等,其合同跟踪和诊断的及时性与正确性具有十分明显的风险性。因此应充分考虑和处理相应风险的策略。

①保持及时的跟踪状态,跟踪合同实施状态、变化趋势与合同实施质量的关联影响。

②保持持续的跟踪能力,跟踪合同变更可能引起合同的变化及其相关方利益的调整程度。

（3）正确的合同诊断策略

正确的合同诊断是合同实施的重要环节,合同诊断必须满足合同订立的基本原则和合同风险预防的要求。

①识别、分析合同实施的潜在风险。

②研究风险变化的可能趋势。

③确定合同实施风险的预防措施。

④确定相应的应变措施。

⑤实施变更的应急活动。

（4）合同应变性不能满足项目实施需要的风险处置

合同状态是衡量实施合同风险的主要内容。合同状态是合同各方面要素的综合,它包括合同价格、合同条件、合同实施方案和项目环境等方面的内容。在合同实施过程中,其合同状态经常会出现变化,一旦合同状态的某一方面发生变化,即打破了合同状态的"平衡"。因此当出现这种情况时合同当事人需要及时进行谈判协商,分析、预测新的合同风险,补充相关合同条款,及时增强合同的应变性。

①合同条款整体性的风险控制策略

合同条款是一个整体,各条款之间有着一定的内在联系和逻辑关系。如果某一个条款出现变化和调整,势必影响其他合同条款的变更需求。因此合同实施阶段需要进行合同变更时,双方必须认真仔细地分析这些条款在时间上和空间上、技术上和管理上、权利义务的平衡和制约上的顺序关系和相互依赖关系,确保各条款间不会出现缺陷、矛盾或逻辑上的问题。因此分析相关问题产生的原因,完善合同双方的权利与制约条件,强化相关权利应承担的责任,是在预测风险的基础上修改相应合同条款的基本工作内容。

②合同条款与实际错位的风险控制策略

发生合同条款不满足实施需求时,发包人应在保证履行招标承诺的基础上,根据需要对相关条款做出修改限定或补充。合同条款应与双方的变更管理水平匹配,尽量选用双方都较熟悉的条款,既利于招标人的管理工作,又利于中标人对条款的执行,可减少争执和索赔。分析合同条款不符合实际需求的原因,研究实际需求与条款内容调整的工作界面及其利益风险,评估拟定合同条款的应变性风险,最终确定合同条款的变更内容。

如果出现合同条款修改意见不一致的情况,双方应该及时进行沟通协商,必要时根据合同制定阶段双方商定的原则进行仲裁或诉讼。

(4)合同纠纷管理的风险处置

在合同履行中,招标人与中标人之间有可能发生纠纷,纠纷可能会严重影响合同的正常实施。当争议纠纷出现时,有关双方首先应从整体、全局利益的目标出发,根据合同规定的内容做好有关的纠纷管理工作。主要策略:

①及时实施合同纠纷的原因分析。

②进行合同纠纷与相关方利益的衔接考虑。

③保证合同纠纷的沟通、协商措施的实施。

④必要时实施合同纠纷的仲裁。

⑤必要时进行合同纠纷的诉讼。

(5)合同索赔活动的风险处置

合同当事人一方不履行或未正确履行其义务,而使另一方受到损失,受损失的一方通过一定的合法程序向违约方提出经济补偿的要求是合同管理的惯例。索赔实际是保证合同正常履行的经济手段,合理的索赔活动可以通过项目管理责任的追究促进合同双方的项目管理水平。

①关注索赔证据策略。在索赔过程中,由于双方利益和期望的差异性,在索赔谈判中常常会出现争执。关键应合理确认项目索赔的证据。索赔证据的认定需要通过双方的沟通,一方面按照公平对待双方利益的原则,协商索赔的合理性;另一方面分析索赔成立的依据,注意证据的客观性、合法性和合理性。

②建立完整索赔文档信息系统的策略。在索赔管理中,必须构建适宜的索赔文档信息管理系统,确保信息的完整性,包括:一是明确信息流的路径,避免无效信息和信息交流的混乱;二是建立快捷、有效的项目计算机网络管理系统;三是提升信息的流速,降低项目管理费用;四是对对方信息的流入及时进行响应和处理。

③有序控制索赔活动的策略。在索赔解决的活动中,招标人应围绕索赔管理目标进行有序管理:一是客观分析受理索赔的理由;二是认定和验证索赔证据的客观性;三是合理确定赔偿的原则、依据和方法;四是把握相关索赔过程的技术和管理风险。

案例 2-3-1 供应链一品一单战略供应商可能"断供"的风险处置

某企业出于战略联盟的考虑,为了获得价格折扣,将主要原材料从单一供应商处采购。一旦供应商受到内部和外部不利因素的影响,不能正常提供采购的原材料,势必造成供应链断裂,影响下游正常运行。消除供应商原因造成的风险的处置如下:

1. 慎选供应商

首先选择风险可能性低的优秀供应商,其次是采用多家供应商甚至是备用的行业的供应商,目的是一旦某一供应商不能正常供货,可以紧急调整供应安排,从别的供应商处采购,同时可以减少对单一供应商的过度依赖,防止被套牢。采购方利用自身的市场优势,适当利用供应商之间的竞争,迫使供应商提高服务质量并降低产品价格,增加采购方的收益。选择多个供应商,可能地处不同地区甚至不同国家,防止同一地区供应商受到相同自然灾害、社会动乱、汇率变化、军事冲突等的影响而导致风险。需要指出的是,同一商品供应商过多会使供应链复杂化,增加供应链协调管理的难度造成供应链成本增加。

2. 建立协调机制

与供应商协调建立供应链的初衷是适应市场和经营环境的变化,充分利用各自的优势与供应链伙伴一起应对市场竞争,分享利益,并共担风险。防范风险的影响,同样需要加强与供应链合作伙伴的密切合作,从组织上、信息连接渠道上、激励措施上,建立全面协调机制,与供应商一起制订风险规避计划、应急计划。在共同扩大盈利空间的同时,共同努力克服市场风险因素的影响,分担各自的风险责任,有必要对重要供应商的经营情况进行有针对性的跟踪监视。监视供应商的重大变化调整,监视供应商完成任务情况的绩效表现,监视自然灾害等外部重大事件对供应商经营环境的影响,甚至监视供应商的上游供应商的反常举动。增加库存防范风险,在供应出现波动时,保证供给是设置库存的目的之一。

3. 增加安全库存水平

利用库存的缓冲调节平衡的作用,在供应市场波动甚至出现供应短缺时,能够保障供给,一定程度上削减到货时间延误之类的供应时间风险的影响,保证供应链连续稳定运行。增加库存,仍旧是国内许多企业防止出现供应短缺的主要措施,但是高库存会增加供应链的运行成本。在保证供应链服务水平的前提下,如何降低供应链运作成本是供应管理的重要内容,以虚拟库存的形式来降低实体库存的水平,是信息时代行之有效的风险防范措施。

4. 供应保留一定符合余量

生产库存配送性运输信息系统的设计,保留一定的负荷余量,增加供应链系统的安全系数。遇到供应销售市场的不正常变化,内部系统运行的故障等风险事件时,供应链有一定的备用资源可以利用,保证供应链的可靠与稳定。

5. 增加供应链的柔性与反应能力

供应链的柔性是指供应链的弹性及灵活性,也就是指供应链适应市场需求变化的能力。在当今市场,需求多样化、服务个性化、时尚多变化、运作全球化、配送及时化的特征越来越明显,市场需求的不确定性大大增加,而不确定性正是风险形成的基本原因,只有充满柔性的供应链才能对急剧变化的市场需求做出及时、快速的反应。

6. 建立快速反应机制

防止共性供需不能匹配时形成的风险,建立快速反应机制,增强供应链应变市场的能力是供应链具有柔性的关键。供应链的柔性体现在供应链系统设计的柔性、生产设备的柔性、人力资源的柔性、信息系统的柔性、运营管理方面的柔性,以及适合柔性化的企业文化氛围。

7.全链信息共享

全链信息共享首要的技术手段是完善和改进供应链的信息系统,发挥信息系统实现管理需求预测和辅助决策等方面的作用。推动供应链合作伙伴之间信息系统的集成,以实现信息共享。引入供应链风险管理的专门应用信息系统,保证供应链运营信息的及时采集与传递,使管理人员先知先觉、快速反应、正确决策,在风险的事先预防、事中的紧急处置、事后补给补救等方面发挥不可替代的作用。提高生产物流设备等方面的技术水平,改进管理与经营的技术装备,也是提高供应链可靠的有效手段。

8.促销影响需求

与营销相结合对于产品销售的不确定性,一般的研究总是假设,需求是服从一定分布的、不可改变的。其实市场需求可以通过促销等手段来改变供应链管理,必须和市场营销的行动紧密结合,把不可控的市场需求变成可控的需求,消除市场变化带来的风险。Johnson介绍的玩具公司针对产品时尚性变化快的特点,滚动推出新产品或实现成熟产品的升级,降低新产品的投放风险和已有产品的积压风险,是供应链管理和营销配合的典型案例。

9.合作契约设计

供应链核心企业与合作伙伴之间的关系本身就是合同契约关系。设计规范的合作契约,明确各方的权利和义务,作为追究风险责任的依据,是市场经济条件下企业合作的常规。风险保留是指有能力承担风险的一方主动把风险承担起来,以减轻合作伙伴的负担,取得合作伙伴的信任。如批发商允许下游销售商无条件退货,通过推进供应链流程再造使供应链系统的流程设计更加合理;发现并消除供应链中不可靠的结构、不可靠的通道,使供应链具有比较强的反应性。

10.实施全面的风险管理

建立全面质量管理的理念和管理方法,开展全过程的全员参加的供应链风险管理,从风险事件的预防、事中控制到事后改进。供应链风险管理的步骤是:

(1)风险识别

风险识别是对企业供应链面临的各种潜在的风险进行归类分析,从而加以认识和辨别,这是供应链风险管理中最重要也是最难的部分。任何对风险评估控制和管理的正确行动都源于正确的风险识别,那么如何正确识别风险呢?

我们需要了解风险是什么,和什么因素相关。下面的例子是用一个公式来描述产品的安全风险,影响产品安全的风险的主要因素是产品本身存在的潜在缺陷和产品接触人群的机会。计算公式如下:

$$产品的安全风险 = 产品本身的缺陷 \times 产品接触人群的机会$$

通过公式可知,即使产品本身存在潜在的缺陷很微小,但如果产品在市场上的销量巨大,产品本身很微小的缺陷也就放大。因此其风险依然应引起我们关注。

(2)风险衡量

进行定量分析法,对特定风险发生的可靠性和损失范围及程度进行估计与度量。

(3)工具优化组合

风险控制根据风险管理目标,选择适当的风险管理工具优化组合,规避转移,降低风险。

（4）实行风险管理协调

配合使用各种风险管理工具，不断反馈、检查、调整，修正实施，更接近目标。常见的风险管理方法，主要有以下三种：

①风险转移

通过部分非核心业务外包的方式将风险转移至其他企业，也可以通过专业风险管理公司合作，及时、充分地了解供应链的信息。在供应链各节点企业之间的信息相对封闭，造成链上企业对需求信息的区别，沿着下游向上游逐级放大，形成牛鞭效应。实践中，供应链、生产源头和终点需求之间总会存在时间上的延迟。这种延迟导致反馈误解，这种曲解从一点微小差异最终传递到源头上时出现不可思议的放大，因此如何得到准确、及时的信息是供应链风险管理的重要因素。

②优化合作伙伴

选择供应链合作伙伴是供应链风险管理的重要一环。一方面要充分利用各自的互补性，以发挥合作竞争优势；另一方面也要考虑伙伴的合作成本与敏捷性。通过加强伙伴间的沟通和理解使链上的伙伴坚持并最终执行对整个供应链的战略决策，才能真正发挥成本优势，占领更多的市场份额。

③建立监督制度，增加透明度

建立企业成员间的信任和监督机制，增加供应链透明度。企业成员之间的信息是供应链赖以生存的基础，但是没有监督的信任是形成供应链风险的最佳土壤，因此通过专业风险管理企业的参与，可以建立并完善企业成员之间的信任和监督机制，以降低供应链的成本。降低内部交易成本，促使伙伴成员以诚实、灵活的方式相互协调彼此的合作态度和行为，并使供应链管理层通过不同渠道验证信息的客观性，得到清晰且没有失真的信息，降低成员企业在信息不完全情况下做出错误判断和决策的可能性。

 本章思考题

1.简述采购风险管理的定义。

2.简述供应链管理风险的定义。

3.风险管理的主要外部因素有哪些？

4.风险管理战略需要的资源类别有哪些？

5.风险管理流程包括哪三个环节？

6.常用的风险处理办法有哪些？

第4章 人力资源管理

项目人力资源管理是指项目团队组建与管理的相关过程。其任务是根据项目任务及其实施进程的需要,不断地吸收项目所需人员,并将这些人员整合到项目团队之中,或使这些人员同项目管理团队密切配合,激发并保持这些人员对项目的忠诚和奉献精神,提高团队能力,挖掘团队潜能,促进高效地完成各项工作,实现项目目标。

项目人力资源管理包括组织规划、团队组建、团队建设和团队管理4个方面。

◎ **本章目标**

1.了解项目人力资源管理的内涵。

2.理解人力资源管理的职能。

3.熟悉并掌握人力资源的战备作用。

》》》 4.1 人力资源管理概述

4.1.1 人力资源管理的重要性与特点

1. 重要性

越来越多的企业不再把雇员当作一项需要控制的成本,而是当作一项需要不断培育、发展和授权的资产,以便充分发挥雇员的才干和抱负,实现企业的目标。

人力资源管理(HRM)为了质量、创新、组织灵活性、学习和员工承诺这些重要战略目标实现对人事的管理。用文化价值观、目标和以客户为中心的理念来代替规章和控制,通过坦率的沟通和员工的参与,合作式的员工关系,授权的团队合作,帮助式的领导风格,持续学习和发展。

2. 特点

(1)努力将人力资源(HR)与企业规划结合在一起,从战略层面形成与企业战略目标直接相关的 HR 战略。

(2)制定一致的、相互支持(内在一致、不矛盾的)的 HR 战略和做法,即进行跨职能横向整合。

(3)"承诺"导向而不是"服从"导向:保证员工认识到企业目标和价值观,而不是仅仅停留在服从命令层面上。"承诺"导向常常与诸如团队建设、授权、参与、员工发展和企业文化创建这些管理实践联系在一起。

（4）将人看作宝贵的资产（或"人力资本"），而非成本：要将员工视为一种有战略意义的资源，视为企业价值和竞争优势的一种来源。

（5）直接经理（而不是专业的人力资源部门）对以人为基础的目标和结果负责。

4.1.2　项目人力资源管理

项目人力资源管理，分为 4 个步骤：

1. 组织规划

依据项目分解结构（WBS）定义的工作范围与内容，以及管理项目利益相关者的工作要求，对项目工作进分解与归类，分析确定完成项目任务所需的角色与职位，以及它们之间的相互关系。将各角色的职责和报告分析的关系，形成组结构图和职责描述表，并结合项目进度、要求制订人员配备管理计划。

2. 团队组建

依据企业规划提出的角色要求，根据人员配备管理计划要求招募团队成员。

3. 团队建设

通过培训等多种方式，提高团队成员的个人能力，同时通过团队文化建设等措施，改善成员间的协作能力，以提高工作绩效。

4. 团队管理

通过观察团队的行为，评估团队成员的绩效，管理冲突，解决问题，以提高项目绩效。

项目人力资源管理的核心过程如表 2-4-1 所示。

表 2-4-1　项目人力资源管理的核心过程

计 划	执 行		控 制
组织规划 →	团队组建 →	团队建设 →	团队管理

项目人力资源管理常用的方法与工具有责任机制和激励理论等。

此外，项目经理是项目管理的关键角色，也是项目人力资源管理的主要责任者，其职责定位、素质与能力的要求以及管理的行为方式，都将影响到项目的成败。

4.1.3　人力资本管理

1. 定义

人力资本或人力资源是人们在工作中表现的智力、才能、承诺、隐性知识、技能，以及学习能力等。

2. 企业的智力资本

（1）人力资本：给企业带来发展和创新的人力知识、技能、天资和能力。

（2）社会资本：能够让那些人获取并发展智力资本结构、网络和程序，其表现为企业内外关系所产生的知识的存储和流动。

（3）企业资本：企业形成的结构性的数据库。

4.1.4　硬的 HRM 模型关键特点

（1）HRM 战略目标和企业战略的紧密结合。

（2）强调投资于人的商业合理性（例如在培训和开发上）。

（3）强调需要进行绩效管理和其他管理控制形式（而不是向员工授权等）。

4.1.5　软的 HRM 模型关键特点

（1）关注人事管理中人际关系的方面，例如，学习和发展、沟通、参与、激励和工作满意度。

（2）为了开发员工的潜力，并提高员工的贡献、主动性、灵活性和业绩，强调获得员工的信任和承诺。

⟫⟫⟫ 4.2　人力资源管理和绩效

4.2.1　人与绩效模型

人与绩效模型如表 2-4-2 所示。

表 2-4-2　人与绩效模型

HR 战略/实践	关键工作维度	结果
招聘培训与开发绩效评估	能力与技能	正面的心理契约（承诺、工作满意度）
报酬 （工资满意度和岗位挑战）	激励/鼓励	酌情行事的行为 （超出了工作说明的要求之外）
团队工作参与沟通	参加的机会	绩效表现

4.2.2　密歇根模型

密歇根模型属于硬的 HRM 模型，强调人力资源基本职能能够推动商业绩效。

1. 选拔

将可利用的人力资源与企业战略需要的角色、技能和特征相匹配。

2. 绩效管理和评估

将绩效与共同的目标和标准相匹配，支持企业战略的实施。

3. 报酬

将报酬与为支持企业战略而需加强的成就和特性相匹配。

4. 开发

将技能、知识和能力与明确的企业战略要求相匹配。

4.2.3　哈夫模型

哈夫模型如图 2-4-1 所示。

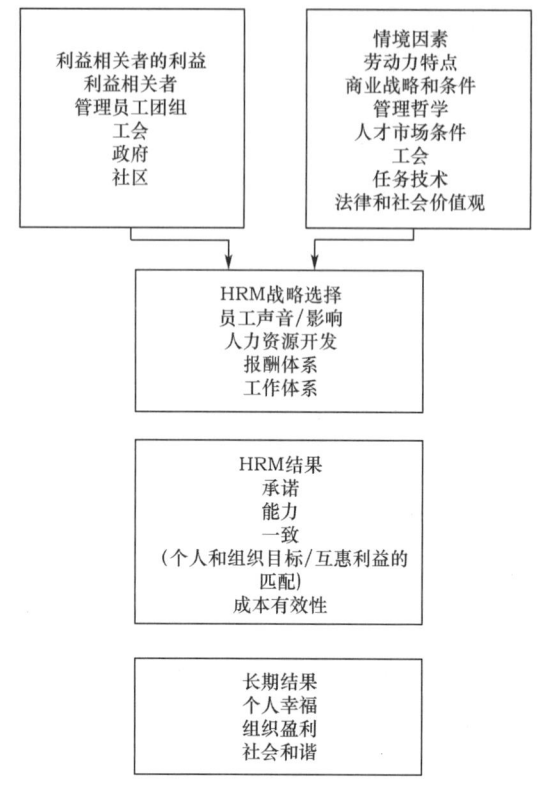

图 2-4-1　哈夫模型

4.2.4　战略性的/系统性的 HRM 方法的优点

（1）它能保证有关各方遵守雇佣法律和规章,例如,平等就业、健康与安全、劳动保护、员工参与等。

（2）它能支持待人公平、平等等职业道德观念:(尽可能地)在选拔、付薪、申述程序和纪律处分程序等方面确保客观、不掺杂个人感情和平等对待。

（3）它能传播和促进企业所希望的文化。连续的、完整的 HR 系统可以给企业带来适合的价值观和属性(通过选拔)并且对之进行强化(通过评估、培训和报酬)。

（4）它能使企业满足其现在及将来的人力资源需求——按照其自身的计划,以及对所处环境中变化和挑战的预测。

（5）它能提高员工的动力、承诺和留职率,提供表彰和奖励(通过评估)、提升工作满意度(通过岗位设计)和提供个人发展(通过培训与开发)机会。

4.2.5　HRM 的评估

HRM 的评估从以下 4 个方面进行考虑:

（1）承诺(Commitment):员工对企业及其目标的认同、忠诚度和工作动力,以及自由决策(超出职位描述所要求的内容)从工作中增值。这个可以借助态度调查和其他因素的分析等方法进行评估。

（2）能力（Competence）：员工的技能和天资、角色能力、学习需求、提高绩效及获得职业发展的潜力。这个可通过能力评估、绩效管理和评估流程、技能审计和结果监督等进行评估。

（3）一致（Congruence）：员工在目标、价值观和努力等方面的需求与管理层一致（或者至少是员工感觉到存在共同的目的和相互利益）。这个可通过申述和坦率的沟通等进行评估。

（4）成本有效性（Cost-effectiveness）：以可接受的成本投入所获得的 HRM 结果的收支是相抵还是收大于支；成本和/或收益是在不断增加，还是在不断减少；成本和/或收益和同类企业或竞争者相比怎么样。

>>>> 4.3　人力资源管理职能与战略

4.3.1　人力资源管理职能

人力资源管理职能如表 2-4-3 所示。

表 2-4-3　人力资源管理职能

企业设计与发展项目	项目实施内容	岗位和角色设计
HR 规划（HRP）和招聘	人力资源规划 招聘和选拔	保留 离职管理
绩效管理	设定绩效目标和标准 绩效评估	绩效差距分析 绩效管理干预
报酬管理	工资系统	
人力资源发展	学习、培训和发展 职业发展经理	管理发展 学习型组织
员工关系	行业关系 员工沟通	员工声音和参与
职业健康、安全和福利	健康与安全	福利服务
HR 服务	建立并执行 HR 战略和程序	

4.3.2　人力资源（HR）的战略作用

（1）针对职业法律和规章需要特别制定相应的 HR 战略，同时 HR 战略的另一基础是企业在人们应该得到怎样的待遇方面所持有的价值观和信仰。

（2）为了吸引并留住企业想要的员工，企业也必须考虑员工和人才库中潜在员工的需要和期望。

（3）项目经理要记住，HR 战略并不仅仅是用来在企业中加强 HR 职能权力而是为了帮助项目经理做好他们的工作。

▶▶▶▶ 4.4 分担的人力资源管理责任

4.4.1 HR 职能的作用

（1）在战略层次上对 HR 相关活动进行规划。

（2）执行整个企业范围内的 HR 计划。

（3）制定一致的人事战略、计划、系统和规章框架来指导项目经理。

（4）必要时，为项目经理提供专家服务和顾问工作。

4.4.2 项目经理的作用

（1）对任务进行组织和分配。

（2）设定、监督并维持绩效标准。

（3）要求、招聘和选拔团队成员。

（4）吸收团队成员入职，为团队成员提供培训。

（5）建立并管理团队。

（6）同员工沟通、磋商。

（7）同员工建立并保持正常工作关系，包括个人处罚和申述的处理。

（8）确保工作场所的安全。

（9）保存日常人事记录。

（10）遵守上述所有的 HR 战略、计划和规章。

（11）咨询和/或联络 HR。

4.4.3 高级经理层的作用

（1）形成良好的学术氛围。

（2）制定重要的 HRM 战略。

（3）制定涉及 HR 职能的议定参考条款，确定 HRM 责任向项目管理层转移的程度。

（4）企业氛围的营造。

▶▶▶▶ 4.5 激励和工作满意度

激励式理论是人力资源管理最重要的管理工具之一。

4.5.1 激励

（1）激励是一个心理过程，即选择想要的结果、决定是否要追求它们、评估成功的可能性、评估是否值得付出努力并采取相应行动的心理过程。

（2）激励是一个社会过程，即个体行为受他人影响的社会过程，包括企业通过各种激励措施和制度规定员工落实其承诺，积极努力地工作。

4.5.2　绩效

绩效产生的直接和间接影响：

（1）人员流动率大；

（2）高缺勤率；

（3）不守时，不守纪律；

（4）减少与上级的沟通，不再积极主动参与，不再愿意承诺而只是混日子；

（5）员工经常发生纠纷和申诉；

（6）产出数量减少和/或质量下降（缺少承诺、故意消极怠工）。

4.5.3　内容型激励理论

1. 内容型激励理论的定义

为了降低员工由于需求未得到满足所产生的焦虑感，管理的任务是提供满足个体需求的途径，或者激发、唤醒员工自身的企业需要的潜能。

2. 马斯洛需求层次理论

马斯洛需求层次图谱如图 2-4-2 所示。

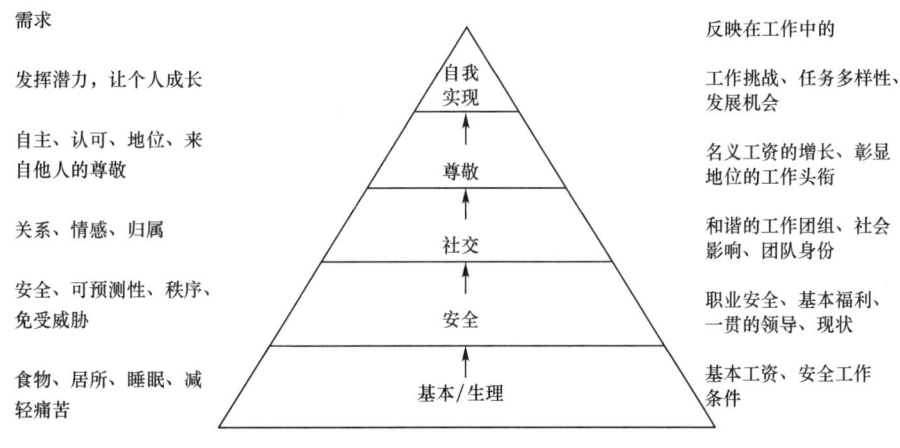

图 2-4-2　马斯洛需求层次

马斯洛需求层次理论的含义如下：

（1）每个需求层次在没有满足之前都是当前占据主导地位的需求；只有下一层次的需求得到满足，上一个层次的需求才会成为主导的激励因素。

（2）马斯洛描述的两个"更高层次的需求"：

①查询和表达自由的需求（即允许自由言论、鼓励正义、公平和诚实的社会环境）；

②知识和学习的需求（从环境中获取知识，探究和学习）。

（3）马斯洛需求层次理论有如下局限性：

①预测员工行为有一定的难度；

②各需求层次边界不清晰；

③同种需求促使不同人产生不同的行为。

（4）在企业管理中的意义

可以提示经理人采用灵活的、权变的方法来激励员工。

3. 奥余德弗 ERG 理论

（1）内容

存在的需求（Existence）、与他人交往的需求（Relatedness）、个人成长的需求（Growth）。

（2）理念

①在高层次需求成为主要的激励因素之前，并不是必须满足较低层次的需求；

②如果一个人的需求在某一层次受到阻碍，经理人还是可以通过满足其他层次的需求来激励团队成员的。

4. 赫兹伯格的双因素理论

（1）内容

一类是激励因素，可以带来满意的因素，包括：晋升、表彰、责任、富有挑战的工作、有趣的工作、工作成就和个人成长。

另一类是保健因素，造成员工不满意的因素，包括：公司战略和管理、工资、领导风格和监督、人际关系、工作条件和职业安全。

赫兹伯格还提出了将激励因素加到工作中去：岗位轮换、工作扩展、工作丰富化。

（2）局限性

①文化上没有代表性；

②方法主观；

③激励因素提高生产力难以证实。

（3）在企业管理中的意义

①对员工的激励可以分两步走：改善保健因素；激发工作热情与效率。

②帮助人们认识到工作满意度。

5. 内在奖赏和外在激励

（1）相关概念

内在奖赏：源自工作本身，并且源自员工自身——挑战、兴趣、团队身份感、在企业中的自尊感、对成就的满意等。

外在激励：来自管理层奖励或约束的力量——薪水或工资、奖金、奖赏、晋升、工作条件改善等。

（2）需求和期望的三级分类法

马斯洛提出的"简单而有用的""需求和期望的三级分类法"是工作激励的基础。

①经济奖赏：例如工资、福利，像退休金一类的延迟工资和职业安全，这些是满足工作的"工具"取向，主要涉及"其他事情"。

②内在满意：源于工作本身、兴趣和个人发展，这些是满足工作的"个人"取向，主要涉及"自己"。

③社会关系：例如友谊、团队合作、归属感和地位，这些满足工作的"关系"取向，主要涉及"其他人。"

4.5.4 过程型激励理论

1. 弗鲁姆的期望理论模型及含义

（1）内容：个体做事动机太小，取决于他希望通过自己努力达成其个人需求或目标的速度。

个体激励的强度，是由以下两个因素决定的：

①个体对某一结果的偏好程度；

②个体对某一行为事实上导致某种结果的期望。

期望共识最简单的形式，可表示为：

$$F = V \times E$$

式中：F——个体按某一特定方式行为的动机的强度和力量；

V——心理效价，个体对某一结果或回报的偏好程度；

E——期望，个体对于某行为达成某种结果或回报的知觉。

心理效价或期望的值越小，个体动机越弱。

（2）意义

可以用期望理论来测量员工对一系列不同报酬的期望，找出最有效的激励策略。

2. 波特和芬勒斯期望模型

波特和芬勒斯期望模型反映了一个人所付出努力的程度，取决于他可以获得的报酬价值以及个体认为为了获得报酬需要的投入和他期望能获得报酬的可能性。后两个因素反过来受到其他一些因素的影响。

3. 亚当斯的公平理论内涵（见图 2-4-3）

（1）强调人们对于他们所受到的待遇、职位和报酬，通过交换和比较，判断是否公平。当存在报酬上或待遇上的不公平时，个体就会体会到不公平。

（2）消除/恢复不公平的措施：根据输出和报酬对输入进行调整；根据输入对输出和报酬进行调整；对输出或输入做心理上的变形，以便为不公平现象进行辩解；改变他人的输入或输出；改变比较的参照点；离开这种不公平的环境。

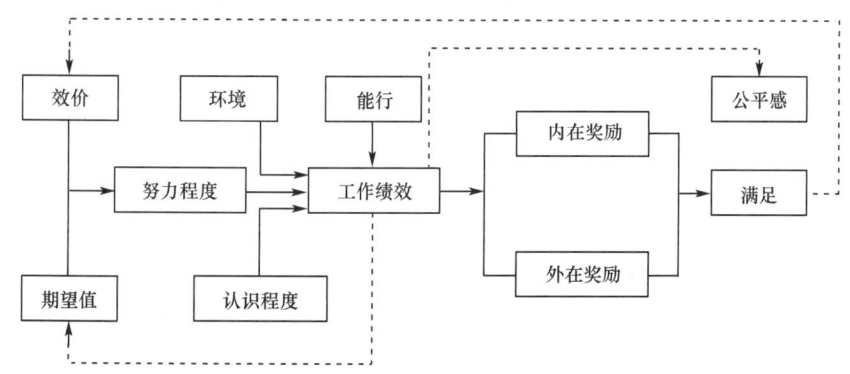

图 2-4-3 亚当斯公平理论内涵

4. 代洛克的目标设定理论

强调在对行为进行激励的过程中人们的目标或意图所发挥的作用，以及将目标设定当作激励技术的重要性。

4.5.5 工作满意度

1. 积极工作的维度(见表 2-4-4)

表 2-4-4 积极工作的维度

心理状态	工作维度
工作的意义	技能多样性:应用不同技能、执行不同操作的机会。与其相对的是,过分专业化和重复性的工作使人感觉单调乏味和厌倦。 任务同一性:将操作整合到一"整块"任务中(或一个有意义的任务"块"),与此相对的是"小碎块"任务(或一个有意义的任务"块")。 任务重要性:根据个体的价值观,任务所具有的作用、目的、意义和价值
责任	自治权:在诸如目标设定、进度安排和工作方法选择等领域,有机会自行决定或自我管理
了解结果	反馈:信息的可利用性,个体可以凭借该信息对照期望和目标评估进展和业绩,并且有机会做出反馈并提供绩效改进建议

2. 消极工作的维度

(1)无能为力:对工作和条件无法控制;

(2)无意义:由于标准化和分工,一个人的工作不再像以前那么重要;

(3)孤立状态:由于不再属于某一明确的工作团组,归属感和关联感丧失;

(4)自我疏远:工作作为一种中心生活活动的感觉的丧失,工作仅仅是满足外部需求的一种手段,工作本身不能带来满足感。

3. 推进员工参与的措施/方法

员工参与:一系列旨在提高员工责任心及贡献的决策和流程。推进员工参与的方法:

(1)给员工更多的信息。

(2)从员工那里获取更多的信息:通过沟通、参与、聆听员工想法,培训和利润分享等办法建立员工的企业身份认同感。

(3)改变工作的结构和安排:运用责任制管理,确保员工了解他们要实现的目标是什么,以及如何根据协商的目标和标准进行绩效考核。

(4)改变激励,引入奖励体系,根据个人绩效实施奖励。

(5)改变关系,尊重员工,把他们当作宝贵的人才,而不是将其视为机器。

4. 作为激励因素的文化

企业文化反映了企业共同的价值观、信仰和自我形象,包括工作、绩效、质量等方面的正面或负面的价值。

(1)可以将从事的工作视为在某种意义上的伟大事业。

(2)将人们当作获胜者来看待。

(3)满足人们的双重需求,以及如何根据协商的目标和标准考核绩效。

4.5.6 工作设计的影响

1. 工作设计的定义

工作设计是对任务进行划分、归类,形成某份工作的工作职责的方法,是在专业化、自行决定的自由、自治权、多样性和其他工作要素等方面做出决定的方式。

2. 经典学派如何进行工作设计

(1)确定工作细分的最优程度。

(2)确定执行每一操作最有效率的方法。

(3)培训员工,使之能够以最有效的方法执行他们承担的细分任务。

工作细分所带来的管理上的问题:

①单调乏味和无聊感;

②高负荷、低自由度的工作与压力存在很大的相关性;

③动力减弱,外在奖赏补偿员工的努力不可能带来持久的满意;

④与员工关系的对抗性。

3. 人际关系学派如何进行工作设计

(1)岗位轮换:有计划地在不同岗位之间进行员工调动,来丰富员工的工作;

(2)工作扩展:通过增加员工参与的操作或任务数量而使工作范围扩大;

(3)工作丰富化:为了提高岗位工作的责任感、增加工作的宽度和挑战性而做出的有计划的、审慎的行动。

带来的问题:

(1)并非所有员工都需要或想要更有挑战性的工作;

(2)在实践中岗位重新设计并不那么容易;

(3)工作设计非常耗费时间和成本,可能涉及流程再造、对职工实行培训和加强监督、员工提出加薪要求等问题。

4. 授权的概念、目标及面临的障碍

(1)概念

给员工以自由决断的权力,让他们决定如何组织其工作,也包括让员工对实现生产和质量目标负责。

(2)目标

提高员工满意度,利用他们的创造性与一线的专长,缩短客户和供应商界面上的响应时间,提高企业的有效性。

(3)面临的障碍

①并非所有员工都期望接受更多的挑战、承担更多的责任;

②并非所有员工都有能力承担更大的责任或掌握必要的技能;

③经理人可能需要在放开控制和/或改变角色和风格方面付出努力;

④授权并非其他报酬的替代物:对于员工承担的多出来的那部分责任,必须用精神表扬和/或货币报酬进行补偿。

4.5.7 管理风格的影响

1. 布莱克和穆顿管理方格(见图2-4-4)

(1)无力的管理——坐标(1,1):经理人既不重视员工满意度,也不重视工作目标。

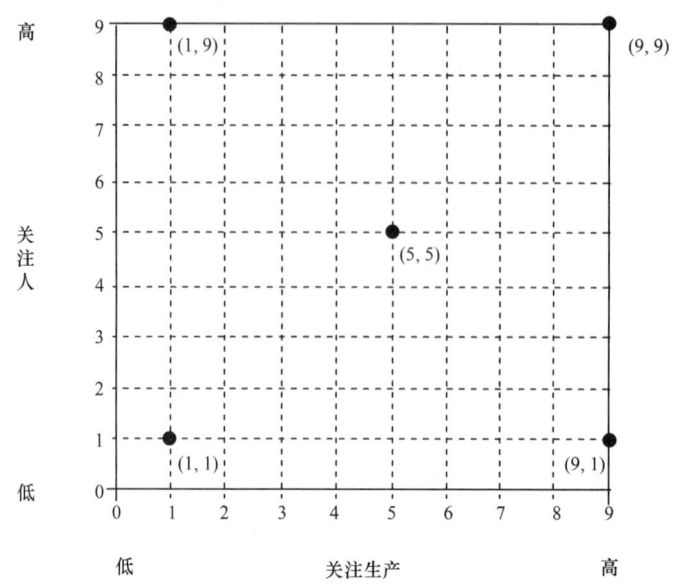

图 2-4-4 布莱克和穆顿管理方格

（2）乡村俱乐部管理——坐标（1，9）：经理人留意员工的需求并且已经建立了令人满意的关系和工作文化，但不重视工作结果。

（3）任务管理——坐标（9，1）：经理人几乎只重视工作结果。人的需求实际上被忽略了，在对工作进行安排的时候，将人这一要素的影响作用降到最低。

（4）团队管理——坐标（9，9）：经理人通过"领导"那些认同企业目标的、付出承诺的团队成员而取得很好的工作绩效。

2. 胡娅亚格 & 赫克曼 3 种管理风格（见表 2-4-5）

表 2-4-5　胡娅亚格 & 赫克曼 3 种管理风格

官僚式（独裁式）风格	计划、组织和决策的权力集中在领导手中，所有沟通和合作都以领导为中心或通过领导进行。对下属的期望是简单服从或遵守
民主式风格	全员参与过程，决策权下放到团队成员。领导职能分散在团队成员之中
自由放任式风格	团队实现真正的自治，能够组织自己的工作并做出决定。经理人在团队中起到教练的作用，是有意识地支持行动自由，在需要时能够提供帮助

3. 阿什里奇的 4 种管理风格及局限性

（1）内容

①通知式（独裁式）：经理人做出决策并发出指令，下级必须遵守，不得质疑。

②销售式（劝说式）：经理人仍旧做决策，但相信，为了让团队成员正确地执行决策，需要对其进行激励，让他们接受决策。

③咨询式（参与式）：尽管经理人保留最终的决策权，但是会征询团队成员的意见，并且考虑他们想法。

④加入式（民主式）：经理人和团队成员达成一致，一起决策。

（2）局限性

①经理人的风格也许没那么灵活，无法有效地利用风格模型；

②任务、技术、组织文化和其他经理人的要求限制了领导人选择有效风格的范围；

③一致性对于下属来说至关重要。

4. 领导风格谱系(见图 2-4-5)

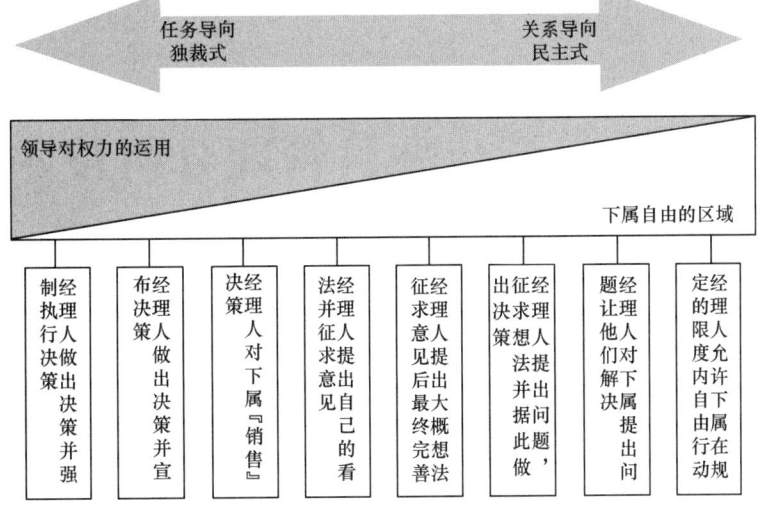

图 2-4-5 领导风格谱系

5. 情境领导

领导能否有效取决于许多变量或随机因素。

没有一种领导风格能够适用于所有情形;同样,也没有必要采用适合于某种具体情况的风格来进行所有情况下的领导。这一学派最流行的一个模型是 P.赫西和 K.布兰查德的情境领导模型。

 本章思考题

1.请给出强调其战略属性的 HRM 定义。

2.请区分硬的 HRM 和软的 HRM。

3.请列出战略性的 HRM 方法的优点。

4.请列出术语 HRM 中包含的主要组织职能。

5.引起 HRM 领域不断变化的因素一般有哪些?

6.请列出马斯洛提出的需求层次理论,你对该理论有怎样的认识?

7.画出布莱克和穆顿管理方格图。

8.请描述阿什里奇的 4 种管理风格以及局限性。

第5章　供应链与项目管理分析技术工具

在建筑业供应链管理中,供应链管理与项目管理都以完成"项目"为目标,因此管理办法和工具有很多相通或相似之处,如预测计划管理中的统计技术;质量管理中的六西格玛分析技术和统计过程控制技术、风险管理中数据分析技术、进度管理中的网络技术、人力资源管理中常用的 WBS 技术等。本章将供应链管理和项目管理中通用、常见的分析技术工具统一归并为一章以方便学员学习掌握。

◎本章目标

1.了解统计的分类及其定义。

2.理解统计过程控制的办法。

3.熟悉应用六西格玛分析办法。

4.熟悉应用 WBS 技术。

5.熟悉并应用网络计划技术(双代号)。

>>>> 5.1　统计学知识

统计学方法有两大类:

(1)描述统计学:以可理解的和有用的形式呈现统计数据,包括使用表格、图表和图示来表现统计信息。

(2)推断统计学:分析统计数据的方法,用以对所讨论问题推导出相关结论。这是绩效测量和控制的主要关注点。

5.1.1　统计抽样

很多情况下,一个给定数据的总体很大:出于现实的和成本有效的目的,检验和分析将集中于精心结构化的样本。该样本具有以下特点:数据足够大,能够代表整体。因此关于该样本的结论可以延伸到整个总体。

在统计质量控制中,常常使用概率抽样法,借此总体中的每个个体都能够被选作样本的一部分。

在简单随机抽样中,抽样者使用一个随机数发生器从总体中选择对象,如果发生器产生出 3 和 175,则第 3 和第 175 个对象被抽样。

在系统抽样中,我们从总体中选择 n 个对象。例如,如果我们想在总体为 1 000 个对中抽取 40 个样本,可以选择 25 个对象。

在分层抽样中,使用与所研究对象相关的任何一种分类,将总体分为不同的类别对象。对每一类别,我们选择一定数量的对象,加入我们的总样本中,通过这个方法,我们试图使样本更好地代表总体。这种方法的变体是定额抽样。

在整群抽样中,不是抽取单个对象,而是抽取对象群。比如,如果总体是由某个城镇的居民构成的,可以将该城镇分为 1 000 个区,每个区 10 栋住宅。那么样本可以由很多这样 10 栋住宅一组的群组构成,这要比选择单个住宅快很多。

在多级抽样中,为抽样逐渐进行细分。例如,如果总体是英国的每个个体,我们可以指定区域,在每个区域中选择一定数量的有代表性的县,将每个县再细分为更小的区,然后使用整群抽样法来生成样本。

大多数统计质量控制技术使用过程输出的随机样本或系统样本,而不是 100%。

5.1.2　平均数

统计学的主要目标之一是总结大量数据,使其重要特征变得显而易见。一种方法是用中心位置量数(通常是指平均值)以中值代表和总结数据,平均数是统计学中最常用的统计量,用来表明资料中各观测值相对集中较多的中心位置,有多种方法用来确定一个数据集的中点,每种方法各有其优缺点。

❶ 算术平均数

算术平均数是指在一组数据中所有数据之和再除以数据的个数,它是反映数据集中趋势的一项指标,把 n 个数的总和除以 n,所得的商叫作这 n 个数的算术平均数。公式如下:

$$A_n = \frac{a_1 + a_2 + a_3 + \cdots + a_n}{n}$$

❷ 几何平均数

n 个观察值连乘积的 n 次方根就是几何平均数,根据资料的条件不同,几何平均数有加权和不加权之分。公式如下:

$$C_n = \sqrt[n]{a_1 \cdot a_2 \cdot a_3 \cdot \cdots \cdot a_n}$$

❸ 加权平均数

加权平均数是不同比重数据的平均数,加权平均数就是把原始数据按照合理的比例来计算,若 n 个数中,x_1 出现 f_1 次,x_2 出现 f_2 次,$\cdots$,x_k 出现 f_k 次,那么,

$\dfrac{x_1 f_1 + x_2 f_2 + \cdots + x_k f_k}{f_1 + f_2 + \cdots + f_k}$ 叫作 x_1、x_2、$\cdots$、x_k 的加权平均数。f_1、f_2、$\cdots$、f_k 是 x_1、x_2、$\cdots$、x_k 的权(Weight)。

公式:

$\bar{x} = \dfrac{x_1 f_1 + x_2 f_2 + \cdots + x_k f_k}{n}$,其中 $f_1 + f_2 + \cdots + f_k = n$,$f_1$、$f_2$、$\cdots$、$f_k$ 叫作权。

平均数是加权平均的一种特殊情况,即各项的加权相等时,加权平均数就是算术平均数。

❹ 相关术语

(1)中值:它不受极端值影响。将最后一项值改为 50 或 100 不会影响该数组的中值,在不知道极端值的情况下,也可以计算中值,且不受数据不等组距或端尾开放的影响。缺点是如果只有少数几项数据,平均值也许不具真正的代表性,不适合用于数学统计。

（2）众数：它是在数组所有数值中最频繁出现的数值，它通常可以凭观察来确定，无须计算。然而，一个数组可能有一个以上众数，也可能没有众数。例如，抽样11个过程输出，测量值：7,7.5,6,6,7,5,6,5,6,5 和 5，众数是 5 和 6（每个发生了 4 次）。

5.1.3　离差测量

一个数组的平均值或中点本身并不能很好地传达数组分布的情况。如果你被告知一条河平均水深为 1.5 米，在你试图蹚河而过之前你也许想知道样本测量值实际上是否在 0~25 米变化。

离差测量提供了计算一个单一数字来测量数组中各项分散程度的不同方法，在此，我们考虑两种特别的测量指标：全距和标准差。

1. 全距（Range，也称极差）

全距是离散性最简单的度量，把一组数据按从小到大的序排列，用最高分减去最低分，所得数值就是全距，即最高分和最低分之间的"距离"，如 3,6,10,14,17,19 和 22，全距是 19（22−3）。

全距无法给出最低值与最高值之间的离散信息，因此只能在基本的质量控制中度量离散度，此外，没有太大使用价值。全距对于整体数据没有代表性，并且如果数据中仅仅包含一个特别高的或特别低的值，全距会带来误导。

2. 标准差（Standard Deviation）

标准差是度量离散度的一个很有价值和应用广泛的指标，是数据分布中所有原始数据与平均数距离的绝对值平均。

如果一个发布中所有数据项都密集在算术平均值附近，则它们离平均值平均距离很小，即标准差小；如果各数值很分散，则它们离平均值的平均距离较大，即标准差较大。

标准差（也表示为希腊文西格玛，即 σ）是对一组数据使用软件的计算器，用计算表格或其他软件进行计算。例如，一组数据抽样包括五个数据点：6.5,7.5,8.0,7.2 和 6.8，

$$全距是最高值减最低值 = 8.0 - 6.5 = 1.5$$
$$算术平均值 = (6.5 + 7.5 + 8.0 + 7.2 + 6.8)/5 = 7.2$$
$$标准差（\sigma）= 0.59$$

5.1.4　统计概率论

概率的一般概念是确定一个事件"可能"或"不可能"的程度。统计概率是在数学上度量这种可能性的程度，以便基于现有证据和计算出的风险进行商业决策。概率以 0~1 的数字来衡量，0 代表不可能，而 1 代表必然。50：50 的机会可以用数值 0.5 表示。

概率的经典定义是，一次试验中事件 A 所有可能出现的结果的总数目为 m，事件 A 在试验中实际出现的结果数为 n，则事件 A 的概率 $P(A)$ 为 n/m。

例如，一个很方正的骰子以不偏不倚的方式投掷，则得到 1~6 分的可能性是均等的。这些分数中的三个是偶数（2,4 或 6），因此偶数得分的概率是 3/6，即 1/2。我们可以将此表示为数学式：

$$P（偶数）= 3/6（即 1/2）$$

概率论的主要应用之一是解释随机样本（例如一个流程的输出）的结果。根据定义，一个样本总体的所有个体被包含在一个随机样本中的可能性都是均等的，因此概率的上述定

义适用于随机抽样理论。

两个或多个事件也许是相互排斥的,即只有它们中的一个发生(例如在单次投掷骰子中的得分6和得分3)。

互斥事件可以表示为:$P(\text{A and B}) = 0$。两个事件同时发生的概率为0。

可是,在一次给定的试验中,事件A或者事件B发生的概率是两者概率之和(相加):

$$P(\text{A or B}) = P(\text{A}) + P(\text{B})$$

对于两个或多个事件,如果一个事件发生或不发生的概率不影响另一个事件发生或不发生的概率,则将这些事件称为独立事件。例如,考虑事件A(质量缺陷)、事件B(与通过了质量认证的供应商建立合同关系)和事件C(引入电子P2P采购)。如果B发生了,则A发生的概率会降低,因此A与B相关。另一方面,事件A和C相互没有直接的影响,因此它们是相互独立的。如果任何两个事件A和B是相互独立的,则事件A和B同时发生的概率是其概率的乘积,可以表示为:

$$P(\text{A and B}) = P(\text{A}) \times P(\text{B})$$

示例:

比如某次交货包含12个阀门,其中4个是缺陷品,而其余为无缺陷品,则抽取2个无缺陷阀门的概率(将第一个抽取的阀门替换掉之后再抽取第二个)的概率可以计算如下:

(1)因为4个是缺陷品,其余8个必然是无缺陷品。因此$P(有缺陷) = 4/12 = 1/3$,$P(无缺陷) = 8/12 = 2/3$。

(2)$P(阀门1无缺陷) = 8/12 = 2/3$,$P(阀门2无缺陷) = 8/12 = 2/3$。

(3)$P(阀门1无缺陷 \text{ and } 阀门2无缺陷) = P(阀门1无缺陷) \times P(阀门2无缺陷) = 2/3 \times 2/3 = 4/9$(即约0.44)。

5.1.5　概率分布

有3种主要的和非常实用的统计分布,见表2-5-1。

表2-5-1　3种主要的和非常实用的统计分布

统计分布	焦点	应用
二项分布	离散事件的发生只有两种可能的结果,而且是互相对立的(例如接受/符合或拒绝/不符合;具有或不具有某个特性)。 结果表示为p和a。 概率:$a+p=1$。 因此,如果$p=0.9$,则$a=0.1$	一个批量含有缺陷品或无缺陷品的概率;含有大于等于x个缺陷品/少于x个缺陷品的概率。 客户购买或不购买一个品牌的概率。 一个项目的成功或失败;按期交付或延迟
泊松分布	在一个连续介质(如一个流程或时间段)中发生的离散事件(如缺陷品)。 用于下列情况: 在独立的随机时间上(例如自然灾害或供应商失败)发生的一系列罕见事件; 一个事件在单次试验中发生概率很小,且该事件有很大量的试验	质量控制和风险评估,例如: 一个管线(或其他连续介质)中的缺陷品; 一个时期内的供应商未中标; 一个时期内的机器故障; 一定时期内发生的问题

统计分布	焦点	应用
正态分布	概率的范围和发生的可能性,基于连续的历史数据。 形成一个频数分布。 画出直方图。 显示分布曲线	统计过程控制:"如果缺陷品是正态分布的,计算每次交货 2 和 7 个之间(容忍水平)缺陷品的概率"

>>>> 5.2 统计过程控制

统计过程控制(简称 SPC):应用统计技术对过程中的各个阶段进行评估和监控,建立并保持过程处于可接受的并且稳定的水平,从而保证产品与服务符合规定的要求的一种质量管理技术。

它是过程控制的一部分,从内容上说主要是有两个方面:

一是利用控制图分析过程的稳定性,对过程存在的异常因素进行预警;

二是计算过程能力指数,分析稳定的过程能力满足技术要求的程度,对过程质量进行评价。

5.2.1 统计过程控制的作用

(1)确保制程持续稳定、可预测。

(2)提高产品质量、生产能力、降低成本。

(3)为制程分析提供依据。

(4)区分变差的特殊原因和普通原因,作为采取局部措施或对系统采取措施的指南。

5.2.2 统计过程控制的好处

SPC 强调全过程监控、全系统参与,并且强调用科学方法(主要是统计技术)来保证全过程的预防。SPC 不仅适用于质量控制,更可应用于一切管理过程(如产品设计、市场分析等)。正是它的这种全员参与管理质量的思想,实施 SPC 可以帮助企业在质量控制上真正做到事前预防和控制,SPC 可以:

(1)对过程做出可靠的评估。

(2)确定过程的统计控制界限,判断过程是否失控和过程是否有能力。

(3)为过程提供一个早期报警系统,及时监控过程的情况以防止废品的发生。

(4)减少对常规检验的依赖性,定时的观察以及系统的测量方法替代了大量的检测和验证工作。

5.2.3 过程能力分析

过程能力也称工序能力,是指过程加工方面满足加工质量的能力,它是衡量过程加工内在一致性的,最稳态下的最小波动。当过程处于稳态时,产品的质量特性值有 99.73 散布在

区间 $[\mu-3\sigma,\mu+3\sigma]$（其中 μ 为产品特性值的总体均值，σ 为产品特性值总体标准差），也即几乎全部产品特性值落在 6σ 的范围内；因此，通常用 6σ 表示过程能力，它的值越小越好。

5.2.4　失效模式与影响分析

1. 失效模式与影响分析的定义

失效模式与影响分析，即潜在失效模式及后果分析，简称为 FMEA。FMEA 是在产品设计阶段和过程设计阶段，对构成产品的子系统、零件，对构成过程的各个工序逐一进行分析，找出所有潜在的失效模式，并分析其可能的后果，从而预先采取必要的措施，以提高产品的质量和可靠性的一种系统化的活动。

2. 失效模式与影响分析的目的

(1)能够容易、低成本地对产品或过程进行修改，从而减轻事后危机。

(2)找到能够避免或减少这些潜在失效发生的措施。

3. 失效模式与影响分析的作用

(1)指出设计上可靠性的弱点，提出对策。

(2)针对要求规格、环境条件等，利用实验设计或模拟分析，对不适当的设计，实时加以改善，节省无谓的损失。

(3)有效地实施 FMEA，可缩短开发时间及节省开发费用。

(4)FMEA 发展之初，以设计技术为考虑，但后来的发展，除设计时间使用外，制造工程及检查工程亦可适用。

(5)改进产品的质量、可靠性与安全性。

4. 失效模式与影响分析的步骤

(1)识别构成该产品的各组件。

(2)对于每个组件，列出可能发生失效的不同方式及每种失效的原因。

(3)对于识别出的每种失效模式，列出对该产品整体的影响。

(4)评估每种失效的可能性(P)，从 1(不太可能)到 10(极可能)。

(5)评估每种失效的严重程度(S)，考虑其影响，从 1(不太严重)到 10(极严重)。

(6)评估在客户使用该产品之前检测出失效的困难程度(D)，从 1(容易检测)到 10(很难检测)。

(7)用下列公式计算每种失效模式的关键性指数(C)：

$$C=P\times S\times D$$

5.2.5　因果分析

因果分析法是利用事物发展变化的因果关系来进行预测的方法。它是以事物发展变化的因果关系为依据，抓住事物发展的主要矛盾与次要矛盾的相互关系，建立数学模型进行预测。石川馨提出了因果分析图(也称为石川鱼骨图)，可以通过头脑风暴发现质量问题的原因，并对其进行图示和分析。因果分析图表明了各种可能的原因与结果之间的关系，有助于揭示问题的根源，如图 2-5-1 所示。

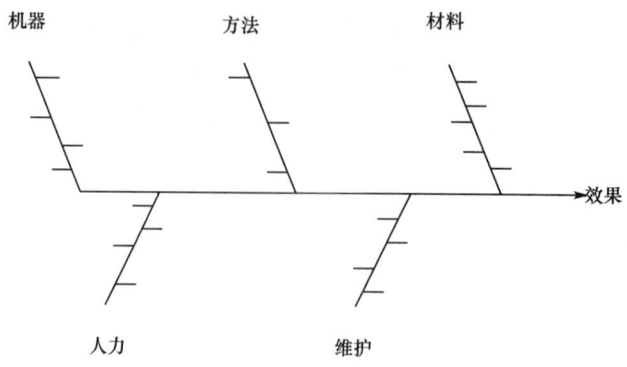

图 2-5-1 因果分析图

这种技术最初是由质量管理中发展出来的,现在常用作一种项目管理工具。在非制造业背景下,常常使用项目的4P(决策、程序、人员和设备),而非制造业中的5M。

》》》》 5.3 六西格玛方法

这种质量测量和改进方法最初由摩托罗拉在20世纪80年代提出,现在广泛用作一种变革管理的催化剂。

六西格玛是统计学问题解决工具的一种专业运用,用以识别和量化浪费并且表明改进步骤。关注于三个主要领域:提供客户满意度、缩短周期时间和减少缺陷。

5.3.1 六西格玛的目的

(1)识别那些对客户而言关键的质量特性并对其进行排序。
(2)定义绩效标准和关键变量的公差。
(3)从统计上测量真正的过程能力。
(4)在至关重要的少数几个因素上,控制缺陷与偏差。
(5)请管理层和员工参与该过程,创造一种以质量为中心的学习文化。

5.3.2 西格玛过程控制

西格玛过程控制见表2-5-2。

表 2-5-2 西格玛过程控制

西格玛	优品质	次品	每百万产出的次品数
1	30.9	69.1	691 462
2	69.1	30.9	308 538
3	93.3	6.7	66 807
4	99.38	0.62	6 210
5	99.977	0.023	233
6	99.999 7	0.000 34	3.4

西格玛个数越多,流程越接近完美。通过测量生产出的缺陷产品,能够系统地消除缺陷,以追求零缺陷。达到六西格玛阶段的企业,其流程控制已经相当严格,商业流程中只允

许产生极少数的缺陷。

5.3.3　六西格玛方法

（1）基于客户的输入与反馈,识别那些对客户而言的"关键性质量要素"（CTQ）,并对其进行排序。

（2）对关键变量定义详细的绩效标准和容许公差。

（3）使用一些度量指标,如每一定数量产出的次品数和该过程成功或失败的概率等,对真正的过程能力进行统计上的测量。

（4）对关键几个要素控制缺陷与变化(存在零缺陷)。

（5）使管理层和员工参与在该过程之中,以创建跨职能、以质量为中心的学习型文化。

5.3.4　六西格玛的关键主题

（1）真正以客户为中心,以客户满意和客户价值来衡量改进。

（2）科学的决策,以数据和事实为基础,以便能够有效地定义、分析和解决问题。

（3）流程设计、改进和管理:流程的分析与优化是在质量和产出一致性方面取得可测量和可持续改进的最有效途径。

（4）主动的管理:管理者专注于确定宏大目标、设定明确的优先性、审视做事方式并提高过程能力。

（5）无边界协作:强调内部和外部供应网络的跨职能参与、沟通和一体化。

（6）追求完美:但作为风险、创新和学习的一个必要部分,要容忍失败。六西格玛鼓励原创思维和从失误中学习。

六西格玛关注于三个关键领域:流程改进、流程设计和流程管理。

▶▶▶ 5.4　项目管理的常用方法和工具

5.4.1　项目管理的常用方法和工具概述

项目管理的方法和工具有 20 多种,如表 2-5-3 所示,应用于项目管理各个专业领域和项目管理生命周期的不同阶段。

表 2-5-3　项目管理常用的方法和工具

使用管理领域	常用方法和工具	主要用途
范围管理	工作分解结构 WBS	用于分解和定义,在项目全范围内,各层次的工作组合
时间管理	计划评审技术 PERT	用于工作前后系列逻辑关系及活动时间不确定的情况
	甘特图	一种用来展示计划进度/实际进度的方法和工具。甘特图是一个平面图,横轴表示时间,纵轴表示工作任务,一般在图的左下方,自上而下排列,用线条和横道显示每个工作组合的进度
	里程碑图	计划工具,描述在每一个阶段要达到什么状态,以项目可交付成果或中间产品为依据,显示出必须经过的状态、序列和条件

(续表)

使用管理领域	常用方法和工具	主要用途
费用管理	项目融资	以项目公司为融资主体,以项目形成的资产和项目未来收益为基础,具有追索性质。由参与项目的各方分担风险的特定融资方式。主要融资方式有生产支付与预告购买、融资租赁、PPP及其派生形式
	资源费用曲线	计划和控制工具。以累计资源费用(或工时,工作百分比等数量)为纵坐标,以时间为横坐标,反映资源费用累计投入量的曲线图,也称为累计资源费用曲线
	资源负荷图	资源计划和资源控制工具是反映特定资源,在项目生命周期过程中分布状况的图示工具,它以条形图的方式,很直观地显示资源在时间上的分布情况,反映某个时间点某种资源的计划情况和实际消耗情况
质量管理	质量控制方法	包括常用质量控制的方法和工具
	质量技术文件	包括质量大纲、质量成本分析、质量计划试验文件、工艺文件、技术文件等
	标杆学习	俗称对标,树立一个标杆,相关部门向标杆对照学习找差距
人力资源管理	责任矩阵	它是把分解的工作任务落实到项目相关部门和人员,并明确显示他们的组织关系、地位和任务的工具和方法
	激励理论	包括需求层次理论、x理论、y理论、双因素理论、希望理论和公平理论等
信息管理	沟通方式	组织沟通的方法和手段
风险管理	模拟技术	根据不同系统的特性,建立其功能与结构模型,通过模拟间接研究该系统的技术
	不确定性分析	通过对各种不确定因素变化的分析和计算,判断其对项目目标影响程度的分析方法。其中,敏感性分析是考察与项目有关的一个或多个主要因素,发生变化时对项目目标特别是经济效益的影响程度。 盈亏平衡分析是指找出项目成本与收益平衡时某一因素的临界值,从而判断该项目对不确定因素变化的承受能力,以及盈亏平衡点处各因素之间的关系。 概率分析则通过分析各种不确定因素随机变化对项目目标评价指标影响大小及其概率分布,判断项目风险
综合管理	挣值法	完成目标与期望目标之间差异的分析
	并行工具	用于协调、综合产品设计及其相关过程(制造和保障过程)的系统技术。运用这种技术,从起始就考虑产品生命周期从方案设计直到废弃的所有因素,包括费用、进度、质量和用户要求。在项目管理中应用并行工具,可以优化项目工期以及费用

（续表）

使用管理领域	常用方法和工具	主要用途
项目机会与可行性研究	要素分层法	在研究项目机会中，按照优势、劣势、机会、威胁等纬度对杂乱无章的影响因素进行分层，支持项目决策和判断的手段
	方案比较法	基于多维指标，按照项目需求时间、费用价格等可比因素，比较、分析、评价多个方案
	SWOT分析法	见第一部分第2章
	资金时间价值	资金时间价值是指资金随着时间的推移，而具有的增值能力，即不同时间点上的数额相等的资金，其价值不同。该方法基于资金时间价值分析和评价项目或方案，通过计算资金等值，计算资金现值、资金终值、年金及其指数，评估项目的经济指标，从而评价项目的经济效益
	评价指标体系	包括静态指标和动态指标，即资产负债率、流动比率、速动比率、投资回收期、投资利润率、投资利税率、资本利润率、动态投资回收期、借款偿还期、内部收益率、净现值、净现值率等
	项目财务评价	经济评价方法。从组织或项目的微观角度，依据现行有关法规财税制度评价、预测、分析和研究在计算期内项目的经济效益，并据此来评价拟建项目或方案的财务可行性
	项目国民经济评价	按照合理配置资源的原则，从宏观角度出发，采用影子价格、影子汇率、影子工资、社会贴现率、贸易费用率等工具或通用参数对重大项目的社会资源耗费、社会贡献评价项目进行经济合理的考察，从而决定项目取舍的方法
	关键链分析	解决制造过程在资源、库存计划与控制方面存在的问题
	项目环境影响评价	在制定项目实施方案时，开展环境调查，识别和分析对项目活动可能存在的环境影响因素，分析保护和治理环境的措施，比较选择环境优化方案，并制定减少/防止环境影响的行动方案的过程
	有无比较法	有无比较法是比较实施项目时的效益（成本）与无项目时的效益（成本）的两者差额，即为增量效益（成本）的方法。该方法比传统的前后比较法更能准确地反映项目的真实效益（成本）

5.4.2　工作分解结构

工作分解结构（Work Breakdown Structure，WBS）是管理项目范围的方法，用于分解和定义。在项目全范围内，各层次的工作组合，按照特定的原则和项目发展的关系，将项目工作系统化地逐层分解。在 WBS 中，结构层次越往下，则项目构成的定义越详细。WBS 定义了项目的全部范围，形成了一份落实项目的组织计划、实施步骤、层次清晰的工作路线图。WBS 形成的工作树如图 2-5-2 所示。

常用的 WBS 的表达形式有层次结构图和锯齿列表。WBS 的过程形成有两个成果：一是工作结构分解图，二是 WBS 词典。WBS 词典用于详细说明每项工作完成的方法及要求，其中包括电脑工作组和内容、时间安排、成本预算、质量标准或要求、资源配置情况、责任人或部门或外部单位、其他属性。图 2-5-2 的 WBS 形成的工作树分别是基于职能(A)、基于项目成果(B)和基于工作过程(C)的三种 WBS。

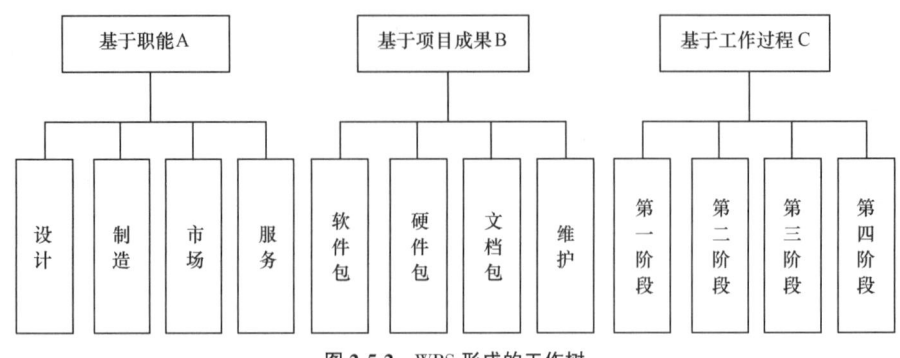

图 2-5-2 WBS 形成的工作树

5.4.3 网络计划技术

进入 20 世纪 50 年代,随着各类项目规模的不断扩大,项目中的工作数量越来越多,各项工作之间的逻辑关系也越来越复杂。原先用横道图编制进度计划的方法因无法表达工作之间的逻辑关系而无法满足这种发展的需求,为了适应这类较复杂项目进度计划编制的要求,网络计划技术应运而生。

1. 网络计划

网络计划是指用网络图表达工作构成、工作顺序并加注工作时间参数的进度计划。有两种基本的网络计划,即 PERT 和 CPM。

(1)PERT(Program Evaluation and Review Technique),又称计划评审技术。1958 年,美国军方的工程技术人员在实施北极星导弹项目时,由于项目具有很强的研发特征,各项工作的持续时间很难精准地确定,同时该项目涉及的承包商众多,受到各种不确定性因素的影响,也使工作的完成时间难以准确估计。针对这种情况,他们开发出 PERT,这是一种基于概率分析的网络计划技术,其关注的重点是工作的开始事件和完成事件。PERT 经常用于不确定性较强项目的进度控制的可能性分析。

(2)CPM(Critical Path Method),又称关键路径法,1956 年由杜邦公司的工程技术人员开发。他们在化工厂设备革新项目的进度控制过程中,发现项目的所有工作应该按照一种定义合理的逻辑关系执行,提出了用箭线图作为描述工作之间逻辑关系的表达方式。通过对箭线图中的最长路径,即关键路径的控制,大大地加快了项目的进度。由于 CPM 将项目的进度与成本联系起来,能够更有效地实现进度与资源的均衡以减少赶工,因此越来越普遍地应用在建筑业中。

以下主要介绍 CPM(关键路径法)的相关内容。

2. 网络图的定义与特点

网络图是指由箭线和节点组成的,用来表示工作流程的有向、有序的网络图形,网络图以图形的形式显示出项目中工作的发生顺序以及它们之间的逻辑关系。根据网络图中箭线和节点表达内容的不同,网络图一般分为双代号网络图和单代号网络图两种。

(1)双代号网络图(Activity-on-arrownetwork)

双代号网络图是指以箭线及其两端节点的编号表示工作的网络图。在双代号网络图中,箭线代表工作,箭线的箭尾节点表示该工作的开始,箭头节点表示该工作的结束。节点表示事件,节点的编号顺序应从小到大,禁止重复。示例如图2-5-3所示。

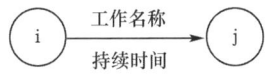

图 2-5-3　双代号网络图

在双代号网络图中,各条线路的名称可以采用该线路上节点的编号自小到大依次记述。

(2)单代号网络图(Activity-on-nodenetwork)

单代号网络图是指以节点及其编号表示工作,以箭线表示工作之间逻辑关系的网络图。在单代号网络图中,节点表示工作,一般以圆圈或矩形表示,并同时标注工作名称、工作代号和持续时间。箭线表示相邻工作之间的逻辑关系。示例如图2-5-4所示。

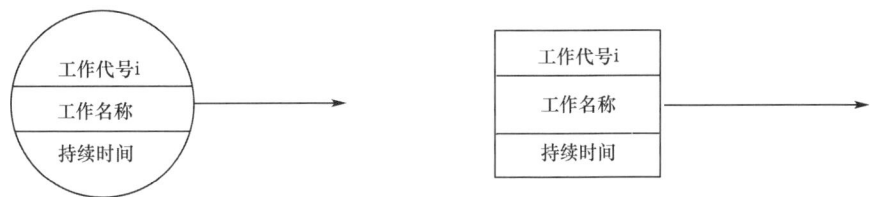

图 2-5-4　单代号网络图

与横道图相比,网络图具有如下优点:

(1)清晰表达工作之间的逻辑关系。网络图可以帮助进度计划的编制者理顺工作之间的逻辑关系,掌握项目的总体思路。

(2)明确关键工作和关键路径。通过网络图中时间参数的计算,可以识别关键工作和关键路径,抓住主要矛盾,保证整个项目的按时完工。

(3)有利于资源的优化配置。网络图中标明了各项非关键工作的机动时间,可以制定出最经济的资源利用方案,均衡利用资源,达到节约成本的目的。

限于篇幅,本书主要介绍双代号网络图。

3. 网络图的基本概念

(1)工作

工作又称活动,是指消耗时间资源的一项任务或一个子项目,一般处于项目工作分解结构的底层。网络图中工作的概念包含:

①紧前工作。若工作 A 紧排在工作 B 之前,则称 A 为 B 的紧前工作。

②紧后工作。若工作 D 紧跟在工作 C 之后,则称 D 为 C 的紧后工作。

③汇聚工作。若一个工作存在多个紧前工作,则该工作称为汇聚工作。

④发散工作。若一个工作存在多个紧后工作,则该工作称为发散工作。

(2)时间参数

时间参数是指网络图中工作或节点具有的时间值,又分为:

①最早时间参数,是指根据工作之间的逻辑关系和进度的限制,一项工作最早可以执行的时间值,包括最早开始时间(ES)和最早完成时间(EF)。

②最迟时间参数,是指在不影响项目完工时间的前提下,一项工作最迟必须执行的时间值,包括最迟开始时间(LS)和最迟完成时间(LF)。

③时差,是指工作的机动时间,又分为自由时差(FF)和总时差(TF)。自由时差(FF)是

指在不影响其紧后工作最早开始时间的前提下,本工作可以利用的机动时间。总时差(TF)是指在不影响计划完工工期的前提下,本工作可以利用的机动时间。

4. 网络图的绘制和计算

(1)网络图绘制的基本规则

网络图的绘制既要正确表达已经确定的工作之间的逻辑关系,又要遵从一定的绘图规则。网络图绘制的基本规则如下:

①网络图的流向一般是从左向右;

②节点代表事件,即工作的开始或结束,一般情况下网络图中只有一个起点节点和一个终点节点;

③箭线代表工作,不允许出现双向箭头或无箭头的连线;

④一项工作必须等到与它相连的所有紧前工作结束后才能开始;

⑤网络图中不允许出现循环回路。

例如,某网络计划的资料见表2-5-4,根据表中的资料绘制网络图示例,如图2-5-5所示。

表2-5-4 某网络计划工作逻辑关系及持续时间表

工作序号	紧前工作	紧后工作	持续时间	工作序号	紧前工作	紧后工作	持续时间
A	—	B;C;D	2	F	D	H	10
B	A	E	10	G	C;E	I	12
C	A	G	15	H	F	I	10
D	A	F	8	I	G;H	—	2
E	B	G	7				

限于篇幅,本书主要介绍双代号网络图。

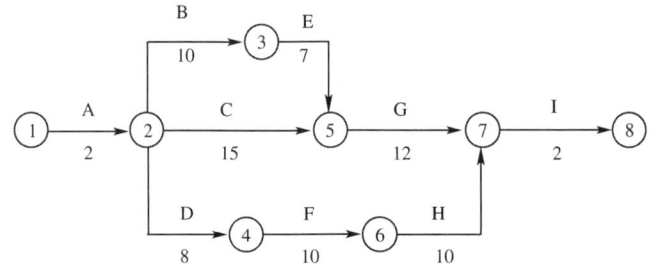

图2-5-5 表2-5-4各参数的网络图

(2)工作持续时间的估计

工作持续时间一般是指在正常工作方式下的正常工作时间,是网络时间参数计算的基础。工作持续时间可以根据类似的项目经验,以历史信息为基础进行估计,也可以采用向专家咨询的方式。下面介绍一种应用概率分析的估计方法,即基于乐观时间与悲观时间的估计方法。

首先对工作的持续时间进行三个估计,即:

①工作最可能时间,是指在各项条件均正常的情况下,完成该工作的预计时间长度。

②工作乐观时间,是指在项目进展最好的情况下,完成该工作的预计时间长度,一般来讲,工作的完成时间短于工作乐观时间的可能性小于百分之一。

③工作悲观时间,是指在项目进展最坏的情况下,完成该工作的预计时间长度,其发生

的可能性也小于百分之一。

其次,计算这三个工作时间的平均值,其计算公式如下:

工作持续时间=(工作乐观时间+4×工作最可能时间+工作悲观时间)/6

采用这种方法估计工作的持续时间时,应注意每项工作持续时间的估计仅考虑该工作的不确定性,而与其紧前工作的不确定性无关。

(3)最早与最迟时间参数的计算(正推法与逆推法)

网络图中时间参数的计算分正推法和逆推法两个步骤,下面以图2-5-5为例具体介绍。

正推法是以网络图的起点节点为起点,逐步正向迭代,计算网络图中各个工作的最早开始时间(ES)和最早完成时间(EF)。其基本规则如下:

①从起点节点引出的工作,其ES为零,其EF等于其ES与其工作持续时间(D)之和,即

$$EF_{1-2}=ES_{1-2}+D_{1-2}=0+2=2$$

②若某工作只有一个紧前工作,则该工作的ES等于其紧前工作的EF,即

$$ES_{2-5}=EF_{1-2}=2$$

③若某工作为汇聚工作,即存在有多个紧前工作,则该工作的ES等于其所有紧前工作的EF中的最大值,即

$$ES_{5-7}=\max(EF_{3-5},EF_{2-5})=\max(19,17)=19$$

④各项工作的EF等于该工作的ES与持续时间D之和,即

$$EF_{2-5}=ES_{2-5}+D_{2-5}=2+15=17$$

逆推法是从网络图的终点节点开始,逐步逆向迭代,计算网络图中各个工作的最迟开始时间(LS)和最迟完成时间(LF)。其基本规则如下:

①从网络的终点工作开始,其LF等于网络的计划工期(在计划工期与计算工期相等的情况下,等于该工作的EF),工作的LS等于LF与持续时间D之差,即(以下计算均假设计划工期等于计算工期)

$$LS_{7-8}=LF_{7-8}-D_{7-8}=33-2=31$$

②若某工作只有一个紧后工作,则该工作的LF等于紧后工作的LS,即

$$LF_{5-7}=LS_{7-8}=31$$

③若某工作为发散工作,即存在多个紧后工作,则该工作的LF等于其所有紧后工作的LS中的最小值,即

$$LF_{1-2}=\min(LS_{2-3},LS_{2-5},LS_{2-4})=\min(2,4,3)=2$$

④各项工作的LS等于该工作的LF与其持续时间D之差,即

$$LS_{5-7}=LF_{5-7}-D_{5-7}=31-12=19$$

(4)时差的确定

①总时差(TF)的确定

TF的计算有两种方式:

$$TF=LF-EF$$

或

$$TF=LS-ES$$

在图 2-5-5 中：

$$TF_{2-5} = LF_{2-5} - EF_{2-5} = 19 - 17 = 2$$

或

$$TF_{2-5} = LS_{2-5} - ES_{2-5} = 4 - 2 = 2$$

②自由时差（FF）的确定

FF 的计算规则是，某工作的 FF 等于其紧后工作的 ES 与本工作的 EF 之差，若某工作为发散工作，则 FF 等于其所有紧后工作中 ES 的最小值与本工作的 EF 之差，即

$$EF_{2-5} = ES_{5-7} - EF_{2-5} = 19 - 17 = 2$$

根据以上计算规则，图 2-5-5 中各项工作的时间参数计算见表 2-5-5。

表 2-5-5 网络计划时间参数计算表

工作序号	最早时间参数		最迟时间参数		时差	
	ES	EF	LS	LF	TF	FF
A	0	2	0	2	0	0
B	2	12	2	12	0	0
D	2	10	3	11	1	0
C	2	17	4	19	2	2
E	12	19	12	19	0	0
F	10	20	11	21	1	0
G	19	31	19	31	0	0
H	20	30	21	31	1	1
I	31	33	31	33	0	0

由表 2-5-5 可知，该网络计划的计算工期为 33。

5. 关键路径的确定

（1）关键路径的定义

网络图中从起点节点到终点节点的各条路径中，持续时间最长的路径称为关键路径。在网络图的计算工期等于计划工期的情况下，关键路径的总时差等于零，即该路径上的所有工作的总时差均等于零。

关键路径上的工作称为关键工作。由于关键工作的持续时间相加就是关键路径的持续时间，因此如果某项关键工作未如期完成，所有处于其后的工作活动都要往后拖延，最终的结果是项目无法按计划完成。反之，如果某项关键工作能够提前完成，那么整个项目也有可能提前完成。由此可知，在编制项目进度计划时，关键工作是关注的重点。

（2）关键路径的确定

确定关键路径一般有两种方法。

①路径最长法

采用列举的方式，分别计算网络图中每条路径的时间长度，以时间长度最大的为关键路径。在图 2-5-5 中，共存在三条路径，分别是：

路径 1：①—②—③—⑤—⑦—⑧，时间长度为 33。

路径 2：①—②—⑤—⑦—⑧，时间长度为 31。

路径3：①—②—④—⑥—⑦—⑧，时间长度为32。

三条路径中时间长度最长的为路径1，因此路径1为关键路径。

②时差最小法

网络图中总时差最小的路径为关键路径，特别是，当计划工期等于计算工期时，关键路径的总时差为零，因此由总时差等于零的工作组成的路径即为关键路径。例如在图2-5-5中，总时差为零的工作有：A、B、E、G、I。

5.4.4 挣值法

挣值法又称为偏差分析法。它通过已完成工作的预算费用、已完成工作的实际费用、计划完成工作的预算费用的测算和比较，获取计划实施进度和费用的偏差，对项目预算和进度计划的执行情况，做出判断，已完成工作的预算费用即挣值。应用挣值法需要相关费用计算、指标评价、评价曲线建立，而后是项目实施建议的分析和提出。挣值法相关计算如表2-5-6所示。

表2-5-6　挣值法相关计算

相关计算	参数名称	定义	计算方法	备注
费用参数计算	计划工作量的预算费用（BCWS，Budgeted Cost for Work Scheduled）	BCWS是指项目实施过程中某阶段计划要求完成的工作量所需的预算费用。BCWS主要是反映进度计划应当完成的工作量（用费用表示）	计算公式：BCWS=计划工作量×预算价格	由合同确定
	已完成工作量的实际费用（ACWP，Actual Cost for Work Performed），有的资料也称AC（实际值）	ACWP是指项目实施过程中某阶段实际完成的工作量所消耗的工时（或费用）	计算公式：ACWP=已完工作量×实际价格。ACWP主要反映项目执行的实际消耗指标	
	已完工作量的预算成本（BCWP，Budgeted Cost for Work Performed），或称挣值、盈值和挣得值	BCWP是指项目实施过程中某阶段按实际完成工作量及按预算定额计算出来的费用，即挣得值（Earned Value）	BCWP的计算公式：BCWP=已完成工作量×预算价格。BCWP主要反映项目执行的应得工程款	
评价指标计算	费用偏差（CV，Cost Variance）	$CV=EV-AC$	当$CV>0$时，费用节支；反之，则为费用超支	
	进度偏差（SV，Schedule Variance）	$SV=EV-PV$	当$SV>0$时，项目进度提前；反之，则为进度延误	
	费用执行指数（CPI，Cost Performed Index）	$CPI=EV/AC$	当$CPI>1$时，费用节支；反之，则为费用超支	
	进度执行指数（SPI，Schedule Performed Index）	$SPI=EV/PV$	当$SPI>1$时，项目进度提前；反之，则为进度延误	

在费用时间坐标系中将三项费用参数点绘出，形成三条曲线，同时标出相关评价指标就是挣值法评价曲线，如图2-5-6所示。

挣值法评价曲线的横坐标表示时间,纵坐标则表示费用。*BCWS* 曲线为计划工作量的预算费用曲线,表示项目投入的费用随时间的推移在不断积累,直至项目结束达到它的最大值,所以曲线呈 S 形,也称为 S 曲线。*ACWP* 已完成工作量的实际费用,同样是进度的时间参数,随项目推进而不断增加的,也是呈 S 形的曲线。利用挣值法评价曲线可进行费用进度评价,图中所示的项目,*CV*<0,*SV*<0,这表示项目执行效果不佳,即费用超支,进度延误,应采取相应的补救措施。

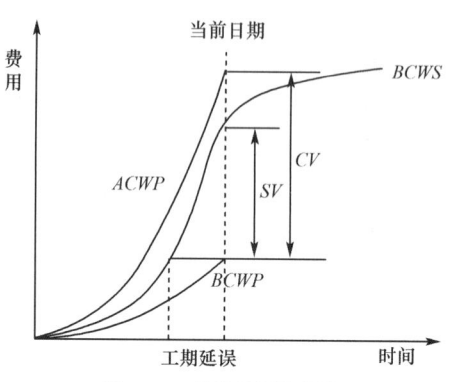

图 2-5-6　挣值法评价曲线

例:某土方工程挣值分析

某土方工程总挖方量为 4 000 立方米。预算单价为 45 元/立方米。该挖方工程预算总费用为 180 000 元。计划用 10 天完成,每天 400 立方米。

开工后第 7 天早晨刚上班时业主项目管理人员前去测量,取得了两个数据:已完成挖方 2 000 立方米,支付给承包单位的工程进度款累计已达 120 000 元。

项目管理人员先计算已完成工作预算费用,得

$$BCWP = 45 \text{ 元/立方米} \times 2\,000 \text{ 立方米} = 90\,000 \text{ 元}$$

接着,查看项目计划,计划表明,开工后第 6 天结束时,承包单位应得到的工程进度款累计额为 BCWS = 45 元/立方米 ×(6 天 × 400 立方米/天)= 108 000 元。

进一步计算得:

费用偏差:*BCWP* - *ACWP* = 90 000 - 120 000 = -30 000 元,表明承包单位已经超支。

进度偏差:*BCWP* - *BCWS* = 90 000 - 108 000 = -18 000 元,表明承包单位进度已经延误,表示项目进度落后,较预算还有相当于价值 18 000 元的工作量没有做。18 000 元/(400×45)= 1 天的工作量,所以承包单位的进度已经落后 1 天。

另外,还可以使用费用实施指数 *CPI* 和进度实施指数 *SPI* 测量工作是否按照计划进行。

$$CPI = BCWP/ACWP = 90\,000/120\,000 = 0.75$$

$$SPI = BCWP/BCWS = 90\,000/108\,000 \approx 0.83$$

CPI 和 *SPI* 都小于 1,该项目亮了黄牌。

5.4.5　关键链分析

关键链分析也称为约束理论(Theory of Constraints,TOC),是一种系统地观察和分析过程流的方法,解决制造过程在资源、库存计划与控制方面存在的问题。其主要内容:通盘考

虑影响生产能力的人员、物料、工具、设备、机构等约束因素,找出过程中的瓶颈,平衡生产系统中的工作流,其中瓶颈生产过程中产品流变窄的作业点,其生产能力,低于需求的资源,是系统中限制产销率的约束条件。

项目中应用 TOC,非瓶颈工作区应服从瓶颈工作区。首先识别瓶颈区,对瓶颈区优先排程,以使之达到充分利用。再排程非瓶颈区,以保障瓶颈期的满负荷而等待不致出现。然后补强瓶颈区,缩短瓶颈期时间,同时防止新的瓶颈期产生。

(1)TOC 的计划原则

①在整个生产中,寻求的是工作流平衡,而非产能平衡。

②在一个紧密相连,顺次相依的系统中,波动是彼此叠加的,而非平均的。

③非瓶颈的利用率,取决于系统中的其他约束,如瓶颈。

④某个工作中心的利用,(当物料尚不需要时进行的生产)与增值是不同的。

⑤瓶颈上损失的时间,等于整个系统损失的时间。

⑥节约非瓶颈上的时间,可能是没有意义的,系统的产销率和在制品库存被瓶颈主宰。

⑦加工批量应该是可变的,而不是固定的。

⑧应当在考虑所有的约束的前提下来确定排程计划。

(2)TOC 的控制方式

瓶颈决定了其他项目活动的节奏,瓶颈就是控制点,称为"鼓"。在瓶颈区,设立控制点是为了确保瓶颈的上游工序不会过量生产,避免在瓶颈工作区产生不能处理的过量库存。

(3)项目的控制的手段

①把瓶颈工作区的前面设置缓冲库存,以确保瓶颈区总有工作可做,这被称为缓冲器。

②把缓冲器的工作完成情况,反馈给上游的工作区,以便上游工作区按需求进行生产,防止库存的增加,这种反馈被称作"绳"。

5.4.6 活动时间估算技术

活动时间估算技术如表 2-5-7 所示。

表 2-5-7 活动时间估算技术

估算技术	说明
自下而上的估算	将大块的任务分解为精细的任务,然后估算完成每项精细任务所需的时间,并且把这些任务工时加总在一起,得到项目整体的工期。由于这种估算法更易于估计各单个任务,所以估算应当比较准确
自上而下的估算	利用过去的项目、以前的经历或专家意见作为指导,对整个项目的预期工期做出一个总的概览。将自上而下的估算值与自下而上的估算值对比,可以有助于我们进行"现实性检查"
比较估算	利用其他项目中(或者在日常运营工作中)完成类似任务所需的时间来估计任务工时
参数估计	估计一个可交付成果需要的时间(例如交付一页网页的时间),然后乘以可交付成果数量(例如要交付的总网页量)
三点估计	为了将不确定性和意外情况考虑在内,做出最好的、最坏的和最可能的估计。该方法比较费时,但可以使项目经理建立更合理的预期,并且在结果估计中考虑风险因素

本章思考题

1.对本部门的职责分工用 WBS 制图。

2.针对本章表 2-5-4 各参数画出网络图,找出关键线路。

3.用挣值法判断本单位正在施工项目进度是否亮出黄牌。

第三部分

供应链管理的可持续和竞争力

第1章 供应链管理的可持续性

供应链管理的可持续性是最重要的采购责任。供应链管理的可持续属于供应链安全指标的范畴。供应链安全是供应链管理的底线。

◎ 本章目标

1.理解供应链中可持续性的影响。

2.熟悉供应链中可持续性的重要含义。

3.熟悉供应链中全球化的主要动因。

4.熟悉供应链中主要的文化与社会问题。

5.理解供应链中利益相关者之间可能存在的需求冲突。

>>>> 1.1 可持续性导论

1.1.1 可持续性的背景

1. 可持续性(Sustainability)的定义

(1)可持续性是指以相同的水平保持一项活动(支撑或保持不衰退)到未来的能力,它是指确保今天采取的措施不会限制或损害未来的计划或者降低未来的生活质量。

(2)英国标准学会的《可持续采购指南》(BIP2203)将可持续性定义为:一种更长期的决策视角,以确保在满足自己需求的过程中,没有妨碍一代人及后代人对需求的满足。

(3)最近几年,人们利用经济、社会和环境三个维度构建了一个框架,来讨论大体上与商业伦理和企业社会责任有关的一系列问题,包括企业治理、公平贸易、劳动关系、多样化、透明性以及越来越多的当前存在的和未来涌现的环境方面的问题,例如气候变化、可再生能源、污染、基因改良等。人们从不同的角度将其表达为:

①利润(经济效益)、人类(社会可持续性)和地球(环境可持续性);

②经济、环境和社会;

③对经济和自然资源的合理利用与管理,对人类和其他生物的尊重。

2. 可持续发展的定义和标准

(1)可持续发展是指可以长期持续、强度不减地发展活动;不会破坏或者危及造福未来的条件和资源。

（2）根据布伦特兰委员会的观点,可持续发展必须满足如下标准：

①决策长期性。可持续发展要求社会采用长期决策视角,追求长期愿景,而不是针对问题做出短期的、应急的反应。

②互相依存性。扩大经济效益、改善环境质量、提高社会福利三者之间的相互关联。

③参与性和透明性。可持续性发展的决策过程必须是利益相关方共同参与并且透明。

④公平性。可持续发展推动了现在人类与未来人类之间的公平性,以及社会不同群体之间的公平性,以降低在享受发展利益方面的不平等。

⑤预防性。可持续性发展强调对问题的事先预防、降低风险。

3. 可持续消费与生产

经济系统依赖两个基本过程：需求（源于对货物和服务的消费）和供给（源于货物与服务的生产）。因此,对于一个可持续的工业化社会来说,我们必须在消费和生产两方面,努力达到经济的、环境的和社会的可持续性。

（1）可持续消费与生产（SCP）就是用来描述可持续发展这一方面内容的一个术语。生产是指在原材料、资源和其他输入转化为货物与服务输出的过程中所包含的一系列活动,包括产品与服务设计、采购与供应、物流、资源消耗、提取、处理、制造、组装或服务提供、废弃物管理、技术管理、设施管理、人力资源管理、外包、离岸制造等。

（2）可持续生产的关键关注点：

①降低对环境的污染和破坏；

②对废品的管理（3R：Reduction,Re-use,Recycling）；

③减少温室气体的排放,或者减少生产过程中的"碳足迹"；

④减少对不可再生材料和资源的使用；

⑤设计有利于环境的产品；

⑥设计或使用的生产过程必须环境"干净"、资源使用高效、工人施工安全；

⑦在商业活动中减少对社区和社会舒适性的影响（交通拥堵、噪声、失业）；

⑧保障供应链利益相关者公平参与的机会,并执行国家劳动就业、安全和环境标准。

⑨建立并管理可持续性的产能。

（3）可持续消费的关键关注点：

①购买节能设备；

②减少不必要的交通里程、燃油使用、碳排放；

③再次使用和循环利用；

④购买当地、当季的产品（减少运输）；

⑤碳补偿（通过购买或投资节能项目）；

⑥购买来源渠道和生产均符合道德标准的产品；

⑦使用当地的、小型的、多样化的供应商；

⑧少量消费。

4. 可持续采购的定义、核心和目的

（1）可持续采购的定义：采购实体以实现全生命周期内的资金价值为目的,满足对货物、服务、工程和公用事业等的需求的一个过程。可持续采购不仅给采购实体自身带来收益,也给社会与经济带来益处,同时把环境破坏程度降到了最低水平。

（2）可持续采购工作的核心：以可能得到的最优价值,以最低的风险,高效率地采购货

物、工程和服务。采购人员现在必须从更广泛的视角来审视"价值",他们必须考虑额外的风险和机会,包括他们采购的产品所产生的道德影响、社会影响和环境影响。缩短前置期、降低采购价格看起来可能是一个不错的商业战略,但不能以降低供应链上的劳动力标准为代价,否则会有损害企业声誉的风险。

(3)可持续采购的4个主要目的:

①减少产品、工作或服务在其生命周期和供应链中的负面影响;

②减少对不可再生资源的需求;

③确保使用并尊重公平的合同价格和条款;

④促进整条供应链中的多样性和公正性。

5. 采购在持续性发展中的贡献

采购在持续性发展中的贡献见表3-1-1。

表3-1-1　采购在持续性发展中的贡献

贡献领域	实施目标	应对措施
利润:增加经济价值	1.确保物有所值; 2.高效的投资评估和资本采购	1.成本管理和预算控制; 2.采购相关的增值服务; 3.有道德的交易
地球:增加环境价值	1.对设计和规范绿色产品和服务的相关贡献; 2.采购绿色物料和资源; 3.绿色采购	1.在整个采购循环中减少资源的浪费; 2.管理物流以减少浪费、污染、温室气体排放和对环境的影响
人:增加社会价值	1.促进采购团队和供应商的多样性; 2.监控供应商的实践活动	1.对产品和服务健康和安全的贡献; 2.公平和有道德的交易; 3.从当地和小型供应商处采购

1.1.2　可持续性的内容

1. 企业社会责任(Corporation Social Responsibility,CSR)

人们越来越认识到,一个企业如果不考虑其所处的环境、不考虑利益相关者,而只是一味地独立运营,将无法得到社会的认同。

欧洲委员会将 CSR 定义为:企业在其商业运营中以及与其利益相关者交互的过程中,自愿地将社会要求和环境要求结合起来。

CIPS 提出了与供应链最相关的 10 个关键的企业社会责任问题:环保、人权、公平就业、多样性、企业治理、可持续性、社会影响、道德交易、生物多样性及社区参与。

2. 环保采购

环保采购包括以下 6 个关键点:

(1)减少对稀缺和不可再生资源的过度使用或损害;

(2)考虑气候改变(碳排放);

(3)减少浪费;

(4)实施供应商选择、发展和管理流程以确保供应链有足够的能力来符合环境标准;

(5)在供应商和产品开发及设计部门之间起到桥梁作用,促进知识分享、研究和创新,以开发"更绿"的产品和更多的合作;

(6)通过全生命周期成本和价值分析等采购技术,来开发并提供"绿色"的采购和流程。

③. **负责任采购**

负责任采购包括以下 6 个关键点：

（1）与供应商建立良好的关系；

（2）买卖双方清楚的、及时的、双向的沟通；

（3）可持续性的价格；

（4）清晰的交货期和付款条件；

（5）尊重供应链中劳动者权利；

（6）支持小、微企业和家庭作坊。

④. **经济采购**

经济采购包括以下 6 个关键点：

（1）需要财务上的可行性和稳定性；

（2）鼓励使用更加节约资源的产品、服务和流程；

（3）鼓励采购实体对合同的整个生命周期进行成本和价值评估；

（4）鼓励采购实体关注供应链总成本的降低；

（5）创造就业机会、开发新市场、支持创新（比如创造再利用产品市场）；

（6）认可可持续性的市场和供应链对长期性成长的必要性（比如合理的薪酬、工作条件和合同条款）。

1.1.3　可持续性的驱动因素

对可持续性的关注日渐增长，其主要的一些原因包括：随着国际供应链可能带来更多的负面影响，企业受到更大的政治压力、公众压力，需要承担更大的企业责任；人们逐渐意识到，不可持续的商业实践会给企业带来运营风险、财务风险和信誉风险。

①. **强调可持续的原因**

（1）可持续性的关键驱动因素如下：

①价值观；

②市场竞争；

③透明性要求；

④生命周期技术；

⑤合作性（行业协会、第三方等标准提供方）；

⑥企业治理。

（2）可持续性的一般驱动因素如下：

①价值观和意识；

②责任；

③利益相关方的压力；

④资源缺乏；

⑤财务压力；

⑥市场宣传和竞争压力；

⑦风险管理；

⑧政策、法律和法规；

⑨行业和职业条例和活动。

2.可持续性的内部驱动因素

(1)可持续性的内部驱动因素如下:

①企业使命、愿景和目标;

②CSR 和/或企业的公民目标和战略;

③来自企业高层管理者的支持;

④责任和绩效管理机制;

⑤夯实风险管理流程,以及对来自非可持续性风险的认知;

⑥内部利益相关方的要求或支持;

⑦内部具备资源、能力和资格来实施可持续性采购;

⑧夯实商业案例的形成需要可持续性。

(2)可持续性意识不断增强的五阶段模型

采购实体从五阶段之一开始,沿着图中所示的路径,直到将可持续性完全整合到其战略与使命中,每个新的阶段都会出现不同的驱动因素,推动着企业进入下一阶段,如图 3-1-1 所示。

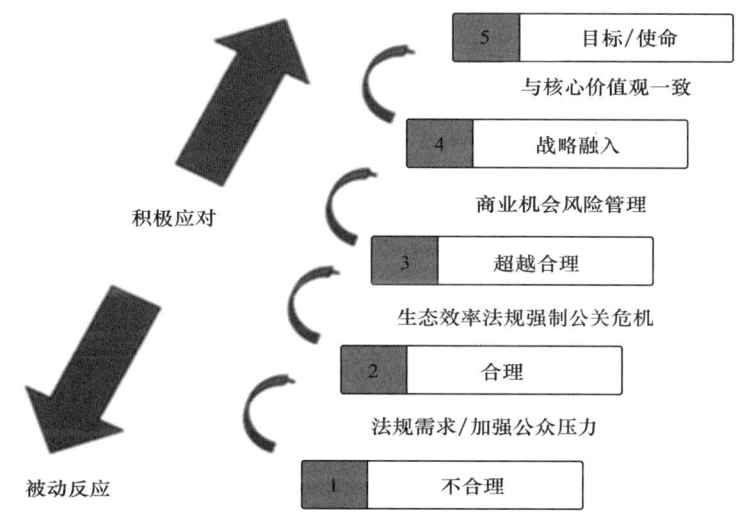

图 3-1-1 关于可持续性意识不断增强的五阶段模型

1.1.4 可持续性的风险与回报

1.可持续性采购的商业理由

(1)可持续性采购的潜在收益见表 3-1-2。

表 3-1-2 可持续性采购的潜在收益

收益	内容
合规性	法律和法规要求企业承担某些社会责任与环境责任(例如,在工作场所健康与职业安全、就业保护、消费者权益和环境保护等方面)。对于没能遵守法律和法规要求的企业,还会进行通报批评、罚款和经营惩罚(例如"污染者支付"的税收、停业通知、法律诉讼等)
声誉上的收益和风险管理	自愿的可持续性行动与标准认证可以提高企业形象和企业信誉,帮助企业吸引并挽留优质供应商、高素质雇员和好的投资者。 信誉损害的风险会延伸到供应链中的"连带责任"。越来越多的企业,不得不为其供应商的不可持续的行为负起责任

（续表）

收益	内容
品牌主张、差异性和竞争优势	可持续的产品设计、可持续供应的输入，可以创造一种差异化的、富有竞争力的品牌主张，消费者对此越来越重视
对员工和供应商的吸引力	在员工和供应商待遇（以及更普遍的可持续性认证）方面，高于法律要求的做法对于吸引、挽留和激励他们提供优质服务和承诺来说是很有必要的，尤其是面临来自其他雇主和买方的竞争的时候
稳定持续的供应	对供应商财务生存能力和可持续实践的支持，保护了供应的持续安全，否则供应就会面临风险
减少不合规费用	为了解决可持续发展问题可能产生巨大的成本：环境清洁、罚款、补偿款等，同时还有销售损失的成本，解决问题过程中供应或生产中断，员工士气丧失等。同质量管理一样，预防成本可能小于故障成本
成本管理和高效	强调经济效益，尤其是全生命周期成本核算方法（可持续性特别关注生命周期），这有助于成本管理和利润率。 重视资源效率和重视减少与消除废弃物的环保产品和流程，可能会大大地提高效率、降低成本。例如，视频会议系统不仅是"绿色的"（避免了出差），也是一种降低成本的开会形式
持续进步和创新	可持续采购倡议常常要求改善供应链的沟通、投资与问题解决和创新。对于效益的提高、成本降低、改善合作、供应商开发、产品和服务创新来说，这可能开辟了一条新的道路，还有一些收益
股东价值	从长期来看，在股东回报方面，道琼斯可持续性集团指数（Ds）所覆盖的上市公司明显优于一般道琼斯指数

（2）可持续性收益对商业价值的影响

可持续性收益对商业价值的影响见图 3-1-2。

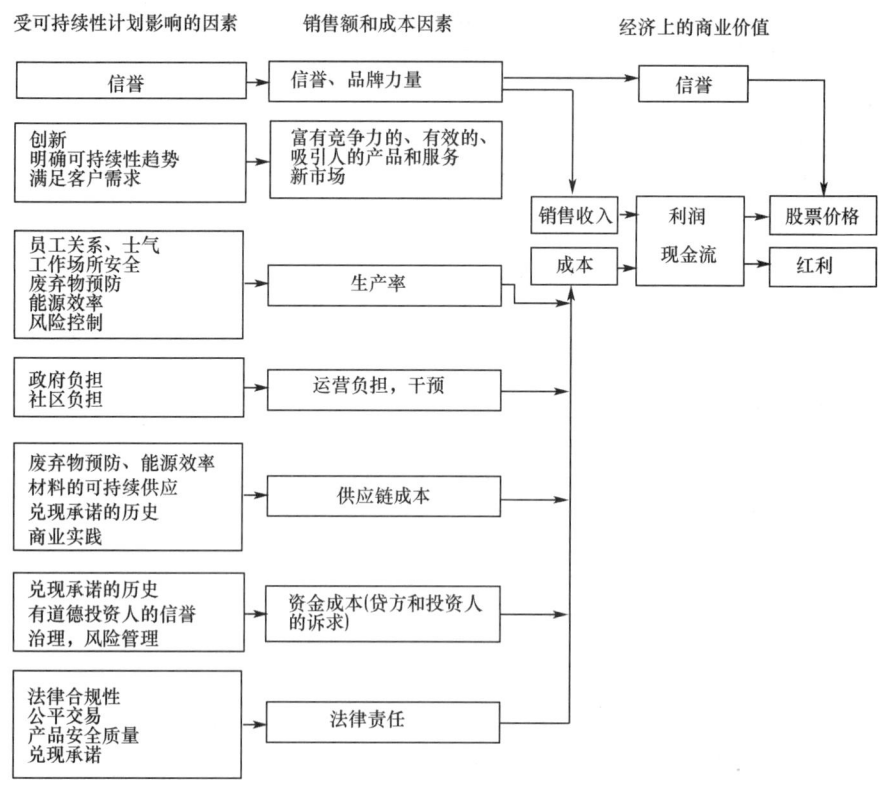

图 3-1-2 可持续性收益对商业价值的影响

（3）影响可持续性的不利因素

①专业化在促进高效、知识管理、发展和（在国际贸易中）比较有优势，企业更需要关注其核心竞争力。

②对环境和社会问题的关注成本在不富裕的经济体中是难以承受的。

③地方保护主义会阻碍可持续性。

④在持续的经济衰退下，为了生存企业会不可避免地重新关注经济指标。

⑤单纯以利润为中心的企业很难突破经济、社会和环境要求的底线。

3. 可持续性的风险与回报

（1）可持续性的风险

①忽视短期成本因素，重视长期价值、权益和可持续性，这可能存在财务风险，在动荡多变的经济环境下或对现金流有依赖性的企业就更是如此。

②可持续性战略可能会产生一系列运营风险。

③在企业将自己定位于可持续性领袖的角色时，实际上增加了自己的信誉风险：提高了利益相关者的期望与公众期望，而企业并不总能满足这些期望。

（2）可持续性的风险和收益驱动力

可持续性的风险和收益驱动力见表3-1-3。

表3-1-3 可持续性的风险和收益驱动力

风险动因	收益动因
失去控制的风险： 更大的供应链复杂性要求更清晰的问责制和更强的执行力，尤其是在全球合作的过程中或者通过中间供应商开展业务的时候。不慎选错的供应商可能无法按时和按规格交付产品或服务	竞争优势： 供应链是创造价值的一个关键来源，并且供应管理是一个关键的使动者。 成功的采购会整合整个供应链中关键业务责任背后的资源：竞争优势的一个来源
增加了脆弱性： 法律：法规和消费者环境正在收紧，竞争压力正在积累。 深思熟虑：积极主动的一种立场，可以使企业不那么脆弱，同时，当碰到无法控制的事件时，可以降低马失前蹄的可能性	承诺： 员工和供应商在关于他们为谁工作，他们做出多大的承诺等方面，可以做出自己的选择。负责任采购的实践有利于吸引并挽留最优秀的、最忠诚的供应商和员工。创造这样的机会，可以给企业带来节约和创新
失去利益相关者的信任： 消费者和其他利益相关者的要求变得越来越高，不仅希望企业"说到"，还要"做到"。言行不一所失去的信任可能发生在弹指一挥间，信誉却要花费数年的时间去累积。信任是所拥有的最重要的资产	负责任的贸易关系： 保护贸易的收益，尤其是与发展中国家的贸易。企业的负责任的贸易行为会对员工的生活带来积极的影响。同样地，员工会为在一家勇于承担责任的企业工作而心存感激

1.1.5 可持续性采购战略的制定与实施

1. 制定可持续性采购的战略目标

（1）支持并展示对可持续性问题的承诺；

（2）在供应网络内促进可持续性问题的解决；

（3）符合可持续性法律的规定和标准；

（4）明确采购在可持续性产品的创新、开发和生产上的潜在贡献；

（5）确保在做所有采购决策时应考虑到可持续性因素；

(6)明确采购在与供应商和其他利益相关者的交往和关系中应承担企业社会责任。

2. 建立可持续性运营系统

可持续性运营系统的基本要素如图 3-1-3 所示。

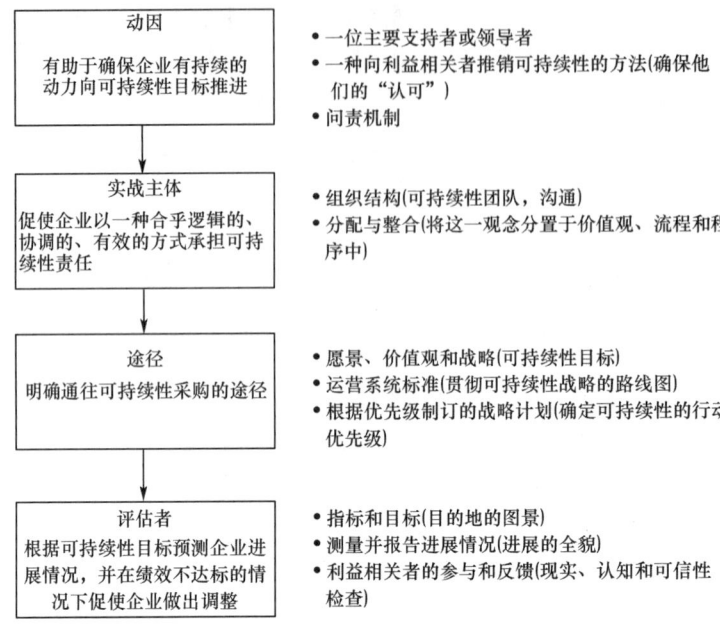

图 3-1-3 可持续性运营系统的基本要素

3. 可持续性采购决策开发框架

(1)定义愿景；

(2)识别并区分优先关键问题及核心流程；

(3)识别并明确在优先领域内的改善机会；

(4)评估用于改善的可用资源；

(5)识别可持续性采购的关键原则；

(6)识别可持续性采购的开发框架；

(7)测量(评价)的目标；

(8)识别角色和责任；

(9)对采购草案进行相关咨询,以取得授权；

(10)依据战略方案落实相关资源配置；

(11)对战略方案进行备案、推出、部署以及融入；

(12)建立对战略实施的持续管理和回顾流程。

4. 取得利益相关者的参与和承诺

(1)明确可持续性和可持续性采购的范围；

(2)将可持续性采购和公司的核心商业价值、目标及关键成功要素结合起来；

(3)展示可持续性采购的商业案例,并给出具体的风险和回报案例；

(4)着重强调与采购相关的关键可持续性问题和发展趋势；

(5)使用利益相关者感兴趣的语言。

5. 实施可持续性采购项目的步骤

(1)明确可持续性采购的责任

与可持续性采购战略相关的指导方针对战略实施及后续的控制应有清晰的部署,并明确战略实施持续管理的责任。重要是确保所有关键活动和问题:

①都有清晰的责任范围;

②没有重叠或遗漏;

③与有关个人或团队的能力、权力和资源相匹配;

④不会再额外增加问责,以免分心或产生挫折感。

(2)实施步骤的阶段

①现在:了解是否有上层支持实施可持续性采购,在正式开始前考虑一下哪些是可以测量(评价)的,以确定一个考量基线。

②一周后:研究企业的目标,确定如何在 CSR 方面对企业做出支持,并开始写商业计划。

③两个月后:详解采购如何在社会、经济和环境这三个方面起作用,并开始和内部客户以及供应商沟通,实施小型的环境项目,比如纸张的再利用。

④三个月后:对供应商提出可持续性发展的要求,并与他们沟通设计一个对可持续性目标进展进行测量(评价)的工具。

⑤一年后:再次测量,看看取得了哪些进展。

>>> 1.2　供应链中的可持续性问题

1.2.1　全球化与供应链

1. 全球化的相关定义

全球化可以定义为对分散在世界各地的、日益增长的经济活动的整合。全球化有以下几种形式:

(1)市场全球化:贸易、投资、金融、生产等活动的全球化,即生存要素在全球范围内的最佳配置。

(2)供应全球化:在全球范围内组合供应链,它要求以全球化的视野,将供应链系统延伸至世界范围,根据企业的需求在世界各地选取最有竞争力的合作伙伴。

(3)生产全球化:商品在多国生产,跨国公司进行生产的组织和管理;各国之间建立起商品生产通道,彼此经济相关度很高。

(4)资本全球化:伴随着生产和贸易的全球化,资本的触角伸向全球,资本在国际的流动速度不断加快,投资者只要在电脑上敲几个键,大量资金就可以在短时间内从全球一个市场转移到另一个市场。

2. STEEPLE 模型

STEEPLE 模型是一个流行的环境分析工具,有时候又被称为 PEST 模型或者 PESTLE 模型。该模型将影响企业的主要外部因素划分为几个类别,并在此基础上展开分析。这些因素包括社会文化、技术、环境、经济、政治、法律和道德等 7 个方面。

利用 STEEPLE 分析对供应链全球化的一些主要动因进行总结,如表 3-1-4 所示。

表 3-1-4　STEEPLE 分析

因素	示例
社会文化因素	1.全球性的沟通、营销和旅行带来了不同文化之间需求和文化价值观的"会聚"。这对可以在全球范围内获得的产品和服务形成了消费需求,人们因此可以获得海外供应的产品和服务。 2.发达国家的社会价值观认为通过国际贸易可以支持发展中国家的制造商和社区,从而影响发展中国家的消费者行为和公共政策议程,进而促使发展中国家支持负责任的全球供应源搜寻
技术因素	1.运输技术的提高(例如,多式联运、集装箱运输、运输冷冻和包装技术等)缩短了全球物流距离,充当了全球供应源搜寻的使动者。 2.信息通信技术的发展支持和促进了如下方面的进步,具体包括:不受地理位置限制的供应源搜寻(例如离岸行政中心);全球的供应(例如,通过国际供应市场信息的获取、供应商管理和监督的提高,以及促进发展中国家供应商变得更加富有竞争力);全球的物流(例如运输和配送跟踪信息化);一般商业沟通的改善(例如通过电子邮件)。 3.全球发展议程很重视技术转让,即更发达国家与欠发达经济体分享技术能力的过程。实现的途径有:贸易伙伴利用技术咨询或培训支持其分支机构、供应商或合资伙伴;给予设计专利使用权为新技术或研发投融资;提供最终技术产品,如计算机和设备等。事实上,国际机构和国家政府也支持技术转让,为采购和生产创造必要条件
环境因素	1.有些资源和商品可能只能从某些地理区域获得(例如,矿产、石油、天然气),或者在不同的季度从不同的地理区域获得(例如农产品)。 2.由于某些地理区域供应的相对充足性,可以从这些区域获得更便宜的资源和商品。 3.全球供应源搜寻对环境管理标准的贯彻是有贡献的,发达国家的买方组织投资供应商管理和开发,以遵守更高的国际标准。 4.对资源效率和废弃物减少(以支持利润率)的需求及环境承诺(例如排放目标),可以通过协作供应链规划与合作来满足
经济因素	1.日益激烈的竞争迫使企业通过有效的低成本供应源搜寻,实现或维持成本领导地位。 2.宏观经济压力(包括全球金融危机、信用危机和主权债务危机)迫使企业为了保护利润率而降低供应源搜寻和生产成本。 3.全球供应源搜寻可以从世界的任一个角落寻找最低成本的货物和服务供应商,带来很大的成本效率。 4.劳动成本的巨大差异,尤其是对于农业和手工业等劳动密集型运营类型来说,从低成本国家供应源搜寻中可以获取成本优势。 5.较低的运营成本可以进一步获得成本优势(传递到买方,或者通过离岸外包加以利用)。 6.特定国家的成本(例如,劳动成本、税制、汇率、合规成本)鼓励企业开展战略性的全球供应源搜寻,因为企业都试图获得与本地竞争者一样的经济优势
政治因素	1.国际贸易的机构(包括世界贸易组织)和政策越来越倾向于支持自由国际市场(减少贸易保护壁垒,例如,海关程序、关税和配额)。 2.东南亚国家联盟(ASEAN)、欧洲自由贸易协定(EFTA)和北美自由贸易协定(NAFTA)等贸易联盟和协定促进了直接投资及货物和劳动的转移。 3.为了刺激本地经济活动,改善基础设施和生活标准,当地政府会制定相关政策,旨在鼓励全球运营商来此建立基地(例如通过税收激励)(不过最近几年出现了一种相反的趋势,政治激进主义反对全球化和世贸组织对本国经济的影响)
法律因素	1.在质量、健康与安全、人权和劳动权利、知识产权保护(设计版权、专利和著作权)等方面,有些企业寻求从不那么严格的法律和法规体制中获取成本优势。 2.技术标准在国际上的逐步融合在某种程度上促进了标准部件、兼容系统等的全球化供应源搜寻

（续表）

因素	示例
道德因素	1.国际贸易是被联合国和世贸组织当成提高生活标准、促进技术转让、支持国际和谐、促进冲突解决的一种手段来加以推广的。 2.从发展中国家进行供应源搜寻,以下方式有益于生活标准、人权、劳动权利的提高:刺激经济活动、就业、创业;给社区带来销售收入、工资和补助金;在基础设施方面的投资(例如,运输网络、电信、职工住宿、教育和技能发展、技术转让等)促进了生产能力的提高和供应的安全;在供应商开发与支持方面的投资;劳动条件、标准和薪水的提高(如果买方通过供应链推进并贯彻CSR)

3. 全球采购带来的竞争优势

（1）通过全球采购能够获取竞争优势的商业理由

①成本效益和供应灵活性,可以选择产品和服务的低成本供应商;

②企业的品牌差异化;

③通过利用某个特定国家的低成本,诸如减税优惠等在某个市场获取成本领先;

④在全球市场中支持供应链的敏捷性以实现"当地"供应;

⑤跟上那些通过上述方式寻求竞争优势的竞争对手的步伐。

（2）支持和反对全球采购的观点（见表3-1-5）

表3-1-5 支持和反对全球采购的观点

全球采购的好处	全球采购的缺点
所需材料或技能的可获得性	汇率风险和外汇管理问题等
有竞争性的价格和成本节约	搜源和交易成本(保险、运输等)
在环境和劳动者规范上更少的制约和更低的成本	成本节约和低标准可能产生可持续性、合规性及声誉上的风险
充分利用技术(比如电子采购)	不同的法律法规、时区、标准、语言和文化
国际贸易促进发展、繁荣和国际关系等	额外的风险:政治、运输、付款、供应商标准监控等
在那些确认为具有潜在市场的国家有机会发展专门技术、关系以及供应网络	运输给环境带来的影响(特别是空运)

4. 全球化与低成本国家采购

低成本国家采购的关键原则是通过识别和挖掘国家之间或地区之间的成本差异,获取全球采购带来的高收益。

（1）低成本国家采购的优势

①低廉的熟练劳动力成本。在劳动密集型作业如农业、手工业和服务行业,这会产生重大的成本差异。

②丰富的用于供应和生产的原材料和资源。

③低廉的开发和生产成本。由于法规和合规性负担较轻,工人补贴、污染税和排污罚款很低,或能源及资源成本低廉。

④货币价值和汇率,使生产成本相当于进口商或采购方货币价值而言"显得"便宜。

⑤优惠的税收政策,能够吸引直接的国外投资。

⑥在市场与供应关系中缺乏议价势力,使买方能够利用价格杠杆。

（2）低成本国家采购的风险

①可能缺乏政治或经济的稳定性、现代科技技术和物流的基础设施。

②可能缺乏合适的法律制度,以高效处理合同管理和合同纠纷。

③可能缺乏适当的质量、劳工和环境管理标准。

④可能由于地理位置偏远,而难以监控其供应链标准或由此增加成本。

⑤或许使政府和商业各个层面受到地方性腐败的影响。

⑥采购实体或许缺乏专业知识和意识来识别和评估风险、文化差异和阻碍。

5. 全球供应链中的可持续问题

全球供应链中的可持续性问题包括三个方面:经济问题、社会问题和环境问题,具体见表 3-1-6。

表 3-1-6　全球供应链中的可持续问题

经济问题	社会问题	环境问题
增加就业	创造多样化的有竞争力的供应商	气体排放
实现资金价值	公平雇用	排放入水和土地
支持中小企业(促成签单、按期付款)	增进员工福利	对资源的可持续性使用
降低进入壁垒(促进公平、公正的竞争)	支持技能发展与培养(见习)	能源和水资源保护与管理
确保商业可行性以提供稳定的雇用	社区利益(投资、赞助)	将浪费和副产品最小化
确保供应商合约的公平性,以提高企业生存能力	公平交易和道德贸易	减少负面影响(噪声、震动、灰尘、交通拥堵、土地退化)

1.2.2　全球化公平贸易组织和标准

1. 公平贸易的定义

(1)道德贸易是指从事国际贸易的企业必须遵守一定的道德规范,在出口赚取利润的同时,还要承担企业社会责任。

(2)公平贸易是指从事国际贸易的企业在基于对话、透明及互相尊重的贸易活动伙伴关系中,志在追求国际交易的更大公平性,并以提供更公平的贸易条件及确保那些被边缘化的劳工及生产者的权益为基础,致力于永续发展。

2. 公平贸易的目标

(1)通过提高市场参与的积极性、支付更好的价格、在贸易关系中提供持续订单,来改善生产者的生计和福祉。

(2)给处于弱势的生产者尤其是妇女和本土人群提供发展机会,保护儿童不在生产环节受到剥削。

(3)积极处理国际贸易中的生产者给消费者带来的负面影响,使消费者能够积极购买。

(4)通过对话、透明度和尊重建立一个贸易中的伙伴关系。

(5)促进对传统国际贸易中的规则和实践的改变。

3. 公平贸易的责任(见表 3-1-7)

表 3-1-7　公平贸易的责任

供应商的责任	采购方的责任
价格合理,有合适的利润并能满足全球需求订单	支付公平贸易价格,并发展额外投资
民主且透明的管理	从弱势群体生产者处购买
良好的工作条件和公平薪酬	提供商业和财务支持
长期合作关系	长期性、合作性、透明性的贸易关系

4. 世界公平贸易组织（WFTO）（见表 3-1-8）

表 3-1-8 世界公平贸易组织

标准	解释
给经济上弱势的生产厂商创造机会	人们将公平贸易视为减轻贫困状况、获得可持续发展的一种战略。其目标是要给那些传统贸易体系造就的经济上弱势的生产厂商创造机会
一体化	与贸易伙伴打交道时的透明与责任
能力建设	通过提供延续性来培养生产厂商的独立性，在延续期间，生产厂商及其市场营销组织可以提高他们的技能，并且进入新的市场
推广	运用诚实的广告和营销手段，对公平贸易进行推广
公平支付	支付公平的价格，不仅要覆盖生产成本，还要促进公平合理的生产过程，考虑到男女同工同酬原则
性别公平	妇女在其组织中也能取得合理的报酬和职位
工作条件	为生产商提供健康的、安全的工作环境
儿童权益	公平贸易组织尊重联合国儿童权益协定以及当地法律和社会准则
环境	公平贸易积极地鼓励更好的环保做法和环保生产方法的运用
贸易关系	在贸易中关注社会的、经济的和环境的持续效益

1.2.3　全球化的文化和社会问题

1. 语言与文化障碍

文化是某一特定人群独有的共同行为方式和共同理解方式。

不同的国家和地区有迥异的行为模式、价值观和假定等，而这些影响着他们开展商务和人事管理的方式。对于想要制定并贯彻跨文化供应链中可持续性标准的企业来说，可能存在一系列文化上的障碍。

（1）围绕性别、角色、种族、宗教优越性或敌视状态等的文化或宗教行为模式，可能对供应商或劳动力多样性和公平机会政策产生反作用。

（2）不同的文化在有关私人馈赠和招待的礼节方面有着不同的文化行为模式。如在有些文化中这是礼貌和关系培养所必需的，而在大多数西方国家法律和道德框架中被视为贪污和不道德的。

（3）对地位和级别的尊重，以及对"面子"的重视，可能阻碍着人们做出真实的反馈。

（4）劳动条件的改善常常取决于工人的意见表达与参与。

（5）在集体主义文化中自然更重视集体利益和未来人类的幸福。与之相比，个人主义文化对于可持续性而言，可能更多的是一种障碍。

（6）不同的沟通、关系和学习模式可能对培训和管理工作形成阻碍。

（7）语言差异可能对可持续标准与战略的沟通和管理形成障碍。

2. 用工标准问题

发展中国家的供应商对劳动法和劳动标准等可能不太了解，或者根本不了解，所以对劳动法和劳动标准也执行不力，或者拒不执行，这可能是由如下因素造成的：

（1）缺乏足够的国家预算来促进或加强劳动法；

（2）缺乏政府对劳工问题的优先重视；

（3）企业主、经理和劳工对其自身的法律没有意识；

（4）劳工没有被覆盖到劳动法中，如果他们被非正式雇用；

（5）发展中国家对违反标准视而不见，以吸引外资、保持国际竞争力；

（6）雇主选择那些脆弱的、非常想要一份收入的劳工，因为他们不大会加入工会和工会成员共同抵抗恶劣的工作条件。

3. 薪水与社会保障工资问题

在最贫穷的经济体中，小企业主、制造商和供应商可能在拼命赚取利润而支付工人基本生存工资。按照定义，采购实体试图通过从低成本国家采购，尽可能将利润最大化，并且运用价格杠杆和竞争性的供应源搜寻压榨制造商的利润率，这有可能造成生产工人的贫困线工资，以及价格低于生产成本。

4. 就业不平等问题

从全球范围来看，在获取经济利益和公平就业机会方面，各地差别很大。弱势的临时工和兼职工人中，很大部分是妇女。甚至在发达国家，妇女和少数民族仍旧无法涉足某些经济活动领域，尤其是在主管和经理这个层级上的岗位。提高妇女和少数民族在主管和经理岗位上的比例不仅是一个公平问题；它同时减轻了剥削风险。在劳动力中不同性别、不同民族或不同管理阶层的员工占比很大的工厂，更是如此。

5. 健康与安全标准问题

许多劳工，尤其是在低成本国家，继续在不安全的工作条件下工作，主要原因如下：

（1）缺乏健康和安全标准，设施简陋；

（2）缺乏国家层面对雇主责任保险、劳工赔偿以及健康和安全标准的强制安排；

（3）缺乏对劳工健康和安全的优先重视；

（4）缺乏足够预算来关注健康和安全；

（5）较大比例的劳工遭受特定的健康和安全风险；

（6）欠发达的工作场所，安全出口不够，过度拥挤，或者不安全、维护不善的建筑；

（7）较低的质量和消费者安全标准。

6. 应对上述问题的措施（见表 3-1-9）

表 3-1-9　针对发展中国家供应寻源中社会问题与文化问题的应对措施

语言障碍	• 对语言问题保持敏感，尽量使用翻译； • 寻求反馈并核实理解； • 核实买卖双方对目标和条款理解一致
文化差异	• 学习特定供应商国家的跨文化知识； • 投入时间来了解供应商； • 准备促进并强化最低程度的道德和可持续性标准； • 在做这些工作时，多给予理解、支持并保持敏感； • 要求买卖双方签署职业道德标准
劳工标准	• 评估最低的劳工标准是否就位； • 与供应商和劳工组织一起来实现更好的工作条件； • 考虑对供应商使用行动守则
工资和社会保障	• 支付公平的产品价格，以使供应商能够为其劳工提供足够的工资； • 供应商在确定工程造价时应当包括国家规定的政策成本，如工人的保险费用等

（续表）

语言障碍	●对语言问题保持敏感,尽量使用翻译; ●寻求反馈并核实理解; ●核实买卖双方对目标和条款理解一致
就业平等	●调研并鼓励平等机会; ●针对弱势群体考虑潜在的风险和剥削问题; ●考虑在社区层面采取积极行动
健康和安全	●了解相关的环境和生产流程的风险; ●鼓励并支持供应商对健康和安全做出高效承诺及持续的风险评估

1.2.4　全球化的环境问题

1. 资源消耗

人口增长和经济发展共同加速了资源的消耗:越来越多的人以越来越快的速度在进行着消费。消耗不可再生资源,或者当可再生资源消费速度超过再生速度的时候,就会引发重大可持续性问题。

（1）对不可再生资源

在当前资源被耗尽以至于对经济和社会造成影响之前,开发足够的可替代供应。

（2）对可再生资源

关注点为:

①稳定在可持续性的收割水平,此水平不应超过该资源的再补充水平;

②稳定在可持续性的消费水平,此水平不应超过收割、再次使用以及资源的循环利用三者相加的总体水平。

2. 废弃物管理

减少送到垃圾填埋场的废弃材料(由于在垃圾填埋场容量上的限制),增加使用可生物降解的产品和包装材料;简化采购的包装规格;简化产品包装设计,针对拆解、重复使用和回收利用进行相应的设计,收回与处置的逆向物流能力;相关废弃物管理法规的合规性。

3. 水资源管理

从全球范围来看,水资源变得日益缺乏。造成这种情况的因素多种多样,例如,干旱、盐碱化、污染、人口增长、饮用水和工农业用水量增加等。国际水资源管理机构最近出的一份报告提到,世界人口的三分之一面临着某种形式的缺水状态,既可能是自然造成的,也有可能是经济造成的。

4. 气候变化与"碳排放"减少

在环境政治领域中,气候变化也许是"最热点"的主题了,它提高了世界范围内政府和压力集团对该问题的关注度。虽然和气候变化有关的科学仍处于争论探索当中,但是包括二氧化碳在内的温室气体过度排放到空气中会造成全球变暖、全球气候格局改变,会导致一系列严重的环境问题、社会问题和经济问题。

采购主导的减排措施包括:在所有业务活动中减少使用化石燃料能源,采购或提供"绿色能源",减少空运货物,做好公路运输规划,将燃料用量和排放降至最低碳补偿;开发具有更低碳影响的产品,采购低碳的输入品,动员和支持关键供应商和物流提供商减少他们的碳排放。

5. 污染

污染是指有害物质对空气、水、土壤或食物存储造成的毒害。轿车和卡车的使用、化学废弃物的增加、核废料、垃圾的累积等,都要受到相关降低污染的法律的约束。传统的空气污染(包括轿车尾气排放、雾、粉尘和烟)在很大程度上是靠国家和国际法规来控制的,但在高速发展的经济体仍然是一个问题。

企业需要清楚自己或者其供应链是否在开展业务的过程中,产生或排放有害化学物质或排放物。如果是,就要以不伤害人类或环境的方式,妥当地加以处理、控制和最终处置。

1.2.5 全球化利益相关者冲突与平衡

1. 供应链利益相关者利益产生的自然属性

在供应链利益相关者的需求之间,存在着潜在冲突。

(1)为了产生利润,创造股东价值或资金价值,采购方承受着成本最小化的压力。

(2)供应商需要合理定价,以产生足够的收入来支付工人的工资,提高工人的福利待遇,从而提高生产率。

2. 当前采购实践的两个关键目标

(1)通过更低的价格、更好的交易不断提高利润率,这与供应商为维持质量、条件和生存的定价目标相冲突。

(2)快速生产的需要和灵活响应客户或商业需求的需要,与供应商为了维持劳动合同和投资而事先规划的需要相冲突。

3. 利润和采购

采购方承担着持续降低采购成本的压力,可通过以下措施缓解:

(1)在人工成本较低的国家采购;

(2)从高生产率、低成本供应商处采购;

(3)从那些通过降低质量、安全或环境标准而具备低成本的供应商处采购;

(4)投机性地更换供应商(供应商营业收入不稳定);

(5)对市场供应充足的供应商施加成本压力(从而在整条供应链中持续降低成本);

(6)采购那些对环境产生负面影响的更便宜的产品或材料。

4. 需求管理与紧急订单

由采购方造成的紧急订单:

(1)需求预测不准;

(2)项目的关键路径管理不善;

(3)决策效率低下,比如,合同签署流程冗长而忽视了供应商的交货周期;

(4)买卖双方就需求预测、交货周期、规范要求的澄清,项目计划及关键路径等方面的沟通不畅。

5. 短期商业利润与长期供应安全

(1)短期商业利润与长期供应安全之间可能存在的冲突

①获取短期经济利益的压力(例如,通过供应商的价格优势、投机采购和准时化供应,或者可再生资源的利用);

②追求长期供应可用性的需要(例如,通过对供应链生存能力的支持,长期稳定和互惠的供应链关系,公平贸易,供应商开发,对供应链和当地社区产生不利的经济影响、社会影响和环境影响的最小化,不可再生资源消费的控制)。

(2)开发长期的、可持续性的采购战略和目标的措施

①对关键支出领域开发长期的、可持续性的采购战略;

②对采购战略进行独立的监测和审核,回顾采购战略的执行效力,以帮助建立信任和自信;

③将可持续性包含在成功的定义中,并予以绩效考核;

④就供应链绩效进行双向反馈和沟通;

⑤鼓励对采购决策使用全生命周期成本;

⑥就采购项目发展紧密的跨职能合作,以提供更加全面的视角。

(3)供应商抵触对采购方领导的可持续性活动的原因

①外部强加的压力要求改变,而这些领域可能在文化上不相关,或者在商业上不符合供应商的运营环境;

②开发可持续性产品和服务、流程,改善劳工工作条件,以及可持续性管理系统所发生的成本并没有带来足够的销售额,或者与客户共担;

③为特定采购方实施的创新和改变,作为可持续性标准的一部分,可能不适于用在其他客户上面,否则会使供应商在该客户关系上处于亏损状态。

📝 本章思考题

1.布伦特兰委员会提出的可持续发展标准是什么?

2.举例说明本单位可能采用的可持续消费。

3.列举几个可持续采购的重要议题。

4.列举几个"负责任采购"的关键点。

5.解释关于可持续性意识不断增加的五阶段模型。

6.指出影响可持续性的不利因素是什么。

7.可持续性采购的战略目标是什么?

8.实施可持续性采购战略分为哪几个阶段?

9.市场全球化与供应全球化的含义分别是什么?

10.列出人们对全球化的批判意见。

11.列出跨文化供应链可持续性可能面临的文化障碍。

第 2 章 履行"负责任采购"

"负责任采购"就是"公平、公正的采购"且采购人对采购的结果承担相应责任。

◎ **本章目标**

1. 理解"负责任采购"的原则和影响。
2. 熟悉和掌握可能相互冲突的管理办法。
3. 熟悉并掌握合规的采购流程,签订并履行双赢的合同。

>>>> 2.1 "负责任采购"的原则

2.1.1 "负责任采购"的原则

"负责任采购"有以下 3 种原则,如表 3-2-1 所示。

表 3-2-1 "负责任采购"的原则

分类	内容
对高层管理者的原则	将"负责任采购"嵌入工作说明书、能力构架和绩效考核中; 应用平衡积分卡的方式考核目标达成并进行奖励
对采购员和采购组织的原则	要求采购员对提交可持续性的标准负责; 对那些复杂的或高风险供应链中的关键类别产品设立稳定的采购战略; 采购战略应接受独立方审查; 倾听供应商的声音
对供应链的原则	坚持使用供应合同和雇佣合同,并将可持续性标准包含进去; 识别供应链中的脆弱点:使用相应的工具来测量并管理它们; 专业性地管理供应链关系

2.1.2 "负责任采购"的关键成功因素

(1)领导和问责;

(2)了解采购决策和活动在供应链中引起的后果;

(3)管理冲突中的优先顺序;

(4)为长期目标思考和行动;

(5)管理供应链中的关系；

(6)负责任地使用供应链中的权力。

2.1.3　实施"负责任采购"的6个步骤

(1)了解当前的法律法规；

(2)确立高层管理者中对负责任采购的管理责任；

(3)研究企业的相关战略；

(4)培训采购员；

(5)收集数据进行标杆比较；

(6)评估并奖励采购员和供应商在"负责任采购"中的表现。

2.1.4　"负责任采购"的要素和指标

(1)与供应商保持良好的关系；

(2)供需双方清晰、及时地沟通；

(3)可持续性的价格和定价；

(4)明确的交货期和付款方式；

(5)尊重供应链中的人权。

≫≫≫ 2.2　"负责任采购"的影响

2.2.1　"负责任采购"对采购实体的影响

根据采用的具体方法不同，一个有力的可持续采购方法对采购实体结构，不论是采购实体的整个组织，还是采购职能，都有多方面的影响。需要发展或调整以下机制来支持对采购实体的积极影响：

(1)在整个采购职能中对可持续性进行清晰的职责和任务分配；

(2)若有可能，将采购职能中当前工作的可持续性职责、目标和指标进行融合；

(3)以联络、跨职能合作、咨询或其他形式在采购职能和其他职能之间就可持续性议题形成伙伴关系；

(4)由采购实体的代表对可持续性采购进行管理；这意味着角色的改变。

2.2.2　"负责任采购"对其他职能的影响

(1)可持续性将在其请购、制作规范和选择活动与流程的参与方的时候成为关键的决策因素；

(2)可持续性原则会对其流程、步骤和实践产生影响；

(3)也许会有新的运营需求；

(4)新材料、工艺和系统需要开发和/或将其融入运营中；

(5)将会有新的风险(比如创新或对利益相关者的透明)；

(6)将会需要增加跨职能合作、咨询和信息。

2.2.3 "负责任采购"在第三方部门组织中的关键驱动因素

相对公共部门来说,第三方部门组织包括慈善、协会、工会等。

(1)利益相关者的价值观:经常与该组织的任务和目的直接相关。

(2)对声誉风险的管理:由于依赖第三方部门组织的帮助,技术支持显得尤其重要。

2.2.4 行业之间的差异和问题

1. 采掘业

不可避免地存在如下方面的环境可持续性问题:不可再生资源的过度采掘和消费;采掘活动造成的环境破坏和退化;废弃物、排放和污染、长途运输造成的碳排放和其他后果;精炼和使用对环境造成的长期影响。对于当地社区,也存在着社会影响,例如,使用外来工人的问题,工人面对的危险和困难所引发的社会可持续性问题和道德问题。

2. 农业

农业则面临完全不同的可持续性问题:改变自然资源,如水资源、土壤和种子质量等的保护和补充方法;维持或提高生产率以养活日益增长的人口(比如,转基因、农药使用和森林砍伐等困境);消费者对有机食品和非转基因食品的需求不断增长;在遇上天气变化和恶劣天气的时候维持生存的能力;超市对农民和小规模生产者的价格影响力。发展中国家供应商采购的许多社会问题在全球农业和食品供应链中得到了显现。

3. 制造业

在制造业,生产流程特别易于消耗过多的资源与能源,产生过多的废品、污染和排放,导致工业事故,并产生危险物质的处理与存储问题。从采取可持续性措施的优先级来看,上述每一个领域的问题都是当务之急,通过绿色的循环供应链都有可能取得可观的经济收益。

离岸外包或全球化生产也倾向于带来质量、健康与安全、劳动、人权和环境问题,尤其是在法制监管松散的低成本国家。

4. 零售业

在零售业,采购的主要重点是选择能够吸引消费者的产品。渐渐地,公平贸易品牌的产品,以及根据可持续性特点实施差异化和品牌化的产品,更多地走入消费者的视野。其"负责任采购"的问题可能包括:

(1)减少送到垃圾填埋场的废弃物。

(2)减少分销的运输里程。

(3)保持道德的供应链关系、及时付款和公平贸易。

(4)与特定的零售业有关的问题。例如,达到使用寿命的电子、电器产品的回收,或者大型超市连锁店有可能支持或剥削小规模生产者。

▶▶▶▶ 2.3 管理相互冲突的优先级

2.3.1 潜在的冲突

1. 可能抵触"负责任采购"的情形

经理们在下列情况下会抵触实施"负责任采购":

(1)感到与其当前所负责工作的关键成功因素不相关,甚至不相符;

(2)感到无助,没有很好的商业案例来证明其努力;

(3)感到"负责任采购"是种公关活动,只是说得好听而不需要实际性的行动;

(4)感到这只是采购职能的事,对其他职能没有大的影响,或者是采购职能做出的一种尝试来提高其影响力和地位。

(5)威胁到现状、已有的标准和程序、已建立的技能和关系。

❷ 管理冲突的优先级

(1)沟通、推广、强化可持续性的价值观和决策,确保跨职能的利益相关者"买账";

(2)强调关注每个利益相关者群体可获取的持续性收益;

(3)将可持续性的目标、价值观和愿望包括在企业使命、价值观和决策声明中;

(4)使高层管理者中的可持续性倡议人同时兼任跨职能的领导;

(5)对供应链中所期待的标准以及如何与供应商工作来达到这些标准,有清晰的、跨职能的沟通;

(6)将绩效考核和奖励体系调整为跨职能的形式,以加强行动的一致性;

(7)风险和脆弱性影响评估;

(8)收集并总结从危机事件中学到的经验和教训,尝试找到原因并解决;

(9)维持可持续性工作的一致性,使之常规化。

2.3.2 "负责任采购"的成本障碍

❶ "负责任采购"的成本

(1)可能会要求采购创新和提供新进入市场的产品和服务,这会产生额外的成本;

(2)可能会阻止采购实体投机性地锁定最好的价格,或实施价格最大化战略,或选择成本最低的供应商;

(3)可能会要求更多的员工参与密集的管理流程;

(4)可能会需要开发新的流程和能力;

(5)一般会在采购实体及其供应链中产生较大的改变,这就要求采购实体投入资本。

❷ 克服"负责任采购"的成本障碍

(1)向股东和内部利益相关者展示成本管理的长期规划;

(2)展示可持续性的成功案例;

(3)实施成本相对较低、投资回收期较快的变革措施以获取动力;

(4)寻求其他方面的增值来抵消增长的价格;

(5)获得财政津贴、补贴、税收优惠和奖励。

❸ 利用长期可持续性手段来降低成本

(1)某些可持续性的产品价格更低(比如可再利用产品);

(2)生产率的提高(由于健康和安全、劳工的稳定性和士气);

(3)减少浪费和资源高效利用;

(4)减少法律法规的压力;

(5)改善的供应商关系,导致合作高效和改善;

(6)降低供应风险和失败成本;

(7)全生命周期成本的高效:考虑到质量、耐久性、低保修和使用成本、再利用潜力等因素；

(8)通过提高对投资者的吸引力,降低资金成本；

(9)降低合规成本、责任成本、合同纠纷成本。

2.3.3 贯穿采购周期的可持续性

1. "负责任采购"的周期

"负责任采购"的周期如表 3-2-2 所示,第 1 阶段和第 2 阶段是针对"负责任采购"的计划目标,第 2 阶段至第 6 阶段则代表每个采购流程的工作要求。

表 3-2-2 "负责任采购"的周期

阶段	因素
1.将"负责任采购"项目中的类别和产品排定优先顺序	• 评估可持续性风险对采购实体的重要性； • 评估可持续性风险与改进余地； • 对产品和品类进行优先级排序,以便重点关注、改善社会与环境影响、降低风险； • 明确该品类期望的供应商关系； • 制定"负责任采购"的计划目标
2.明确供应链问题的优先顺序	• 理解采购行为包含的供应链和生产流程,并能绘制图示； • 与需要采购的内部利益相关者合作； • 起草经济的、社会的和环境的标准,包含在合同规格之中
3.研究供应商市场;开发采购计划	• 邀请供应商参与,理解他们在经济、社会和环境问题上的观点与能力； • 在劳动条件、工资、合规性、标准和倡议等方面,开展供应商市场评估； • 制订一份采购计划、方法、评估标准(例如引用一个标准或准则)
4.评估并遴选供应商;创建询价资料	• 利用资格预审问卷和投标邀请函来沟通对可持续性的承诺； • 利用 PQQ 来评估意愿(决策)、能力(过程)和标准(绩效),生成供应商大名单； • 形成 T/RFQ,清楚地规定投标人胜出的非价格标准与权重
5.接收并评估报价;选择合适的供应商	• 根据客户陈述的标准对标书进行评估； • 利用跟踪审核、现场参与讨论来加以验证； • 利用开标后的谈判,与优先供应商讨论可持续性问题与发展目标； • 根据绩效和改进意愿的证据,选择一个供应商
6.建立合同;履行合同,建立绩效管理	• 将社会、道德和环境目标纳入合同之中； • 确定衡量进展的关键绩效指标(KPI),对照 KPI 来监督供应商的绩效； • 对供应商绩效进行管理,商定纠正措施与持续改进计划； • 对供应商在可持续性上做出的成果给予奖励； • 对关系、冲突和投诉进行管理,如果没能取得进步,要负责任地终止合同
7.更新"负责任采购"项目、分享和奖励好的实践	• 检查计划的执行、有效性(目标实现程度)和供应链影响； • 对于绩效不达标、改进遇到障碍等状况,要弄清根本原因,并加以解决； • 共享优秀做法(例如通过供应商开发)； • 对超过标准要求的绩效进行表彰与奖励； • 更新计划,设定新的目标

2. 可持续采购工具和技能

BSI《可持续采购指南》中概述了一般采购过程中每个阶段的可持续采购所需的工具和技能,见表 3-2-3。

表 3-2-3　可持续采购工具和技能

阶段	工具和技能
识别商业需求	●对需求进行质疑:我们真的需要采购吗? ●绩效要求和预期结果是什么? 形成商业需求,而不是欲望
制定战略	●研究市场,找出哪些是可用的和哪些是可能的。寻求创新性的解决方案。 ●识别可持续性影响与机会。对之进行优先性排序,对最具有影响的部分给予重视。 ●在可能的环节,利用规格在设计中融入可持续性。 ●考虑使用基于输出的规格来推动创新,让供应商以新的方式满足需求
识别供应商	●确保资质文件和招投标文件中包含了可持续性要求; ●建立简单、直接的过程,鼓励 SME 和当地企业参与; ●在当地的、外地的媒体上发布广告,促进供应商的多样性; ●发布包含可持续性在内的评估标准,这样投标人就能理解到可持续性的相对重要性
评估和合同授予	●利用全生命周期成本核算技术来评标; ●根据发布的可持续性标准来评价投标人,并打分; ●花时间给未中标的供应商做一个简要的说明,分析他们在可持续性方面缺乏的相应的绩效,以使供应商未来加强可持续性的重要地位; ●在供应商易于接受时,对成本和可持续性展开谈判; ●签订合同,商定绩效要求:包括可持续性测量与目标、奖励和惩罚
实施	同一检查过程;启动绩效监督,确保可持续性绩效测量有清晰的记录
对绩效和商业关系进行管理	●和其他绩效目标一起管理,同时监督可持续性绩效,如果绩效出现滑坡,立即商定纠正措施; ●寻求在整个生命周期中改进可持续性绩效的方法:展开联合的行动; ●利用供应商的专长来增加竞争优势;利用供应商评审过程来促进理解与对话,培养和谐的商业关系
检查与学习	花时间对该过程中获得的信息进行交流。可持续性议程不断在演变;将成功经验融入采购文件,有助于将可持续性融入采购流程和决策过程

⟫⟫⟫ 2.4　可持续规格与合同起草

2.4.1　可持续性的早期识别

在供应链采购的开始阶段,采购方影响可持续性的能力是最大的。这时就是开展可持续供应链采购的最佳时机。传统上,采购设计部门和生产部门等一起制定采购申请书和产品规格。但是,现在已经出现了采购及早参与的趋势,而且可持续性采购战略认为,采购人员需要与内部客户尽早合作,以实现可持续性目标。

在规格商定之前,BSI《可持续采购指南》提出了影响可持续性的 7 个早期环节,见表 3-2-4。

表 3-2-4　影响可持续性的 7 个早期环节

环节	说明
目标是在开始阶段减少消费	努力确保所有采购真的是必需的; 确认不可能以更具有可持续性的方式来满足需求了(例如,分享、修理、升级现有资产,租赁或购买,转向可重复使用的产品)

（续表）

环节	说明
了解商业需求,以及可持续性方面的影响	直接从商业需求出发,进行资格预审,选择合同授予标准,这是减轻可持续性影响的重要机会
挑战现状	清楚哪些市场是可利用的,哪些市场是潜在的,并且努力挖掘连续的供应创新渠道
充分了解该采购支出在市场中的力量	合理地利用开支影响力来影响市场、支持创新和提出可持续的解决方案
了解该采购可以在市场上获得怎样的积极影响	在改善供应链劳动条件、邀请 SME 参与、支持就业培训与就业,以及提高其他社会经济利益等方面,还存在哪些可能性?
考虑全生命周期可持续性问题	考虑供应源搜寻、生产、运输、使用和处置的影响
尽早让供应商参与	可能的话,尽早告知可持续性要求(理想情况下,是在正式资格预审和招投标之前);给供应商留出提出可持续解决方案的时间

2.4.2　需求分析

作为采购战略的基石,对需求的明确与界定是对可持续性采购的一个基础干预点。为了针对一个给定的需求提出合理的采购解决方案,采购方需要理解关键利益相关者的当前需求和未来需求。合理界定商业需求,对最终的合同规格有着重大的影响。

采购方可以通过以下几种方式,对需求定义的可持续性施加影响:

(1)质疑客户对需求的定义。

(2)质疑采购申请,寻找其他方法来满足商业需求。例如,利用存货中的可替代品,将服务外包,借用、租赁、共享、交换、整修、维护现有资产,或者更有效率地使用买来的产品。

(3)明确商业需求的定义中除了性能、质量、成本和合规性要求之外,还包含了可持续性要求。

(4)建立有关可持续替代方案的知识库,或者有计划地获取可利用的信息源。

2.4.3　制定可持续规格

① 规格的作用

规格是指对所提供产品或服务须达到的要求进行的说明。它将商定的商业需求转化为合同要求,描述了所要采购的产品或服务的具体要求。

可持续性的高效技术规格的特点:

(1)准确清晰的需求;

(2)简洁且完整;

(3)符合所有相关的标准、法律法规、采购实体的战略和目标;

(4)紧跟当前供应市场上最新的可持续性发展和解决方案;

(5)条款的解释可以被所有关键利益相关者理解。

② 利益相关者在规格制定中的作用

在大多数情况下,产品或服务的用户应该在规格制定中发挥主导作用。

采购专业人士由于所处的有利条件,参与规格制定可以给采购实体带来如下利益:

（1）加强对供应市场的了解

标准和一般物品的可获得性、可持续性,具有创新能力的供应商、备选供应商和可持续性解决方案、市场价格和供应市场风险元素。

（2）增进与供应商的联系

在制定技术规范之前商谈潜在的可持续性解决方案,或者为设计团队介绍供应商做资格预审。

（3）增进了解可持续性采购的法律问题

需要满足国家和国际标准、健康和安全法规、环境保护以及（公共部门的）采购制度要求。

（4）强化采购纪律

实施标准化、价值分析、成本降低、全生命周期成本等。

3. 一致性规格与性能规格

（1）一致性规格与性能规格的区别

①一致性规格:采购方需要详细说明所购商品的特性和/或成分。其形式包括工程图纸或蓝图、化学公式或成分。供应商可能不会确切知道,甚至完全不知道,该产品在采购方的工艺流程中发挥着什么样的作用。他们的任务只是简单地符合采购方提供的说明即可。

②性能规格:采购方试图说明所购商品应该实现哪些功能、达到什么性能水平,或者交付哪些输出或结果。

（2）比起一致性规格,性能规格更适合于可持续性的优势

①一致性规格可能会限制潜在的供应商数量。严格的规格,只有少数供应商才能胜任;可是,这就限制其他潜在供应商的生产能力。这对多样化的供应商是极其不利的。

②一致性规格的规定性会限制创新,会缩小问题解决方案的范围。而在采用性能规格的时候,供应商可以充分利用他们的专长、可利用的技术和创新能力,来提出可持续解决方案。

③专注于性能和功能,有助于确保产品相对于实际要求而言设计过高或规格过高。同时,它也保证了产品是适用的,而且足够耐用。

④专注于性能和功能,可以防止人们以不必要的设计特性或外观为由对更具有可持续性的产品有所歧视。

（3）可持续性技术规格要求的方面

①所采购部件、半成品或成品中所使用的材料;

②生产中所使用的流程和标准;

③采购和供应链管理流程;

④物流、运输和交货要求。

4. 需求识别与规格阶段的关键因素

（1）经济因素

该产品或服务是否真的有商业需求？是否可以用更低的成本、更少的资源或其他可替代品满足需求？是否可以以一种提高经营效率的方式来满足需求？是否可以以一种更有效利用现有技术或新技术的方式来满足需求？规格里的物料项目是否会促进或提高最终产品或服务带来的客户满意度？

（2）社会和道德因素

是否不公平地将小型供应商或多样化的供应商排除在外？是否体现了道德贸易和公平

贸易？是否对在供应链中保证了工人的健康与安全等？在生产与消费方面,规格中的物料项目是否对最终产品或服务的社会责任有所贡献？

（3）环境因素

是否在规定的物料的项目或服务上对特定的环境绩效的最低标准提出了要求？是否促进了供应链中环境管理体系、能力和技能的发展？是否考虑了最终产品的全生命周期影响？

（4）技术因素

技术规范的制定既可以最大化地支持可持续性采购的原则,又可以达到非必要不妥协的商业目的。

5. 起草规格中的社会标准和环境标准

（1）起草规格中的社会标准和环境标准目标

①为那些对环境或社会不可持续的材料、产品和流程寻求成本节约的替代品;

②最小化浪费,包括包装、产品制造中的浪费,以及产品生命周期结束后对其处置产生的浪费;

③最大化促进再次使用和材料的再回收利用;

④确保在供应链的各个层级体现社会责任;

⑤在同等条件下,授予采购合同应向中小型企业、当地企业倾斜。

⑥在采购、供应和生产流程中最大化资源和成本的高效。

（2）关键的可持续性规格标准示例

①交通工具:省油;

②纸张:可再回收利用、无氯、可持续性林业管理;

③办公设备:节能、干净的生产流程、安全、生命周期结束后的回收、工厂中工人的劳动条件;

④能源:可更新;

⑤食品和饮料:绿色、当季、卫生的流程、最小化的包装、可持续性的水管理、对生产者的公平贸易。

（3）规格中使用标准的好处

①规范清晰,避免对要求的模糊理解,因此避免将来出错;

②节省自行准备规范,并对其进行解释和相关讨论的时间和成本;

③可对报价进行准确的比较,因为所有潜在供应商使用的是完全一样的技术规范;

④由于标准的广泛应用,可以更少地依赖专门性的供应商。

>>>> 2.5 市场知识的积累

2.5.1 市场调研的目标

（1）确保技术规范准确地包含了供应市场和供应链中的可持续性优先项目、风险和机会;

（2）进一步了解市场中关于可持续性的当前水平对改善可持续性的意识、技能和意愿;

（3）利用供应商的专业知识；

（4）了解新技术或产品、创新性的供应商或在可持续性商业实践中的最新进展；

（5）探明哪里有足够数量的潜在供应商可以满足采购方的可持续性标准；

（6）测定采购实体在供应市场和供应链中有多大的影响力来推进可持续性的采购目标；

（7）探明在市场中由标杆组织和竞争对手要求的能提供的可持续性绩效的水平；

（8）通过向市场发出清晰的可持续性信号，来推广创造力和创新，并邀请潜在供应商尽早参与可持续性问题的解决方案中来。

2.5.2　市场调研和分析

"负责任采购"建议供应商市场评估的内容包括：

（1）当前国家的、行业的或多利益相关方的关于改善工作条件和可持续性实践的倡议；

（2）对相关法律法规的强化及合规状况；

（3）当前使用的行为标准和守则。

2.5.3　供应商早期参与

供应商早期参与（ESI）是指采购实体应该在产品或服务开发过程中尽早邀请供应商参与该过程。

ESI的主要目的是通过预审，让合格的供应商为改进产品或服务设计或者为降低过程成本或减少浪费提出一些积极的建议，弥补采购实体所缺乏的技术专长。供应商可能会在还来得及改变工程设计的时候，对设计方案也提出建设性的批评意见，并提供可替代的材料或生产方法。

2.5.4　鼓励可持续性创新

1. 激发可持续性采购的最佳实践技术

（1）供应商早期参与（ESI）和伙伴关系；

（2）供应商发展和最佳实践分享；

（3）创新委员会或跨职能创新督导组；

（4）远期承诺采购（FCP）。

2. 可持续采购鼓励可持续性创新的方式

（1）在创新产品、服务和流程变得可利用和可行的时候，选购这些产品、服务和流程。

（2）在追求更高可持续性过程中，选择、支持并利用那些正在进行创新或者具备创新潜力的供应商。

（3）在设计、规格和供应源搜寻等阶段推动可持续性方案，从而提高采购实体的创新能力。

▶▶▶ 2.6　合同谈判与起草

在采购阶段，采购方需要把合同规格中列明的可持续性标准转换成合同条款和条件，然后与选定的供应商进行谈判,最后敲定条款与条件。

2.6.1　合同谈判的重要内容

"负责任采购"的重要内容包括:
(1)向供应商提供正式协商一致的、书面的合同;
(2)在供应链的组织之间,坚持使用书面合同;
(3)在供应链组织与其工人之间,坚持签订劳动合同。

2.6.2　合同谈判

作为决策、影响利益相关者和解决冲突的一种方法,谈判的重要作用如下:
(1)获得利益相关者对于可持续性决策的投入与支持。
(2)确保在影响利益相关者的决定中考虑了利益相关者的呼声与观点。
(3)确保合同反映了双方的真实意图,风险与回报的分配都是双方大体上可以接受的。
(4)通过合理地施加影响来支持供应链中的可持续性成果。
(5)通过负责任地使用影响力来支持供应链中的可持续性成果。
(6)通过使用合作的谈判方式,来维护可持续性的并且支持可持续性的供应商关系。

2.6.3　可持续性定价与支付

1. 采购方支持的可持续价格
(1)采购方可承担得起的价格;
(2)对于所采购的产品或服务带来的所有收益,看起来是公平和合理的或者物有所值的价格;
(3)相较于竞争对手,该价格给采购方带来成本或质量上的优势;
(4)该价格可以支持供应的安全性和可持续性,以及声誉辩护。

2. 定价安排
详见第一部分第 7 章 7.2 节。

3. 支付条款
(1)可持续性的付款条件的基础
①完全或部分以押金形式的预付款,或下订单时付款;
②按期付款,可以允许供应商更好地计划现金流;
③分阶段的预付款(比如按照项目里程碑);
④自动开票自动付款;
⑤对提早或及时付款的奖励;
⑥对延迟付款的惩罚。
(2)支持可持续性的付款条件
①在高风险的供应环境下,给予供应商付款保证;
②给予供应商付款保证,包括供应商因为执行合同而发生的费用、对劳工支付的薪酬以及债务支出;
③给予供应商订单保证,以支持他们与劳工签订长期合同并就可持续性改善进行投资;
④支持供应商现金流的稳定;

⑤如有延迟付款,则应补偿供应商;

⑥就供应商在可持续性的改善方面给予激励。

2.6.4　其他可持续性合同条款

1. 前置期和生产能力控制的安排

采购实体的一个关键原则就是寻求快速、灵活的准时制供应,以应对不断变化的需求模式和意料不到的客户需求波动。

(1)由于速度、灵活性和需求预测不准、数据共享不畅等,供应商难以做到以下两点:

①在质量、安全或工作条件等方面不投机取巧的情况下,满足要求和交付进度;

②为实现有效的生产能力管理而提前做出计划。

(2)为做到对前置期和生产能力控制,与供应商讨论并达成一致的合同规定包括:

①大型订单将来的交付日期和预测数量;

②采购订单与交付之间可以达到的前置期,要考虑到需要达到预期社会、劳动、环境和质量标准;

③订单变更和/或取消的最短提前期;

④信息透明和信息共享,这会影响到采购进度或数量和/或供应商生产能力与前置期。

2. 使用公平和含义明确的绩效奖励条款

合同条款的目标是建立可持续的供应链关系,提高绩效,促进可持续改进。

(1)绩效奖励条款应满足的要求

①合同是公平的:没有歧视,促进公平竞争,风险和成本分配与分担方面公平,避免对供应链中最弱势的成员造成过度的影响;

②合同是透明的:以一种所有人都能理解的方式,明确地、不含糊地规定权利、义务和期望;

③对绩效有所奖励,对进展、改进和展示出的承诺提供激励、奖励和收益共享的机会,而不是强调对不合规的惩罚。

(2)供应商激励条款

①激励付款(比如部分付款是与可持续性的绩效相关的);

②可持续性的 KPI 或改善幅度能够得到认可和奖励;

③订单、利润和收获共享;

④承诺长期的商业合约、增加交易,或保证一定的订单水平,可以使供应商加大对其提供商品升级改造的投资,从而为采购人提供质量更好、成本更有竞争力的商品;

⑤创新的机会;

⑥提供对发展的支持。

📝 本章思考题

1.写出有效履行"负责任采购"的 6 个关键成功因素。

2.列出实施"负责任采购"的 6 个步骤。

3.解释"负责任采购"对采购实体其他职能的影响。

4.列出影响采掘业和制造业的环境因素。

5.经理们为什么会对"负责任采购"有所抵触？请解释其中的原因。

6.简述引入可持续采购过程中优先级冲突的管理机制。

7.采购人员如何在定义需求时影响可持续性？

8.为什么性能规格比一致性规格更适合于可持续性？

9.列出可持续规格的目标。

10.有关可持续性的供应市场调研,其目标是什么？

11.供应商早期参与的含义是什么？

12.谈判方法的选择为什么对可持续性很重要？

13.成本加成定价方法为什么对供应商有利？

第3章　选择和评价可持续供应商

选择和评价供应商是采购实体战略寻源工作的组成部分。本章在管理层次从可持续的角度对选择和评价供应商进行讨论。

◎ **本章目标**

　　1.理解在供应商寻源活动中体现可持续的条件。

　　2.熟悉并掌握在供应商关系管理中体现可持续的理念。

　　3.熟悉并掌握对供应商进行绩效评价并体现可持续的要求。

≫≫≫ 3.1　在供应商选择中考虑可持续性

3.1.1　可持续性的要求和合同中的技术规范的制定步骤

（1）就采购方的可持续性要求与供应商进行沟通。

（2）在资格预审调查问卷中向供应商询问其与可持续性相关的能力和承诺。

（3）在询价书中明确对供应商所期望的可持续性要求。

（4）在合同、订单或其他形式的合约中确保所选择的供应商同意满足可持续性的要求。

3.1.2　在供应商选择中考虑可持续性的影响因素

（1）市场上执行规定可持续标准或改进的供应商的能力、成熟度和数量。

（2）采购方在市场上的影响力，包括所提出合同的价值和工期。

（3）承受可持续性影响的供应链脆弱性的评估值，以及潜在影响的严重程度。

（4）对采购过程中有效力的法规框架。

3.1.3　考虑可持续性目标的供应商选择流程

　　（1）招标公告或投标邀请函：当允许采用邀请招投标程序时，或者当邀请招标程序比较合理时，采购方可能只对那些市场研究结果证明能够满足强制可持续性要求的供应商发出报价或投标邀请函。

　　（2）强制性的资格预审标准：报价请求可能会规定申请者通过评估筛选或资格预审阶

段必须具备的最低能力或资质要求。

（3）技术规范和要求声明书：有资质的供应商可得到鼓励，去提供达到或超过公布可持续性规格和/或特殊合同条件的商品。

（4）定性要求（提供定性的材料说明）：为了方便评估、评分、评级和/或比较备选供应商的可持续性资质，可能会要求他们提供一系列标准方面的信息。

（5）持续改善承诺：邀请函条件可能会要求选中的供应商对改进合同生命周期内的可持续性做出承诺。

（6）合同和绩效管理：可以利用合同条款和关键绩效指标来贯彻和激励规定的可持续性绩效水平或改进程度。

>>>> 3.2 供应商资格预审

3.2.1 资格预审的内涵

1. 资格预审

资格预审是对供应商"适合度"标准的定义与评估。只有那些达到可持续性生产能力、生产量、兼容性或承诺某个最低标准的供应商，才会在某一指定供应源搜寻过程中得到邀请或考虑，从而大大节省招投标阶段的时间、精力和成本。

2. 资格预审的基本过程

资格预审包含两个基本过程：

（1）制定客观评估标准，可以利用该标准对潜在供应商的可持续性进行审查；

（2）对照规定的可持续采购目标，评估与筛选潜在的供应商。

3.2.2 资格预审的标准

（1）环境绩效：如是否具有按照 ISO14001 或同等的标准建立的环境管理体系。

（2）供应链：如供应商是否具有对供应链的考核及相关倡议，并能关注可持续性问题。

（3）可持续性培训和意识：如供应商如何确保其员工得到足够的培训并且对可持续性的相关问题有充分的意识。

3.2.3 资格预审问卷（PPQ）

供应商调查问卷是弄清资格预审基本信息的有效方式。采购方应该根据对某一指定采购或品类、发现的可持续性问题和发现的市场或供应链脆弱性等的要求，对调查问卷进行设计。在这一环节，采购方应当只要求最低标准，这样才能够使满足要求的很多供应商进入下一招投标阶段。在这一阶段，询问有关目标、流程和绩效的信息是比较常见的。

PPQ 的目标是收集有关信息，使采购方能够评估供应商对可持续性的态度、供应商目前执行的标准、供应商目前的可持续性绩效水平和未来改进的计划与承诺。

在设计资格预审调查问卷的时候，采购方需要关注的要点：

（1）确保所需的信息与所进行的采购及所评估的可持续性风险的重要性、风险和复杂性是相称的；

（2）针对已识别的与某特定采购类别关联的可持续性风险、影响或机会，提出有关的问题。

3.2.4　供应商评估和初选

1. 供应商初选的手段

（1）对供应商填写的资格预审调查问卷进行评后，精读供应商财务报表和财务报告。

（2）检查供应商的证书、资质、决策声明等，精读过去的审查报告。

（3）设法从客户、供应商和有关 NGO 那里进行求证，检验产品样品或系列产品。

2. 可持续性的资格预审流程

（1）资格预审标准应该足够明确，以使不合格的供应商及早退出——避免他们浪费时间和增加交易成本。

（2）约定俗成的规范要求可能对一些小型的潜在供应商不公平。然而，可以要求所有的供应商提供其在商业实践中改善可持续性方面采取的行动。

（3）如果供应商没有通过资格预审，应该正式通知他们并提供相关反馈，使他们意识到未通过的原因，以助于其明确未来的发展——并且向市场发出清晰的可持续性信号。

>>>> 3.3　选择可持续供应商

根据采购类型和公司战略的不同，采购方可以通过多种方式向通过资格预审或批准的供应商发送要求。

3.3.1　自愿招标或谈判等非招标采购方式选择可持续供应商

1. 自愿招标程序（资格后审）

（1）招标人准备详细的技术规范并由采购部门起草招标文件；

（2）招标人在媒体发布招标公告或向特定供应商发出投标邀请书；

（3）招标人发出招标文件（不少于 5 日）；

（4）潜在供应商在招标文件规定的截止日期和地点递交投标文件；

（5）招标人按招标文件约定的同一截止时间和地点开标；

（6）招标人依法组建评标委员会；

（7）评标委员会依据招标文件约定的标准对所有投标文件进行评审；

（8）评标委员会向招标人提供评标报告和推荐合格的中标候选人；

（9）招标人收到评标报告 3 日内公示中标候选人；

（10）招标人在评标委员会推荐的中标候选人名单内确定中标人并向中标人发出中标通知书；

（11）招标人发出中标通知书 30 日内双方可就合同非实质内容进行谈判并签订书面合

同,建立商业关系。

对未中标的供应商发出中标结果通知书,以支持可持续性发展和改善。

② 谈判等其他采购方式选择

企业可参照中国物流与采购联合会颁布的《国有企业采购操作规范》制定本企业操作程序。具体采购工具详见本书第一部分第 3 章。

3.3.2　供应商选择的加权评价标准

1. 供应商评估与选择的非成本标准示例

经济、社会/道德和环境的非成本评估因素示例见表 3-3-1。

表 3-3-1　非成本评估因素示例

经济因素	社会/道德因素	环境因素
财务	技术	环境
• 有竞争力的全生命周期成本	• 创新能力	• 环境政策
• 财务稳定性	• 技术优势	• 环境管理体系(ISO14001)
• 资源效率	• 兼容的信息系	• 材料、产品、包装和工艺的生命周期影响
• 透明度与公平定价	企业社会责任	• 环保设计、制造和创新能力
运营	• 展示出的法律与法规合规性	• 运输能源与排放
• 制造或服务能力	• CSR 和可持续性战略	• 逆向物流、重复使用和回收利用
• 过程能力	• 相关标准认证(或者获得标准认证的意愿)	• 环境风险管理
• 管理专长	• 运用 SMS 和多样化的供应商或分包商	• 追求环保的意愿
• 风险管理	• 对透明度与改进的承诺	
• 供应链管理		

2. 供应商评估与选择标准权重分配(参考示范)

对照每个规定的标准,结合赋予每个标准的权重,对标书进行评分。成本标准与非成本标准分开打分、计算权重,然后汇总得出一个总分。合同授予决定是以如下标准为基础的:

(1)技术质量 50%,根据技术规格的评价得出。

(2)最低价格 30%。

(3)可持续性绩效 20%,根据从投标人那里获得的信息进行评分。

3. 相对于其他标准(比如技术和价格)

分配给可持续性因素的整体权重应反映:

(1)可持续性对价格或价值在经济上的贡献。

(2)可持续性影响的重要性及其改善范围。

(3)通过采购对市场进行影响的潜力。

>>>> 3.4　合同授予过程

3.4.1　评估可持续元素

特定条件下,采购方可以直接确定其认为的最佳报价合同和首选供应商。

标书评估标准中的可持续性元素：

（1）标书将会做风险评估（包括可持续性风险），那些具备低风险供应的报价将会得到更多的分数；

（2）对于那些超过技术规范中所要求最低标准的提案给予额外的分数；

（3）使用全生命周期成本以获取对所采购产品或服务的总成本的全面了解，而不是仅仅考虑采购价格本身。

3.4.2　全生命周期成本核算

1. 全生命周期成本核算的定义

全生命周期成本核算：用货币价值表示，考虑了分析期内所有经过认可的、预计的重要且相关的成本的经济估价。

2. 全生命周期成本核算对可持续性采购的益处

（1）核算资产使用寿命中每年发生的成本水平（包括最初的采购价格；交付、安装和试运行的成本；日常维护和定期检查；能源、劳工、易耗品和其他运行成本；故障时间成本，处置成本等）。

（2）量化从拥有该资产所产生的收益，并且将它们分配到资产使用寿命中的每一年。

（3）使用折现现金流量计算，以现值来表示成本和收益，以及总成本。

3. 计算全生命周期成本的要点

找到长期成本最低的选项。它可以让采购方在资产使用寿命期内制定切合实际的预算；在早期阶段突出与采购有关的风险，促进经济可持续性问题上的跨职能沟通，支持资金价值的最优化。

3.4.3　在政府采购的项目中支持中小型企业

1. 支持中小型企业（SME）

采购方必须做到：

（1）通过提高参与度来支持供应市场的扩大和发展；

（2）考虑采购战略和实践是否形成对参与度的障碍；

（3）考虑供应商无法参与竞争的可能性，支持并设法让供应商及时获取相关资讯；

（4）公平执行合同授予。

2. 要从中小型企业采购的原因

决定采购的关键性因素：

（1）符合国家扶持中小企业的社会目标战略，有利于安置就业和社会稳定。

（2）与大型供应商交易而获取的经济优势。

（3）与中小型供应商交易而产生的"更具价值的潜力"：

①接触更大的供应市场，加强竞争；

②更低的管理费用产生的价格竞争力；

③更快的反应和灵活性（决策和批准流程更短）；

④创新能力和商业解决方案的多样性；

⑤细分市场上的专业性；

⑥对于生产小订单、细分的和定制的产品的意愿及能力；

⑦更多的技巧、原创和承诺可以生产出更加优质专业的产品；

⑧更高的承诺性和服务水平。

3. 中小型企业参与的障碍

(1)无法及时发现机会；

(2)缺乏在供应市场上进行展示的营销资源；

(3)认为参与竞标的流程过于复杂和昂贵而不参与；

(4)在某些领域缺乏专门知识,比如翻译复杂的需求文件或做出高质量的建议书或标书；

(5)缺乏可追踪的绩效记录或几年的财务记录,以用于资格预审(因为中小型企业很可能是刚刚成立的)；

(6)缺乏能力来完成较大的合同。

4. 帮助中小型企业积极参与的措施

(1)广泛发布询价机会,特别是针对小型、低价值的合同；

(2)经常更新合格供应商名单,包含 SME；

(3)使用企业的网页使得潜在供应商方便获取信息；

(4)举办"采购者见面会"；

(5)确保采购流程和资格预审要求适合所购物品的大小和复杂度；

(6)保持标书和技术规范简洁易懂；

(7)使用资格预审问卷调查表来尽可能减少小型供应商的初始行政负担；

(8)为采购流程制定现实的时间表；

(9)考虑大型合同的分包；

(10)鼓励大型第一层级承包商或总承包商使用 SME 作为分包商；

(11)发布即将执行合同的总承包商的名字,以帮助 SME 发掘分包机会；

(12)确保采购员及其主要承包商对 SME 分包商及时付款；

(13)针对大型采购项目,对 SME 组团进行联合保价持开放态度。

▶▶▶▶ 3.5　供应商可持续性评价管理

3.5.1　绩效测量（评价）与管理

1. 绩效管理的定义

绩效管理是指制订定具体的、可测量的指标的过程,对照这些指标可用系统对绩效进行跟踪,以便衡量目标与目的的实现情况。

2. 供应商绩效管理

(1)明确的绩效标准(比如 KPI 或改进协议):以确定是否达成目标绩效水平。

(2)先前绩效:以确定供应商的绩效水平是退步还是改善。

（3）其他组织（供应商、采购实体）的绩效或标杆比较：以确定哪些绩效落后于最佳实践或竞争对手，以寻求改善空间。

3. 供应商绩效管理的作用

可持续性的关键原则之一是，需要满足采购方广泛的利益相关者的利益与需求，这反过来又意味着需要控制绩效。采购方需要制定明确的可持续采购目标，并监督、测量、评价、检查进展与绩效，确保采购方：

（1）可以纠正偏差或不足，发现并解决问题。

（2）可以发现改进的潜力，并且可以汲取教训用于未来阶段的规划。

（3）可以凭借明确的目标，以及实测表明确实现之后的奖励，来激励个人和团队。

（4）对利益相关者负责的主管可以准确地说明进展与绩效情况以及责任履行情况。

（5）可以由结果证明资源费用的合理性，并且证实可持续采购的商业理由。

3.5.2　制定可持续性的目标

可持续采购的一个最大挑战在于，如何理解供应商的行动所造成的影响。关键是要理解测量什么、如何测量。为了让可持续采购测量指标更有意义，应当将其用于采购方所提出的可持续性任务，而可持续性任务应当与更高层级的企业可持续性目标保持一致，或者对目标有所贡献。

1. 相关定义

（1）目标：可以或不可以量化的预期行动的决策表述（例如在整条供应链中发展逆向物流、再次使用和再回收利用的能力）。

（2）细分目标：为了完成目标而进行的具体的、可测量的行动（例如将可回收材料使用比例提高10%）。

（3）指标：有关绩效、绩效影响因素或条件等信息的测量或其他表示（例如生产单位可回收材料的比例）。

2. 供应商绩效与改进目标的各种影响因素（见图3-3-1）

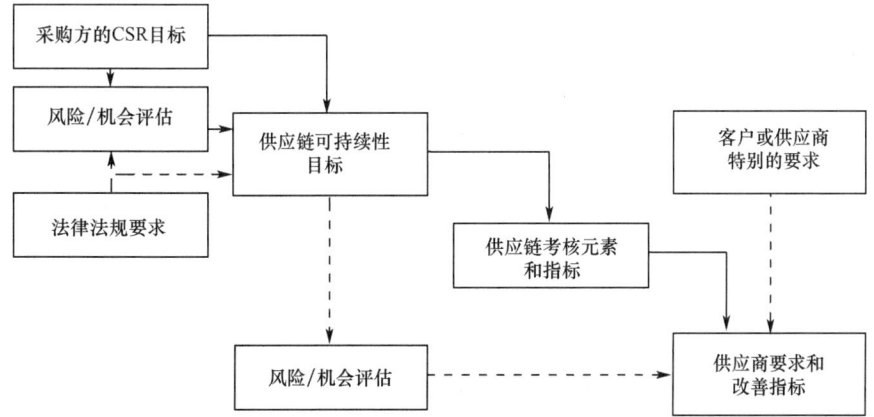

图3-3-1　供应商绩效与改进目标的各种影响因素

>>>> 3.6 关键绩效指标

3.6.1 关键绩效指标定义及要点

1. 关键绩效指标的定义

关键绩效指标(KPI):一些清楚的、定性的或定量的说明,用于定义在关键领域所期望实现的绩效(供应商的关键绩效指标必须与商业需求及采购目标相一致,也必须与企业的目标及供应链的关键成功要素相一致)。

2. 关键绩效指标的要点

通过现有的数据收集系统,这些指标所表述的绩效目标或期望值,为提供了一种可以直接对操作层面的绩效进行细致的、一致的测量方式。

3. 使用关键绩效指标的优点

(1)提高及改进关于绩效事宜的沟通。

(2)激励实现或改善特定绩效水平。

(3)通过整合的或双向的绩效测量,推动采购方和供应商的协作关系。

(4)可以进行直接的年度绩效比较,找出改善或恶化趋势。

(5)聚焦关键结果区域(关键成功因素)。

(6)确定共同的目标,促进跨职能的团队工作及关系。

(7)减少由目标混淆和预期值不明确等原因产生的冲突。

4. 使用关键绩效指标的缺点

追求实现某一关键绩效指标,可能会导致某些不当的或次优的行为。例如,为达到生产效率或时间目标而在质量或服务上偷工减料,或者某个部门为了实现自己的目标而不惜破坏职能的协作或协调关系,因此在设定目标时就需要考虑到这一切。

3.6.2 制定关键绩效指标的程序

制定关键绩效指标的程序如图 3-3-2 所示。

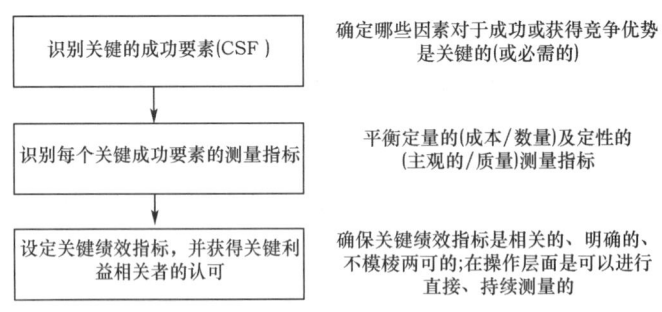

图 3-3-2 制定关键绩效指标的程序

举例:传统物资管理需要实现"保质、保量、经济、及时"的目标,这些目标实质上涉及三个 KPI,分别是质量(保质)、成本(经济)和交付期(保量和及时)。

这三个 KPI 是采购管理的核心要素:

质量(保质):合格率;成本(经济):价格;交付期(保量和及时):数量及交货及时率。

3.6.3　定性/定量指标

1. 定性/定量指标的定义

（1）定性指标：衡量指标是软性的、主观的，与质量或性能相关却无法简单地进行定量。适合服务的采购，包括管理能力、人员问题、技术开发及紧密合作的意愿等。

（2）定量指标：衡量指标是硬性的、数字化的，统计上的或者基于事实的，包括价格、交付绩效、财务绩效及拒收比例等。

2. 定性/定量指标的特点（见表3-3-2）

表 3-3-2　定性/定量指标的特点

定量测量指标	定性测量指标
比较容易设定关键绩效指标	关键绩效指标可能是主观的
比较容易监控	监控起来比较主观
注重效率	注重有效性
特别适合产品的采购	特别适合服务的采购

3.6.4　SMART 绩效测量指标

有效的绩效测量指标及一般性目标可以用其英文首字母缩写"SMART"来表示。具有以下内容：

（1）明确的（Specific）：清晰、明确、精确地表述期望达到什么样的结果或取得什么样的成果，这样合同各方就能清楚地知道自己应该努力做到什么，对什么负责。

（2）可测量（评估）的（Measurable）：可以加以监控、审查及测量，各方都可以有效地对进度和成果进行测量。

（3）可实现的（Attainable）：可实现的、现实的、具有合适的时间及资源。为了使目标得到"延展"或为了刺激改进，所要求的绩效水平必须是可实现的。

（4）相关的（Relevant）：绩效测量指标应该和采购方的战略目标、采购职能部门的决策及目标、供应链的关键成功要素以及商业需求相关并相符。

（5）有时间约束的（Time-bounded）：给出了完成或评审的确定时间表及截止日期，而不是无期限的。

3.6.5　可持续性绩效测量指标的类型及示例

1. 管理考核

①基于全生命周期成本来授予合同的百分比；

②包含可持续性标准的合同授予百分比；

③在可持续性采购中培训的供应链员工人数；

④为高风险的供应链所做的审计百分比。

2. 运营考核

①强调可持续性举措的目标结果；

②运往垃圾填埋场的废物减少的百分比；

③减少温室气体的排放；

④满足劳工标准的供应商的百分比。

3. 环境条件考核

①支付给劳工的平均工资和福利；

②加入工会的劳工的百分比；

③机动车排气水平。

3.6.6 可持续性 KPI 的经济、环境、社会等细分目标（见表3-3-3）

表 3-3-3 可持续性 KPI 的经济、环境、社会等细分目标

	采购 KPI 示例	供应商 KPI 示例
经济绩效	• 成本（作为开支的采购成本的百分比）或者成本节省额（作为开支的年度成本节约额的百分比）； • 生产率（如每个采购周期的成本，每个采购周期花费的时间）； • 供应商优势（如年度开支占比80%以上的供应商的百分比）； • 客户满意度（全部收货的百分比）	• 价格（例如，基本采购价格、成本降低的价格）； • 质量或合规性（例如，拒收、故障、废品率）； • 交付（例如按时完全交付百分比）； • 服务与关系（例如处理询问和问题的及时性）； • 创新能力（例如提出的或实施的创新数量）； • 总体绩效（例如对照其他供应商的对标）
环境绩效	• 能源、水资源采购量减少的百分比，供应商或物流、采购、GHG 排放减少的百分比； • 供应商水资源和能源消耗减少的百分比； • 可回收材料采购的百分比； • 混合能源交通工具的百分比； • 送到垃圾填埋场废弃物的数量； • 报告环境影响或运行 EMS 的供应商的开支的百分比	• 能源、水资源和其他资源消耗减少的百分比； • 送到垃圾填埋场废弃物、污染、GHG 排放等减少的百分比； • 可回收材料使用的百分比； • 取得 EMS（ISO14001）认证的进展； • 环境标杆的达标； • 提出的或实施的环保创新； • 对土地和实践的可持续管理（例如，林业、农业）； • 环境影响报告
社会和绩效	• 采购员工的多样性与平等机会； • 培训与发展机会（所占百分比）； • 对职业法律和标准、道德供应源搜寻和贸易标准的遵守； • 健康与安全事故的减少，投诉程序、供应商多样性（妇女创办的、少数民族创办的、小型供应商的数量）； • 在合规性方面受监督与管理的供应链的百分比； • 供应链合规性（例如不合规事故逐年降低量）	• 供应商员工的多样性与平等机会； • 员工最低工作条件与最低工资； • 执行国家劳动就业、安全和环境标准； • 健康与安全记录的逐年提高； • 在合规性方面受监督与管理的供应链的百分比； • 进行动物试验（以及坚持动物保护标准）的产品的百分比； • 可持续管理体系或 CSR 制定的进展

3.6.7 对标

1. 对标的定义

对标：将本企业的绩效和做得最好的企业（同类中的最佳实践）进行比较，弄清楚为什么这些最好的企业能实现最好的绩效，并将这些信息作为设定自己企业目标、战略和实施方案的基础。

2. 对标的目的

通过和最佳实践者进行比较，确定哪些绩效需要进一步提高以及应该如何提高这些绩效。

3. 对标的两个关键好处

很现实又很有挑战性。

4. 对标的程序（见图3-3-3）。

（1）对市场及供应商进行分析，以决定优先顺序及成功要素（找要素）。

（2）找出合适的供应商以便进行比较（比较对象）。

（3）研究和评估比较对象的绩效及流程（分析对象）。

（4）分析研究反馈信息，以识别最佳实践及绩效差距（找差距）。

（5）设定改进目标，缩小绩效差距（改进）。

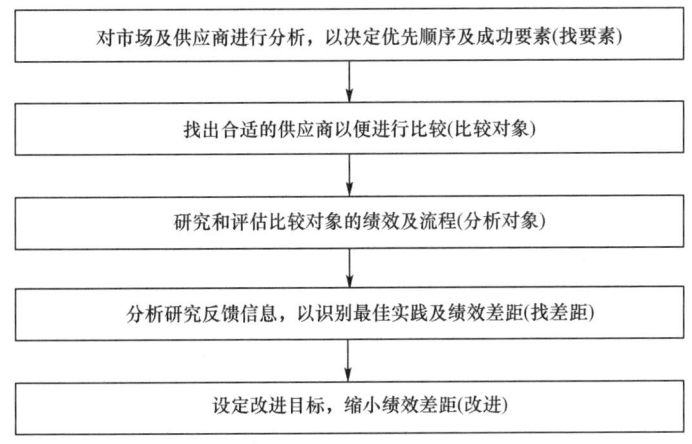

图3-3-3　对标的程序

5. 对标的类型

（1）内部比较：与同一组织内其他高绩效部门比较。

（2）竞争对手比较：与高绩效的竞争对手直接比较。

（3）职能部门比较：与其他高绩效组织的相同职能部门比较。

（4）一般比较：跨职能、跨行业比较。

>>>> 3.7　平衡计分卡

平衡计分卡模型是由卡普兰和诺顿开发的，综合了传统的财务测量指标和非财务测量指标，既使用定量指标也使用定性指标，为管理者提供了一个更加综合的和平衡的指标框架，可以反映企业所有层次的情况并用于追求企业整体目标的绩效测量方法。

3.7.1　平衡计分卡的四个视角

卡普兰和诺顿提出了平衡计分卡的四个关键视角，强调企业（供应链）成功的长期驱动力：

1.财务视角：评价采购实体体现的财务绩效和为公司创造的价值。

2.内部客户、利益相关者视角：企业内部相关部门对采购实体工作绩效和发展互惠关系效果的评价。

3.内部流程视角：如何有效果并有效率地完成贯穿整个供应链的增值流程。

4.学习与发展视角:为了未来的竞争优势和成长,开发独特能力所需的技能与知识。

3.7.2 平衡计分卡模型

平衡计分卡模型如表3-3-4。

表3-3-4 平衡计分卡图表

财务		内部客户、利益相关者(企业相关部门)	
利益相关者(企业内部)觉得我们怎么样		内部客户(企业内部使用部门)如何看待我们	
目标	衡量方法	目标	衡量方法
高效的采购	• 采购成本开支比率 • 平均采购订单处理成本	内部消费者(企业内部部门)满意度	• 年度内部客户评价
提高采购的财务贡献	• 经管理开支的成本节省率(%) • 经管理开支的成本规避率(%)	从申请批准到采购订单(PO)下订单提高的时间	• 平均循环时间
内部程序		学习 & 发展	
我们必须要精通什么		我们该如何继续提升创造价值并创新	
目标	衡量方法	目标	衡量方法
改进供应商物流	• 准时全部运送 • 质量(PPM)	强化采购人员的培训	• 比例(%)证明 • 每个员工的培训开支
提高合规性敏捷收购	• 内部审核承诺 • 循环时间	员工满意度	• 调查(表示满意度员工的比例)
加强合作	• 合作关系调查 • 活跃的合作对象的编号	改进知识管理	• 所学科目的文件证明和应用

注:成本规避:指从产品生命周期的全过程考虑成本,在产品设计、生产、销售和服务全过程中,与产品资源消耗的所有成本都计入成本,力图从根本上规避消耗产生的一种降低成本的办法。成本规避的主要途径是控制并规避"劣质成本",同时把控制范围扩大到避免错误的产生的原因。劣质成本指废品、返工、退货、索赔、产能过剩、交付延迟、定价失误等。

平衡计分卡旨在将部门目标与业绩指标挂钩,通过和财务、使用者、内部流程、学习和发展等不同角度考核,从而实现采购降本总目标。

3.7.3 平衡计分卡的使用

1. 平衡计分卡要素

(1)企业的长期战略目标。

(2)建立成功要素以实现这些目标。

(3)必须实施的关键活动以达成这些成功要素。

(4)可以使用的关键绩效指标来监控进展。

2. 可持续性融入平衡记分卡

企业不应该只根据营利性来衡量自己的绩效水平,还需要从经济可持续性、环境可持续性、社会可持续性三方面衡量自己是否保护或促进了更广泛的利益相关者的利益(即利润、地球及人这"三重底线")。

一个更为全面的可持续性计分卡方法是将平衡计分卡嵌入"三重底线"中,如图3-3-4所示。

布莱克·本在《可持续性手册》中提出了专门针对可持续性领域的一套平衡计分卡替

代测量指标,是围绕关键的利益相关者而建立的。

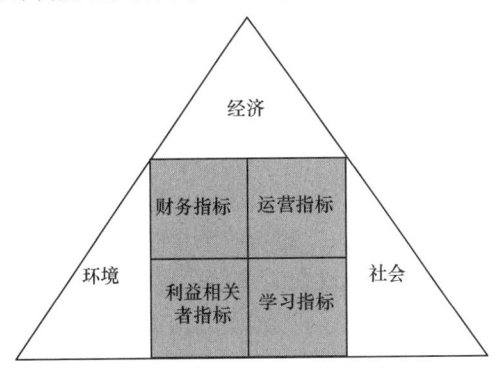

图 3-3-5　可持续性计分卡

(1)员工目标:建设业内最好的全球团队(吸引、发展和挽留采购人才,以达成目前和将来的结果)。

(2)财务目标:为企业创造可观的价值(通过实现库存周转目标和供应成本目标,提高成本效率)。

(3)供应链目标:创建可持续的双赢供应链关系(不断评估、满足商定的内部客户要求;促进创新产品与服务的开发来满足外部客户的需求,贯彻可持续和道德供应链关系与发展方针)。

>>>> 3.8　协作性绩效指标

可持续供应链管理导向明确地认可共担可持续性责任,即供应商遵从职业与环境方面好的做法的责任,以及采购方鼓励并支持供应商这类做法的责任。

3.8.1　协作性绩效

1. 协作性绩效中采购方的职责

(1)比照可持续性标准来测量其自身的绩效和实践。

(2)考虑其自身的绩效和实践对整个供应链的可持续性带来的影响。

(3)收集来自供应商就采购实践在当地的文化、经济和环境背景下带来的影响。

(4)考虑战略供应商如何看待他们,以确保其维持积极的客户形象和吸引力。

2. 绩效测量与管理本身也是一个"负责任采购"

(1)对于小型的、多样化的、发展中国家的供应商来说,过分繁重的要求和目标是一种歧视,让他们在争取合同的过程中处于不利地位。

(2)KPI 和改进目标不切实际,没有考虑到供应商所处的文化的、经济的和环境的约束。

(3)过分繁重的要求可能会导致供应商自改可持续性指标报告或者在其他方面投机取巧,从而在可持续性的实现上起相反的作用。

(4)开展绩效评估的方式也许不合时宜:扰乱生产、带来麻烦、加剧利益相关者冲突等。

3.8.2 联合绩效考核

联合绩效考核(JPA)是面向绩效测量与管理的一种关系型、协作式的方法,采购方可以借助这种方法来评估供应商的绩效,而且供应商可以评估采购方的绩效。

1. 联合绩效考核的目标

(1)认清采购方的流程和行为对供应链的绩效、效率和可持续性带来的影响;

(2)识别供求关系中可能对任何一方的绩效产生损害的问题,以寻求共同解决问题;

(3)通过保证互惠互利、公平分享双方关系的风险和收益,来支持长期的、增值的关系;

(4)鼓励在供应链绩效和双方关系满意方面的持续的、可测量的改善合作。

2. 联合绩效考核的基础

(1)共同的相互目标;

(2)给双方带来的兼容的利益;

(3)双方同意的问题解决方法;

(4)根据风险管理谁更适合的原则来分担风险;

(5)可测量的持续改进;

(6)得到积极管理的关系。

3.8.3 360度反馈

1. 360度反馈的定义

360度反馈(或者多来源评估)的概念最初是在个人绩效评估中出现的。在自评估报告之外,由一系列选定的内、外部利益相关者(例如经理人、直接领导与团队成员、同行、客户或供应商)来对个人进行绩效的评分。

2. 360度反馈的目的

(1)给被评估方提供一个机会来了解多利益相关方及联系方如何看待他们;

(2)鼓励采购方和供应商各自的自我发展;

(3)支持更加开放的关系文化,使给予和收到建设性的发展反馈成为可接受的规范;

(4)增加供应链各组织间的沟通界面;

(5)为持续改善和创新性的供应网络思考提供强大的催化剂。

3.8.4 供应商激励机制

(1)条件支付(比如部分付款与可持续性绩效挂钩);

(2)可持续性关键绩效指标或改善指标与奖励挂钩;

(3)营业收入、利润或收益分享;

(4)承诺长期的商业合同、增加订单或保证固定的订单水平,以使供应商计划其投资和改善;

(5)提供创新的机会;

(6)提供发展的支持。

案例 3-3-1　　中国能建集团建立多维度、标准化分包商履约评价管理系统实践

工程建设施工企业在承接到一个项目后,如何快速、有效地组织分包队伍进场是关键,分包队伍的能力往往在很大程度上决定了项目履约的进度、成本、施工质量等。如果分包队伍在施工过程发生质量、安全事故,恶意讨薪事件等,中途更换队伍,不能按期履约,对一个企业的品牌声誉的影响极大,严重的会导致企业亏损、破产,一蹶不振。分包商管理是工程采购中的关键点,也是难点。

中国能建所属××火电采购业务随着企业的发展逐年增加,工程采购占采购金额的70%以上,做好分包采购成本控制变得举足轻重。如何选择一支招之能来,来之能战,战之能胜的分包队伍作为合作伙伴,在履约过程中控制施工成本,做到双赢非常关键。

企业在完成分包商寻源之后建立分包商资源库,对在库分包商的信息进行动态维护,采购后签订合同对分包商进行履约过程管理。我们从以下几个方面入手:

(1)梳理制度,完善分包商评价管理办法及细则,明确规定分包商履约评价按照分包商履约合同,对应每个分包合同履约情况进行评价等。

(2)根据不同业务板块,对分包商按施工专业进行科学分类评价。根据电建施工企业所涉及的业务范围,对业务板块进行一级分类,在一级分类基础上按施工专业进行分类,具体分类结构如表3-3-5所示。

表 3-3-5　分包商分类分级

一级分类	二级分类	三级分类	范围
常规火电业务	电厂工程建筑类	主体结构施工类	锅炉房、汽机房主体、集控楼框架施工等
		外围结构施工类	除第一项外的所有框架施工等
		装饰装修(含小安装)	所有建筑物装饰装修等
		临建、基础工程类	生活生产临建、土石方开挖回填等
		其他建筑施工类	厂区道路、雨水管、二次灌浆有其他零星建筑施工、保洁及其他零星派工等
	电厂工程安装类	锅炉机务安装类	汽机、锅炉、辅机、电除尘、主厂房区域管道安装等
		电气、热控安装类	全厂电气、热控安装等
		构件制作安装类	钢结构安装、烟风道制作安装、钢煤斗制作安装、输煤栈桥钢结构制作安装等
		外围机务安装类	脱硫、脱硝、输煤、化水、厂区管道等机务安装
		综合安装类	防火封堵、油漆、保温、酸洗、焊接检验、调试、脚手架搭拆、设备本体及道路照明等
送变电业务			
新能源业务			
其他业务			

根据分包商履约合同内容按上述分类方法对分包商分类分级,对同施工专业类别分包商多个合同履约年度评价分进行平均计算,得出此分包商在该业务板块施工专业类别的年度综合评价分,并按分包商的施工专业类综合评价分排序,评选优秀供方。同一家分包商在

不同施工专业可以分别存在多个年度履约评价分,同一施工专业分包商仅有一个年度履约综合评价分。

(3)建立多维度全面评价机制,明确各级评价职责。分包商履约评价由不同项目、单位进行多层级的全面评价,综合各方因素形成对分包商的客观评价结果。由项目、分公司、专业公司三个维度分别对分包商进行履约评价,再由公司总部汇总形成年度评价分。项目、分公司、专业公司的评价是由各相关职能部负责评价的具体如图3-3-5所示:

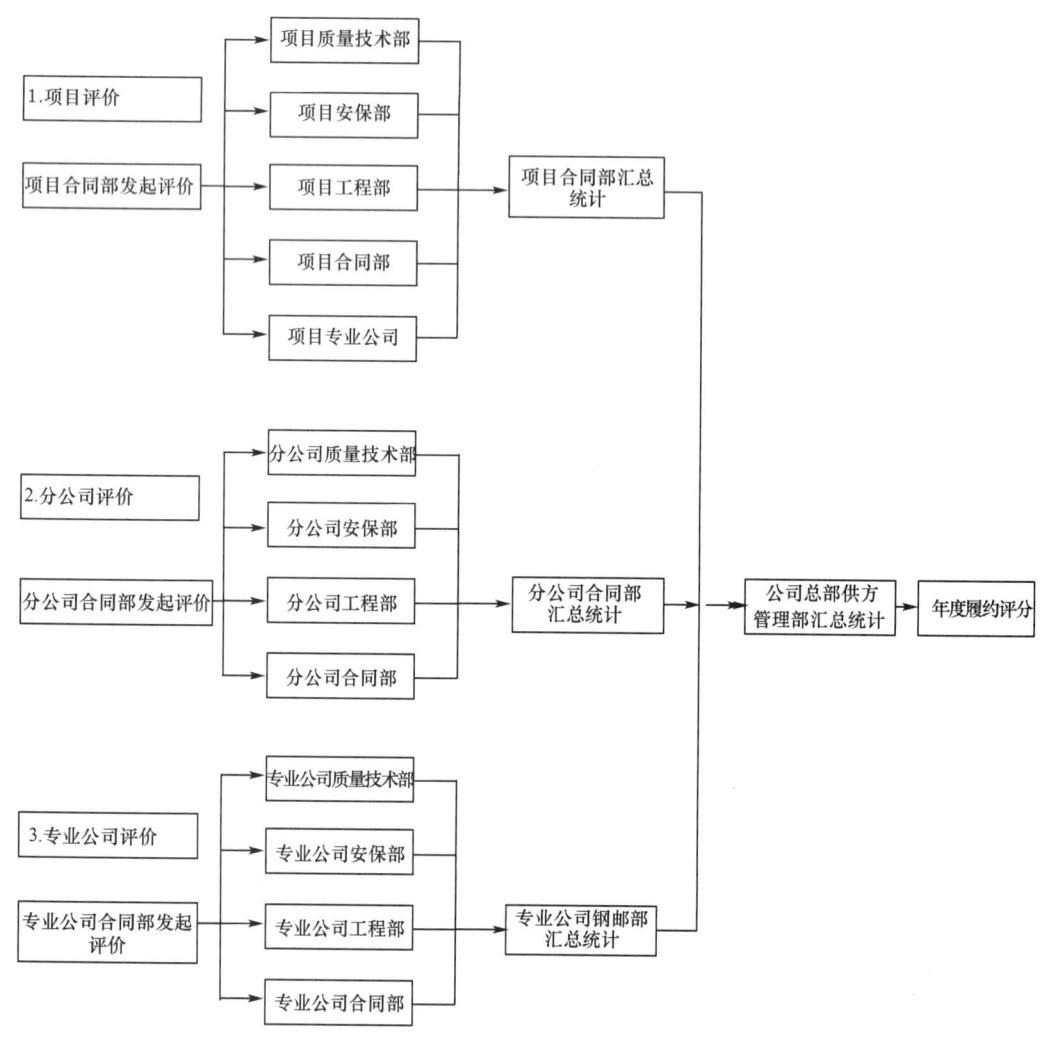

图3-3-5 项目、分公司、专业公司的评价

(4)构建完善的履约评价框架内容,统一规定评价评分标准。评价构架及内容应能如实、全面地反映分包商履约能力,并进行量化评分,根据评价内容的重要性分配评分比重。电建企业分包商履约评价内容按电力工程现场施工管理主要内容进行构建编制,主要包括分包商履约施工过程中资源组织投入、安全质量环境管理、进度管控、经营管理等方面,由各项目相关部门分别对应管理职责范围内容进行评价。

(5)注重分包商履约过程评价,增强评价的时效性。分包商履约过程中评价,可即时反映分包商履约状态,又可对发生的履约风险加强管控,对预估可能存在较大或已经发生的分包商风险提出预警。合理规定分包商履约评价时间十分重要,一方面既要减少施工现场分包商管理单位或部门评价的工作量,又能满足对分包商履约过程管理及风险管控的需要,综合考虑各方因素,制定合理的分包商评价时间,采用分包商常规时段评价与实时评价相结合。常规的分包商履约评价以年度作为分包商的一个评价时段,分包商使用单位或管理部门按季度发起分包商履约评价,年度进行汇总季度评价,形成分包商履约年度综合评分;对于突发严重失信行为或发生重大安全、质量事故的分包商采用实时评价,实时评定黑名单或控制使用分包商,及时限制分包商参与后续采购活动或提出预警。

(6)建立长期有效的分包商激励制度,引导、扶持、培育优质分包商。分包商评价最终目的是遴选出优秀分包商,淘汰劣质分包商,建立企业的优质分包商资源库,挖掘分包商管理潜力,降低企业经营管理成本,完成业主合同履约,创建企业品牌。为了实现分包商评价目的,则需应用分包商评价结果,分包商评价结果一般分为优秀、合格、不合格及黑名单等。分包商评价结果应用应从企业对评选为优秀分包商的激励制度与对评选为不合格分包商或黑名单分包商的惩戒措施来体现,从两端抓手,从而引导、扶持、培育企业优秀分包商。在依法、合规、自主的前提下,根据企业自身业务特点及分包商在投标、结算、款项支付等方面的强烈需求,制定一套长期有效的优秀分包商激励制度。具体激励制度有免交投标保证金、减少合同履约保证金、在相同条件下优选优秀分包商为中标单位、提高工程进度款支付比例、优先支付工程款等。

(7)开发分包商履约评价信息系统,利用软件来规范分包商履约评价管理,提高分包商评价工作效率,并实现分包商评价信息共享。分包商评价参与部门、单位层级多,评价分汇总计算复杂,评价工作量大,各类评价审批流程不同,评价内容信息量大,因此需根据企业分包商履约评价制度开发完善的分包商履约评价信息系统,以此固化、规范分包商履约评价管理工作。分包商履约评价信息系统基础数据库有公司合格分包商库、分包商类别库、前端采购数据库及分包合同台账数据库等,评价模块有分包商数据库维护模块、分包商评价模块、分包商评价汇总统计模块,分包商评价系统权限设置及评价内容基础数据设置模块等,各模块又包含各类评价工作的审批流程。分包商评价模块是按履约合同通过软件自动选取需评价的分包商,同时跟入该分包商的施工合同相关信息,如合同编号、合同内容、合同金额等,各评价部门对应管理职责内容完成评价。

××火电按以上分包商履约评价管理思想,开发了分包商履约评价信息系统,完善了分包商履约评价管理制度,建立优秀分包商长期激励制度,并于2018年年底在全公司范围内投入使用,取得了较好的成果。通过分包商履约评价信息系统的应用,实现企业对分包商多维度、标准化、高效率、强时效、过程化的履约评价管理,并突出了分包商按施工专业分类履约评价功能,实现分包商分类管理。通过有效运行分包商履约评价机制,优胜劣汰,建立了优质的企业分包商库,进一步提升了企业供应链管理水平,降低了企业工程采购成本。

本章思考题

1.列出在供应商选择过程中可能融入可持续性标准的环节。

2.在对供应商进行资格预审时,可以将哪些定性要求结合到标准之中?

3.为了确保可持续的采购,我们应该如何处理资格预审过程?

4.描述符合最佳实践的招投标程序的步骤。

5.采购方如何支持发展中国家的可持续工作条件？

6.什么是国际框架协议？

7.给出全生命周期成本核算的定义。

8.列出可以通过开标后谈判实现的可持续性利益。

9.在什么情况下,SME 比大型公司有更大的竞争优势？

10.采购方通过什么途径来鼓励并扶助 SME？

11.采购方可以从哪些方面支持中小型企业供应商？ 帮助其积极参与采购过程的措施有哪些？

12.请阐述供应商可持续性绩效管理的作用。

13.请阐述制定绩效测量 KPI 的步骤,举例说明。

14.为什么说供应商绩效测量与管理本身也是一个"负责任采购"？

第4章 控制供应链的复杂性

问题:为什么市场上有山寨手机,但没有山寨飞机?

这是由两者的供应链复杂度决定的。供应链管理的责任就是各部门通力合作降低供应链的复杂度,因为成本是由复杂度决定的。

◎ 本章目标

1.理解在供应链管理中降低复杂度的战略意义。
2.掌握在采购供应管理中的组合分析方法。
3.熟悉并掌握控制供应链复杂性的相关工具。

>>>> 4.1 供应链复杂性的影响

4.1.1 供应链的复杂性的基本概念

供应链:产品或服务在以实体或虚拟的方式从供应商移动到客户的过程中,所涉及的组织、人员、活动、信息和资源等要素所构成的网络。

1. 供应链的复杂性是可持续性采购中脆弱性领域形成的关键原因

(1)国际供应链的复杂性日益增加,比如在某些国家采购的部件却在另外一些国家装配,而后又在一些其他国家销售和提供售后服务。

(2)将运营管理进行转移的趋势降低了供应链的透明性,使采购实体远离市场,并不了解在供应链中到底发生了什么。

(3)如果供应链的复杂性提高,而透明性降低,则风险被放大。

2. 供应链的复杂性对采购方的要求

(1)了解供应链,以及供应链的复杂性产生的风险和漏洞。

(2)提高供应链从头至尾的可视性,以能够识别风险点和漏洞。

(3)识别供应链中的高风险或高杠杆点(小投入、大回报),以优先安排可持续性监控和时间与资源管控。

(4)实施漏洞和风险评估,不仅要关注对采购实体的潜在影响,还要关注其对市场或供应链中社会、经济或环境资源的脆弱性的潜在影响。

4.1.2　国际供应链

1. 物理距离和国际边界增加了复杂性

物理距离将供应链许多组织分隔开来,造成物流上的复杂性,同时,造成了供应商评估与选择、可持续性监督、审计和合规性管理等困难,尤其是在 ICT 和运输基础设施欠发达的发展中国家。

2. 法律和文化上的差异增加了复杂性

法律和文化上的差异给标准合规性管理带来了障碍。

4.1.3　供应链分层

1. 供应链分层示意图

由于追求专业化带来的竞争压力、供应商分层的演化等,供应链变得越来越长了。

除最后完工、销售和服务之外,顶层买家可能看到了将所有活动外包中蕴含的战略优势:简而言之,它直接的采购关系可能是与一个单一的供应商或供应商层级建立的。如图 3-4-1 所示,通过利用第二层级的供应商,第一层级的每个供应商都在产品最终的生产过程中发挥着各自的作用。

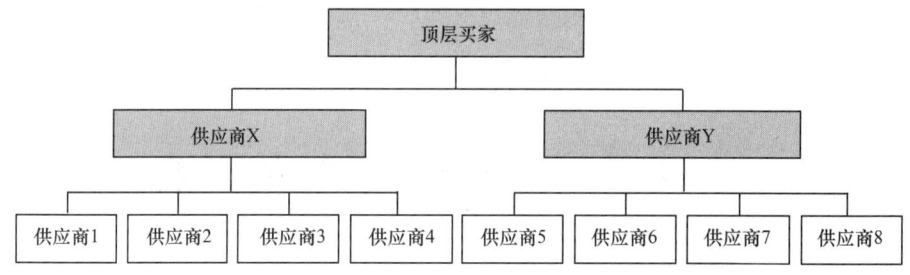

图 3-4-1　供应链层级

顶层买家仅仅与其第一层供应商发生直接的联系;第二层供应商与第一层供应商进行交易。第一层供应商常常希望能与顶层买家展开合作,增加供应链的价值,追求产品和工艺方面的创新。而顶层买家只与少数的第一层供应商有关系,因为只有这样才可以集中精力将这些关系发展为长期的、合作的供应伙伴关系。

在顶层买家和供应链底层(商品生产者、原材料提炼者)之间还存在许多层级。

2. 供应链中的原生金属供应链分层示例

以诺基亚为例,在涉及原料金属供应链的不良做法时,诺基亚意识到了与此相关的可持续性问题。电子产品中用到的一些特别的金属产自相对很少的几个地方,并且具有相当大的经济价值,从而易于遭受盘剥。诺基亚认为,在一家典型的消费电子公司和采矿业务之间,第 4 层和第 8 层供应商之间可能出现了问题,如图 3-4-2 所示。

诺基亚认为需要:

(1)增加透明度,支持金属供应链的核实。

(2)确保供应商执行了严格的健康与安全标准、环境标准和劳动标准。

(3)开展现场参观,检查关键高风险合同的标准执行情况。

(4)与供应商合作,提供培训与支持,帮助他们执行标准、提高标准。

(5)支持行业层面的倡议,针对如下方面开展相应的研究工作:金属供应中的关键可持续性挑战、追溯电子产品中使用的金属来源的能力、行业对条件的影响能力。

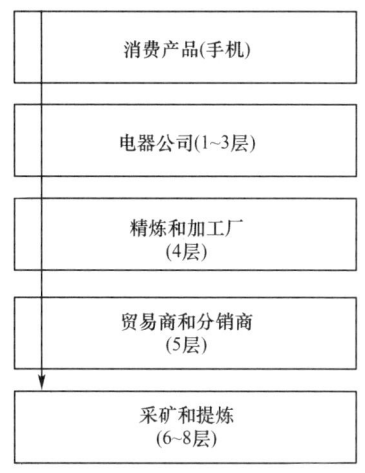

图 3-4-2　诺基亚的供应链层级

4.1.4　供应链网络

供应链分层的模型,也仅仅提供了一个简单化的情况。现实中,供应链的每个组织都与其客户、供应商、行业联络、合作伙伴和顾问,甚至竞争者,建立了多种多样的关系,这些客户、供应商等之间也可能互相联系着。

将供应链看作供应网络的好处:

(1)可以图示和分析供应链的模型;

(2)扩大合作范围,并提供互惠互利(比如联合采购、供应商协会);

(3)认识到扩展型企业和虚拟组织的潜力。

4.1.5　供应链图析

对于供应链复杂性产生的可持续性风险,一个关键的管理技术是绘制供应链构造图,以便发现可能的脆弱性领域。

1. 供应链图析示例

供应链图析是供应链构造的图形表示,包括其关键的参与者、流动(材料、产品、信息和资金)和关系。图 3-4-3 给出了建筑业中一个简化的通用示例。

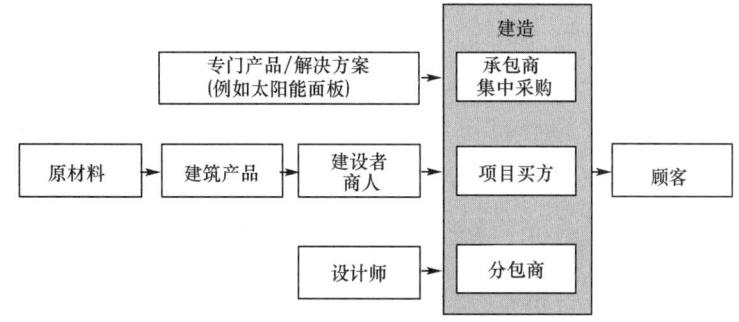

图 3-4-3　建筑业的供应链图析示例

2. 供应链图析的作用

(1)分析可持续性供应链中的强环和弱环;

（2）明确可持续性"合规性"或声誉风险的潜在领域；

（3）寻找机会或强项的潜在领域；

（4）改善环境和社会绩效的薄弱领域的状况；

（5）改善供应链中的低效；

（6）提高潜在效率；

（7）细分在供应链的每个阶段的成本"增值"资源和能源利用以及对环境的影响；

（8）需要改善信息流动或资源流动的领域；

（9）找出逆向物流的弱点；

（10）在某些领域将"供应链"改成"供应网络"，以在可持续性方面发展更大范围的合作。

▶▶▶▶ 4.2　组合分析

可持续采购中一个关键的早期流程是采购或开支领域的优先级排序，这样就可以将可持续性精力集中到最能发挥影响、作用和回报投资的地方。对一个供应链中的采购需求及组合进行分类与优先级排序有很多不同的方法。

4.2.1　卡拉杰克矩阵

（1）卡拉杰克矩阵可以用于对不同类型的采购最适合采用哪种供应源搜寻方法和哪种供应商关系类型进行评估。

（2）矩阵的两个因素：所采购物品的重要性，供应市场的复杂性。

（3）该矩阵分为四个象限，如图 3-4-4 所示。

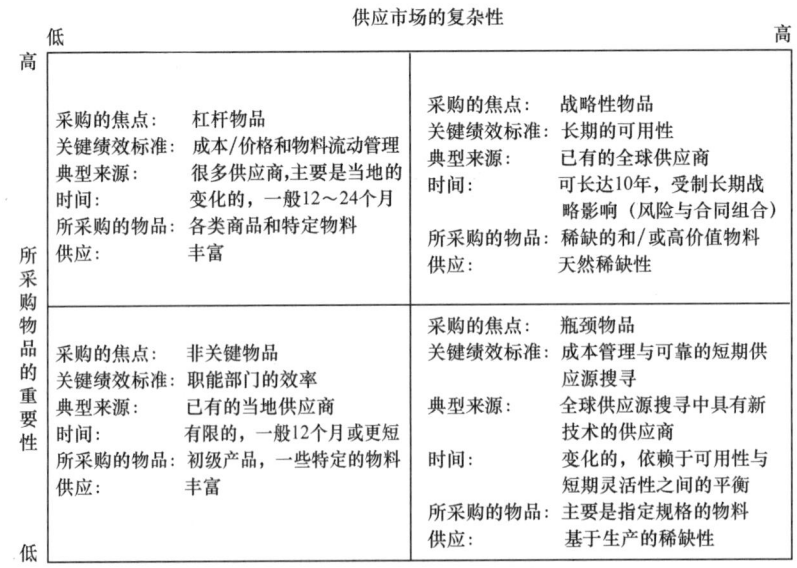

图 3-4-4　卡拉杰克模型

①对于非关键或日常物品,关注的焦点应当是保持较低的维护水平以降低采购成本。

②对于瓶颈物品,采购的优先权应当是确保供应的连续性和安全性。

③对于杠杆物品,采购的优先权应当放在利用己方在市场中的势力来保证最好的价格和条款,纯粹以交易为基础。

④对于战略性物品,可能存在相互依赖性和共同投资,关注焦点应当为供应的总成本、安全性和竞争力。

4.2.2 可持续性风险和改进余地评估矩阵

可持续性风险和改进余地评估矩阵是在两个稍显不同的维度上比对,进行采购组合。

1. 可持续性风险的定义

可持续性风险:在采购实体可持续性或 CSR 目标、国家法律和/或有关国际标准等方面出现不合规的可能性;信誉风险暴露、公司价值等对采购实体的重要性。

2. 可持续性风险对采购实体的重要性矩阵(见图 3-4-5)

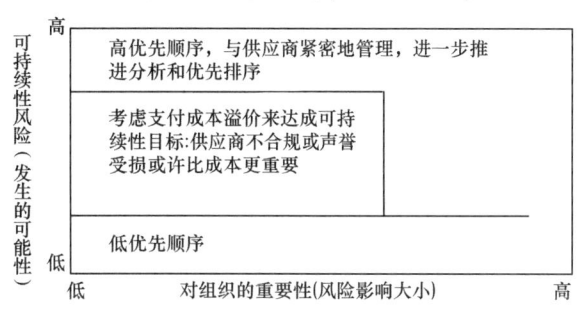

图 3-4-5 可持续性风险对采购实体的重要性矩阵

根据潜在影响或者社会或环境绩效改进余地,可以对高优先级的采购或类别进行进一步的分类,在降低剩余可持续性风险或影响方面,采购实体可以发挥所长。这种分析考虑了如下一些因素:

(1)指定采购或类别的内在不可持续性,或者存在更优替代和创新的可能性;

(2)可以续订的关键合同;

(3)实际可能引起变化的行动;

(4)特定种类的社会与环境问题方面的人员专长。

3. 可持续性风险和改进余地评估矩阵(见图 3-4-6)

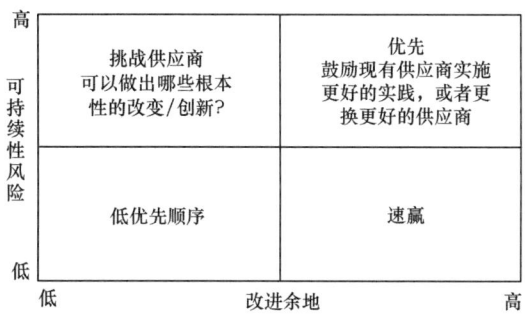

图 3-4-6 可持续性风险和改进余地评估矩阵

这种方法可以把资源集中到重要的风险与后果上,从而得到更好的效果,取得更大的收益。也可以通过对快速的支持,为变革提供动力。同时,这种方法还引起了对可持续性的重视,提起可持续性的商业论证,与利益相关者展开合作,支持可持续性倡议。

4.2.3 改进影响与范围

1. 影响与改进余地矩阵

为了进一步分析,还可以加入第三个维度,即为了带来供应链或市场中的可持续性改进,采购实体可以发挥影响力的领域。这种分析考虑了采购实体的规模、公司情况和地位、作为客户的价值和现有供应商关系等因素。RPI 推荐的影响与改进余地矩阵如图 3-4-7 所示。

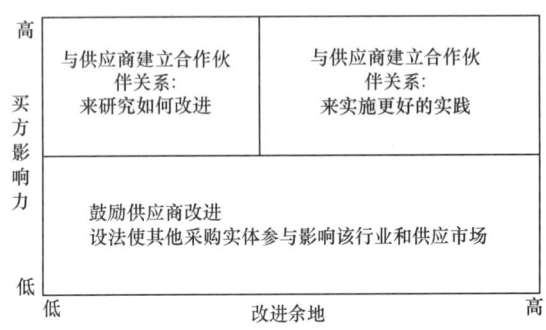

图 3-4-7 影响与改进余地矩阵

2. 供应商偏好模型

评估影响力的一个因素是采购实体作为客户对供应市场或特定供应商的价值。通常情况下,可以利用供应商偏好模型或供应商态度矩阵来进行评估,如图 3-4-8 所示。

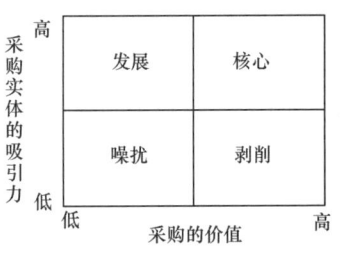

图 3-4-8 供应商偏好模型

(1)躁扰型客户

①对供应商既没有吸引力又不重要;

②与供应商推进可持续性议题的潜力很小。

(2)剥削型客户

①商业订单大,但对采购实体的吸引力小;

②需要采用激励和奖赏来推进可持续性改善,具备提高影响力的潜力。

(3)发展型客户

①有吸引力,尽管当前的商业订单小;

②供应商可能会为了得到更多的商业机会而愿意"多做一点",这使其愿意接受可持续性问题方面的合作。

（4）核心型客户

①很有价值、供应商非常愿意拥有的客户；

②供应商对于可持续性的要求可能会非常开放。

4.2.4　可持续性影响评分表

很明显，有些采购比其他采购有更大的可持续性影响。例如，涉及低成本国家劳动密集生产的采购可能会对工作条件和社区福利造成重大的影响。像办公设备等一类的复杂制造产品可能在能源消耗、运行排放和达到使用寿命后的处置等方面造成重要影响。采购实体需要弄清楚，哪些采购可能会带来最严重的可持续性影响，这样才能够有的放矢。

一个简单的方法是给已识别的高价值、复杂的采购分配可持续性影响分值，然后利用相对分数来确定优先顺序。表 3-4-1 列出的是可持续性影响评分。分数达到 21 积分的采购就应该引起关注，它反映了高风险、高水平的影响对采购实体的重要性和改进的余地。

表 3-4-1　可持续性影响评分表

标准/问题	分值
该次采购会对环境或社会带来很大的影响或风险吗？	3 高——重要的后果或风险 2 中——有些后果或风险 1 低——很小或没有后果或风险
采购实体在供应市场上有多大的影响力？	3 高——很高水平的影响 2 中——适中水平的影响 1 低——很小或没有影响
该供应市场具有经过验证的可持续性采购能力吗？	3 高——强大的与经过证实的能力 2 中——适中的能力 1 低——很小或没有能力
该次采购支持或与采购实体的战略目标及可持续性目标一致吗？	3 高——很大的调整 2 中——有些调整 1 低——很小或没有调整
需要花费多少努力和成本来实施合同管理可持续性要求？	3 高——不要求投入什么精力或资源 2 中——要求投入适中的精力或资源 1 低——要求投入很大的精力或资源
有多难去鼓励终端使用者改变其当前的实践？	3 高——不要求投入什么精力或资源 2 中——要求投入适中的精力或资源 1 低——要求投入很大的精力或资源
何种资质的可持续性专家来实施该次采购？	3 高——存在适当的专长并且可利用 2 中——存在一些专长并且可利用 1 低——不存在内部专长

>>>> 4.3　其他分析工具

4.3.1　SWOT 分析

SWOT(优势、劣势、机会、威胁)分析表见表 3-4-2。

表 3-4-2　SWOT(优势、劣势、机会、威胁)分析表

议题	优势	劣势	机会	威胁	可能的目标
发展中国家的供应商劳工实践	1.某些供应商取得了认证; 2.监控关键的第一层级供应商	1.某些供应商的实践情况是未知的; 2.监控项目发展情况不良	1.对认证的 CSR 感兴趣; 2.更稳定的劳工、更值得信赖的供应	1.声誉风险; 2.劳工动荡会影响供应	1.在高风险地方发展和实施监控项目; 2.标杆比较以识别最佳实践

4.3.2　利益相关者图析

利益相关者图析是对项目或供应链中利益相关者进行分类和排序,并且确定合理的管理战略的一个工具。在一项"负责任采购"计划当中,利益相关者咨询是一个关键的实践。

① 门德娄势力/利益矩阵

应用最广的利益相关者图析是门德娄势力/利益矩阵,如图 3-4-9 所示。

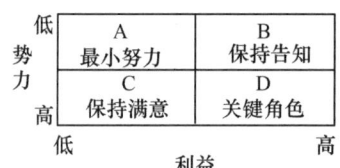

图 3-4-9　门德娄势力/利益矩阵

② 门德娄势力/利益矩阵的目的

基本上是根据利益相关者的重要性对利益相关者进行排序,对重要性的测量,一方面是看他们影响采购实体及其计划的权力,另一方面是看他们这么做的利益,或者他们这么做的动机是什么。

③ 门德娄势力/利益矩阵利益相关者优先排序

(1)识别那些利益相关者,其需求和期望将定义可持续性的价值、建立可持续性议程和采购实体的优先事宜;

(2)识别那些利益相关者,采购实体的决策或行动对其利益的影响最大,采购实体也因此对其负有道德或法律责任;

(3)识别那些在设计和实施可持续性采购战略和项目时需要对其进行通知、咨询或积极参与的利益相关者;

(4)对利益相关者的利益进行优先排序,这样不会由于"对所有人做相同的事"而稀释或浪费有限的资源。

4.3.3 力场分析

力场分析(列温力场分析)是为了诊断有待解决的一些变革管理问题,以及一些资源和动力学问题,而对促进变革、阻碍变革的力量进行分析的一门技术。它不论是在一般而言的可持续采购方面,还是在特定的建议与倡议方面,对于分析采购实体在供应链中的潜在冲突特别有用。

① 变革的两种力量

在采购实体中,不论在哪个时段,都存在促进变革的力量和维持现状、阻碍变革的力量。在任何一个指定时刻,这些力量的综合作用决定了采购实体当前的状态以及变革的节奏与方向。

(1)推动变化的力量:鼓励人们放弃传统的做事方式并尝试新的行为方式。

(2)阻碍变化的限制力量:支持保持现状。

② 力场分析图

力场分析利用方向箭头,将推动变化的力量和阻碍变化的限制力量形象地反映出来,其中,带箭头的线的长短代表了各个力量的强弱。让我们以特定采购实体中的可持续采购战略为例来介绍一下,见图3-4-10。

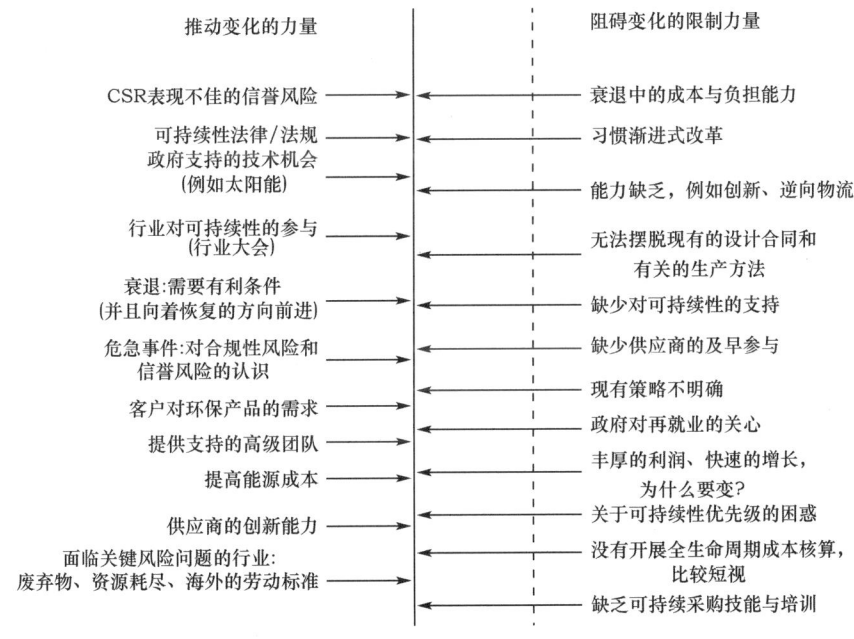

图 3-4-10 力场模型

力场模型反映了管理者要想实施变革,应该首先理解推动变革的力量与阻碍变革的限制力量,以及每种力量的强弱。有个简单的办法是给每种力量赋予一个分值,从0(平衡)到4(强)。如果每侧的总分相同,就维持现状。

>>>> 4.4 供应链可视性

4.4.1 管理端到端的供应链活动

1. 对供应商的道德监控

对于许多在激烈竞争经济环境中利用有限的资源努力生存的组织来说,追求对供应链的道德监督可能被视为一种不可企及的奢侈品。需做到以下监控:

(1)在声誉风险分析的基础上,对监控投资于哪些产品或供应链进行优先排序。比如公众对某些产品不敏感,对某些供应链则要求端到端的监控。

(2)接触供应商信息的方式、方法越来越成熟、方便,这也降低了监控活动所带来的环境影响(比如履行)。

(3)采购的专业人士可以深入了解某些组织的经验和专业知识,这些组织已经开发了战略来识别供应链中哪里可能出现问题(比如第三方审计或风险分析)。

2. 生产商的法律责任

(1)产品运输到分销点或客户端的方式尽可能降低了对环境的影响和减少了碳排放吗?

(2)产品是否贴标签,责任是否明确?

(3)外包服务的交付如同合同方所希望的那样负责任吗?

(4)产品的推广诚实、价格合理,销售是基于可以支持社会责任和道德目标的条款吗?

(5)产品被设计成可以被分拆、可再回收利用、多次使用,并且在其生命周期结束后可被安全处置吗?

(6)该组织具备逆向物流、再回收和处置能力吗?

4.4.2 以 SCM 的方式实施可持续性采购的好处

(1)降低成本,通过在整条供应链中消除浪费活动和实施成本降低项目;

(2)对可持续性议题和推广反应更快;

(3)供应链上、下游分享互补性的资源和能力;

(4)强化了可持续性绩效;

(5)产品开发和交货的周期更短;

(6)更好地控制供应链较低层级供应商的可持续性绩效和风险。

📝 本章思考题

1.供应链复杂性为什么是与可持续性有关的一个关键脆弱性领域?

2.为什么使用分包商会增加买方的风险?

3.供应链图析的优点是什么?

4.列举风险管理周期的各个阶段。

5.简述 RPI 开发的采购组合模型。

6.供应商偏好模型的四个象限有哪些？

7.利益相关者图析是什么意思？

8.解释列温力场分析模型中的推进势力和抑制势力。

第 5 章 供应链合规性管理

国有企业采购属于公共采购范畴。"国有"的属性要求采购必须以合规为基础;"企业"的属性要求采购必须以结果为导向,企业采购是为了营利。

◎ **本章目标**

1.掌握可持续性绩效监测的方法。
2.了解审计工作的性质和要求。
3.熟悉并会编制供应商开发计划。

≫≫≫ 5.1 可持续性绩效的监测

5.1.1 监测

1. 监测的定义

监测是指对照总目标与细分目标的绩效测量,以及其他的定期监督、检查和评价手段。监测方法包括自我报告、审计、检验或观察、访谈和调查,以及测量评估。

2. 监测的方法

(1)定量:基于数字化或统计测量。

(2)定性:基于(难免主观的)判断,关注于可持续性采购的定性方面(比如平等、不歧视、劳工的福利和满意度等)。

5.1.2 供应商绩效评估与供应商等级评定反馈机制

(1)从内部和外部客户、员工及其他利益相关方收集反馈;

(2)通过观察、访谈、检验和分析来收集社会和环境的绩效信息;

(3)正式的可持续性审计、访谈或供应商等级评定活动;

(4)合同管理,就合同条款、决策和实践规范的合规性进行持续的监控或周期性的回顾;

(5)供需双方的代表之间定期举办会议来回顾总体进展或特定议题;

(6)使用第三方顾问和审计师来监控可持续性标准和标杆的合规性。

5.1.3　获取供应商可持续性绩效信息的来源

（1）可持续性指数，例如道琼斯可持续发展指数；

（2）奖项和名录：例如特许公认会计师的可持续性报告，以及各种顶级品牌和最受欢迎公司名单；

（3）供应商道德数据交易所；

（4）根据 EMAS 标准发布的公共环境报告；

（5）发布在有关标准组织和 NGO 网站上的案例研究和报告。

>>>> 5.2　供应链审计

5.2.1　审计的类型

1. 审计的概念

审计是指对会计人员所做会计记录，应用科学方法进行系统审核，查明部门、单位或企业的经营或财务状况，在此基础上提出审计报告，做出客观、公正评价的制度。一个完整的财务行政管理体系，一般包括预算、会计、决算和审计 4 个环节，审计是最后一个重要环节，它对财务收支起审查稽核的作用。

从可持续采购的角度来看，我们用供应链审计来验证供应商组织是否持续满足了规定的环境、社会和经济要求，这些要求通常是在招投标过程中被融入合同条件中。

2. 审计分类

审计分为内部审计、第三方外部审计、政府审计。

（1）内部审计

内部审计是企业内部的一种独立、客观的监督和评价活动，它通过审查和评价经营活动及内部控制的适当性、合法性和有效性来促进企业目标的实现。

2013 年中国内部审计协会新修订的《中国内部审计准则》第二条中对内部审计进行了如下定义："内部审计是一种独立、客观的确认和咨询活动，它通过系统、规范的方法，审查和评价企业的业务活动、内部控制和风险管理的适当性和有效性，以促进企业完善治理、增加价值和实现目标。"上述对内部审计的定义有以下标志性的含义：

①标志着内部审计正式从传统的查错纠弊型审计向增值型审计转型。

②为保证增值型审计的顺利实施，将内部审计的职能从原先的监督与评价扩展为确认和咨询，强调内部审计运用系统和规范的办法来对被审计事项的适当性和有效性进行鉴证和评价，并在此基础上提出有建设性的咨询意见，以促进企业价值的增加。

（2）第三方外部审计

外部审计是由企业外部的咨询师或其他独立机构开展的审计。这种方法的成本相对高昂，有可能是破坏性的，并且受到被评估对象的怀疑与抵触。但是，外部审计的益处在于它增加了客观性、新的观点、跨职能和最佳实践的视角与可信性（由于是独立进行的）。ISO、EMAS 和某些公平贸易标准等方面的正式认证，常常需要具有专门资质的外部审计员进行。

（3）政府审计

政府审计是一种经济监督关系，我国于1994年8月31日颁布了《中华人民共和国审计法》；2006年10月28日第十届全国人民代表大会常务委员会第二十次会议进行了修订。2021年10月23日，中华人民共和国主席习近平签署中华人民共和国主席令第一〇〇号，公布《全国人民代表大会常务委员会关于修改〈中华人民共和国审计法〉的决定》，自2022年1月1日起施行。

3. 审计范围

内部审计包括财务审计、内控审计以及专项审计。其中，财务审计包括资产审计、费用成本审计、经济效益审计、投资效益审计、财务决算审签等；内控审计的对象包括资金、物资、采购、生产、营销、内控及风险管理等企业内部经营管理环节中内部控制制度的执行情况。

第三方外部审计、政府审计具体包括基建、技改预决算审计、科研项目审计、经济责任审计等。

5.2.2 供应商审计

供应商审计或能力调查的范围一般包括：能力评估，供应商管理体系评审，对供应商如何确保质量或可持续性的评估，对供应商与采购方体系、工作实践兼容程度的评估。更专门的环境或社会审计会集中在供应商劳动、环境和道德管理标准、流程和绩效等方面，理想情况下最好能够深入供应商的供应链。

根据外部质量、环境和社会责任管理标准对供应商进行认证，通常需要由合格的独立审计员来完成。采购方可依赖于外部认证，或者由供应商自己提供的审计评估。

5.2.3 内部控制与风险管理方法相结合的供应链审计

供应链是企业价值链中最能体现创造价值的基本活动，美国著名的科尔尼管理咨询公司的一项研究表明，低效率会浪费组织25%的经营成本。因此，通过供应链审计来增加企业价值的空间是比较大的，并且供应链效率的改善能够直接带来企业利润的增加。

由于内部审计人员熟悉企业的管理环境，具有相对独立的职能和地位，在运用内部控制审计技术的基础上，通过企业绩效评估指标与过程执行偏差的定量分析，认定采购管理流程中存在的管理缺陷或流程缺陷，全面、客观、准确地评估风险事件水平，评价企业实现供应链增值目标的可行性和有效性。

增值型供应链审计在立足提高企业采购运营效率和效益的基础上，注重与企业的战略目标保持一致，通过审计报告的形式揭示内在风险，促进企业绩效管理的前瞻性，协助管理层管理风险，是内部审计增值的重要表现方式。

5.2.4 环境（绿色）和可持续性审计

环境审计是指为了评估企业活动产生的环境影响而对企业进行的审计，或者为了进行管理决策而对某一特定产品或过程进行的审计。

1. 环境审计的一般流程

一般情况下，环境审计是从被评估场所的区域识别开始的：外部区域（例如，交通便利性、废弃物存储和排水区域）和内部区域（办公室、工艺流程区域）。然后，针对每个区域，利用观察、访谈和文件与记录检查（废弃物管理文件、一体化污染控制审批文件、水务公司发出的排放批文等)等方法,对检查表中的环境问题(废弃物、排放、危险物质、能源消耗)进行评估。最后,向关键利益相关者发布评估报告,对一系列影响进行总结,包括提出问题和解决问题、风险评估和管理、持续改进规划的重点等内容。

2. 环境审计的工具

(1)审计检查表(确保完整性)。

(2)自己填写的调查问卷(覆盖调查点)。

(3)访谈(测试员工对问题和决策的了解程度)。

(4)讨论(简要说明、磋商和澄清)。

(5)调查报告,突出那些需做出决策并采取进一步行动的领域。

5.2.5　审计方法的优缺点

1. 审计方法的优点

(1)为在合规性、风险控制或效率方面的差距提供一个崭新的评估;

(2)对绩效报告或为可持续性采购而做的成功商业案例报告提供可信度;

(3)为 ISO 或其他标准提供合规性认证;

(4)改善其他审核流程的质量;

(5)碰到涉嫌不当行为时,展示透明性。

2. 审计方法的缺点

(1)审计流程耗时、花费大;

(2)审计信息的局限性;

(3)审计本身具有导致不诚实行为的风险,因为供应商会尝试为审计问题提供正确的答案,甚至贿赂审计师;

(4)采购方错误使用审计结果的风险;

(5)如果审计中发现不合规性,管理层又不采取任何行动,则会有严重"妥协"法律和道德的风险;

(6)陷于"无穷分析"的风险:致力于收集更多的绩效信息而不是管理绩效;

(7)对士气、动力和供应商关系具有潜在的损害,比如,缺乏信任;

(8)对审计的过度依赖、养成"合规性"思维方式(仅仅做审计所要求的,除此之外都是无用功),破坏了自我分析和改善提高的能力。

>>>> 5.3　第三方审计

5.3.1　运用第三方审计的情况

(1)在国际和全球性供应源搜寻情况下,采购方与供应商之间的距离越来越远。

(2)对于影响供应商的文化因素、环境因素、经济因素和技术因素,和/或影响供应市场中工人和生产者的问题,采购方组织并不熟悉时。

（3）采购方期望针对需要改正的部分,安排独立的第三方来贯彻合规性。

5.3.2 第三方审计师采购通用过程

1. **计划**

（1）明确审计需求；

（2）明确对审计师所要求的特性和能力；

（3）确定如何评估潜在的审计公司；

（4）检查相关的需求；

（5）考虑多年的合作协议；

（6）建立一个审计时间表和工作时间表。

2. **在市场中搜源**

（1）通过目录、登记和网络来搜寻潜在的服务提供商；

（2）从审计公司现在和以往的客户那里寻求推荐和认可；

（3）对进入名单中的服务提供商评估其能力、可追溯记录和区域覆盖度。

3. **沟通需求**

（1）准备简短的需求陈述；

（2）发布询价书；

（3）考虑与审计公司现有的客户合作,以分担审计成本。

4. **评估建议书**

5. **建立协议**

5.3.3 第三方审计师需具备的能力

（1）具有在相关供应市场对相关形式的企业设计系统、高效地审计项目的经验；

（2）详细了解相关企业、国内和国际标准的要求；

（3）了解相关的社会、道德、劳工和环境问题,标准的行业实践,当地习惯和法律框架；

（4）有能力理解相关的企业和用工文件及其含义(比如合同、培训记录、工资单、工时单)；

（5）访谈技能；

（6）调研能力以佐证证据；

（7）对确保保密信息和工人匿名需求的敏感性；

（8）跨文化沟通能力；

（9）团队领导力和合作能力；

（10）职业正直性；

（11）良好开发和集成的信息系统；

（12）在准备、商讨和沟通整改行动方案方面的能力展示；

（13）迅捷的反馈能力,能在危机事件出现时快速提供审计服务；

（14）为多个客户同时提供合作性、集成式审计的意愿和能力(以分担审计成本和改善努力)。

>>>> 5.4　保持问责

5.4.1　关于社会标准、道德标准和环境标准的问责

采购方的可持续性战略或有关部署指导方针应该清楚地界定实施的责任、持续战略管理的责任。

为了支持可持续发展与采购，采购实体可以对他们的行动造成的影响进行追责。这种影响既包括他们的所作所为(例如道德的、负责任的采购)产生的直接影响，也包括供应链中发生事件对他们的利益所造成的间接影响。

问责也是一个问题。如果可持续采购是为了增加采购方文化的吸引力，那么让采购职能和个体买家在满足其他商业需要和目标的同时，对达到社会的、道德的和环境的绩效进行问责，是至关重要的。

特定领域责任分配：

(1)公司级别的可持续性负责人、指导委员会或团队，负责批准、审查和协调职能内的可持续性战略，负责资源分配，向可持续性倡议和项目提供咨询。

(2)采购职能中的高层可持续拥护者负责发展与协调职能内的可持续性有关活动，在可持续性问题方面充当本职能的代表，充当可持续性问题沟通与报告的中心。这类角色可能包括供应商管理、员工培训、文件起草、绩效监测等责任，或者这些责任被委派给职能团队中的其他个人。

(3)首席采购官、采购经理或本职能的其他负责人，负责以不同的方式支持可持续性战略：分配资源、批准培训、指导体系与程序变革、发起实施项目，将可持续性措施融入岗位规范、招聘、团队目标、绩效管理与奖励之中等。

(4)采购团队成员。当采购部门、用户部门的兼职采购员、跨职能项目团队和供应网络分担责任时，采购团队成员可能被任命为可持续性代表、主管、顾问或利益相关者经理。这类角色可能是通才，也可能是可持续性问题、开支类别或供应商团组等方面的专才。

5.4.2　可持续报告的透明性要求

(1)对绩效的透明可以提升责任感，从而提高建设性改变的可能性；

(2)可持续性报告强调了绩效中的问题、驱动力和差距，从而推进改进计划和风险管理；

(3)准备报告的过程鼓励利益相关者对可持续性问题进行沟通，并且对其员工就这些问题进行培训；

(4)可能会出现好的实践案例，可以用来做标杆，或进行认可和奖赏；

(5)透明性会赢得利益相关者的信任，并为采购方建立诚实的声誉。

5.4.3　实现可持续报告透明性的障碍

为什么许多企业没有执行透明的可持续性报告？布莱克·本给出了原因，并且指出了要克服障碍需要做的一些事情，如表3-5-1所示。

表 3-5-1　支持透明的障碍

报告的障碍	克服障碍的方法
对绩效的尴尬	开始内部报告的透明
没有竞争优势,如果竞争对手不做报告	吸引更广泛的利益相关者对透明报告项目的支持
对保密性的保护	推广透明报告的商业成功案例
担心法律责任	强调鲇鱼效应
担心负面的公关、利益相关者或媒体的反应	展示企业对透明性的适应性
对问题没有深刻认识、理解或给予优先	培训内部利益相关者,并展示不透明带来的风险
认为成本过高和投入过多	降低成本:从小项目开始、使用已有的数据和资源、内部审计、结合其他审计或使用 NGO 志愿者

5.4.4　全球报告倡议（GRI）

GRI 是由环境责任经济联盟(CERES)和联合国环境规划署(UNEP)于 1997 年启动的,目标是促进所有组织经济、环境和社会绩效的报告行为。可持续性报告指导方针适用于不同领域和行业,针对特定行业和报告实体增加相应领域。

生产芭比娃娃的著名美泰公司(Mattel Inc)是透明 CSR 的领跑者:

1997 年开发了一系列全球可持续性生产原则,关注确保在自己公司和承包商工厂中工作的员工安全和公平对待,其合规性得到独立监控。

2003 年发布了首个 GRI 报告,公开评估其 GMP 成果和改进承诺。

2003 年推出了对所有员工的道德行为准则。

2004 年发布了公开的 CSR 报告。Mattel Inc 是第一个发布该报告的玩具公司。

2007 年创设了关于 CSR 的副总裁职位,负责在全球范围内发展和实施项目来推广该企业对商业正直性的承诺。

案例 3-5-1　　国有企业供应链的增值型审计

1.案例背景

A 集团是国内高端装备制造企业,"A+H"上市公司,国务院国资委"双百行动"改革试点单位,按照公司战略规划,实施多产业板块全球化运营。在集团管控、价值创造、资源整合、产业协同方面,持续保持高质量发展态势。

2017 年 A 集团审计部根据年度计划拟开展"招标投标活动流程"专项审计,对《集团公司招标管理办法》中制度建设、流程执行的适当性、有效性进行评价。

A 集团董事会要求在此次审计的过程中,关注物资集中采购管理体系的建立和实施情况,对存在的问题和风险提出建设性意见,为以后打造供应链核心竞争力的战略目标实施推动。

集团内部审计团队对该专项审计重新进行定位,认为供应链管理是影响公司经营状况的重要因素,与"招标投标活动流程"相比,直接开展供应链审计能更好地达到增加企业价值这一审计目标。

2.识别 A 集团供应链的主要流程(见图3-5-1)

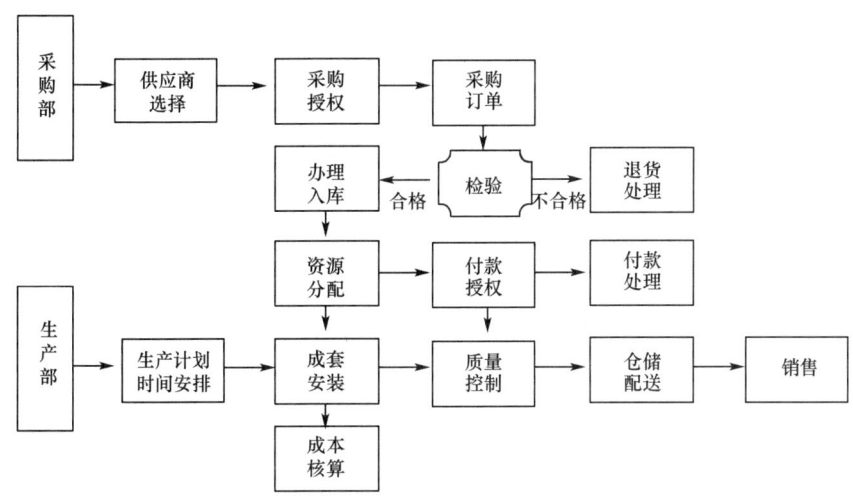

图 3-5-1 A 集团供应链的主要流程

3.确定审计范围及重点

通过调查、访谈、穿行测试、绘制流程图等审计方法,确定供应链中"采购与付款流程"为此次审计的重点。

4.A 集团"采购与付款流程"内部控制目标

(1)生产需求计划、采购计划及采购订单是按照规定的权限和程序审批的。

(2)请购环节经过适当授权或审批。

(3)供货商/承包商的选择符合公司的经营目标和最大利益。

(4)采购定价是合理的,采购方式的选择符合公司规定。

(5)订立的框架协议或采购合同条款符合公司的各项制度及规定和管理层的意图。

(6)所有签订的采购合同/订单得到妥善的保管。

(7)保证原料的采购数量及质量等符合公司的生产和营运需要。

(8)仓库接收的货物与经批准的采购订单相符。

(9)付款比例按合同执行并经过授权审批。

(10)所有采购产品的应付款都正确、完整、及时地(在恰当的会计期内)记入。

5.识别"采购与付款流程"风险评估

(1)计划编制

①需求或采购计划不合理,不按生产需求安排采购或随意超计划采购,造成原材料(配套件)短缺或者存货资金占用过大。

②未能保持安全库存,没有根据生产要求及时调整采购计划,影响公司正常运行。

(2)请购

①未建立采购申请系统,造成采购管理混乱。

②未经批准或未经授权的审批购买,可能导致库存积压或短缺,影响公司正常生产经营。

(3)选择供应商

①供应商/承包商的选择不当,可能导致物品质次价高,甚至存在舞弊或欺诈行为。

②缺乏完善的供应商/承包商评估以及准入和淘汰制度,仍使用不符合管理层要求的供

货商/承包商,可能导致生产停顿或售后服务压力增加。

③未建立供应商/承包商信息管理系统,供应商资质、信誉情况的真实性和合法性审查不及时。

（4）采购价格

①缺乏科学的采购定价机制,存在应招标未招标物资,缺乏重要的材料成本和市场价格跟踪监控记录,引起采购价格不合理,可能给公司造成资金损失。

②内部稽核制度不完善,导致因数量、价格录入错误而给公司造成损失。

（5）订立合同

①公司未开发模块化标准合同模板,对方主体资格、履约能力不符合管理要求,可能导致采购不畅。

②合同内容存在重大遗漏和欺诈,潜在的法律纠纷或对方不承担约束可能会导致公司的合法权益受到损害。

③没有形成市场预警机制,没有根据市场供求关系转化来调整合同价格或数量,造成公司潜在利益的损失。

（6）供应管理

①缺乏往绩记录,忽视运输保险风险,可能导致财产损失或无法保证供应。

②供应商/承包商的供应过程无记录,缺乏供应商/承包商的过程评估资料,责任无法追溯。

（7）验收

①验收程序不规范,入库标准不明确,使质量不合格或不需要的物资进入公司,造成资产损失或资金占用过大。

②未及时确认处理中存在的异常情况,不完整的信息可能会导致决策错误。

（8）付款

①未提供订单的商品/服务,已记录应付款,不恰当地承担债务,可能导致财务信息不准确,产生舞弊的可能。

②不按合同规定的比例支付货款,或付款不符合公司规定,可能导致资金损失。

③未使用现金折扣或未利用优惠承诺,造成财务损失。

（9）会计记录

①缺乏有效的采购和会计系统控制,无法完全真实地记录和反映现金流与物流的各个环节,可能导致采购物资或资金受损。

②退货和待检的物料过程不当,账实不一致,可能导致财务信息不准确。

6.集团"采购与付款流程"重要风险汇总

在对公司供应链流程识别的基础上,通过调查、访谈、穿行测试、绘制流程图等审计方法,对照风险评估表、绩效评价指标对供应链主要风险点进行识别和评估,完成流程缺陷认定。以采购环节为例,如表3-5-2所示。

表 3-5-2　对供应链主要风险点进行识别和评估

类别	风险名称	风险种类	风险指标	风险评估					危险灯号	绩效指标
				可能性	PML	MPL	差值	风险得分		
原料	原材料短缺	价格上涨	上涨超过10%	60	7	10	3	420	0	集采率、价格来源、价格变化比率
原料	原材料短缺	供应中断	超过一周无法交货	30	3	7	4	90	Y	供应商数量、资产负债率、生产预测差异
原料	原材料短缺	供应中断	超过一月无法交货	10	10	40	30	100	0	供应商数量、准时供货率
原料	原材料短缺	品质异常	无法满足进料要求	60	7	10	3	420	0	产品合格率、订单错误率

其中，风险事件评估表包含"风险评估"与"绩效评价体系"。

7.缺陷认定与审计建议

通过绩效评估指标与过程执行偏差的定量分析,A集团供应链"采购与付款流程"管理缺陷及审计建议如表3-5-3所示。

表 3-5-3　A 集团供应链"采购与付款流程"管理缺陷及审计建议

供应链流程	缺陷描述	审计改进建议
采购环节	1.物资分类不科学	完善物料分级管理制度,明确物料分类标准和品类管理流程和规范;明确重点管控物资
	2.供应商选择不当	完善供应商管理制度,细化考核内容,实现供应商合理分层分级;为发展战略供应商做准备
	3.采购方式不合理	合理分析市场与公司产品,明确未来的物料供应战略,根据物资品类特点,制定多元化采购方案
招标环节	缺乏采购定价监督机制	完善招投标管理制度,发挥集中采购规模效应,降低采购成本
信息化环节	采购流程未实现信息化共享	加强招标管理信息化建设,保证ERP线上授权审批与线下业务的一致性;加强招标资料的保存,避免法律风险

8.审计效果展示

A集团根据审计结果,对管理体系进行整合优化。先后建立健全了A集团招投标管理制度,A集团非招标管理制度,A集团供应商分类、分级及动态考核管理办法等制度。调整了集团化采购管控模式和组织架构,厘清了集团招标管理办公室职能以及水平和垂直关系职责,明确了下一年度采购管理重点及流程优化方向(见表3-5-4)。

与此同时,A集团规划部充分发挥制度引领和绩效考核优势,调整了采购管理部门绩效考核内容及权重指标,进一步促进了A集团采购工作系统性改善,实现供应链核心竞争力的战略目标。

表 3-5-4　A 集团管理部门绩效考核内容及权重指标

序号	考核维度	考核项目	计量单位	权重	年度考核指标
1	供应保生产类指标(15%)	1.1 生产管理	分	15%	100
2	采购物资质量类指标(10%)	2.1 质量管理	分	10%	100
3	采购库存成本类指标(45%)	3.1 金属主材资金占用	亿元	10%	4
		3.2 金属主材采购周期	/	10%	
		其中:板材	天	6%	≤55
		棒材	天	2%	≤35
		管材	天	2%	≤40
		3.3 创新采购方式降成本	亿元	15%	0.8
		3.4 物资利用率	/	10%	100%
4	管理类指标及重点工作(30%)	4.1 预算偏差率	/	5%	±10%
		4.2 建立金属材料采购比价模型	项	5%	1
		4.3 供应链管理优化方案制定及实施	项	5%	1
		4.4 集团化采购平台建设及推进	项	5%	1
		4.5 供应商大会筹备及成功召开	项	5%	1
		4.6 物资联合验收	项	5%	1

2019 年年初,A 集团电子招投标平台上线运行,充分发挥集采优势,当年度实现降低采购成本 2 700 万元,内部审计通过,此次供应链审计实现了为组织增值的审计目标。

(本案例作者:薛秀莉,郑州煤机集团)

>>>> 5.5　供应商关系的建立和调整

5.5.1　可持续采购伙伴关系的建立

1. 关系投资排序

并非所有的采购物料项目或类别都值得我们进行可持续性长期关系发展或对供应商可持续性发展等方面进行投资。对于有些类别,例如杠杆类和有些日常物料项目,可以通过正常业务关系交易、交易型甚至对抗型采购来达到采购方的目标,旨在获得最优的价值和最高的交易效率。但是,对于瓶颈类和战略性物料项目来说,就可以通过获得长期供应、提高合作价值来达成采购方的目标。

采购方可能会与如下供应商建立更亲密的、更长期的、更加互相支持的关系:

(1)那些最有潜力在可持续性领域提供最佳实践分享、能力建设、持续发展和增值的供应商(并因此提供较高的关系投资回报)。

(2)那些在可持续性领域可能给采购方带来风险的供应商(通过更亲密的关系,可以对风险进行管理与最小化)。

（3）那些为了在其社会和环境绩效方面做出重大进步而需要签订长期业务、需要支持和发展的供应商。

② 关系谱系

人们常常用关系谱系来表示这种紧密程度，从一次性交易关系到长期合作型的伙伴关系。

（1）关系谱系包含的类型

①对立杠杆型：对常规产品进行多供应源采购，艰苦谈判，签订短期合同，不要求供应商具备唯一性的能力。

②首选供应商：在供应商等级评定的基础上开发的合格供应商小众团体，以授予更重要的合同。

③单一供应源：从能够提供独特的、重要能力的单一合格供应商处采购战略产品。

④采购网络和合作伙伴型：采购方与第一层级供应商形成合作伙伴，而第一层级供应商与第二层级供应商形成合作伙伴，从而形成一个采购网络，集成并控制更广的供应链。

⑤战略供应商联盟或合资公司：共同拥有一个独立的公司生产产品或服务，其中，供需双方的能力是互补的并且同等重要。

（2）最适合的关系类型取决因素

①所购物料项目的性质、重要性、风险和可持续性问题；

②供应商的能力、生产能力、合作性和绩效；

③地理距离：对于海外供应商，建立并维持基于信任的关系则更加困难；

④供应伙伴的兼容性；

⑤供应市场条件。

（3）可持续采购中合作伙伴关系的优势和劣势（见表3-5-5）

表 3-5-5　可持续采购中合作伙伴关系的优势和劣势

优势	劣势
供应和价格更加稳定	供应商久而久之自满的风险
采购方对推动可持续性改善具有更大的影响力	紧急时对改变供应商具有很小的灵活性
更好的供应商动力和反应，来自相互承诺和互惠互利	可能被锁定于一个不合适的、不灵活的、绩效较差的或者合规性比较脆弱的供应商
获得供应商在可持续性方面的科学技术和专业知识	关系管理成本和供应商发展的成本
信息共享、支持能力计划（从而支持劳工标准）	失去机会采购中获得的成本优势
能够计划和协作长期持续的改进	与合规性比较脆弱的供应商合作所带来的声誉风险
反映了供应关系中不剥削、利益共享的倾向	

5.5.2　纠正措施计划

① 差距分析

（1）定义

差距分析（Gap Analysis）：识别当前状态与期望状态之间的差异。即在可持续性目标上，现在所处的状态与未来可能所处的状态之间的差距。

（2）差距分析不同角度考虑到的问题

①从采购方方面来看,差距可能体现在:

——供应商当前的环境或 CSR 绩效和采购方的战略目标。

——供应商当前的创新能力和系统与采购方的未来需求。

②从供应商方面来看,差距可能体现在:

——要求采购方提供的信息和实际提供的信息(比如预测的准确性)。

——对采购合同需要的利润水平和采购方允许的利润水平。

③从双方面来看,差距可能体现在:

——双方渴望或期望的合作、利益分享或关系发展水平,和实际提供的水平之间的
　　差距。

（3）差距分析过程

界定可持续性绩效关键成功因素;界定表征这些因素中希望绩效水平的关键绩效指标
(KPI);测量那些指标上的当前绩效,比较当前和希望的测量值。两者之间的"差异"就是合
作改进与发展规划所要弥补的"差距"。

2. 制订纠正措施计划

（1）制订纠正措施计划的方式

①作为审计过程的输出,或者针对审计过程的响应:为了让某供应商完全遵守有关标准
或行为准则,安排需要做出改进或纠正的特定领域。

②作为差距分析、风险分析或其他问题识别过程等的输出:为了解决问题或弥补不足,
着手循序渐进的措施,安排相应的资源和时间进度。

③通过融入供应合同与持续改进协议:着手在接下来的合同期内做出经双方同意的
改进。

（2）纠正措施计划的内容

①对每个被发现的不合规的地方或绩效缺陷的地方给予详细描述。

②需要进行的补救或整改行动的类型。

③整改行动的时间表。

④负责整改方案的实施。

⑤整改活动产生的费用如何由采购方和供应商分担;

——采购方(或第三方)如何监控、测量和验证供应商与整改方案的合规性;

——采购方商业实践的任何有必要的改变,或其他的贡献可以支持供应商的整改行动。

5.5.3　持续改进计划

1. 持续改进计划的内容

①应用渐进的、基于改进的标准;

②对现有流程进行长期的、持续的检查与改进;

③在寻求改进过程中供应商与采购方合作的意愿;

④出于控制信誉风险的目的,采购方在供应商教育、发展和改进等方面的主动支持与
投资。

2. 持续改进计划的途径

持续改进计划是确保对可持续采购原则长期承诺、确保朝着连续的标准合规方向前进的一个方法。实践中有许多可以达到这一目的的途径：

①周期性地标杆比较采购方、供应商或供应链的绩效；

②分享最佳实践——识别改进潜力的一种方式；

③收集关键利益相关者的反馈，突出风险和需改善领域；

④实施滚动的绩效回顾、目标和指标的制定，以不断提高标准；

⑤将持续改善协议包含在供应合同中；

⑥设立员工和供应商建议制度，并奖励那些被采纳并实施的改善建议；

⑦展示进度指标和报告、年度改进情况，并高度可视，以保证责任感和保持动力。

3. 提高标准意识

任何可持续性改进倡议中的一个关键要素是提高供应商的标准意识。

采购方提高供应商的标准意识需要采取的步骤如下：

①向供应商提供优良实践和/或国家和国际标准要求等方面的指导。

②帮助供应商了解最新的有关经济、社会和环境法律及行业标准。

③与当地工会和其他利益相关者组织合作，将有关法律和标准赋予工人的权利告知并教育工人。

4. 多利益相关方之间的协作

①强化采购方的影响或商业杠杆作用，以推进可持续性改善。

②利用某些实体的专业知识推动可持续发展。他们熟悉特定行业和国家相关规定且与当地利益相关者有交互沟通的经验。

③利用其专业知识和影响力来寻求集体的、集成式的、在行业或国家层面对合规性问题的解决方案。

④为供应商发展提供资源，提供好的实践指导、支持、咨询和培训服务。

5. 保持对可持续采购原则的承诺战略

①通过持续的沟通（报告、期刊、进度更新、会议等）维持可持续性采购的"前沿意识"；

②维持高层的倡议；

③实施滚动的回顾和改进指标，以维持责任感；

④实施周期性的学习需求分析、更新培训等；

⑤维持风险和环境报告；

⑥设置"速赢，目标"为成功、潜在的影响和获益营造声势；

⑦创造机会参与象征性活动（比如地球一小时活动），为愿景重新注入能量；

⑧为改进和倡议活动提供奖励；

⑨将持续改善与员工和供应商绩效考核挂钩；

⑩对不合规情况追究责任、处罚和制裁；

⑪对可持续成果、影响和获利持续地记录、宣传和确认。

6. 持续改进方法的好处

(1)持续改进对采购方的好处

①防止供应商出现自满,维持竞争力,保证每年的价值收益。

②可持续性的采购和生产要求实质性的改变,通过这种谨慎的方式可以设置长期的、可实现的进展指标。

③能够使新出现的可持续性问题得到及时处理,因为它本身具有再谈判的框架。

④可能会致力于某些特定领域,比如,提高流程效率、标准认证、减少缺陷或提高客户满意度等改进,这些改进同时会给自身的声誉、经营和商业上带来好处。

(2)持续改进对供应商的好处

①能够对可持续性绩效发展产生激励,也会反过来提高供应商的竞争力,从而带来其他的合同。

②采购方对供应商和供应链发展参与投资:资源、信息以及对流程或绩效改善的支持嵌在合同中的、能够使供应商达成改善指标的财务奖励。

③提供并支持创新的机会。

④提供认证的机会(就其质量、社会或环境管理标准),从而强化供应商的价值、地位和机会。

5.5.4 问题解决与退出安排

1. 问题与争端的管理步骤

(1)让不合规的供应商看到违反标准的证据。

(2)让不合规的供应商看到持续不能改进的后果。

(3)分析不合规的根本原因,合作解决问题,消除改进的障碍。

(4)为纠正措施计划或改进计划的执行制定时间表,清楚地说明失败的后果,并根据严重程度采取处罚措施。

2. 对违反 ETI 基本准则的处理原则

(1)透明:双方应该对指控及其调研和补救措施的所有方面彼此持开放态度。

(2)协作的方式:双方应该采取协作的方式一起来调查指控,努力使违规的地方重新达标。

(3)尊重事实:强调在所有阶段尽最大努力以事实为依据。

(4)直接沟通:受违规指控影响的所有利益相关方应尽可能寻求直接沟通,以利于解决方案的达成。

(5)快速:根据指控和违规的性质,应在尽可能短的时间内进行调查和补救。

(6)终结:弄清违规是否发生,如果发生了,应尽可能进行快速、深入的补救,这样所有相关方都认为已经做了能够做的。

3. 合同评审

在合同期最后,或者在决定是否续签合同或者延长合同期时,采购方应该在合同评估过程中纳入可持续性绩效。在合同续订或延长期限之前,采购方应该做好如下合同评审工作:

(1)对照可持续性 KPI 和标准审核供应商的绩效;

(2)评估所期望的可持续性目标是否达成；

(3)评估该供应商是否仍然代表了供应市场中可持续性方面的最佳价值；

(4)将从该合同中学到的经验和教训记录下来，用于对未来合同的设计。

④ 合同后"学习教训"的管理

合同管理和/或可持续性团队应该有意识地检查合同的历史与结果，从一系列合同和可持续性利益相关者那里收集如下反馈意见：在合同生命期与履行过程中哪些做对了，哪些做错了，如何才能更有效地完成任务；从该合同中吸取到哪些新知识或教训可以用到未来的合同与签约过程中。具体如下：

(1)该项目结果是否以及多大程度上满足发起人和其他利益相关方的期望；

(2)过程管理的效率：为项目建立的计划和结构，个人和团队的绩效，哪些问题可能会影响今后相似的项目；

(3)将在项目过程中出现的对于可持续性采购的风险、挑战、冲突、取舍和障碍，以及所找到的解决方案、改进、进展或潜在的未来机会记录在案。

≫≫≫ 5.6　供应商开发计划

5.6.1　供应商开发

① 供应商开发的定义

供应商开发：采购方为了提高供应商绩效和/或能力以满足自己短期或长期的供应需求，而对供应商实施的活动。

② 供应商开发的总体目标

(1)将供应商能力提高到一个特定水平。

(2)通过持续改进过程，支持供应商保持自身发展所需的绩效标准。

③ 供应商开发的安排

供应商开发计划常常包含来自采购方和供应商的跨职能代表，他们也许是组成一个项目团队，或者一个问题解决小组。另外，在供应链组织中，可能会有多个联络点用于持续监督与管理。另一个常见的做法是人员的暂时调动，例如，供应商的员工可能会被临时调派到采购方那里去学习，或者采购方的员工被临时调派到供应商那里去提供意见或参加培训。

5.6.2　供应商开发计划

对采购方来说，教育、激励并发展供应商认可、遵从可持续性目标并且积极地为之努力，是一项长期的挑战。

① 特定供应商面临的挑战

(1)小型供应商缺乏执行可持续性标准所要求的资源、能力和技能。

(2)发展中国家的供应商可能缺乏执行可持续性标准的资源、辅助的标准和法律制度以及国际标准意识。

(3)市场紧俏的供应商缺乏超越法定可持续性绩效水平的动力。

2. 供应商开发计划实施方法

肯尼斯·莱桑斯和布莱恩·法林顿在《采购与供应链管理》一书中提出了一个九阶段的供应商开发计划实施方法,如图3-5-2所示。

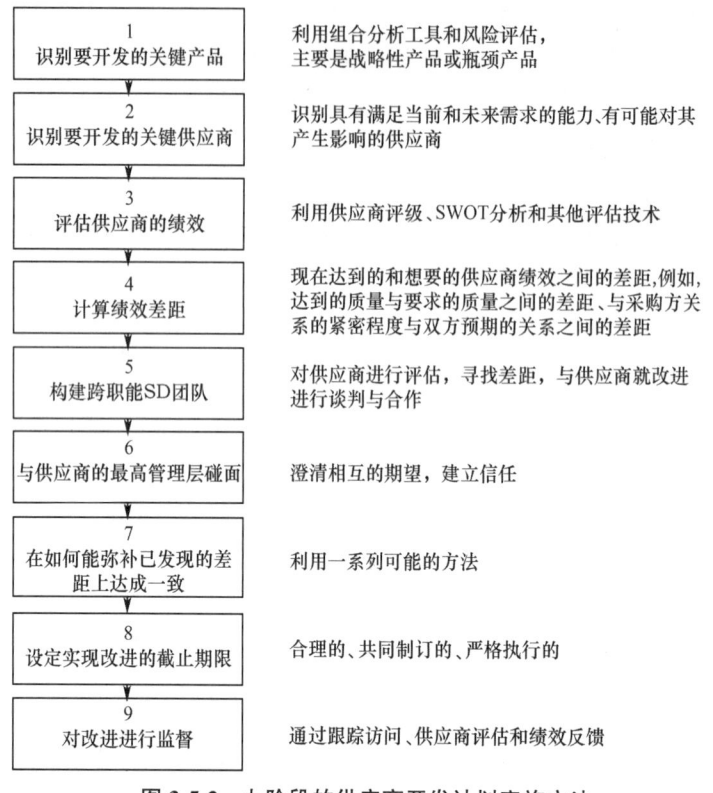

图 3-5-2　九阶段的供应商开发计划实施方法

5.6.3　供应商开发的方法

(1)加强工作关系、改变采购实践,以对供应商的可持续性问题做出贡献;

(2)澄清或提高绩效目标和考核,并进行奖惩;

(3)调派采购方的员工至供应商处进行培训、指导、咨询或提供相关支持;

(4)对于供应商在社会和环境标准认证所产生的费用进行价格上的补贴或直接参与投资;

(5)提供资金;

(6)在项目/产品的进展/生产过程中支付进度款,以支持供应商的现金流;

(7)出借机器、设备或 IT 硬件;

(8)给予供应商 IT 和 ICT 系统和信息权限;

(9)在相关领域为供应商的员工提供培训;

(10)授权供应商员工和供应商以支持持续改进机制;

(11)在价值分析(消除浪费)项目、环境采购或其他领域的专业知识方面为其提供帮助和咨询;

(12)鼓励成立供应商论坛、小农协作和其他利益相关者的网络,将关键供应商聚集在一起分享信息、专业知识、最佳实践,以共同解决问题。

5.6.4 供应商开发项目的成本和收益

供应商开发需要花费资金和精力,采购方渴望在下列方面取得巨大的价值收益:分享供应商的专业知识;提高供应商与供应链的绩效以取得可持续性目标(和其商业利益)。然而,正如其他形式的协作关系一样,供应商开发的目标是为了双方互利,如表3-5-6所示。

表 3-5-6 可持续方面进行供应商开发项目的成本和收益

从采购方的角度	
成本	收益
用于对机会的调研、识别和谈判方面的管理时间成本	改善供应链中的经济可持续性:降低供应风险
开发活动的成本:对关系的过度投资而最后证明是不适合的风险	改善供应商的可持续性绩效:降低可持续性、合规性和声誉方面的风险
持续的关系管理成本	理顺系统流程:消除浪费、提高流程效率、降低成本
分享信息和知识产权的风险	支持可持续性外包
从供应商的角度	
成本	收益
用于对机会的调研、识别和谈判方面的管理时间成本	支持生态高效,从而产生更大的利润
如果客户要求过多或者业务不盈利的话,将会有投资过大和过分依赖的风险	在客户满意度方面的改善,有益于保留客户和增加业务
持续的关系管理成本	持续性能力的改善,有利于获取其他客户的订单
分享信息和知识产权的风险	由客户提供的在知识和资源方面直接的获益
作为代价必须给予客户折扣或排他性协议的成本	强化的知识和灵活性:解决问题的能力和持续进步的能力

 本章思考题

1.列出监测可持续性绩效过程中可能遇到的障碍。

2.列出供应商可持续性绩效信息的可能来源。

3.与可持续性监测有关的审计包括哪些不同类型?

4.采购管理审计的目的是什么?

5.系统审计过程的优点是什么?

6.在哪种情况下买方会运用第三方审计服务?

7.列举第三方审计师需要具备的能力。

8.列举需要可持续性报告透明性的原因。

9.列出实现可持续性报告透明性的可能障碍。

10.列出有效合同管理的优点。

11.决定与特定供应商建立何种供应关系的因素可能有哪些?

12.列举可持续采购伙伴关系的优缺点。

13.系统的差距分析过程包括哪些步骤?

14.列出 ET 提出的纠正行动计划的组成要素。

15.说明在实现可持续性目标过程中持续改进规划的方法。

16.阐述保持对可持续采购原则的承诺的各种战略。

17.列出供应商开发计划包含的阶段。

18.列出在可持续性方面进行供应商开发的成本与收益。

19.列举在处理违反 ETI 基本准则行为过程中应遵循的原则。

第6章　追求竞争优势

一个企业可以通过比其竞争对手更低的成本或更好地执行战略上重要的活动而获得优势,即在同等的成本下比竞争者提供给客户更好的预期收益,或者以更低的成本获得相同的预期收益。

是否获得竞争优势或是否在竞争中取得成功,主要是根据市场份额来衡量的。

市场份额就是在某一指定市场上某一指定供应商获得的销售量或销售额的比例。

◎ 本章目标

1.熟悉获取供应链竞争优势的战略。

2.理解积极的供应商关系管理的重要性。

3.掌握发展供应商的程序和技巧。

⟫⟫⟫ 6.1　竞争战略

6.1.1　竞争优势的一般来源

1. 两种竞争优势的获得方法

(1)低成本:比竞争者更有效地为客户提供相等的价值。

(2)差异化:以相同的成本但是以独特的或唯一的方式开展业务,来为客户创造比竞争者所能创造的更大的价值。

2. 波特的三种竞争优势战略

(1)成本领先战略:谋求成为整个行业中最低成本的生产商。

(2)差异化战略:谋求开发整个行业中被认为不同的或唯一的产品或服务。

(3)集中化战略:既可以通过以更低的成本向该市场细分提供产品或服务,也可以根据该市场细分的需要提供差异化的产品或服务,将企业活动定位于选定的市场细分。

3. 波特关于竞争优势的一般战略

在实践中,集中化战略又包括成本中心和差异化中心两种情况,波特据此将四种可能的战略表示为一个简单的矩阵,如图3-6-1所示。

竞争范围 \ 竞争优势	更低的成本	差异化
全面的（行业范围内）	成本领先战略	差异化战略
狭窄的（市场细分）	成本中心战略	差异化中心战略

图 3-6-1　波特关于竞争优势的一般战略

6.1.2　成本优势

成本优势对于在价格敏感市场中展开竞争的企业来说，是重要的竞争优势。这类企业需要对其供应链成本和成本动因以及客户对质量的定义有一个全面的了解。这类企业的基本任务是以可能的最低的单位成本（特别是以相对于竞争者更低的成本水平）提供所需的质量。

1. 成本优势的优点

（1）与行业中任何其他生产商能够在价格上展开竞争，而同时赚取最高的单位边际利润。

（2）给新的竞争者提高了进入障碍，并且使企业在其他竞争势力面前变得不那么脆弱。

2. 成本优势的实现途径

（1）为保证规模经济（大批量、低成本）而进行大量生产，依靠技术来提高生产率，寻求持续改进和减少浪费，将供应和物料搬运成本最小化。

（2）库存最少化。

（3）对材料要求和运输进行规划。

（4）种类减少。

（5）质量控制。

（6）简化交易流程。

（7）就价格进行谈判。

（8）为实现规模经济而聚集供应。

6.1.3　差异化优势

成本领先是以价值衡量的，差异化则是以市场的主观感知衡量的。

对于面临低成本强有力竞争者的企业而言，差异化是获得竞争优势的一个关键来源。差异化战略是基于一些非价格因素，将产品与那些低价产品区别开，从而获得优势。换言之，使之在客户的心目中与其他产品区分开。

1. 差异化优势的优点

（1）差异化可以创造客户与品牌忠诚度，这对新竞争者是一个进入障碍。

（2）能减轻企业在面对其他竞争者时的压力。

（3）与供应商形成更紧密的合作关系。

（4）质量控制和支持创新。

2. 差异化优势的缺点

（1）客户对“独特性”的感知常常与高市场份额不相容。

（2）客户迟早会变得对价格敏感，不再愿意支付明显高于行业平均水平的价格。

（3）竞争者的模仿也可能使差异化优势随着时间的推移而变小。

3. 差异化优势的具体实现手段

创新、品牌和客户关怀。

6.1.4　创新力和领导者

一旦一个产品达到其生命周期的成熟期并面临衰退，其生产者为保护其竞争地位（和利润），就会通过引进新产品或"更新"该成熟产品，作为"新的和改进的"产品重新投放市场，重新开始其生命周期。奥地利经济学家约瑟夫·熊彼特认为，创新型企业在现有产品衰退之前即将其更新，加速了老产品的淘汰，从而缩短了产品的生命周期。

1. 创新力的紧迫性

动态的和创新的技术环境支持更快的和更加频繁的产品开发与更新，使产品具有新特征、更加微型化、更好的可回收性等特点。新产品和更新的产品的可得性驱使现有产品衰落得更快，因此在这些环境中的产品生命周期一般变得越来越短。频繁的产品创新和修改面临许多挑战，其中之一是要求有灵活的采购战略。

2. 创新力与领导者通过下列方式支持差异化

（1）技术的杠杆作用。

（2）优良的产品功能性和设计。

（3）独特的产品特性。

（4）持续保持新颖、改造和改进特性。

3. 创新力可以获取竞争优势

（1）掌握新想法和技术发展，比竞争对手更富创造力、更快地识别市场中的机会。

（2）比竞争对手更快、更有效力地将新想法转换为商业流程设计。

（3）比竞争对手更快、更吸引人地将新想法转换为可交付、可销售的产品和服务。

（4）为新产品锁定设计专利从而设置模仿障碍。

（5）比竞争对手更快或更节省成本地将新产品和服务投放市场。

（6）比竞争对手更有效力地影响那些对新想法的尝鲜者，从而避免创新的过度扩散。

6.1.5　品牌形象

1. 品牌的定义

品牌是一个名称、术语和象征、记号，或者设计及其组合，用以识别一个或一组卖家的产品或服务，并在客户的认知中与其他竞争者的产品或服务相区分。

2. 品牌差异化因素

（1）产品质量的声誉。

（2）企业社会责任的声誉。

（3）该品牌所附带的"时尚"或品位价值。

（4）强大的企业或品牌标识，有与众不同的标志、色彩模式、符号等。

6.1.6　客户关怀

（1）持续的、卓越的客户服务，在每一个接触点、每一次服务，不仅寻求"满足"客户，而更致力于使客户"放心""开心"。

（2）利用技术工具和客户进行个性化的沟通，建立持续的对话，发展客户社区。

（3）客户服务的独特方式（比如客户服务的非正式化、幽默）。

（4）供应链敏捷和对产品延迟定制的快速反应（比如 DELL）。

（5）发展整体服务体验。

›››› 6.2 关系优势

6.2.1 在竞争战略上的两种观点

1. 基于市场定位的方法

根据外部环境，尽可能利用机会并尽量减少威胁，在此基础上发展、部署内部资源，形成企业的竞争优势，是一种"由外向内"的方式。

2. 基于自身资源的方法

根据自身独特的（难以复制）内部资源和能力，形成企业的竞争优势，在此基础上寻找适合企业生存的外部环境，是一种"由内向外"的方式。

6.2.2 竞争性资源与能力

1. 两种竞争能力

（1）入门能力：使企业能够在特定市场竞争的基础能力（比如高效的 IT 系统）。

（2）核心能力：在顾客眼中具有特色的创造价值的技术、能力或资源，稀缺并且竞争对手难以复制，对未来需求的灵活性。

2. 核心能力会影响的供应链活动

（1）企业内部执行的和控制的活动，以及那些购入的或外包的活动。

（2）企业对扩展的资源和活动施加控制的程度，并因此影响有关供应链分级、主导供应商、伙伴关系等的决策。

（3）供应网络的构成。

6.2.3 确保供应链中的战略能力

（1）识别并开发未知的供应商，即竞争者不太可能接近的那些供应商。

（2）为了确保其资源获取的唯一性，"封存"一个供应商（例如，通过合并、合资、排他性供应协议或保密协议）。

（3）应用竞争者难于模仿的采购战略，例如，利用行业或关系中强大的谈判力量，或者利用与供应商形成的"特殊关系"建立个人关系，进行知识共享、针对性投资等，以获取"积极关系管理"的战略性收益。

6.2.4 积极的供应商关系的战略性收益

1. 高质量的/积极的和有承诺的供应商的重要贡献

（1）新产品开发和过程创新：根据供应商在材料、部件和所涉及技术等方面的专长，贡献想法（供应商早期参与）。

（2）可用性和交付：迅速、灵活地交付产品，这样供应商可以持有较少的库存，同时仍旧能够完成订单。这是"准时制"供应的原理。

（3）质量：保证交付的材料和部件的质量，与采购和运营合作，改进质量管理流程，承诺进行持续改进计划。

（4）资金价值：保持较低的材料、供应和库存成本，或者与采购实体展开成本降低方面的合作。

2. 积极的供应商关系管理带来的好处

（1）更牢固的关系。途径包括：努力发展信任、信息共享和合作，前瞻性的冲突与问题管理；随着关系的发展，持续监督、评价和改进关系。

（2）全面的风险管理。对供应链伙伴的了解加深，采购实体可以预测和管理供应商的行为。

（3）更大的关系投资回报。途径包括：优先考虑采购实体最有可能有效利用的少数几个关键关系（付出更少的投入与努力，获得更大的回报和影响），而对较少增值的关系，维持松散的交易关系以获得交易效率。

（4）提高商业效率。途径包括：简化并集成供应链信息和通信系统；协作降低供应链中的浪费；更好的信息共享；建立程序，等等。

（5）通过在供应源搜寻和输入上降低成本，获得更大的利润率。

（6）增值的协同效应。在管理得当的关系中建立起来商誉和信任，促使合同、规格或服务水平协议等方面的合规，促进合作、思想共享。

（7）提高企业社会责任并进行声誉管理。为了建立绿色环保和道德供应源搜寻和供应的信誉，采购实体必须谨慎地挑选与之开展业务的供应链伙伴，监督并管理供应链的环境和道德绩效。积极的关系管理会对上述两个方面发挥促进作用。

（8）竞争优势。如果一个采购实体比竞争者更有效果、更持久、更有效率地收获上述收益中的一些或全部，该采购实体在获得并挽留客户方面就占有优势。

6.2.5 战略性供应商与运营性供应商

战略性供应商应对向合作伙伴提供的商品"升级"和技术进步不断投资。

1. 战略性供应商的情况

（1）供应的产品对于商业过程的有效履行，或者对买方的产品与品牌有战略意义或至关重要。

（2）市场中只有很少几个供应商，有很少可以替代的关键物品供应源。

（3）提供稀缺的、与众不同的、很难模仿的并有增值效应的产品，且这些产品对供应链竞争优势有战略意义。

（4）签订的合同在买方的外部支出中占重大比例。

（5）战略性供应商的资源和能力可以降低不利的供应风险，或者使供应链能够利用有利的供应风险（机会）。

（6）有潜力通过长期伙伴关系而对协作开发、竞争优势和创新发挥重要的协同作用。

（7）已经对伙伴关系和这种关系专用的适应性及资产进行了重大投资。

2. 运营性供应商的情况

（1）供应的产品对于商业过程、品牌和供应链竞争力而言是日常性的和/或非常关键的。

（2）市场中有多个供应商供应大致相同的产品或服务、资源和能力，可以在供应商之间进行机会性转换。

（3）不能提供独特的、有增值效应的和竞争力的产品来为买方的战略资源和方向做出贡献。

>>>> 6.3 供应链关系的优先排序

对供应商关系进行分类的工具：

（1）风险识别与评估。

（2）组合分析。

（3）供应商偏好。

6.3.1 风险评估

1. 风险评估的适用情况

（1）采购组合中的特定采购或采购类别。

（2）特定的供应商（供应链）或供应市场。

2. 风险评估栅格

根据概率和影响，将采购、供应商或风险因素标绘在一个矩阵中，这样可以进行一个简单的风险或影响评估，如图 3-6-2 所示。

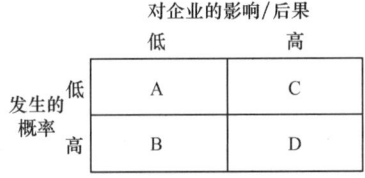

图 3-6-2 风险评估栅格

在这一分析中：

A 格包含的采购或供应商（概率和影响风险低）需要很少的管理关注与控制。这适用于交易性的、投机性的采购。

B 格和 C 格包含的采购或供应商（发生概率或者潜在影响比较大），可能需要更谨慎的供应商选择、合同管理、供应商绩效或风险监控以及计划。

D 格包含的采购或供应商（风险概率和影响大）是密切供应商关系开发的重点，以便利用信任合作、相互承诺与控制来减轻和分担风险。

6.3.2 帕累托原理

帕累托原理是意大利经济学家弗雷多·帕累托提出的——任何要素序列中，就要素数量而言，占少数的几个要素总是占据就成果而言的大部分成果。

帕累托原理在供应或供应商定位中的应用：可以将 80% 的开支去针对 20% 的供应商；这种基本的划分可用于将关键的几个供应商（供应重要的、高价值的、高使用量的产品，这些产品只能从一个有限的供应市场中获取)与无关紧要的众多供应商(供应日常的、低价值的产品,这些产品可以容易地从任何地方获取)区分开;采购与关系管理的大部分精力和资源应当集中于关键的供应商,即 A 类供应商及从它们那里采购的产品。

供应定位模型是一个工具,用来确定如下事宜:就各种品项而言,采购人需要确认应当建立哪种供应关系和采用哪种供应源获取方法。该工具的目的是要评估采购组合中各种品项的重要性或关键性,并且据此对合同和关系管理工作进行排序。

6.3.3 供应定位:卡拉杰克矩阵

(1)卡拉杰克矩阵用于对不同类型的采购最适合采用哪种供应源搜寻方法和哪种供应商关系类型进行评估。

(2)矩阵的两个因素:所采购产品对于企业的重要性,供应市场的复杂性。

(3)本书第三部分第 4 章 4.2.1 对该矩阵有详细解读。

6.3.4 供应商偏好模型

1. 供应商偏好模型矩阵

供应商偏好模型也采用了矩阵形式,表示的是供应商有多大的兴趣与一个买方进行交易,以及该买方的业务对于供应商有多大的经济价值,本书在第三部分第 4 章 4.2.3 有详细解读。

2. 供应商乐于合作的客户类型

(1)品牌形象好或知名度高。

(2)具有良好的声誉和市场地位。

(3)公平、符合商业道德和职业道德的供应源搜寻以及贸易操作。

(4)愿意协作、愿意为提高产品质量和绩效共同投资。

(5)愿意与供应伙伴平等分担风险和成本、分享价值。

(6)与买方的联络人有着建设性的人际关系。

3. 供应商不愿意合作的客户类型

(1)常常延迟付款或者部分付款,或者协商非常苛刻的条款。

(2)时常对订单细节和条款质疑、变更或争辩。

(3)在其订单处理程序中使用过度的官样文章或官僚主义,造成审批、付款等延迟。

(4)具有不良的信誉。

(5)过分地好打官司。

❯❯❯❯ 6.4　关系生命周期

6.4.1　关系生命周期图

就像有机体一样,关系也在经历着从出生、成长、成熟、衰退到结束的一个生命周期,如图 3-6-3 所示。

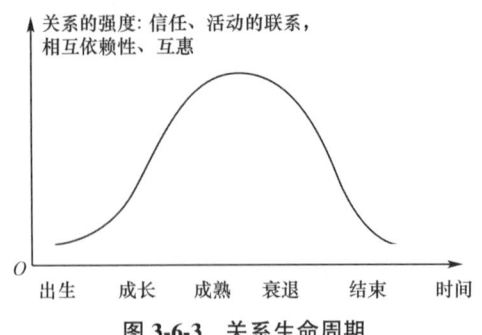

图 3-6-3 关系生命周期

（1）关系的出生。选择合适的关系伙伴，将其吸引到关系中来，就每一方在关系上的条件与期望进行谈判，建立起持续交往、共同活动与沟通的体系。

（2）关系的成长。通过增加联络、合作、紧密感、信任和（最好）给双方带来收益，逐渐提升关系。

（3）关系的成熟（承诺阶段）。在一个高度信任和可靠承诺的环境下运行，可能导致相互依赖。在适应性和一体化方面可能需要进一步的投资，从而建立起持续的交易模式。

（4）关系的衰退。逐渐使关系降温，或淡出这种关系。

（5）关系的结束，即终结关系。

6.4.2　关系生命周期模型的运用

生命周期模型需要引起对以下问题的注意：

（1）与特定供应商或者客户的关系在生命周期的哪个阶段？

（2）在关系生命周期的每一个阶段会出现哪些风险和利益冲突？应该如何管理？

（3）在关系生命周期的每一个阶段有哪些具有竞争优势的机会？

▶▶▶▶ 6.5　发展供应商关系

6.5.1　管理新的供应商

批准供应商：经过评估过程之后，对某一特定供应商能够满足买方特定标准和要求的认可。审核可能针对一次性的交易，或者可能意味着供应商被列入批准的供应商名录中。

（1）双方之间应建立双向的沟通机制。

（2）双方都要建立信任，并且确保共享所有必要的信息以便促进最初的绩效。

（3）对绩效进行严密监督，以确保符合当前的供应合同和规格，促进问题解决并在需要时进行调整。

（4）双方可能都会任命一位专门的合同经理或联络官来协调。

（5）为了控制新关系不能发挥作用的风险，进行试用或试点项目，或者签订短期合同，在初期不用做出较长期承诺的情况下，测试供应商。

6.5.2 对关系深化的管理

（1）监控并管理被供应商"锁定"的风险。

（2）改善双方之间所有级别和联系点的沟通。

（3）实施并改善绩效考核。

（4）确保双方在战略和操作层面的"匹配"。

（5）确保双方利益共享、风险共担。

6.5.3 供应商激励

激励就是计算是否值得投入能量和资源以求达到某个特定目标的过程。

1. 供应商激励形式

（1）分段付款或者有条件付款。

（2）对特定的 KPI 指标或者改善目标的完成做出奖励。

（3）共同分享成本节约的获益。

（4）承诺长久的合同或者给予"首选供应商"的地位。

（5）保证一定的订单量以便供应商可以安排长期投资或改善。

（6）（由于某特定的订单）供应商获得创新的机会。

（7）产品或服务的价格不得不逐年下降，迫使供应商提高效率以保证利润。

（8）给予供应商发展的支持。

（9）供应商奖励项目，给予高绩效的供应商公开的认可。

（10）对于供应商的高绩效给予积极的反馈、表扬和感谢。

2. 激励办法

（1）平衡：不能只强调绩效的某一方面而导致其他方面受到损害。

（2）奖励标准要明确，但不能过于狭隘，以免因片面地追求某方面成果而扼杀了灵活性和创新，只重结果而忽视了方式方法。

（3）必须公平且易于监督。绩效标准必须明确，可以用双方共同认可的方法来客观测量。

（4）对供应商是有意义的。

6.5.4 与供应商建立信任

信任是指对另一个人或另一方的诚实、正直、能力和可靠性有信心，并且相应地采取行动。

1. 发展与供应商高度信任关系的六大元素

（1）期望对方做到的，自己先做到。

（2）做到承诺甚至超出。

（3）前瞻性的发展信任。

（4）信息透明。

（5）评估信任度。

（6）投入：从对方的眼中理解自身活动带来的影响。

②**损害或削弱信任的相反的行为**

（1）违反保密协议。

（2）没能履行合同条款或允诺。

（3）隐藏另一方急于知道的信息。

（4）提供误导信息来操纵另一方。

（5）拒绝承担问题的责任；未能解决问题。

（6）行为不诚实。

6.5.5　合同关系中冲突的管理与解决

①**建设性冲突的情况**

（1）澄清问题和权利关系。

（2）将注意力集中到改进和问题解决上。

（3）将误解、失望、敌对和抗拒公开，对它们进行处理。

（4）鼓励对各种想法进行试验和质疑，避免团组思维和自满。

（5）强调改善沟通的必要性。

②**破坏性冲突的情况**

（1）冲突鼓励了防御性的或破坏性的行为。

（2）造成不满，观点极端，制造了沟通障碍。

（3）消耗了人们的注意力和精力，以牺牲任务为代价。

（4）升级到永久破坏关系的敌对状态。

（5）供应商管理和合同管理的目的是促进沟通，获得合作，将关系问题（特别是法律争端）的风险最小化。

6.5.6　对关系衰退的管理

（1）建立并加强务实的、客观的采购决策标准，辅之以明确的价格数据等。这有助于买方和供应商重建一种以商业和竞争为基础的决策和合同签订机制。

（2）重新界定以前分配来管理和执行伙伴关系的人的角色。

（3）建立松散的交易型采购，以便将日常的采购和间接的采购交由用户或预算持有人部门来完成。

（4）为日常性采购建立准确的价格库和质量要求，并为比较和合同签订提供清晰的指导方针，以便于用户部门进行采购。

6.5.7　关系破裂与终止

①**供应关系破裂的原因**

（1）战略目标或状况发生变化。

（2）冲突未得到解决或关系困境。

（3）供应商质量欠佳且未能改进。

（4）创新竞争者。

（5）完成了关系的目的。

② 关系终止的关键元素

（1）时间方面：如果可能的话，关系终止应该与当前合同的到期日一致。

（2）关系方面：关系终止应该得到建设性和职业性的处理，以避免敌意和声誉受损。

（3）法律方面：相关条款应该在供货合同中已经体现，但也许需要重新谈判。

（4）供应交接方面：在终止当前供应商关系之前，应采取措施确保接下来的物料供应。

6.5.8 更换供应商

与竞争性或投机性供应链战略相关的一个供应源搜寻战略问题是：采购方在多大程度上打算进行供应商转换，也就是"踢掉"一个现有供应商，或者决定不再续签一份供应合同，转而与另外一家或新的一家供应商合作。

① 更换供应商的原因

（1）当前供应商的绩效或可靠性出现问题。

（2）新供应商的报价更有竞争力。

（3）新供应商可以使用新兴技术（JIT 等）。

（4）从松散型关系的供应商处购买的低风险标准化产品，更换供应商本来就相对简单，以获得更好的价格。

② 更换供应商的风险和成本（见表 3-6-1）

表 3-6-1　更换供应商的风险和成本

风险	成本
新供应商绩效不过关	筛选和评估新供应商
流程不匹配	招标活动或其他合同流程的采购成本
公司文化或人际关系不匹配	老供应商的未供货物、未处理的索赔、中断合同的赔偿等
知识丢失（与老供应商没有成文的文件）	改变内部系统或流程以适应新供应商
学习曲线	培训新供应商来适应系统、流程和要求
面对新的不熟悉的供应风险（汇率风险、CSR 问题、政治风险）	制定和管理新的合同（在关系初期需花费大量的精力来监控和管理）
双方信任建立之前的专利、机密信息的泄露风险	消除风险的费用（比如保险）
老供应商向新供应商交接时的不负责产生的问题	

③ 更换供应商时买方要注意的关键点

（1）对于将要续签的合同要提前打招呼，以便买方可以和关键利益相关者商讨续签和转换的方案。

（2）事先要做好转换计划和风险管理工作，包括合同条款和供应商的关键绩效指标，以及给新供应商的移交材料。

 本章思考题

1.解释波特提出的三种竞争优势战略。

2.创新力以什么方式可以获取竞争优势？

3.区分基于定位的战略方法和基于资源的战略方法。

4.列出被高度激励的供应商的好处。

5.画出风险评估栅格并解释每个方格的重要性。

6.描述卡拉杰克矩阵的每个象限。

7.描述关系生命周期的主要阶段。

8.列举供应商激励的一些措施。

9.在什么情形下冲突可能是建设性的?

第7章 追求成本优势

价格是商品同货币交换比例的指数,或者说,价格是价值的货币表现。价格由市场决定。

成本指的是采购方为了获得所购买的商品或服务而支付的费用,成本由复杂度决定。

成本分析可以帮助判断价格的合理性。

◎ **本章目标**

1. 熟悉成本和价格的关系。
2. 熟悉并掌握相关定价方法。
3. 熟悉并掌握针对价格和削减成本的谈判技巧。

>>>> 7.1 成本和价格分析

7.1.1 价格管理

价格管理是指采购方为了确保日常物品和杠杆物品的采购获得最优价格,从而管理或降低其输入成本。主要方法有:

1. 价格分析

价格分析是决定供应商所提供的价格是否合理的过程(与其他供应商比较、与之前的价格比较、与市场价比较、与替代品比较)。

2. 成本分析

成本分析经常用来支持与供应商的价格谈判。供应商为了证明价格的合理性有时需要提供成本细分。

3. 价格杠杆

供应链中的价格杠杆可以通过如下方法来实现:

(1)将需求汇总或者联合采购。

(2)更加强势的价格谈判。

(3)使用竞争性的采购方法(比如电子采购或竞争性招标)。

7.1.2　利润

1. 买卖双方追求利润的理由

（1）利润是企业的长期生存的重要源泉。

（2）利润作为企业强劲的、持续的盈利能力，是保持企业根本的重要支撑。

（3）利润中未分配部分（留存利润）是企业发展壮大的根本。

2. 为供应商留下合理的利润的原因

（1）为了保证供应的安全性。

（2）为了保证供应的质量。

（3）为了实现"负责任采购"及可持续性。

7.1.3　成本分析

成本分析的重点就是供应商报价和其生产成本之间的关系。

1. 成本分析的内容

（1）供应商的成本分析和采购方自己对供应商成本的分析或估算之间存在着差别。

（2）采购方可以分辨出供应商是否谋求高于一般水平或不合理的利润率。

（3）采购方可以计算出谈判中的目标价格或价格范围。

2. 成本分析的策略

（1）开放成本账。供应商单向采购方提供其成本的详细构成，以让采购方确保采购物有所值。

（2）成本透明。供需双方均向对方分享其成本信息，以共同合作降低成本，这通常发生在长期合作伙伴采购关系中。

3. 成本分析的作用

（1）可以使价格更加合理，帮助采购方降低谈判价格。

（2）可以帮助采购方关注产品或服务中所包含的成本。

（3）可以帮助采购方识别最低可以支付的价格以维持供应不出差错。

（4）可以帮助采购方判断该笔交易对于供应商有多重要（从利润方面）。

7.1.4　开放账本成本计算

开放账本成本计算：为了使采购方与供应商了解他们各自的成本，开放供应商的成本分解，着眼于协商一致的供应成本结构和利润率。

1. 开放账本成本计算的理由

开放账本成本计算可以提高成本的可视化：

（1）可以帮助采购方更好地了解供应商的运营、流程和能力。

（2）使采购方和供应商共同合作寻求降低成本、增加价值的途径。

（3）使信任得以发展，佐证采购方获得供应价值及其强大的成本管理能力。

2. 开放账本成本计算可能存在的问题

（1）开放账本成本计算可能会带来道德和可持续性问题。

（2）开放成本账常常被采购方当作"压榨"供应商成本的工具。

(3)开放成本账是供应商的单向行为,如果采购方的成本不透明,将会加剧双方谈判力量的不平衡。

(4)双方没有公平分享从开放成本账本中的获益。

7.1.5 成本透明

成本透明是采购方与供应商对于他们有共同利益的活动分享成本信息(双向)的一种方法。

其目标是降低供应链总成本且可以实现共赢。

≫≫≫ 7.2 定价安排

7.2.1 定价方式

1. 各种定价方式

(1)固定定价法:事先约定好固定的金额进行定价的方法。

(2)可变定价法:在合同期内进行价格回顾、调整,和/或为价格调整使用相应的公式或指数进行定价的方法。

(3)激励性定价法:在取得特定的KPI指标后,在固定价格的基础上给予奖金或分享成本节约进行定价的方法。

(4)成本加成定价法:采购方同意报销供应商实施该合同所发生的所有合理支出,在此基础上给予一定的百分比作为利润,进行定价的方法。合同中一般会有成本封顶的条款。

2. 各种不同定价协议对采购方的风险(见图3-7-1)

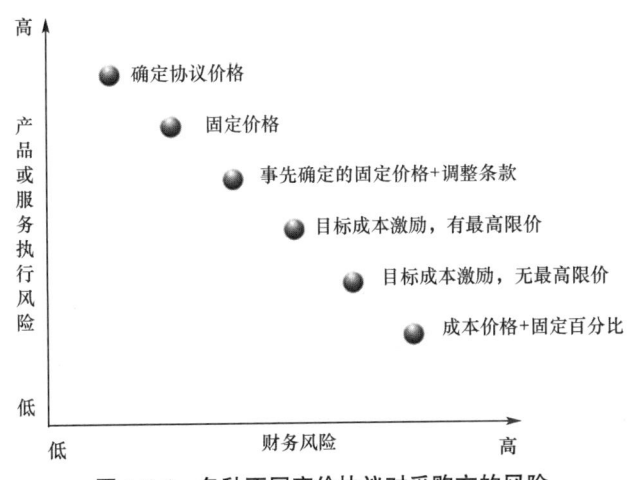

图3-7-1 各种不同定价协议对采购方的风险

7.2.2 固定定价法

1. 适用固定定价法的采购类型

(1)有合理的、综合的及准确的价格。

(2)根据预估的成本高低,可以准确地确定公平的价格。

(3)成本变化的风险小。

(4)应用电子采购及支付系统,可实现自动付费。

2. 固定定价法对采购方的好处

(1)财务风险小,所有价格事先谈定,供应商承担了成本波动的所有风险。

(2)便于现金流管理,支付时间是事先安排出来的。

(3)对供应商起激励作用。合同极大地鼓励供应商高效、按时完成任务,节约下来的成本都留在供应商手里。

(4)管理简单化及合同管理成本最小化。

7.2.3 可变定价法

1. 采用可变定价法的原因

(1)在预测阶段对成本估算不足。

(2)价格上涨,材料成本逐步提高。

(3)工资上涨,劳动力成本逐步提高。

(4)大宗商品及能源价格波动。

(5)汇率波动。

(6)超时或者为激励供应商赶进度需支付激励成本。

(7)合同范围发生改变:额外的要求或变更。

(8)未预见到的意外事故。

2. 合同价格调整(CPA)条款的适用情况

在合同中确定一个固定价格,同时插入一条 CPA 条款,允许在出现某些特定意外情况的时候对价格进行调整。根据下列情况规定价格调整方式:

(1)在整个合同期内,供应商无法控制材料、劳动力、大宗商品或能源的成本,超过规定范围的实际增加量或减少量。

(2)那些能反映供应市场成本变化情况的各种具体指数:商品指数、劳动力市场指数。

(3)使用已商定的价格调整公式。

(4)由于劳动力成本或材料价格的变化,履行合同承包人的实际成本变化,需要在合同价格基础上相应做出变化。

7.2.4 成本加成定价法

1. 成本加成定价法的各种形式

(1)成本加固定费用合同:正当成本支出,再加一笔事先确定的固定金额。

(2)成本加激励费用合同:正当成本支出,再加一笔较高的费用,前提是供应商达到或超过绩效要求、成本目标或关键绩效指标。

(3)成本加奖励费用合同:正当成本支出,再加一笔基于承包人绩效的奖金。

（4）仅成本不加费用,这是针对非营利性的供应商。

（5）成本分摊,采购方与供应商达成公平分摊成本的协议。

（6）时间及材料,通常用在没有办法预先预测出精确工作量的情况下,双方会谈妥一个每工时的固定收费,再加上所供应材料的成本。

2. 成本加成定价法的缺点

（1）财务风险:因无法事先知道全部的价格情况,因此采购方需要承担所有的风险。

（2）供应商激励:既然所有的采购风险都由采购方承担,供应商不会有任何动力去监督或管理与成本相关的风险。

（3）行政管理及合同管理成本:供应商成本清单需要跨职能团队的每个组成人员仔细地进行审核监督,以确保准确计算成本并进行补偿。

3. 成本加成定价法的优点

成本加成定价法制定的最后成本可能会比采用固定价格合同低,因为供应商不需要按通胀后的价格进行报价或谈判,以防止自己承担和成本相关的风险。

7.2.5　目标成本定价法

1. 目标成本定价法和成本加成定价法的区别

（1）成本加成定价法对产品成本的构成逐一进行分析,并在此基础上加上利润,最终得出产品的销售价格。

$$销售价格 = 成本 + 利润$$

（2）目标成本定价法则从方程式的另一边开始。首先对于某产品,供应商预估其最高销售价格,然后计算获得合理利润所需的生产成本,且不断压缩成本以得到期望的利润。

$$成本 = 预估最高销售价格 - 期望利润$$

2. 两种基于目标成本的可变定价方法

（1）有最高价格的目标成本:在合同中会规定一个目标价格和一个最高的价格。任何超出的成本,超过最高价格的部分,都由供应商来承担。任何节约的成本,则按照双方协商确定的比例,由供应商和采购方分享。

（2）没有最高价格的目标成本:没有设定最高限价以保护采购方。根据目标成本确定一个目标价格,任何超出的成本,超过目标价的部分,都由供应商和采购方按照协定的比例进行分摊。任何成本的节约、低于目标价的部分,也同样按照比例进行分享。

3. 有最高价格的目标成本定价方法适用的情况

（1）目标成本可以确定,有相当大的准确性和肯定性。

（2）准确的总成本在签署合同的时候难以准确地预测。

（3）采购方处于谈判优势,可以使自己不承担任何额外成本的风险。

4. 没有最高价格的目标成本定价方法适用的情况

（1）长期的合同,特别是当供应市场不稳定的时候。

（2）供应商要求合同做到公平并具有可持续性。

（3）激励供应商去管理成本。

>>>> **7.3 供应商激励**

7.3.1 激励性合同

固定价格或成本加成安排也可以采用最终价格调整,以包含给供应商的各种激励措施,如额外的奖金支付、利润补助或者收入分享,作为对供应商成功缩短前置期或按时交付、提高质量或技术绩效、实现了成本节约的激励。

1. 定价和收益分享机制中几种不同类型的激励方案

(1)阶段性的付款、临时的付款、提前交付就提前付款。

(2)谈定一个目标供应成本,并据此确定一个最高价格。

(3)根据确定的关键绩效指标(KPI)、成本节约或改进目标的实现情况,向供应商支付固定价格外的特定奖金(或激励费用)。

(4)成本加激励费用合同,包括了正当的成本支出,外加一笔较高的费用,前提是供应商达到或超过绩效要求或成本目标或 KPI。

(5)成本加奖励费用合同,包括了正当的成本支出,外加一笔基于承包人绩效的奖金。

(6)所得利润或收入分享。

(7)在整个合同期间,逐年降低产品或服务的固定价格,从而激励供应商不断提高绩效以保持其利润率。

2. 激励合同的适用情况

(1)作为长期的持续提高收入及分享协议的一部分。

(2)项目的供应商风险很高,供应商绩效管理十分关键。

7.3.2 收益分享模式

1. 收益分享的定义

收益分享:通过协商,在供应商实现成本削减时为其提供具体的财务激励。

标准供应合同的一个基本问题是缺乏激励供应商超出合同预期的约定。而合同中的收益分享条款可以使供应商在对客户有利的成本削减中保留一定的比例。从采购方的角度看,这种形式的激励是免费取得的,即向供应商支付的激励奖励来自供应商创新或出色的成本管理所产生的节约。

2. 收益分享的优缺点(见表 3-7-1)

表 3-7-1 收益分享的优缺点

收益分享的优点	收益分享的缺点
可以创造双赢的文化,改善双方关系界面;为更大的变革和持续改善项目提供牢固的基础	某些复杂的项目过于庞大,对于双方来说那些利益共享的激励方面的内容很容易迷失
灵活性——利益共享条款可以为每一个不同的合同重新谈判	需要经常性地监控、回顾和管理

（续表）

收益分享的优点	收益分享的缺点
双方更加高效率和高效力的合作，可以吸引双方的关注点到如何提高供应链的生产率上面	商业系统需要对双方透明、容易理解并且容易被测量
可以帮助改善双方的运营和财务绩效	需要双方高度的信任
可以为双方的谈判产生正面的影响；同时帮助培养合作伙伴的可能性	需要设置灵活的KPI绩效指标，利益共享条款如果设置得过于严格而且不能适应超出双方控制的外部条件的变化（例如全球性的大宗商品价格上涨），则会引起担忧
可以为更大的供应商参与活动创造出机会和理论基础	

7.3.3 风险/回报机制

风险/回报机制旨在一个项目的结果中、达到目标和管理风险与成本中，给供应商一份有意义的利益。可以将一个合同总价值的10%～40%作为风险/回报要素；具体多少比例要视供应商达到规定的KPI和成本与预算目标、关键里程碑的日期和完成日期等具体情况而定。

>>>> 7.4 成本削减活动

成本的削减与管理是支持企业财务目标的一个关键目标；即使在公共部门，它也是基于成本领先的竞争优势的基石。

7.4.1 成本的削减和管理

1. 成本削减的两种措施

（1）短期或战术性成本削减措施可以较快地实施以解决当前的成本效率低下问题。

（2）长期或战略性成本削减措施可能需要深远的研究、咨询、规划和变革管理。

2. 供应链成本削减的五个步骤

步骤一：了解成本降低的驱动因素（比如竞争的压力、财务指标）。

要确保利益相关者赞同成本削减过程，采购方必须有进行商业论证的驱动力，如：供应市场价格上涨、竞争威胁、财务绩效下滑或成本优势的机会。

步骤二：了解供应链中为何出现过高的成本（比如过度设计）。

"多余"的供应成本的来源包括：

①由供应商转嫁成本。

②规格过高或加工要求过高（和其他浪费）。

③供应卡特尔抬高市场价格。

④对抗性的谈判（抬高了最初的投标价）。

⑤对抗性的供应链关系（缺乏在成本削减上的协作）。

步骤三：为成本降低项目排定优先顺序并关注重要的项目。

细分可以确保这些提议针对最具成本改进潜力的领域。

步骤四:发展合适的战略和战术。

成本削减计划可以聚集的领域包括:

①供应链合理化与关系杠杆。

②为成本削减而对供应商激励(如收益分享)。

③浪费最小化和价值管理。

④降低流程成本(例如,通过电子采购、需求聚集)。

⑤针对价格削减进行谈判。

步骤五:回顾和测量成本降低项目的绩效。

①成本削减计划必须持续地适应不断变化的业务重心和环境条件。

②应当对各种提议的有效性进行测量,以支持整个供应链中各成功行动的调整、学习和贯彻。

7.4.2 短期或战术性成本削减

短期或战术性成本削减方案如下:

(1)对内部客户的请购和规格提出疑问,以减少不必要的消费、不必要的采购。

(2)提高需求预测的准确性,以避免不必要的采购与库存水平。

(3)控制用户的"自作主张的"采购。

(4)对需求进行合并或聚集,以降低交易成本。

(5)为了降低价格和成本,对于新合同或续签合同,与供应商进行更"强硬的"谈判。

(6)积极的供应源搜寻。

(7)利用可用的技术工具,更加有效地降低价格和招投标或供应源搜寻的成本。

(8)更加高效地运作招投标和合同签订过程。

(9)通过改进供应商选择和合同管理,降低质量缺陷的成本。

(10)使用价值分析和价值工程来消除浪费。

(11)对于适当采购的新合同和将要更新的合同,考虑使用国际标准。

7.4.3 长期或战略性成本削减

长期或战略性成本削减方案如下:

(1)减少结构层次、削减规模,使采购扁平化,以最小成本实现最大化过程效率。

(2)集中采购或者分散采购。

(3)流程设计或再造、精简和整合流程,消除不必要的活动和流程的低效。

(4)应用 ICT 和自动技术,简化流程。

(5)建立具有成本和价格优势的协作型供应关系。

(6)供应商基础合理化。

(7)发展精益供应和精益生产。

(8)与关键供应链伙伴合作进行成本降低计划。

(9)选择适当的采购。

(10)非核心业务外包。

7.4.4 供应的协作性和竞争性模型

成本削减活动的关键点:既可以通过竞争性的方式,也可以通过协作性的方式或两种方式的混合,达到价格和成本削减目的。

1. 竞争性供应关系获取竞争优势的技术手段

(1)多供应源搜寻,发挥竞争性定价的机会优势。

(2)进行激励价格谈判。

(3)规格标准化。

(4)规模采购。

2. 协作性供应关系在成本降低方面的作用

(1)成本降低不能仅局限在采购方或者供应商中,而是应该出现在双方的互动活动中或者价值链的"链接"中。

(2)与各自寻求成本节约不同,协作性供应关系致力于寻求为整条供应链节约成本,从而提升整条供应链的竞争力。

(3)目标成本法、开放账本成本计算以及成本透明等技术依赖于供应链成员间紧密的合作和信任。

(4)精益供应、供应基础精简、外包、供应商早期参与、并行工程、系统整合以及联合需求管理等成本降低的方法都依赖于供应链伙伴之间紧密、信任、长期关系的发展。

7.4.5 针对价格与成本削减的谈判

1. 价格与成本削减的谈判的适用情况

(1)在降低短期成本是首要目标时。

(2)杠杆类或战术性利润采购。

(3)供应商存在成本管理或在定价中获取不合理的利润率。

2. 价格与成本削减的谈判的风险

(1)增加了可持续性风险并导致声誉风险。

(2)供应商降低成本导致较低的服务与质量水平。

3. 协作性供应链关系中价格与成本削减的谈判的技巧

(1)一种整合式的或双赢的谈判风格,确保听取供应商的成本关切,鼓励供应商保证可持续的利润率,做一些让步或利益交换以便双方都从结果中有所收获。

(2)针对奖励措施、收益分享或风险与收益协议进行谈判,以便平等分享供应商成本削减的好处。

(3)针对长期的、需求驱动的合同进行谈判,以降低交易买卖成本并支持供应商进行成本有效的计划和提高产能利用率。

(4)总括订单:供应商保证在一个约定的时间期限内以一个约定的价格提供估计数量的物品。

(5)按需分批供货合同:采购方保证在合同期限内采购一定数量的物品或服务。

(6)系统合同:要谈判一个主合同涵盖某一种或多种特定物品重复采购的商定条款与条件。

(7)批量合同:为较高的需求批量提供价格激励。

>>>> 7.5 供应基础的优化

控制供应风险的方法之一就是对任何一种或一类采购都保有较多的经过资格预审以及批准的、能够满足采购方需求的潜在供应商。

7.5.1 供应源搜寻

1. 单供应源搜寻

（1）定义

单供应源搜寻：供应商基础的规模狭小化的极端，就是只选定一家供应商发展更为密切的伙伴关系或者签订独家供应合同。

（2）单供应源搜寻的适用情况

①总需求太少，不值得把订单拆分给几个供应商，否则搬运和处理的单位费用太高。

②某一家供应商在声誉、质量、价格等方面的优势远超其他对手，实在没必要另找别家。

③供货所需的启动费用高昂，采购方使用多家供应商并多次支付费用得不偿失。

④供给有风险或匮乏。

⑤买方希望获得供应商的承诺以及共同投资或者其他优惠待遇。

2. 双供应源搜寻

（1）定义

双供应源搜寻：选定两家供应商发展更为密切的伙伴关系或者签订独家供应合同。

（2）双供应源搜寻的优点

采购方与选定的供应商建立更加协作、更加专注的伙伴关系，以将供应风险降到最低。

3. 多供应源搜寻

（1）多供应源搜寻的优点

①有效应对供应短缺或中断和需求发生未曾预料的高涨等意外事件，保证供应。

②灵活应对买方和供应商所处的环境发生改变。

③选择高兼容性的供应商以提高供应链竞争力。

④供应商相互竞争从而削减成本。

（2）多供应源搜寻的缺点

①订单分散，享受不到杠杆折扣，增加不必要的采购成本。

②失去了与较少供应商间可以发展的合作关系，从而丢失了那些供应商可以提供的增值服务（持续改善、在创新和质量方面的联合投资、更好的沟通和整合等）。

③可能产生浪费，比如从不同的供应商订货可能产生更多的库存，以及采购的行政成本等。

7.5.2 供应商优化

供应商优化，即供应基础优化，是采购方优化与之打交道的供应商数量的过程，主要是一个减少或合并的过程。

1. 供应商优化对成本优势做出的贡献

(1)降低市场、供应源搜寻和交易的成本。

(2)降低供应商管理成本。

(3)使采购方有更多时间致力于战略性成本削减活动。

(4)开发利用供应商关系与能力,用以持续改进、消除浪费和其他成本削减项目。

(5)对最佳供应商授予额外业务,这可以激励竞争性供应和持续的成本缩减。

(6)支持需求汇集规模经济。

2. 供应商优化的步骤(见表3-7-2)

表3-7-2　供应商优化的步骤

步骤	说明
供应商分析和划分	对当前的供应基础详细分析,使用支出分析、帕累托分析、供应定位分析、供应商偏好模型分析等
建立评估要素	发展供应商赢得订单的考核要素(例如,质量、环境管理标准、商务能力),一般由跨职能团队来确定; 也可以加入战术要素,比如采购量不能占供应商产能的25%以上或5%以下
供应商评估	针对所建立的评估要素对供应商进行评审
供应商选择	内部沟通很重要:供应商的淘汰,如果没有流程审核和平衡的话,可能会引起与其他利益相关者的冲突; 检查当前的合同责任,这可能使某些供应商不能马上被淘汰; 设计技术规范,以防止将来供应基础扩大(标准化)
实施计划	发展一个可行性的实施计划; 将淘汰的供应商清退出去

3. 供应商优化的缺点

(1)增加了对供应商的依赖性,导致暴露于供应商和供应风险之中。

(2)供应商不思进取,降低了供应的竞争力。

(3)减弱了供应创新能力。

7.5.3　需求聚集

1. 需求聚集的作用

(1)规模经济,降低成本。

(2)集中采购获取价格优势。

(3)集中采购获取议价权。

(4)实现供应商基础优化。

2. 需求聚集的措施

(1)集中采购。

(2)用采购卡购买低价值重复采购的物品以便于集中处理发票。

(3)谈判系统合同或一次订单多次供货合同。

(4)联合采购。

(5)标准化。

(6)设计或重新设计物流网络来支持合并的订单。

(7)外包第三方来处理需求合并的流程和活动,可以获取规模效应。

3. 需求聚集的缺点

(1)降低了灵活性和敏捷性。

(2)产生的大订单不利于中小企业发展。

7.5.4 联合采购

采购联合体:数个不同的组织为了采购货物或服务而结合成一组。

1. 联合采购的优势

(1)联合采购可以获取更大的折扣。

(2)联合采购可以签署框架协议,简化其成员单位的采购行政工作。

(3)联合采购的成员单位可以充分利用他们各自的专长、知识和关系网。

2. 联合采购的劣势

(1)大量的成本和努力花费在成员单位间的沟通和协调及规则的发展。

(2)成员单位之间存在透明性问题。

(3)联合采购体与供应商的合同谈判和决策过程过长。

(4)成员单位没有义务按照约定好的技术规范采购。

(5)特别大的联合采购体可能违反那些针对市场中处于过于强势地位的公司所设立的法律法规(比如操纵价格)。

7.5.5 标准化和品种减少

采购方之所以关心标准化,还有另外一层含义,即品种减少。

1. 标准的定义

标准是规定了产品和服务需要达到的最低性能水平或质量要求的文件,是一份公开发布的规格。标准制定了行业共同语言,包含了技术规格及其他精确的要求描述,旨在成为一份规则指南或定义。

2. 标准化的好处

购买的物品如果能实现标准化,会在很多方面提高效率和节约成本,具体如下:

(1)规格。如制定通用物品的规格,而不是成本很高的那种定制的、自行设计的或变化的物品。

(2)采购。如进行集中采购,从而发挥大宗采购的折扣优势,降低交易及材料处理成本。

(3)运输。如使用标准载荷及集装箱,使多式联运及高效率的载荷安排成为可能。

(4)库存。如降低仓储面积要求,降低很少搬动或基本用不上的物品过时或变坏的风险。

(5)质量管理。如考虑减少物品种类和采用的标准,使符合质量的监测和测量变得更容易,有利于提高供应商关系管理。

3. 外部质量管理标准对规格的影响

(1)将标准作为一种简便的工具,来明确自己对所采购产品或服务的质量,安全及性能水平,特性及公差的要求。

(2)通过获得某个质量体系的认证或证书,使自己的绩效完全符合质量及环境管理标准的要求。

（3）要求或鼓励供应商做到完全符合质量管理标准,以保证或展示自己的供应链的质量要求。

7.5.6 库存增生

① 库存增生的定义

库存增生是指随着时间的推移,类似但又有稍许差别的库存或生产物品的品种数量不断增加。它是指库存物品范围的扩大,而不是库存物品数量的增加。

② 库存增生的不利后果

（1）不必要的库存持有及搬运成本。

（2）不必要的规格成本及交易成本。

（3）交易成本上升。

（4）存在着质量降低的风险。

（5）存在过时、变质或损坏等浪费的风险。

③ 库存增生的原因

（1）使用者的倾向。

（2）员工的变动。

（3）负责制定规格的个人或职能部门未查清相似的物品是否已经被采用,或商业需求是否通过使用现有库存物品或通用物品就可以满足。

（4）企业的库存管理信息系统不是很完善,很难查清哪些物品已经被使用。

④ 库存增生最小化的途径

标准化,品种减少。

 本章思考题

1.区分开放账本成本计算和成本透明。

2.解释开放账本成本计算可能产生的道德与可持续性问题。

3.在固定价格合同中大部分财务风险由采购方承担是对还是错?

4.解释合同价格调整条款是如何发挥作用的。

5.列举在定价条款中可能包括的供应商激励措施。

6.列举管理成本削减活动的五个步骤。

7.为什么协作性供应关系在保证成本削减中更为有效?

8.解释多供应源搜寻的缺点。

9.供应商优化如何为采购方的成本优势做出贡献?

第8章　供应链管理中的协同

计划协同是供应链管理最重要的手段和工具,协同的目的是改进供应链管理并通过创新强化供应链的竞争力。

◎ **本章目标**

1.理解跨职能协同的重要意义。

2.熟悉并掌握供应商早期参与(ESI)的知识和方法。

3.熟悉技术转让的有关规定和程序。

>>>> 8.1　跨职能协作

8.1.1　采购与供应链管理中的跨职能团队

1. 跨职能合作趋势的原因

(1)采购部门越来越多地参与战略决策。

(2)供应链思想被越来越广泛地接受,需要运用更加集成性的方法来处理价值流。

(3)更好地利用ICT的快速发展。

(4)世界级系统(MRP、TQM)的采用需要跨职能团队实施。

(5)全球市场和技术的复杂化和动态化需要更大范围的专业支持。

(6)对某些任务来说,团队能力超过个体。

2. 跨职能团队的形式

(1)多职能团队

团队成员来自不同的职能或部门,以便于集中或交流他们各自的能力。

(2)多技能团队

团队成员都拥有多项技能,每个人都可以单独完成任何团队任务。

(3)项目团队

短期组建跨职能团队以完成某一特定任务,团队随着任务的完成而解散。

(4)虚拟团队

为完成某一特定任务,在地理位置上不在一起的一组成员所组成的团队。

8.1.2 跨职能协作

1. 跨职能协作对供应链改进的作用

(1)可以汇集各种观点、专业技能及资源,有助于产生新颖的和综合性的问题解决方案、提出协作实施或过程改进的建议。

(2)协调跨越纵向边界工作流及沟通,保证通向客户的增值流免受纵向边界阻碍。

(3)缩短完成任务的时间:降低开发成本,缩短上市时间和供应源搜寻周期时间等。

(4)提供了一个平台和众多相关的联络,整合供应商参与其中。

(5)汇集不同的专业技能与知识,有利于创新与相互学习,可以避免冗长的纵向沟通及授权渠道,从而迅速做出决策。

2. 跨职能团队的缺点

(1)团队成员代表了不同的观点和利益,有时会耗时、复杂化、产生冲突、妥协。这样做出的决定代表了大部分成员的意见,却不一定是最好的。

(2)矩阵式结构和跨职能关系可能会缺乏清晰的职权界线。

(3)双权力结构有时会产生冲突,特别是在团队成员需要向自己的职能经理汇报的情况下。

(4)在真正高效工作之前,团队往往需要花时间来发展,比如消除冲突、建立信任、分配角色、决定工作方式等。

(5)一些实际工作中碰到的困难,比如,难以组织会议、难以传达信息。

(6)团队与组织的其他各个职能部门比较,本身可能形成"孤立"。

8.1.3 跨职能团队与规格制定

1. 采购人员在规格制定过程中的贡献

(1)对供应市场的了解:分析标准物品的可获得性、有能力供应商的可获得性、市场价格、风险因素等影响。

(2)对供应商的了解:引进通过资格预审的供应商,促进技术规格的制定。

(3)对采购商务问题的了解:确定规格中关于供应商持有库存、反应时间、维护范围等内容制定。

(4)对采购相关法律的了解:规格制定符合国家及国际相关标准,健康、安全及环境保护方面的法律法规要求,即采购方法的相关规定。

(5)对采购原则的了解:关注使用者的真正需求,向他们期望得到的性能水平或公差提出疑问,并力求在这些领域获得收益。

2. 制定规格的途径

(1)采购人员早期参与。

(2)非正式参与。

(3)正式委员会。

(4)采购协调员。

>>>> 8.2 对设计与开发的跨职能输入

8.2.1 供应商早期参与

1. 供应商早期参与的定义

供应商早期参与(ESI):采购方应当在产品或服务开发过程中的早期阶段邀请潜在的或首选的供应商参与。

2. 供应商早期参与的目的

让符合资格预审的供应商对于产品或服务设计的改进、生产成本的降低等主动提出建议,贡献采购方所缺乏的技术专长。

3. 供应商在产品开发中的贡献

(1)在产品开发过程中,供应商还可以对设计提出建设性的批评。

(2)在工程设计可能进行修改时建议使用替代材料或制造方法。

4. 供应商早期参与的优缺点(见表 3-8-1)

表 3-8-1　供应商早期参与的优缺点

优点	缺点
产品开发时间快、投入市场快	如果观点冲突或效率不高,产品开发时间反而更长
产品技术规范得以改善并且更利于生产加工	需要大量的投资与公司间的沟通
产品质量更好、开发成本低	由于对研发的共同投资,如果选择了不适合的供应商的话,则会陷于困境
与竞争对手相比,提前接触新技术	由于目标和出发点不同,可能产生冲突
分享专业技术,共同解决问题	供应商或技术不熟悉产生的风险
互相交流知识和信息,建立信任和联盟	有泄露信息和知识产权的风险
对供应商的能力有更好的了解	有产品或服务围绕供应商来设计的风险(依赖性)

8.2.2 同步工程

1. 同步工程的做法

在产品开发初期,组织多种职能协同工作的项目组,使有关人员从一开始就获得对新产品需求的要求和信息,积极研究涉及本部门的工作业务,并将意见和建议提供给设计人员,使许多问题在开发早期就得到解决,从而保证了设计的质量和可行性,避免了大量的返工浪费。

2. 要发挥同步工程的作用,需要进行以下观念的转变

(1)概念开发必须远离市场的观念应转变,采购实体应对团队协作概念真诚承诺。采购实体对是否真正达到伙伴关系存有疑虑,结果造成供应商感觉自己的参与得不偿失,这种情况应当改变。

(2)必须认识到设计在降低成本、提高质量和满足客户期望方面的关键作用并为之配备资源,积极发挥同步工程的作用。

>>>> 8.3 促进供应链创新

8.3.1 创新

1. 创新的定义

创新:对新想法的成功开发,即对新想法的发展、综合、扩散、采用和商业化,不仅仅是发明。

2. 创新被行业或市场接受过程的三个阶段

(1)发明:为一个产品或过程发明了科学上或技术上的新想法。

(2)创新:将一些想法发展为可销售的产品和过程,并投入市场。创新或产品开发包括原型设计、可行性研究、技术和市场测试等。

(3)推广(或转化):创新被个人和组织越来越多地采用,并逐渐得到广泛应用,这使其随时间推移越来越有效。

8.3.2 供应创新的焦点

设计、采购实践和供应市场中的创新的焦点常常放在市场和竞争者信息、对标、知识管理等各种想法上。

8.3.3 突破性创新与持续改进

1. 供应创新过程的形式

(1)满足之前未满足的市场需求。

(2)基于新的科学和技术,服务现有的市场需求。

(3)将现有的产品、流程和服务应用于新的领域。

(4)现有产品、流程和服务的现有应用进行渐进式的创新。

2. 渐进式创新

渐进式创新是一种基于持续改进的创新方式,可以产生显著的累积效应,是以已知的能力和稳定的解决方案为基础的一种相对非创伤性的、低成本的变化过程。

8.3.4 远期承诺采购

远期承诺:指双方约定在未来的某一确定时间点,依据合同约定的条件,履行合同的义务,包括远期合约、期货以及互换(如货币互换)。

远期承诺采购的主要内容:采购实体向市场发布未来需求,包括技术规格、产品性能和采购规模等,与响应的供应商等企业事先沟通协商,在供应商提交的创新解决方案基础上,供需双方签订创新采购合同;当创新产品性能在合同约定的框架内满足采购需求时,采购实体须按约定的规模和价格采购创新产品。

8.3.5 与供应商客户的协作

1. 真正的创新性供应链思维

链主的供应链管理部门牵头全链的整合、协同,供应商及客户可能遵照矩阵型或项目型管理结构被组织到特定的供应链单元中,由所有参与者分散控制和分担责任。

2. 基于供应链协作的最佳实践采购技术的供应链创新

(1)供应商早期参与和伙伴合作。

(2)供应商开发、技术分享和最佳实践分享。

(3)创新委员会。

(4)跨职能创新督导组。

3. 大型组织创新计划可能带来的问题

(1)顶层管理者很难通览活动与资源投资的水平,从而缺乏对创新的可视性。

(2)各种创新计划可能是以分割的和没有得到协调的方式在进行。

(3)创新计划与企业战略和目标不一致。

(4)导致时间、资金和人力资本方面的浪费。

8.3.6 创新委员会

创新委员会是一个由高级经理组成的小规模的跨职能团队,负责监控和指导整个企业中的创新管理活动。

1. 创新委员会的主要作用

(1)确保创新活动在整个组织中得到了协调。

(2)确保创新活动与企业目标一致。

(3)确保创新计划得到了适当流程和资源的支持。

(4)解决创新活动遇到的商业障碍。

(5)为创新活动提供治理结构和管理层的支持。

2. 创新委员会具体的开发责任

(1)制定战略决策,如在何处、何时和如何追求创新。

(2)制定创新指标,用以判断一项创新活动的成功或失败。

(3)制定协调流程。

(4)对成功的创新,制定并管理奖赏机制。

8.3.7 供应链创新的其他举措

1. 供应商论坛

供应商论坛:定期或不定期将主要供应商召集在一起会面,目的是分享信息、技术专长和最佳实践,鼓励共同解决问题和制订改进计划。

2. 供应商协会

供应商协会:一个组织的供应网络的各成员之间进行协作的一种正式的结构,定期将关键供应商召集在一起,共享信息、专长和最佳实践,鼓励共同解决问题和改进计划。

供应商协会的作用：

(1)促进供应商网络的信息流动以及采购方和供应商之间的高效沟通。

(2)创造"良性循环"，最佳实践的分享促进供应链内的学习和改善。

(3)使得供应商跟上市场的发展。

(4)提高供应链的敏捷性和灵活性，能够根据市场的发展进行相应的调整。

(5)支持供应商早期参与和供应链创新。

(6)帮助那些缺乏专业技术资源的小型供应商。

(7)支持供应商发展和可持续性、提高市场占有率、保持业务关系的稳定和分享知识。

(8)提高业务关系的长久性和强度。

>>>> 8.4   技术转让

8.4.1   技术转让的定义及方式

技术转让又称技术转移，是指技术在国家、地区、行业内部或之间以及技术自身系统内输入与输出的活动过程。技术转移包括技术成果、信息、能力的转让、移植、产业化、引进、交流和推广普及等。

技术转让的方式：

(1)技术知识、管理专长、咨询和培训。

(2)向新技术或研究与开发的投资或联合投资。

(3)为新技术产品和流程提供设计专利。

(4)最终的技术产品、机器和工具，如计算机、移动电话、生产设备、车辆等。

8.4.2   技术转让的注意事项

1. 技术转让的一些缺点

(1)很高的启动成本和资金投入，这可能使得小企业无法采用更先进的技术。

(2)较高的起始学习曲线成本，包括用户的培训，用户在学习系统期间初始错误的成本，在初始阶段新系统与老方法并行运行时可能出现的混乱。

(3)可靠性问题，特别是在开发的早期阶段，软件中的漏洞风险和初期故障。

(4)兼容性问题，比如说如果要求该系统与供应商的不同系统一起运行，或者主要供应商没有这一技术，就会出现兼容性问题。

2. 企业在采用技术转让时存在道德问题

(1)如果没有能力投资协作性技术，强迫小供应商采用技术转让可能是不道德的，也会损害长期关系。

(2)流程不断自动化意味着人员配备会发生变化，会导致裁员等问题。

(3)任何重大的变化都可能成为不安全性、阻力和绩效损失的来源。

(4)技术变更要求利益相关者的教育、协商和管理同步跟上。

本章思考题

1. 列举采购与供应链管理中越来越多地使用跨职能团队协作的原因;列举这一过程可能的缺点。

2. 供应商以哪些方式对产品开发过程做出贡献?

3. 同步工程是什么意思?

4. 远期承诺采购的定义是什么?

5. 创新委员会的主要作用是什么?

6. 技术转让是什么意思?

7. 列出技术转让可能的缺点。

第9章　供应链管理的数字化建设

数字化转型,是人类社会经济转型史上最伟大的一次社会经济转型。数字化建设和转型是大势所趋。所有行业,包括供应链,要么数字化,要么被淘汰。

本章目标

1.理解实现供应链管理数字化的条件。
2.熟悉实现供应链管理数字化的路径。

>>>> 9.1　供应链管理的数字化

9.1.1　信息化、数据化、数字化与数字化转型

1. 信息化

经济活动的全过程,通过计算机、各种信息系统、互联网加工生成新的信息资源形式,再呈现给使用者。

2. 数据化

数据就是信息的表现形式和载体。数据化就是把一般现象转化为可制表分析量化形式的过程,是对信息进行管理的一种形式。通过对信息的数据化处理可以提高决策的正确性和效率。

3. 数字化

数字化就是对图像、声音、文字等信息进行二进制转码,使之转化为计算机能够读取和处理的电子信号的过程。对信息进行转码的技术称为数字化技术。

数字化技术转码了无数信息,虚拟空间不但积累了庞大的数据池,也产生了大量的数字产品。数字和实物的交融让社会进入数字时代。

4. 数字化转型

数字化转型比数字化更广泛,它指的是业务和商业模式的数字化变革(模式、组织、流程、管理)任务。因此将变革作为核心竞争力,帮助企业/组织从端对端成为客户导向和驱动的智慧企业/组织。

9.1.2 数字化采购的内涵

1. 麦肯锡对数字化采购的定义

供应商和商业用户通过大数据分析、流程自动化和全新协作模型,提升采购智能效率,大幅降低成本,从而实现更快捷、更透明的可持续采购。

2. 德勤对数字化采购的定义

通过应用人工智能、物联网、机器人流程自动化和云端协作网络等技术,打造可预测战略寻源、自动化采购执行与前瞻性供应商管理,从而实现降本增效,显著降低合规风险,将采购部门打造成企业新的价值创造中心。

3. 数字化采购的表现形式

从某种意义上说,在数字化采购模式下,采购人员可以通过笔记本电脑或手机终端,实时查看市场部所有过去和当前的支出情况,包括购买了哪些产品和服务,以及支付给哪些供应商。此外,智能代理会借鉴各种交易和相关数据、市场情报以及智能代理自学的知识,帮助采购人员执行采购流程,做出正确的选择。

数字化采购能够为决策者提供更全面的视角,可以降低风险、提高合规性,增加采购部门可管控的支出项目,帮助企业大幅提高采购速度、效率与敏捷性。

4. 数字化供应链

数字化供应链就是以数字平台为纽带将供应商和市场用数字技术连接起来,通过平台产生聚集价值和知识价值并最终提高企业的核心竞争力。现代供应链构成一种新的生产方式。

在网络架构和功能确定的情况下,采购需求引导供应链管理。

企业具体的采购需求就是网络中的一个模块。众多的模块为供应商集聚创造了竞争条件,产生聚集价值;平台对聚集的数据智能学习、采用算法产生知识价值;平台产生的价值和供应链视角下采购对企业盈利杠杆作用的叠加会显著提高企业的竞争力。

5. 数字化供应链的核心

数字化供应链的核心体现在三个方面:

(1)有一系列智能化手段和数字化工具,支撑整个供应链体系和生态效率的提升。

(2)供应链伙伴之间形成互动协同、创造价值的体系。

(3)扎根于对产业的深刻理解。

企业数字化供应链管理是从建立并实现电子化采购开始的。

9.1.3 数字化供应链参考架构

数字化供应链参考架构如图 3-9-1 所示。

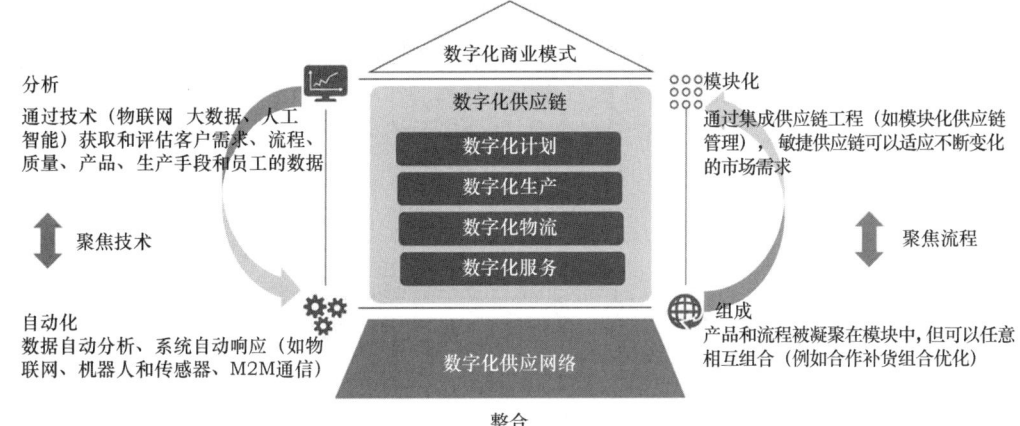

图 3-9-1 数字化供应链参考架构

⟫⟫⟫ 9.2 供应链的数字化条件

9.2.1 电子化平台的转型升级

❶ 电子化平台的转型升级

目前绝大多数电子采购系统还是属于采购供应链 1.0。采购供应链 2.0 是以采购供应链 1.0 为核心基础,按照运营数字化、供应链计划和供应链决策优化这三个阶段实现采购供应链的迭代和发展。采购供应链 2.0 整体框架的五大特性分别为:

(1)统一平台。

(2)全流程管控。

(3)内外协同。

(4)全程可视。

(5)智能管控。

在 2.0 电子交易平台上,企业能够基于沉淀的数据,普遍使用 RPA、数据驱动、区块链技术、协同网络及物联网等创新技术,真正实现精准预测和智能运用。未来这些技术将在采购供应链中快速应用,为企业创造更多的价值。

从根本上说,数字采购供应链管理的目标是构建大型企业智慧供应链体系,包括智能采购、数字仓储及物流、全景质控三大业务链,通过内部跨专业深度协作、外部供应链高效协同,建立供应链运营中心以实现采购业务智慧决策。

❷ 实现数字化采购的要素

(1)数据挖掘和管理

大多数情况下,企业采购部门只收集交易数据,偶尔收集细项数据,并不注重收集背景信息,尤其是与流程步骤有关的流程数据,无法有效利用海量数据分析供应商、定价、市场和众多其他因素,因此很难做出最优的商业决策。此外,企业也没有充分利用各种重要的外部数据和第三方数据。

要打造真正的数字化采购体系,企业应当有意识地获取比现在多得多的数据。"采购体系内的所有数据"不仅包括采购流程数据,还包括与采购活动相关的其他流程所产生的数据;其中,发票和付款数据可用于了解价格和流程的合规情况,以及流程信息。"采购体系以外的数据"(比如,深入而全面的行业和市场信息等)则可帮助企业计算总拥有成本和价格杠杆,从而判断该采购哪些物资,以及从哪些供应商处购买。

(2)技术工具箱

如果说数据是数字化采购的燃料,技术就是数字化采购的引擎。这里所说的技术,并不是支持业务流程的 ERP 系统,而是连接并赋予数据含义的技术,尤其是人工智能、自然语言处理、数据分析和机器人技术。通过数据与上述技术结合在一起,企业能够实现各种业务活动和流程的自动化,在特定情况下,还能实现高级的智能化。

人工智能技术现在已经发展到非常惊人的阶段。认知计算的最大特点可以用 URLI 来解读。U 指的是 Understand,理解。R 指的是 Reasoning,推理。L 指的是 Learning,自我学习、深度学习。I 指的是 Interactive,交互,机器跟人之间可以用自然语言去交互。所以认知系统一定需要具备这四个特点,才有可能达到如今人工智能的水平。

在人工智能技术中,还有一个概念叫亲密计算(Intimate Compute)。这个关系已经不再是机器和科学家之间的交互,更多的是使用者和机器之间的交互。也就是说,每天的衣食住行,所有的需求,都可以讲给 Watson(智能机器人)听,我们可以用自然语言跟它交流,它立刻就能帮助寻找到最贴合的采购对象,这样,认知技术用在企业采购领域中将不再是遥远的事;各种交易平台的整合为大数据的应用创造了条件,其中电子信息系统的不断创新将引领电子招标行业不断发展并最终使国有企业采购进入一个智慧采购的新阶段。

(3)直观的用户体验

数字化采购需要提供直观且有吸引力的用户体验,鼓励采购人员使用(而非绕开)在线采购工具。使用的人越多,采购效率就越高,企业采集的数据量也越大。对于数字化采购来说,理想的体验莫过于像亚马逊的商品推荐那样,通过一个门户网站,以简单明了的方式呈现相关信息,方便用户做出正确的决策。"杂乱的事情"全部在后台发生,用户完全意识不到。

(4)技能与人才

创建和运作数字化采购体系,远非采集更多数据和使用数字化工具那么简单,还需要构建一个由各领域专家组成的跨职能团队,其中包括:

①数据科学家/AI 专家:他们知道如何构建模型来处理数据,并梳理不同的关联性。

②品类/行业专家:他们能够判断出这些关联性到底是有意义的,还是纯粹巧合。

③IT 专家:他们熟悉技术工具和软件应用程序,了解如何将这两者结合在一起有针对性地提出解决方案。

④设计专家:他们擅长开发有吸引力的用户体验,使用户愿意使用相关工具,而不是排斥它们。

(5)新流程和新运作模式

数字化采购为采购人员和供应商提供了全新的协作与互动方式,使所有相关方都可以更加方便地获取数据和洞察。为了充分利用这些新功能,企业应该重新审视其流程,甚至采购部门的运作模式,从而匹配新的工作方式。

9.2.2　供应链的数字化条件

建筑业供应链的数字化,就是在实现电子化采购的基础上,将各类采购数据和对应的管理数据通过数字化的形式记录在平台上,通过平台对数据的分析来高效驱动管理,推动供应链的建设。

1. 采购管理标准化

企业管理标准化是信息化的基本前提,是企业数字化转型的保障。要实现建筑业供应链的数字化建设,需要对供应链相关管理活动进行标准化的梳理。任何数据和信息如果失去了标准的定义,则不会产生价值,也不能发挥驱动管理改进的作用。在采购管理标准化进程中,需要实现采购管理流程、采购管理表单、采购管理数据的标准化设置与定义。

2. 采购基础数据真实可靠

数字化的前提就是主数据完整可靠。因此要建立统一的数据规范,完善数据的流动和数据属性补充,在此基础上通过智能化手段不断清洗完善数据,实现数据的有效治理。在今后的数据管理上,要充分利用大数据来管理数据,建筑业的物料编码是不断增加的,现行的建筑业物料编码标准体系实用性不足,需要建立数据智能识别体系,不断规范数据的基础属性。

建筑业采购的基础数据,由于地域和管理模式的差异,往往会出现较大的数据基础偏差,特别是在材料名称、规格、单位上会有较大的差别。同一种材料会出现多种名称,以钢筋为例,就可能有"钢筋""螺纹钢""热轧带肋钢筋""HRB400""HRB400E"等多种名称。材料的计量单位也可能会有"吨""千克""根"等多种单位。此外,在材料的基础数据上,问题更多的是数据的错误或缺失,如收货价格、收货周期、入库/出库时间、品牌及质量情况等。

3. 主数据标准

建筑业由于其劳动密集型、项目需求多样性的特点,其涉及的各类生产资源品类繁多,数据标准并不统一。与采购密切相关的供应商库、清单库、物料库、品类管理等都没有成熟的国家或行业标准,因此,建筑业的供应链数字化建设,需要结合行业、企业管理现状,探索和建立适应的主数据标准。

4. 数据的规范与清洗

在现行的建筑业采购体系,采购员整天忙于下单催料,进场验收,暗无天日地处理着大量的表格、数据、报表。然而大数据的积累,尚未能促进大数据的应用。采购人员的报表系统仍不规范,数据向上汇总困难。基础数据的智能分析不够完善,数据的积累和应用做不到相互促进。要实现数字化转型,就要着力夯实基础数据体系,打牢"数据大厦"的地基,针对过于粗糙的数据、异常数据进行专项治理检查、数据清洗。

案例　在中国建筑系统推广采购交易网运用的前几年,材料中心运营管理力量欠缺,导致材料中心的物资主数据冗余高,信息不完整、商品重复编码、无效商品居多等问题。仅仅钢筋分类配置就有9个属性,此分类下已创建商品2万多条;圆钢分类配置有9个属性,此分类下已创建商品近2 000条。这使云筑网大量的招标、订单及结算数据,无法实现大数据分析与预警,没有给各工程局的招采业务带来有效、准确的数据支持。

因此,中建股份牵头,根据施工项目实际的物资采购需求,整理建设施工项目所需物资主数据,对数据实施清洗。通过确定商品分类和映射关系、优化分类属性、关闭临时商品创建入口等措施,实现钢材类(钢筋类、圆钢类)物资主数据的标准化。通过数据清洗,将3万多条凌乱的分类数据标准化为最终实用的 500 余条,并且实现了与第三方钢材信息平台的价格联动。

>>>> 9.3 供应链数字化的路径

"十四五"规划指出,发展数字经济,推进数字产业化和产业数字化,推动数字经济和实体经济深度融合,打造具有国际竞争力的数字产业集群。我们要继续推动互联网、大数据、人工智能和集团建造业务的深度融合,促进供应链数字化、智能化和国际化转变。

9.3.1 用数据穿透管理

建筑工程项目,往往有着阶段性、流动性和不可复制性的特点,且在其供应链上,业主、设计、监理、施工企业和供应商单位难以协同,管理效率低下,资源利用不充分。

项目上的所有数据都潜藏着必要的关联性,比如工人多了,电费必然会增加,材料消耗也会增加。那么,我们的数据实际上可以通过这些关联转化为及时、高效的决策依据。通过大数据,将不能确定的管理,用数据去规范、改良;将不同类型的项目采购需求提前确定出来,有效规划采购。建立数据管控机制,用大数据做决策依据,不好做决策的事项,多用数据辅助决策。同时要深挖数据背后的潜力,建立不同的数据运用场景,做好采购规划,让采购有足够的时间融入前期设计、投标阶段。

1. 数据的分析和管控要点

建筑业的材料,由于其特点,大体可以分为三类,即大宗物资、一般性材料、零星材料。

(1)大宗物资一般占建筑业采购总份额的 70%~80%,如钢筋、混凝土、水泥、砂石料等。该类材料占用资金量大,使用量大,对工期影响程度高,应做重点管控。大宗物资占用资金大,对现金流要求较高,资金成本大且通常拖欠款严重,容易因资金问题出现断供、停供等现象。对于这类物资,尽可能地要及时性采购,做到按需按量及时供货,避免囤积大量库存。然而由于国际重要事件、国际关系、政策行情变化等较多不可控因素,市场上的大宗物资价格波动较大,需要针对行情做一定量的囤货对冲,其数字化管控价值极大,大宗物资是采购降本的核心。

大宗物资的采购就是由于其不确定性强,难以充分发挥规模效益,因此,可以通过历年度的数据积累,对采购的规模、增长幅度、使用旺季、价格波动情况等通过大数据分析,模拟需求情况,提前规划采购,与厂家做好沟通,降低供应链成本。

(2)一般性材料占建筑采购总份额的 20%~28%,此类材料一般用量不大不小,需求各异,对资金需求量不大,但规模效益不易实现,应备好安全库存,在条件合适的情况下,做好采购规划,让供应商也能适当了解工程的生产周期,做好排产规划,定期补货。如安全网,应及时备好库存,在需要大量进场安全网的时候,能够及时补货,消除安全隐患。又如建筑二次机构时期使用的加气块,如果工期紧,又恰逢环保限产,更是要提前与厂家沟通,让厂家提前调整安排产能,确保供应及时而不耽误工期。

可以通过历年度的数据积累,对采购的规模、库存情况、资金周转情况等通过大数据分析,提前规划采购,充分利用大数据规模化采购,降低供应链成本。

案例 中国建筑某单位在寒冷地区,因为冬歇期时间较长(一般 4 个月),全年可利用的施工时间只有8个月。这8个月都是施工黄金期,也是加气块需求高峰期,对加气块等二次结构的需求也会集中爆发,导致供不应求,价格也就水涨船高。通过对过往几年采购的大数据的分析,调整采购策略,在冬歇期到来之前,计算次年二次结构加气块的用量,待冬歇淡季时,与加气块厂家签订合同,仅支付30%货款,就可以以较低的价格锁定供应量。项目现场条件允许的,冬歇期期间运送至工地;项目条件不允许的,次年开工再送货。通过以上错峰采购,既降低了采购成本,也保障了次年高峰期需求。

(3)零星材料一般占建筑总采购份额的2%~3%,但占据了建筑业采购的绝大部分种类。这类材料品类繁杂,从五金工具到劳保用品,需求量小,没有采购量的优势,没有降低库存的收益,大型供应商配合程度较低,小型代理商价格高昂;在供应时间上,零星材料往往缺乏计划性,紧急采购成为常态,有些材料恨不得在两三个小时内到场;在使用需求上,往往也需要一定专业经验,采购者未必能及时理解需求,需要耗时间去沟通。在传统模式下需耗费物资人员60%以上的精力去完成,却起不到降低成本的效果,账务方面也繁杂,难以规范。

此类物资,可以通过数字化分析,梳理出全公司全年的需求总量,制定一定的采购规划,避免按单采购流程式采购,以超市化的模式进行采购管理。

案例　为了破解零星物资管理难题,中国建筑集团打造了专业的零星物资在线采购平台,提供涉及14个大类,900余个小类的30万余零星物资商品,构建了品类齐全、优质优价的专业化产品线。创新应用"主仓+区域配送中心+智能无人货仓"的多级配送方式,有效保证基层组织生产需要。

中国建筑集团还实现了零星物资的智慧采购,应用大数据、AI等先进技术,通过应用智慧选品推荐、智能库存调度等方式有效降低了人力、物力消耗。在实际应用中,成本降低率约14.81%;实现了"量、价双控",采购金额占比下浮30%,工作效率明显提升。3年来招标金额提升了119%,招标次数下降了36.4%。目前,云筑集采累计完成交易额达70余亿元,节约资金超10亿元。

此外,透过区块链对整个交易进行记账跟踪,向银行申请反向保理,整体融资利率在5%,降低了采购成本,有力支持了小微企业的发展。

② 数据可视化管理

数据积累到一定程度后,就需要对数据进行深度管理,挖掘数据的价值。而数据可视化管理,便是数据价值最高效的体现形式。现在很多企业在讲供应链数字化控制塔,这就是数据可视化管理的一个具体实现方式。

数据可视化管理的重点要根据采购的几个大的数据做可视化管控,主要表现在采购价格板块、品类市场分析板块、供应能力分析板块、付款情况板块、供应商排名情况等相关板块。数据可视化管理的精髓就是要做到"一张图一眼看出问题",这样才能用数据驱动管理,提质增效。

要做到数据的可视化管理,就要统一全集团物资采购项目基础报表,强化基础报表的应用,挖掘数据价值,不断促进管理提升。

案例　中国建筑某单位在执行钢筋战采、联采的过程中,发现管理层很难及时掌握项目采购数量及规格、供应商的库存及物流状态、资金的支付及欠款、各供应商的履约保供排名等信息。管理层经常需要通过下发通知、层层收集上报资料或者实地调研了解等形式才能了解局部的信息。基于这个管理难点,该单位在原采购订单管理信息化应用基础上开发了钢筋采购的数据看板功能,实时显示执行合同的订单、物流、收验货、货款支付等信息。通过集成可视化的数据,实现"一张图一眼看出问题",用实时的数据驱动管理精准匹配基层的需求。

3. 用数据提升资源配置效率

采购是供需匹配的过程;智慧采购,既是让采购实现高质量、高效率的供需匹配,也是实现供给侧结构性改革的有效措施。

建筑业的供应链,常常出现这样的情况。

案例 1 某新承接项目,有新型材料的采购诉求,但整个公司没有这方面的供应商资源,也没有这方面的采购专家。于是这项采购的寻源工作十分艰难,一方面要四处打听供应商资源,另一方面还需要学习此项材料的相关知识,以便招标顺利实施。此外,由于初次使用,双方的信用建立不足,体量规模也小,这便给我们的招采带来极大的挑战。

案例 2 某公司去外地开拓市场,由于项目数量少,合作前景不确定,双方未建立合作关系,再加上信用不足等影响,也找不到太多愿意合作的供应商。采购人员要花大量的精力去建立信任关系,完成采购任务。

这时候,数据互通的重要性便体现了出来。在供给侧,通过供应商信用考核体系,形成完整的供应商档案,对供应商进行分类、分档,特别是供应商的供应能力、质量情况、规模大小等,均可以迅速获得资讯。在需求侧,通过采购单位的实际采购需求、项目所在地点、项目规模、企业收支情况,有针对性地推荐合适的供应商,这样双方在合作的过程中更容易磨合,也能顺利地合作下去。

通过大数据进行供需的精准匹配,快速建立联系通道,有效提升项目寻找供应商资源的效率,项目部可以通过地图查找等模式实现高效寻源,让采购像"美团外卖"点外卖一样简单高效。

9.3.2 用数据联通供应链与产业链

国家"十四五"规划指出"推动传统产业高端化、智能化、绿色化",这就需要用数据联通供应链与产业链。有些基层单位疲于救火,疏于防火。究其原因,是数据并没有互联互通。

要用数据连接供应链上、下游,建立供应链上、下游的信息共享机制。建筑业有着大量的大宗材料采购需求,然而建筑业的大宗采购基本是小批量分散进场的,特别是房建领域的各类项目需求繁杂,批量小。大型的钢厂一般不直接与房建企业合作,而是通过中间代理商的模式进行合作。分散的需求也就分散了效益。这些需求如果通过大数据能够细致明确下来,足以让厂家配合做产能规划。大型厂家特别是钢厂的生产计划非常重要,如果能明确产能规划,将会大大降低厂家的生产成本,从而降低采购成本。诚然采购以降本为核心,供应链也以降本为核心,但采购降本往往是压榨供应商,不断地压缩供应商的利润,供应链降本则是支持/辅助供应商,降低供应商的生产成本,供应商的能力提升了,质量与效率都提高了,就可以实现利润共享。

要用数据连接企业资源。在项目管理过程中,有着大量资源无法及时调配,部分资源被当作废品处理,甚至有些资源常年得不到利用,失修损毁。特别是一些收尾项目,在项目末期会将大量的资源廉价处置,损失了较多的效益。中国建筑在云筑网上建立了建筑业专业二手平台"互助宝",试用半年来,累计交易额突破 5 亿元。

要用数据连接产业链。企业每年都要进行采购,供应商是不是每年也要进行相应采购?中国石化利用自身规模,建立了"易派客"平台的模式,让所有供应商都在自己的平台采购,打通了整个供应链的需求,取得了不俗的成效。中国石化利用自身规模优势,对各类材料进行集采,供应商可以用中国石化集采的价格进行采购,这样小规模供应商也能享受大集采效益,这样集采供应商得到了更多的销售额,合作供应商买到了更便宜的原材料,中国石化也能享受到整个供应链成本下降的效益,这样就实现了"三方共赢",获得了降低成本、保证质量、保障供应、增加效益、控制价格风险的"五大好处"。这实际上就是产业链互通的体现,企业用自身的规模优势,代供应商进行集采,进一步降低成本。

9.3.3　用数据推动供应链金融

鼓励供应链核心企业建立供应链金融服务平台,为供应链上、下游中小微企业提供高效便捷的融资渠道。

由于建筑商的回款不好,供应商往往承担了高额的资金成本。有一些建筑商打着"集采""战采"的幌子,寻找大量供应商"垫资"。将来企业的竞争,必然是供应链与供应链之间的竞争。不好好把控供应链,必然会被供应链抛弃。2020年,中国电建在上交所发布了首单ABS,规模30亿元,票面利率2.57%。建筑商要积极探索数据,打通供应链融资渠道,不仅给自己融资,也给供应商提供融资渠道,这样才能建立起互利共赢的供应链,才能不断提升品质,保持核心竞争力。

案例1　中国建筑某单位为协助民营钢贸企业解决市场融资难、融资成本高的痛点问题,着力帮扶民营钢贸企业引进优质资本方。通过采用第三方资本(供应链金融模式),以实际交易为背景,协助钢贸企业获取低成本融资。具体模式是联合资本方,由资本方提供智能验收地磅(或由采购方采购,资本方支付采购成本)。资本方与钢贸企业签订保理融资合同,约定融资成本,融资账期最长6个月,货到现场验收完毕后,由资本方在3个工作日内支付本次钢筋货款;采购方与钢贸企业签订执行合同,合同内容与常规采购合同一致,采购单价在常规采购价基础上降低20元/吨。该模式借助智能地磅现场验收真实性、高效性的特点保障交易真实,借助资本方为钢贸企业融资,缩短钢贸企业资金占用周期,加快了资金周转;供应商可根据资金需要灵活融资,解决了传统模式线下"融资效率低""融资周期长"的痛点;同时,通过合作共赢降低了采购成本,保障了物资供应效率。

案例2　中建电商基于云筑网大数据,为云筑蜜蜂会员供应商定制信用贷款产品——信融宝,为供应链上、下游中小微企业提供高效、便捷的融资渠道。云筑蜜蜂会员供应商在云筑网履约满1年、近6个月有过订单记录均可申请融资,无须采购商确权,担保额度最高500万,年化融资成本7%~9%;当天申请当天到账,无须开户,无须抵押,按天计息,不提款不产生任何费用。

9.3.4　用数据监督防控风险

要充分利用信息化手段,运用平台采购优势,结合集采平台大数据预警功能,明确不同管理层次管理颗粒度的大小,做到有重点、有力度、有效果,实现对采购全过程的重点监控,做到阳光、透明、高效。要建立健全云监督机制,积极运用采购大数据,防控市场波动带来的价格风险,用大体量、高效决策机制抵抗大风险。

三色预警(可视化管理)在防控风险上的应用如下。

1. 供应商管理的三色预警

中国建筑对供应商管理采取了三级颜色预警(三色预警),一级为黄色,二级为橙色,三级为红色;分供方被标记一次不良,系统会在分供方名录里提示黄色,两次不良会提示橙色,三次不良会提示红色。每一级别的处理措施也是升级的,黄色为警示,橙色为警告,红色为危险。黄色提示各单位小心使用分供方;橙色会限制在本级单位的使用;一旦分供方被标记为红色,平台会直接禁用,甚至一键封杀,全股份各单位都不能再选用此分供方。对分供方分级和不良行为记录,可以直观地筛选出优质分供方,并与其建立长期合作的关系;对于不合格的分供方,可以有效地督促其服务升级;对于不良的分供方,逐步淘汰出分供方队伍。

❷ 用大数据管理预警系统

在采购过程中,要处理大量的采购问题,很多时候,当发现成本或供应出现问题的时候,已经很难处理了。这时候去处理往往是一种事后的处理,效率较低,也不能保证能完全消除风险。此时,就可以利用大数据,对此进行及时预警。如材料消耗量的三色预警,根据大数据计算出某类型项目在某阶段的材料消耗量,按照合理、警告、超标进行预警。当消耗量超出平均水平后,按照严重程度向不同等级管理层发送预警信息,及时止损,防止风险扩大。再如对材料的交货周期、供应商产能情况进行预警,用交货周期预警来控制计划管理,用产能预警来做供应商的生产和供应管理。又如针对供应商欠款情况做预警,分析欠款和供应的关系,及时调整付款计划。此外,还可以按照采购规模进行预警,按照采购规模的大小进行分级、分档:如 10 亿以上,做第一档,风险管控主要由集团总部控制;1 亿到 10 亿由集团二级单位做风险控制等。明确了不同管理层的管理颗粒度,就能有重点地控制风险。

案例 3-9-1 中国电建供应链管理创新项目

1. 项目情况介绍

马来西亚凯德隆 2×413 兆瓦级联合循环燃气电站项目,位于马来西亚砂拉越州民都鲁凯德隆工业园内。该项目距离民都鲁海港约 6 千米,距离民都鲁市中心约 17.3 千米,距离民都鲁机场约 30 千米,交通条件优异。

项目由业主砂拉越能源有限公司(SEB)自筹资金建设;中国水电与 GE 联营体以 EPC 方式中标承建该项目,中国水电委托水电八局承担项目的具体实施。项目计划在原老电厂基础上扩建一个新的联合循环燃气电厂。水电八局与 GE 分工的界面为:GE 负责燃气轮发电机组、余热锅炉和汽轮发电机组等动力岛设备以及 DCS 供货及最终的联调;水电八局负责全厂设计、BOP 设备采购、全厂土建、机电安装与单体调试等工作。

2. 设计阶段

(1)确定使用超长超大口径 HDPE 实壁管作为海水取水管

在项目的海事工程设计初期阶段,通过与设计院及第三方海事咨询的反复沟通,本项目最终确定采用单根超长(长度 555 米,共 6 根)的超大口径(外径 2.5 米,国内制造商最大仅能生产外径 1.6 米)HDPE 管作为海水取水管。

首先,这个方案可最大限度减少现场管道连接的工作量,大大缩短施工工期,为在短暂的海事施工窗口期内(由于凯德隆项目的海事工程地处海域风高浪急,每年只有 5—9 月份可进行海事施工,一旦错过施工窗口期,项目工期就要延误一年)完成海水取水管道敷设创造了先决条件;其次,采用 HDPE 管可以适用软土地基,不需要打桩,大大降低项目成本和缩短项目工期。

(2)与高校等组织合作,风险分析获批

凯德隆项目采用直敷于海洋淤泥层中的大口径 HDPE 管道作为海水取水管。海床长期的演变与冲刷对管线的安全运行有重大影响,因此开展中长期海床演变冲刷风险分析具有重要的工程应用价值。然而,这项研究是普通的项目建设参与方无法完成的。同时由于海上施工存在窗口期、工期压力大,加之研究分析本身需要一定的时间,迅速开展此项研究已经迫在眉睫。

公司与供应商、设计院、监理单位、高校等不同行业的组织建立了完整的供应链关系,与河海大学顺利开展合作,进行海床演变冲刷分析。分析结论是,此区域海床演变及冲刷在本电厂寿命周期内不影响管线正常运行,造成的管线的沉降在标准可控范围内。最终成功获得了业主对使用 HDPE 管作为取水管的批复。

3.采购阶段

采购方式创新——通过中国电建德国分公司与欧洲公司签订合同。

经过市场调查,世界上只有两家奥地利企业能生产如此大口径 HDPE 实壁管,它们的工厂分别设在美国与挪威,经过价格、质量以及工期满足等各个维度的比选,公司最终采用挪威工厂生产的大口径 HDPE 实壁管。

由于海上冷却水取水 HDPE 实壁管的采购金额大(初期报价金额达到了 975 万欧元,当时约合人民币 7 700 万元),并且供应商为奥地利在挪威注册的厂商,买卖双方所在地的法律法规要求也不一样。如果按照常规采购方法,采购合同谈判及付款等流程都非常复杂且耗时较长,但是项目海事施工工期极为紧张,因此项目部没有采用常规的采购方式,而是走了一条不同寻常的创新之路:创造性地通过委托中国电建德国分公司与奥地利公司 Pipelife 直接签订合同并支付款项,然后由集团支付款项给德国公司。

这样做的优势在于:首先,中国电建德国分公司与 Pipelife 一样,同属欧盟内部的注册公司,适用同样的欧盟法律,双方的可信任度大大增加,同时双方的地理距离也很近,使合同谈判变得简单、快捷,大大缩短谈判签约周期;其次,通过中国电建德国分公司的欧元账户与 Pipelife 进行支付,也可以减少烦琐的信用证流程,从而大大加速了合同的签订与生效;最后,由于双方同属欧盟,合同的风险陡然降低,谈判难度降低,同时 Pipelife 公司欣然降价,同意不开信用证,减少预付款比例,最终价格从初始的 975 万欧元报价降低至最后的 862 万欧元,整整降低了 113 万欧元,约合人民币 892 万元,为项目降本增效做出了贡献。

中国电建德国公司在这场艰难的谈判中为项目成本节约做出了卓越的贡献。这个采购方式,可谓是开了水电八局设备采购的先河。

4.运输方案创新

HDPE 管道运输,最初拟定的是常规航线地中海——苏伊士运河。这条航线的优点是距离短,航道安全;缺点是由于管道长达 555 米,在通过狭窄的苏伊士运河时,运河管理部门将对管道运输采取严格的管制,同时还将收取约 100 万美元的通行费。这样一来,运输周期、运费与风险也会大幅上升。

鉴于此,项目决定改变航线,创造性地将管道从挪威萨塞尔港(奥地利 Pipelife 工厂所在地)拖出,穿过英吉利海峡,经非洲西海岸,绕道好望角,驶过印度洋广阔的洋面,经过 27 500 千米海上漂流,耗时 188 天,于 2018 年 11 月 12 日运抵马来西亚外海,满足了交货工期。看似绕了远路,但是一路畅通无阻,航线安全,同时运输成本大大降低。

5.协同运作,共同应对外部市场复杂多变的形势

供应链管理是一种体现着整合与协调思想的管理模式,需要协同运作。

在中国境内设置采购专员争取公司总部的大力支持,负责中国的设备物资采购、设备物资报关、退税、安排出口运输等;在项目所在国设置采购专员,负责当地设备物资的采购工作;在项目周边国家设办事处,负责进口货物的清关、内陆运输安排、当地采购等工作;在项

目现场设置设备物资管理部和永久机电管理部两大部门,分管施工设备物资和永久机电设备的采购和管理工作;在现场工区设置独立的维保队伍负责设备的运行维护。多方联动完成设备物资供应保障。

6.采用绿色低碳材料进行绿色低碳施工

项目倡导绿色发展,树立可持续增长理念,充分考虑环境保护、资源节约、安全健康、循环低碳和回收促进,优先采购和使用节能、节水、节材、节地等有利于环境保护的设备、材料。例如:采用玻璃钢管代替普通钢管、使用免维护蓄电池、选用热效率高的换热器等。

对于海上取水管敷设作业,安装海水水质在线监测设备,对海水水质进行实时监控,一旦超出标准,暂停施工,保证施工对海水污染控制到最低。由于采取了上述种种措施,项目部于2017年获得业主颁发的环境合规银奖(该年度无金奖获得者,银奖为该年度最高奖项),2018、2019年度均获得环境合规金奖。

7.管理信息化

燃气电站工艺布置紧凑,管线设计和施工难度大,容易产生碰撞和冲突,通过BIM能直观发现设计存在的问题,清晰、明了地反映施工顺序及界面,让各项工作的安排经济、合理,缩短项目工期。

根据项目特点,使用金蝶K3仓储管理ERP软件,并配条码管理功能,通过手持智能终端对材料进行扫码出、入库,规范现场材料员(库管员)进料登记、发料登记、盘点工作的作用,减少人工出错和便于数据统计工作,做到账与实物相符,建立实物库存、实时库存、账面库存三者之间的对照表,使各级管理者动态把控项目物资成本,基础数据准确,成本分析真实、精细化管理为领导提供辅助决策依据。

【专家点评】

供应链管理是系统的管理,系统内、外部的协同高效运作,才是供应链管理的宗旨,具体包括:

1.供应链管理的内部整合

供应链管理不是单纯的采购管理,于公司内部而言,是由需求单位、各个部门全员参与,贯穿生产经营全过程,涉及生产经营各要素的全范围系统管理工作,即全员、全程、全范围地协同运作。

工程在前端设计阶段与供应链管理相结合,设计单位咨询相关供应商的技术创新、产品更新换代情况,了解新材料、新设备、新技术、新工艺在实际应用中节能、环保方面的性能表现。这对设计过程中的工艺布置、产品选型、材料选用等方面提供了参考意见,并尽可能进行设计优化。

通过优化采购及运输方案、优化工艺、简化检验维护措施、减少仓储保管费用、避免二次倒运等方面的供应链管理措施,服务于项目建设的大局。

2.供应链管理的外部整合

供应链管理还包括可持续发展的内涵,因此,我们要有全生命周期的管控,重视绿色低碳管理带来的正的外部效应。

3.信息化、数据化、数字化的平台是供应链管理的载体

供应链管理要持续不断地以信息化、数据化、数字化为手段,找到创新创效的动力和潜力。

4.协同是供应链管理整合的核心

供应链管理要持续不断地提高资源整合能力;要通过组织和协调,把企业内、外部彼此相关但彼此分离,既参与共同的使命又拥有独立经济利益的使用客户整合成一个系统,取1+1大于2的效果。

5.境外工程项目的采购在国内采购是否必须招标?

中华人民共和国国家发展和改革委员会第16号令规定:工程项目的资金来源为国有企业投资或融资的项目,采购纳入强制范围,达到规模后在中国境内采购必须招标。

凯德隆项目的投资方是砂拉越能源有限公司(SEB)自筹资金。

因此,该项目不属于《中华人民共和国招标投标法》管制的范围,即使该项目在国内采购也不属于必须招标的范围,不在范围内就不存在合同规模的问题,其采购方式由企业自行决定。

如果项目投资方是中国企业,在境外采购适用当地法律,在国内采购适用中国法律。但是,如果承包商通过招标投标总承包中标,在境内采购也可直接发包。

中国电建凯德隆项目采购方式的选择显著创造了价值,体现了供应链管理的增值作用。

 本章思考题

1.简述信息化、数据化、数字化的定义。

2.供应链数字化应符合哪些条件?

3.简述建筑业实现供应链数字化的路径。

参考文献

[1] 刘宝红. 采购与供应链管理. 3 版. 北京：机械工业出版社，2019.

[2] 中国（双法）项目管理研究委员会. 中国项目管理知识体系. 北京：电子工业出版社，2006.

[3] STEPHEN P ROBBINS, MARY COULTER. 管理学. 11 版. 李原，孙健敏，黄小勇，译. 北京：中国人民大学出版社，2015.

[4] KARLOS MENA, REMKO VAN HOEK, et al. 战略采购与供应链管理. 张凤，樊丽娟，译. 北京：人民邮电出版社，2016.

[5] 刘宝红，赵玲. 供应链的三道防线. 北京：机械工业出版社，2018.

[6] 尚利强. 现代物流管理. 西安：西安交通大学出版社，2015.

[7] 苏勇，罗殿军. 管理与沟通. 上海：复旦大学出版社，2014.

[8] 任泽平，马家进，连一席. 新基建. 北京：中信出版集团股份有限公司，2020.

[9] 井润田，席酉民. 国际商务谈判. 北京：机械工业出版社，2006.

[10] 聂正安. 管理学. 北京：高等教育出版社，2010.

[11] 李方武. 经济法基础. 北京：电子工业出版社，2010.

[12] 唐隆基，潘永刚. 数字化供应链：转型升级路线与价值再造实践. 北京：人民邮电出版社，2021.

[13] 陈川生，朱晋华. 企业采购与招标管理. 北京：电子工业出版社，2017.

[14] 陈川生.《国有企业采购操作规范》释义. 北京：中国财富出版社，2019.

[15] 陈川生.《国有企业采购管理规范》释义. 北京：中国财富出版社，2020.

[16] 陈川生. 国有企业采购文件示范文本. 北京：中国财富出版社，2021.